JN065611

令和5年版

経済財政白書

動き始めた物価と賃金

内閣府

令和5年度年次経済財政報告公表に当たって

　今、日本経済はデフレ脱却の正念場にあります。四半世紀にわたり、我が国のマクロ経済政策運営においては、常にデフレとの闘いがその中心にありました。過去を紐解くと、2001年3月の月例経済報告において、持続的な物価下落をデフレと定義した上で、我が国経済が「緩やかなデフレ」にあると評価しました。デフレ又はデフレではないものの物価上昇率がゼロ近傍で推移する中で、企業ではコストをカットして価格を据え置くという行動が広がりました。そのため、売上げが増加せず、人件費や投資が伸び悩み、経済成長が抑制されて消費者は購買力を失うという悪循環に陥りました。

　しかし、コロナ、ウクライナ危機による世界的な物価高騰を契機に、「新しい資本主義」の政策もあいまって企業の価格転嫁が進み始め、40年ぶりの物価上昇となりました。こうした物価上昇の下、今年の春闘では、30年ぶりとなる高い水準の賃上げが実現し、我が国の物価や賃金は大きく動き始めています。今後、下請取引の適正化や、労務費を含めた価格転嫁の促進を通じて、こうした動きが持続的なものとなり、これまでの悪循環を断ち切る挑戦が続いていくことが重要です。賃金も含めたコストの適切な転嫁を通じたマークアップ率の確保を進め、「賃金と物価の好循環」が広がっていくことが求められています。

　賃金・物価が動き始めただけでなく、企業による投資意欲が高まり、需給ギャップのマイナスも解消に向かうなど、マクロ経済環境そのものが変わりつつあります。今こそ、サプライサイドの強靱化を進め、潜在成長率を高めるチャンスです。このため、労働の面からは、成長分野への労働移動や、リ・スキリングによる能力向上が持続的な生産性上昇の鍵となります。また、職務内容が明確なジョブ型雇用の拡大は、女性や高齢者の一層の能力発揮につながります。さらに、資本の面からは、重点分野での研究開発投資など、市場に任せるだけでは過少投資となりやすい分野で的を絞った公的支出を行い、これを呼び水として民間投資を拡大させ、それを成長のエンジンとして持続的な成長に結び付けていくことが重要です。

　こうした前向きな挑戦により、デフレから脱却し、また、経済成長とその果実の分配が拡大していく「成長と分配の好循環」へとつながっていくと考えます。

　デフレとの闘いが続く中、少子化傾向も続き、我が国経済の成長にとって重しとなってきました。急速な少子化は経済のみならず社会全体に関わる問題であり、先送りのできない「待ったなしの課題」です。2022年には、出生数が77万人となり、ピークの3分の1以下に減少しました。若者が急激に減少する2030年代に入るまでが、少子化トレンドを反転できるかどうかのラストチャンスです。こうした危機的な状況に対応すべく、「こども未来戦略方針」に基づき、若い世代の所得を増やす、社会全体の構造や意識を変える、全てのこども・子育て世帯を切れ目なく支援するという考え方の下、対応を加速していきます。デフレ脱却や少子化の克服に向け、今まさに変革のときです。

　今回で77回目となる本報告では、現下の経済情勢と物価のダイナミクスを分析し、デフレ脱却が我が国経済の持続的な成長にとってなぜ重要なのか整理しています。また、物価と賃金に変化がみられる下で、我が国企業が収益性を高めていくための鍵はマークアップ率の向上です。今回の分析では、投資の拡大による製品差別化がマークアップ率の向上につながることや、マークアップ率が高い企業では、相対的に高い賃金によって収益を還元する傾向があることを示しています。少子化については、その経済的側面を整理し、少子化には、子育て世代の構造的な賃上げ環境の実現、子育て負担の軽減、「共働き・共育て」のための環境整備が重要であることを示しています。本報告での客観的なデータに基づいた定量分析が、我が国の経済社会が抱える本質的な課題に光を当て、その解決に資するものとなることを心より期待しています。

　令和5年8月

経済財政政策担当大臣

後藤 茂之

目　次

はじめに

第1章

第2章

第3章

おわりに

付図・付表

付注

参考文献一覧

長期経済統計

図表索引

目　次

はじめに

　我が国経済は、2022年後半以降、サービスを中心とした個人消費や、好調な企業収益を背景として設備投資が持ち直すなど、内需を中心に緩やかな回復を続けてきた。2023年5月には新型コロナウイルス感染症の感染症法上の位置付け変更に伴い、経済が自律的に循環する環境が整った。

　こうした環境の下、世界的な物価上昇は、輸入物価の上昇を通じて、2022年春以降、財物価を中心に我が国の消費者物価にも波及した。他方、サービス物価については、上昇率がゼロ近傍で価格が据え置かれている品目が依然として多く、物価の基調は、マクロ経済環境の改善によって強まっているとは評価しにくい。こうした中で、2023年に入ってからは、財・サービスとも価格改定頻度が高まるなど、物価の動向に変化の兆しも見られ始めている。また、2023年の春闘は30年ぶりの高い伸びとなり、マクロの賃金動向への波及が見込まれる。今後、賃金の上昇が持続的なものとなり、企業が増加した労務費を適切に販売価格に転嫁する流れが定着すれば、賃金と物価の好循環、ひいては所得増を生み出す成長と分配の好循環を軸として、デフレに後戻りすることのない経済環境が整っていくことが期待される。

　加えて、コロナ禍では財政政策が景気の下支えとなってきたが、コロナ禍後を迎えた経済社会を民需主導の自律的な成長軌道に乗せていくためには、需要面だけでなく供給面、すなわち潜在成長率を高めていくことも重要な課題であり、民間投資の誘発や少子化対策など、中長期的な成長に資する分野での構造的な課題への取組も不可欠である。

　本報告では、我が国経済の現状と課題の分析を通じて、今後必要となる政策の検討に資することを意図した議論を行っている。各章の構成は以下のとおりである。

　第1章では、マクロ経済の動向を議論するとともに、物価動向の背景にある要因と基調の強さに関する視点を提示し、デフレ脱却に向けて鍵となる要因を議論する。物価の基調は未だ十分強いとは言えないものの、企業の価格設定行動には変化が見られ始めていることなど、現下の日本経済で注目するべき動向を紹介する。併せて、我が国経済がコロナ禍後を迎えたことを踏まえた、財政・金融政策の方向性に関する論点整理を行っている。

　第2章の前半では、労働生産性の向上を伴う実質賃金の上昇や、追加的な就業希望の実現に加え、資産所得の引上げにより、家計の所得向上を実現していくための課題を整理する。後半では、我が国の経済社会の長期的な縮小を回避するための最大の課題のひとつである、急速な少子化の進展への対応策を取り上げている。章前半で議論した家計の所得向上が、少子化対策の観点からも有効であることに加え、住宅・教育費などの子育てに係る負担の軽減策や、保育所整備・男性育休の促進を通じた「共働き・共育て」の環境整備も重要であることを指摘している。

　第3章では、今後の自律的な回復を視野に、企業の収益性向上に向けた中長期的な課題を議論する。我が国では、人への投資や企業再編などに係る無形資産投資がGDP比で見て伸び悩んでいるが、無形資産投資は企業の価格設定力（マークアップ率）の向上につながることを論じる。こうしたマークアップ率の向上は、収益性改善の鍵であるとともに、企業の投資や賃上げ余力を高め、経済の好循環につながることを指摘する。あわせて、生産性向上や、中小企業の輸出開始の観点からも、研究開発投資や人への投資を始めとした無形資産投資が重要となることから、重点分野への官民連携による後押しが重要であることを論じる。

第1章

マクロ経済の動向と課題

第1章　マクロ経済の動向と課題

　我が国経済は、2022年以降、個人消費が飲食・旅行などの対面サービスを中心に持ち直し、好調な企業収益の下、設備投資も高水準で推移するなど、内需が緩やかに持ち直してきた。こうした中、2023年5月8日には、新型コロナウイルス感染症（以下「感染症」という。）の感染症の予防及び感染症の患者に対する医療に関する法律（平成10年法律第114号。以下「感染症法」という。）上の位置付けが5類へと変更[1]され、経済が自律的に循環する環境が整った。

　他方、海外に目を転じると、我が国経済を下押しする要因が複数存在している。世界的な物価上昇とそれを受けた急速な金融引締めが続いており、一時的には金融システム上の不安が高まった国もある。金利差や景況感の違いから、金融資本市場は振れが大きくなる局面もあり、実物面への影響も懸念される。

　本章では、こうした状況下にある我が国経済の動向をマクロ面から整理する。第1節では、GDPをはじめとするマクロ統計を基に、2022年から2023年前半の我が国経済の状況を確認する。第2節では、消費者物価が約40年ぶりの上昇を経験する中で、その背景と基調を分析した上で、財政金融政策の課題を整理する。

第1節　実体経済の動向

　本節では、2022年夏以降、ウィズコロナからコロナ禍後へと移行する中での経済活動の変化について、第1項でマクロ経済状況を概観した後、第2項では家計部門について、形態別の消費やその背景にある所得の動向を、春闘の結果なども踏まえつつ確認する。第3項では生産・在庫の動向と企業部門の収益の状況、それらを踏まえた中長期的な投資動向、第4項では海外部門の動向として経常収支と輸出入について分析する。

注　(1) 新型コロナウイルス感染症については、2020年1月28日に新型コロナウイルス感染症を指定感染症として定める等の政令（令和2年政令第11号）等が公布され、感染症法上、指定感染症に位置付けられた。その後、2021年2月3日に公布された新型インフルエンザ等対策特別措置法等の一部を改正する法律（令和3年法律第5号）により、感染症法上の位置づけが「新型インフルエンザ等感染症」に変更され、感染症法に基づく入院措置・勧告、外出自粛要請等の措置を講ずることが可能となった。2023年5月8日に5類に位置付けられたことにより、当該措置を講ずる法的根拠はなくなった。

1　景気回復の状況

　最初に、ウィズコロナからコロナ禍後に向けた感染症への政策対応の変化、半導体市況の悪化、世界的な物価上昇下での急速な金融引締めの進展等、内外の経済環境が大きく変化する中での、今般の景気回復の特徴を確認する。

● 物価上昇下において、サービス消費を中心に緩やかに持ち直し

　2022年度以降の我が国経済を振り返ると、名目GDPは、2022年7－9月期に輸入物価の上昇等による輸入の急増を受け前期比で減少した他は増加を続け、2023年4－6月期に591兆円と過去最大となった（**第1－1－1図（1）**）。また、実質GDPについても、消費や設備投資デフレーターの上昇により下押しされたものの、緩やかな回復を続け、過去最大となっている（**第1－1－1図（2）**）。

　実質GDPの内訳をみると、個人消費は、経済社会活動の正常化が進み、旅行・外食等のサービス消費の回復が続き、2022年半ばにかけて衣料品等の半耐久財支出も増加した。2022年度後半には、供給制約の緩和に伴い自動車を中心として耐久財支出が回復するなど、消費は全体として回復してきた。2023年4－6月期は、非耐久財や耐久財が前期比マイナスとなったものの、実質総雇用者所得に持ち直しの動きがみられる中、対面型サービスの回復が続き、基調として個人消費は持ち直している（**第1－1－1図（3）（4）（5）**）。設備投資は、企業の好調な収益や積極的な投資意欲に支えられ持ち直し基調にあり、住宅投資は底堅く推移している（**第1－1－1図（6）（7）**）。また、公需は、2021年度補正予算や2022年度第二次補正予算の執行が進んだことなどにより、5四半期連続で増加している（**第1－1－1図（8）**）。

　外需は2022年度を通じてマイナスに寄与してきた。輸出をみると、世界的な物価上昇の長期化や半導体市況の悪化、中国の年末年始の感染再拡大とその後の回復ペースの緩慢さ、世界的な金融引締めなどを背景に、2022年内の財輸出の増加は緩やかなペースに止まり、2023年1－3月期に減少した。4－6月期には、自動車輸出の持ち直しにより財輸出が増加に転じるとともに、段階的な水際対策の緩和によって訪日外国人の消費が増加したことからサービス輸出も増加し、輸入の減少と相まって外需はプラスに寄与している（**第1－1－1図（9）**）。主要品目別に財輸出の動向をみると、多くの品目で2022年後半以降弱い動きが続いていたが、2023年に入り、電気機器が下げ止まり、輸送用機械は供給制約の緩和によって増加するなど、全体として下げ止まった後、底堅い動きとなっている（**第1－1－1図（10）**）。輸入は、2022年後半は弱い動きとなっていたが、2023年に電気機器の輸入が持ち直すことなどにより、全体として下げ止まっている（**第1－1－1図（11）**）。

第1－1－1図　GDPの動向

サービス部門の回復が遅れているが、2022年以降は緩やかに持ち直し

(1)GDPの動向

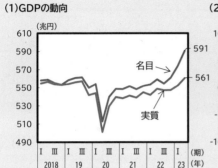

(2)GDPデフレーターの寄与度分解

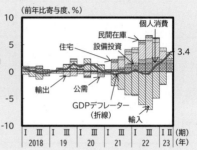

(3)財・サービス別消費動向

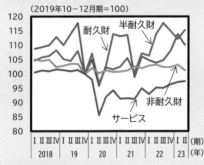

(4)個人消費と総雇用者所得の動向（実質）

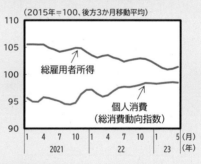

(5)新車販売台数

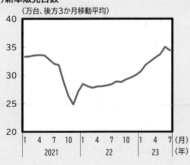

(6)設備投資の動向

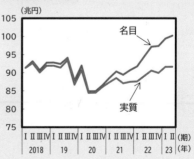

(7)住宅投資の動向

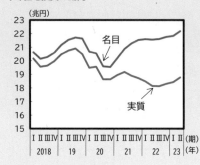

(兆円)

名目

実質

I II III IV I II III IV I II III IV I II III IV I II III IV I II (期)
2018 19 20 21 22 23 (年)

(8)GDP寄与度分解(前期比)

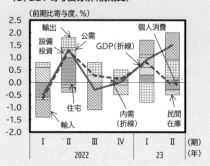

(前期比寄与度、%)

輸出 個人消費
設備 公需 GDP(折線)
投資
住宅 内需 民間
(折線) 在庫
輸入

I II III IV I II (期)
2022 23 (年)

(9)財・サービス別輸出動向

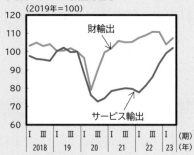

(2019年=100)

財輸出

サービス輸出

I III I III I III I III I III I (期)
2018 19 20 21 22 23 (年)

(10)主要品目別の輸出

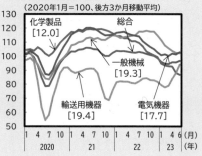

(2020年1月=100、後方3か月移動平均)

化学製品 総合
[12.0]
一般機械
[19.3]
輸送用機器 電気機器
[19.4] [17.7]

1 4 7 10 1 4 7 10 1 4 7 10 1 4 6 (月)
2020 21 22 23 (年)

(11)主要品目別の輸入

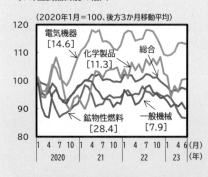

(2020年1月=100、後方3か月移動平均)

電気機器
[14.6]
化学製品 総合
[11.3]
鉱物性燃料 一般機械
[28.4] [7.9]

1 4 7 10 1 4 7 10 1 4 7 10 1 4 6 (月)
2020 21 22 23 (年)

(備考) 1.内閣府「国民経済計算」、「総雇用者所得」、総務省「消費動向指数(CTI)」、財務省「貿易統計」、日本自動車販売協会連合会、全国軽自動車協会連合会により作成。
2.(5)、(10)、(11)は、内閣府による季節調整値。(8)の内需は在庫を除く。
3.(10)、(11)について、[]内の値は、輸出入それぞれにおける2022年の金額シェア。

8

●感染症の5類移行に伴い、経済社会はウィズコロナからコロナ禍後へと移行

　このように、この1年間の我が国経済はサービス消費やサービス輸出、コロナ禍で先送りされてきた投資の回復など、ウィズコロナの下での感染症対策の段階的な緩和による経済社会活動の正常化に支えられてきた。

　特に、感染状況と対面型サービス消費の関係をみると、ウィズコロナの下で感染状況の消費への影響は小さくなっている。感染症による重症者数を横軸に、外食、宿泊、交通、旅行、娯楽消費合計の2019年比を縦軸にとると、2022年夏以降両者の関係は上方にシフトし、2023年以降は2019年からおおむね10％程度低い水準まで戻ったところで安定的に推移している（**第1－1－2図（1）**）。

　また、対面型サービス業の労働者の労働時間も、コロナ禍で大きく落ち込んでいたところから回復し、相対的に影響の小さかった製造業と比較しても、コロナ禍前からの減少幅は2022年度の後半には同程度となっている。こうした減少は働き方改革等の影響もあると考えられるが、対面型サービス業の活動がコロナ禍前に近づいてきている様子がわかる（**第1－1－2図（2）**）。

　こうした中、2023年3月13日のマスク着用の考え方の見直しに続く5月8日の感染症の5類移行によって、家計・企業に対する政府の行動制限を行う法的根拠がなくなったことで、我が国もコロナ禍後の経済社会へと本格的に移行し、自律的な回復への制約がなくなったと言えよう（**第1－1－2図（3）**）。感染症に係る規制の緩和は、街角の景況感も改善させてきた。景気ウォッチャー調査によると、「5類」や「マスク」について言及した人の景況感の先行き判断DIは、5月調査時点で全体よりもそれぞれ12.7ポイント、20.2ポイント高く、こうした景況感の改善が景気回復を牽引することが期待される（**第1－1－2図（4）**）。

第1－1－2図　感染症対策と対面型サービス

感染症の5類移行に伴い、経済社会はウィズコロナからコロナ禍後へと移行

(1)感染状況と対面型サービス消費

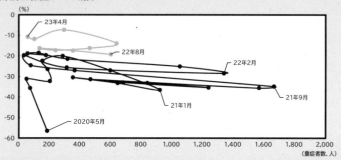

(2)産業別一般労働者の総実労働時間の推移

① 対面型サービス業　　　　　　　② 製造業

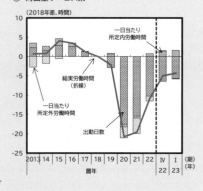 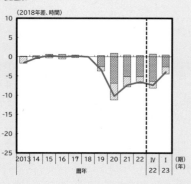

(3)主な感染対策の変遷

年	月	日		
2022	1	14	濃厚接触者の待機期間短縮	14日間から10日間へ。その後1/28に7日間、7/22に5日間へ短縮。5類移行に伴い撤廃。
	3	21	まん延防止等重点措置全面解除	1/9に3県に発出。その後、最大36都道府県に拡大。
	6	10	外国人観光客の入国制限緩和	添乗員付きパッケージツアーの受入開始。その後、9/7に添乗員を伴わないパッケージツアーの受入開始、10/11に入国者数上限撤廃のほか、個人旅行解禁。
	9	7	感染者の自宅療養期間の短縮	有症状者は10日間から7日間へ。無症状者は陰性確認を条件に7日間から5日間へ。5類移行に伴い撤廃。
	9	26	感染者全数把握の見直し	
	10	19	渡航自粛要請解除	全ての国・地域について、危険レベル1に引下げ。
23	1	27	イベント開催制限の見直し	同日、特段の事情が生じない限り、5/8からの5類移行が決定。
	3	13	マスクの着用は個人の判断へ	2/10に決定。学校におけるマスク着用の見直しは4/1から。
	5	8	新型コロナウイルス感染症の感染症法上の位置付けの変更	

（4）景気ウォッチャー調査の先行き判断DI

① 先行き判断DIの推移

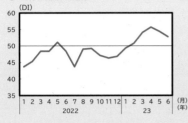

② キーワード別の先行き判断DI（2023年1月〜5月）

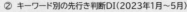
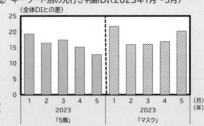

（備考）1．経済産業省「第3次産業活動指数」、厚生労働省「データからわかる新型コロナウイルス感染症情報」、「毎月勤労統計調査」、各種報道資料、内閣府「景気ウォッチャー調査」により作成。
　　　　2．（1）について、期間は2020年5月から2023年4月まで。縦軸には「第3次産業活動指数」における「宿泊業」、「飲食店、飲食サービス業」、「旅行業」、「娯楽業」、「鉄道旅客運送業」、「道路旅客運送業」、「航空旅客輸送業」の季節調整済み指数を加重平均した系列の2019年平均比を、横軸には各期間における全国の新型コロナウイルスの重症者数の平均をそれぞれプロットしている。
　　　　3．（2）について、対面サービス業は「宿泊業、飲食サービス業」及び「生活関連サービス業、娯楽業」。2022年10−12月期は2018年10−12月期差、2023年1−3月期は2019年1−3月期差を示している。なお、ここではベンチマーク更新による遡及改定が反映されていない計数を示している。
　　　　4．（4）について、①の先行き判断DIは全分野合計の季節調整値。②は各月において各キーワードに言及したコメントを寄せた者のみを取り出してDIを算出し、全分野合計の先行き判断DI（原数値）との差分で表した。「5類」は5類、「マスク」はマスクと言及した者。

●テレワークの定着によりサービス消費の行動が変化する一方、製造業は景況感が改善

　経済社会活動の正常化が進む中で、2022年の回復をけん引してきた要因のひとつである国内旅行は、全国旅行支援の効果もありコロナ禍前の水準を回復した後、高水準で推移している（**第1−1−3図（1）**）。目的別に旅行消費額をみると、観光・レクリエーションはコロナ禍前を超える水準となっているが、出張・業務は回復しているもののコロナ禍前を下回って推移している（**第1−1−3図（2）**）。大手民間鉄道会社16社の2022年の輸送人員をみても、定期券以外の利用が2019年比89％まで回復した一方、定期券利用分は2019年比80％にとどまっており、テレワークの普及・定着がこうした動向に影響を与えていると考えられる（**第1−1−3図（3）**）。地域別のテレワーク導入状況をみると、南関東、近畿ともに2019年と比べ2020年に大きくテレワーク率が高まり、2022年もその傾向は継続している（**第1−1−3図（4）**）。2023年以降までのテレワーク実施率を東京都内の企業でみると、感染拡大直後から2022年初までは60％を超える水準で推移した後徐々に低下しているものの、2023年6月は44％とコロナ禍前の水準を大きく超えて推移している（**第1−1−3図（5）**）。また、休日の外食消費はほぼコロナ禍前水準を回復しているが、平日の外食消費はコロナ禍前を4.4％下回っており、テレワークの定着は外食にも影響を与えている可能性がある（**第1−1−3図（6）**）。このように、サービス消費は全体としてコロナ禍前水準を取り戻しつつあるが、一部で構造的な下押し

圧力が残る可能性がある[2]。他方、自宅で過ごす時間が長くなることで、自宅で楽しめる娯楽であるコンテンツ配信サービス需要の増加傾向が顕著となっている（**第1－1－3図 (7)**）。こうした需要の変化に伴い、新たな成長分野へ、円滑に労働者が移動できるよう、リ・スキリングの支援等がコロナ禍後の経済社会の構築に向けて、これまで以上に重要となる。

　次に、製造業をみると、景況感が2022年は物価上昇や世界的な需要の鈍化によって下押しされてきたが、2023年に入り改善し始めている（**第1－1－3図 (8)**）。その背景としては、車載用半導体等の部材供給不足の緩和により自動車の生産が増加し、これに伴い国内の新車販売や輸出が増加してきたことや、輸入物価の上昇が2022年秋以降落ち着きを取り戻し、企業間の財の取引価格である国内企業物価が下落し始める中で、製造業を中心に仕入価格の上昇が一服していることが挙げられ、こうした動きは当面続くことが期待される（**第1－1－3図 (9)**）。

　また、春闘の結果も消費を中心として景気回復を後押しすることが期待される。日本労働組合総連合会（以下「連合」という。）の集計結果によると、2023年度の賃上げ率は3.58％と30年ぶりの高水準となった（**第1－1－3図 (10)**）。今後、労働者一人当たりの賃金上昇の継続によって消費者の購買力の上昇期待が高まり、消費支出が増加することが期待される。

注　(2) 詳しくは、森（2023）参照

12

第1－1－3図　業種別の景況感

テレワークの定着によりサービス消費の行動が変化する一方、製造業は景況感が改善

(1)国内日本人延べ宿泊者数の推移

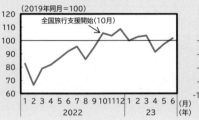

（2019年同月＝100）

全国旅行支援開始(10月)

(2)目的別旅行消費額の推移

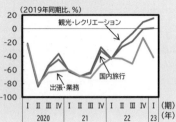

（2019年同期比、%）

観光・レクリエーション
出張・業務
国内旅行

(3)大手民鉄16社における輸送人員

全国

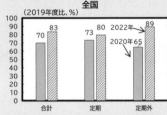

（2019年度比、%）

2022年
2020年

合計　定期　定期外

(4)地域別テレワーク導入状況

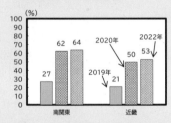

（%）

2020年　2022年
2019年

南関東　　　近畿

(5)東京都内の企業のテレワーク
実施率

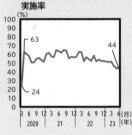

（%）

63
24
44

(6)平日休日別外食消費

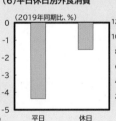

（2019年同期比、%）

平日　休日

(7)コンテンツ配信支出の動向

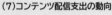

（2016-18年度比、%）

一人あたり支出額
支出者数
支出額計

(8)製造業・非製造業の業況判断

日銀短観（全規模）

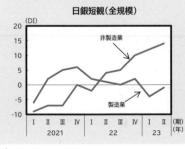

（DI）

非製造業
製造業

景気ウォッチャー

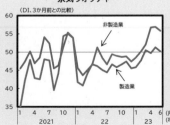

（DI、3か月前との比較）

非製造業
製造業

（9）仕入価格の状況

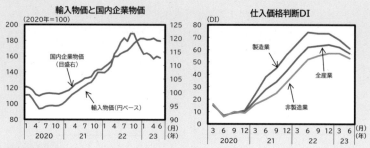

輸入物価と国内企業物価　　　　仕入価格判断DI

（10）春闘の結果

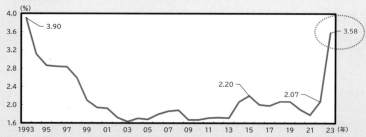

3.90　　2.20　　2.07　　3.58

（備考）1.　観光庁「宿泊旅行統計調査」「旅行・観光消費動向調査」、日本民営鉄道協会「決算概況および
鉄軌道事業旅客輸送実績」、総務省「令和4年通信利用動向調査」、東京都報道発表資料、株式
会社ナウキャスト、株式会社ジェーシービー「JCB消費NOW」、総務省「家計調査」、内閣府「景
気ウォッチャー調査」、日本銀行「全国企業短期経済観測調査」、「企業物価指数」、日本労働
組合総連合会「春季生活闘争」により作成。
　　　　2.　（2）について、2023年I期は速報値。
　　　　3.　（5）について、都内企業（従業員30人以上）のテレワーク実施率を示す。
　　　　4.　（6）について、外食消費は「一般外食」系列を示す。
　　　　5.　（9）の国内企業物価は、夏季電力料金調整後の値。（10）連合集計結果について最終集計の値
を用いている。

コラム 1-1 高頻度データ(オルタナティブデータ)を活用したマクロ消費動向の把握

感染症拡大以降、公的統計よりも早期に消費動向を把握する手段として、オルタナティブデータ[3]が内閣府など公的セクターの景気判断の現場で積極的に活用されている。特に、クレジットカードデータに基づく支出額の動向は、利用費目別などでも把握することができることに加え、一定程度マクロ消費統計と整合的な動きをすることが知られている。

このコラムでは、クレジットカードの支出額データであるJCB消費NOWについて、マクロ消費統計の動きとの整合性を確認した上で、クレジットカードデータ特有のバイアスが存在する財・サービス別のデータについて補正することで精度の向上を試みたい[4]。

代表的なマクロ消費統計として、総務省「総消費動向指数（CTIマクロ）」や日本銀行「消費活動指数」が挙げられるが、これらとJCB消費NOWとの消費支出全体の動き（名目）を比較すると、相関係数は0.9を超えるほか、平方根平均二乗誤差（Root Mean Squared Error。以下「RMSE」という。）も1%ポイント台後半から2%ポイント台にとどまる[5]など、マクロ消費統計の動きを捕捉できている。

コラム1-1図（1）　消費支出全体の動きの比較

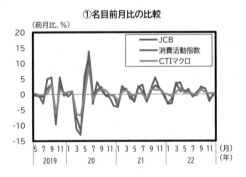

①名目前月比の比較

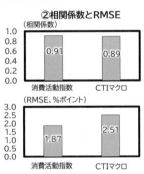

②相関係数とRMSE

他方、財・サービス別にJCB消費NOWの動きを消費活動指数と比較すると、消費支出全体の場合と異なり、財は相関係数が低く消費活動指数の動きとのかい離が目立った。サービスについては、相関係数は高かったが、RMSEが高い点に課題がある。

注
(3) 鈴木・森（2023）では、「オルタナティブデータとは、近年のデジタル化の進展とその活用の広がりに伴って、伝統的な統計調査とは異なる情報源や入手経路を通じて新たに利用可能となったビッグデータの総称とされる。」としている。
(4) 本コラムの内容は、鈴木・森（2023）に基づく。検討の詳細や図表の詳細な注については、同稿を参照されたい。
(5) 期間中のJCB消費NOW、消費活動指数、CTIマクロの消費支出前月比の絶対値の平均は、それぞれ3.1%、2.2%、1.4%であった。

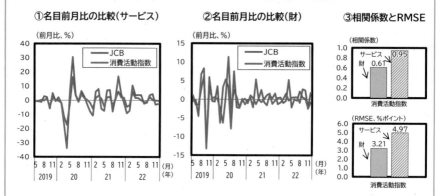

コラム1－1図（2）　財・サービス別の動きの比較

①名目前月比の比較（サービス）

②名目前月比の比較（財）

③相関係数とRMSE

まず、サービスについては、RMSEの高さの背景にある振れの大きさに対処するため、消費活動指数のサービスの前月比にJCB消費NOWのサービスの前月比を回帰して得られる係数を基に、変動幅の調整を行った結果、RMSEは大きく抑制された。

コラム1－1図（3）　サービス補正系列の動き

①名目前月比の比較

②相関係数とRMSE

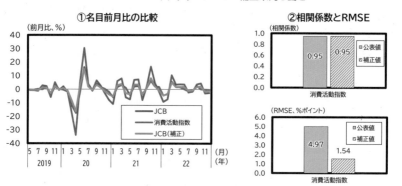

　財については、相関係数を高めるための補正が必要となる。具体的には、JCB消費NOWの財系列を構成する個別系列の一部を、POSデータや業界統計等で代替することで補正を試みた。利用可能な代替系列にJCB消費NOWのウェイトを用いて加重平均し直した補正済の財系列と消費活動指数との比較をすると、公表系列から大幅に整合性が高まったことが確認できる。なお、ここで使用した代替系列は、いずれもJCB消費NOWの月次データよりも早く公表されるため、速報性は維持される。

第1章

コラム1－1図（4）　財補正系列の動き

①名目前月比の比較

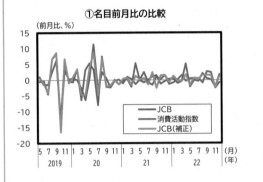

（前月比、%）

凡例：
JCB
消費活動指数
JCB（補正）

②相関係数とRMSE

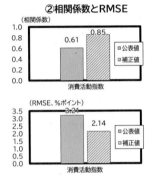

（相関係数）
公表値 0.61　補正値 0.85
消費活動指数

（RMSE、%ポイント）
公表値 3.24　補正値 2.14
消費活動指数

（備考）1．株式会社ナウキャスト、株式会社ジェーシービー「JCB消費NOW」、日本銀行「消費活動指数」、総務省「消費動向指数（CTI）」により作成。季節調整値。
　　　　2．JCB消費NOWについては、支出者数の変化も含む。また、季節調整済の系列は公表されていないため、ベースライン（2016－2018年度平均）を100とした指数の前月比を計算することで代替した。
　　　　3．相関係数・RMSEの計算の対象期間は、2019年5月～2022年12月。

　ここまで確認してきたように、JCB消費NOWがクレジットカードデータであることのバイアスを考慮して補正することで、速報性を維持したまま、精度の改善が可能となる[6]。景気判断や政策立案に当たっては、こうした指標の積極的な開発・活用が今後ますます重要となっていくと考えられる。

注　（6）JCB消費NOWは名目値でしか公表されていないため、本コラムでは名目の動きについてのみ補正を行っているが、鈴木・森（2023）では、一定の仮定のもと系列を実質化する手法についても検討している。

2 家計部門の動向

　本項では、マクロの所得や金融資産の水準から見込まれる消費水準からみた現在の消費の動向を確認した後、耐久財消費や世帯の収入別の実質消費の動向を分析する。また、消費の背景となる雇用・所得環境について、春闘や労働需給の動向を整理する。最後に、家計部門が全体の約8割を占める住宅投資[7]の動向と展望を整理する。

● **所得や金融資産に比して低水準だった消費は、経済社会活動の正常化の下で徐々に改善**

　まず、2020年の感染拡大以降のマクロの消費水準を、消費関数を推計することで確認してみよう。実質消費支出を被説明変数、家計の実質所得、金融資産残高及び高齢化率を説明変数とした消費関数[8]を推計すると、所得、金融資産残高及び高齢化率の係数はいずれも1％有意水準を満たし、所得の弾性値は正（0.88）、金融資産残高の弾性値は正（0.11）と符号はそれぞれ予期された結果となった（**第1－1－4図（1）**）。2020年以降、断続的に経済社会活動が抑制される中で可処分所得や金融資産残高等で説明できない動きがみられることから、コロナ禍前までを推計期間とした推計結果とコロナ禍前までの実績とを比べると、おおむね実際の動きを捉えていることがわかる（**第1－1－4図（2）**）。その上で、感染拡大以降の消費水準を上記の回帰分析から示唆される消費水準と比較すると、2020年第1－3月期以降、実際の消費額は示唆される水準を大きく下回って推移している。これは感染症対応に加え、ウィズコロナの下でサービス消費が持ち直す一方で、物価上昇や巣ごもり需要の反動、自動車の生産回復の遅れ等によるものと考えられる。しかし、先行きを展望すると、輸入物価上昇による消費者物価の上昇圧力が夏以降剥落する中で落ち着き始めると考えられること、感染症の5類移行によってマインドが改善していることや新車販売の回復継続が期待されること等を踏まえると、可処分所得や金融資産等から示唆される消費水準へと戻っていく中で、賃上げ気運と相まって消費は増加傾向が続くと期待される。

注　(7) 2021年度の住宅投資のうち84％が家計部門、14％が賃貸マンションを含む法人企業による投資、2％が公営住宅等の公的部門による投資である。
　　(8) 所得弾力性が高齢化によって高まる効果も交絡項として織り込んでいる。付注1－1参照。

第1章

第1−1−4図　消費関数の推計

所得や金融資産に比して低水準だった消費は、経済社会活動の正常化の下で徐々に改善

(1)所得、金融資産の弾性値

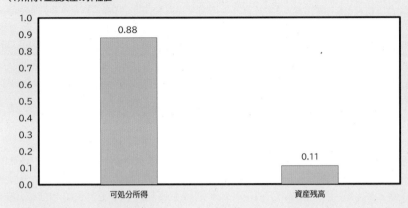

(2)消費関数の推計値と実績値の比較

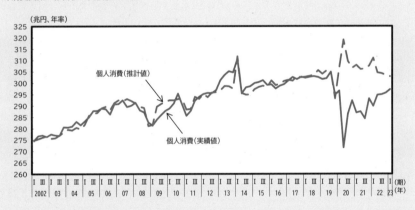

(備考)　1．内閣府「国民経済計算」、総務省「人口推計」、日本銀行「資金循環統計」により作成。
　　　　2．推計の詳細は付注1−1参照。

●買い替えサイクルによって当面、家電販売は抑制されるが、新車販売は持ち直し

　財消費の先行きをみるため、このところの耐久財消費の動向を詳細に分析してみよう。商業動態統計の機械器具小売業の販売額をみると、2019年10月の消費税率引上げ前の駆け込み需要、2020年度前半の感染拡大による在宅時間の長期化に伴うエアコンや洗濯機、冷蔵庫、テレビなどの巣ごもり需要やテレワーク需要で、それぞれ需要の山が生まれている。しかし、そ

の後は徐々に売上げが低下し、2023年６月の販売額は消費税率引上げ直後の2019年10月とほぼ同水準となっている（**第１－１－５図（1）**）。

　主要な家電の買い替え年数の分布は、テレビは５～８年程度、冷蔵庫やエアコンは10年程度にそれぞれ大きな山があるとされており[9]、2023年６月現在、2019年の消費税率引上げから３年半、2020年春以降の巣ごもり需要からは３年弱しか経過していないため、こうした時期に家電を購入した家庭では、買い替え時期を迎えていない可能性がある。そこで、家電販売額をテレビや携帯電話等が含まれる２～９年程度の短期のサイクルと、エアコンや冷蔵庫等が含まれる９～14年程度の長期のサイクル要因に分解すると、短期・長期いずれのサイクルも2020年の感染症拡大後に大きな山を作った後下落している（**第１－１－５図（2）**）。2023年６月現在、いずれのサイクルも底を打っておらず、ストック調整の面からは、耐久財消費の弱い動きは当面続く可能性がある。

　一方、自動車販売の動向は家電とは異なっている。2021年秋以降、新車販売台数は部材供給不足による生産の停滞により受注から納車までの期間が長期化することで伸び悩み、乗用車の買い替えタイミングとされる７年目（84カ月）車検を超えている台数が増加してきた（**第１－１－５図（3）**）。2023年に入り、供給制約が徐々に緩和されることで販売台数が持ち直してきているが、買い替え時期を迎えている台数が高水準で推移していることから、引き続き買い替え需要は強い状態で推移することが見込まれる。

　次に、耐久財消費の動向に物価上昇が影響を与えているかみてみよう。耐久財のように買い時を一定程度待つことができる財については、消費者は物価上昇局面では、購入を先送りする可能性がある。そこで、耐久財の実質消費を実質可処分所得、耐久財と家計消費全体の相対価格で重回帰して価格弾力性をみると、想定どおり価格弾力的であることが確認できる（**第１－１－５図（4）**）。消費者物価指数の家電品目の前年比は、2023年６月で9.9%上昇と高い水準となっており、家電消費に物価上昇も影響している可能性がある（**第１－１－５図（5）**）。今後、家電については、輸入物価の下落に伴い物価上昇圧力は一服する可能性があるが、当面は買い替え時期を迎えない家庭が多いことから弱い動きが続くと考えられる。一方、新車販売については供給制約の緩和に伴う受注残の解消と買い替えのタイミングが重なり、回復傾向が続くことが期待される。

注　(9) 詳細は、「平成30年度年次経済財政報告」付図１－１を参照。

第1-1-5図　耐久消費財の買い替えサイクルと物価上昇の影響

買い替えサイクルによって当面、家電販売は抑制されるが、新車販売は持ち直し

(1)機械器具小売業の販売額(実質)

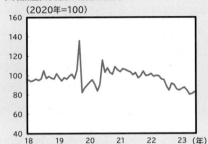

(2)機械器具小売業のサイクル要因分解

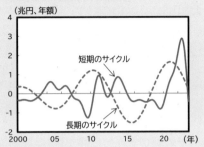

(3)新車販売と車検更新期車の台数

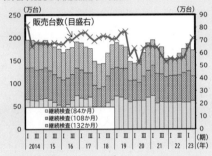

(4)耐久財の弾性値

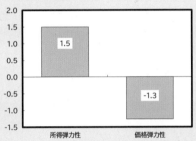

(5)家電価格の推移

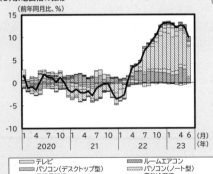

(備考) 1. 経済産業省「商業動態統計」、総務省「消費者物価指数」、日本自動車販売協会連合会、自動車検査登録情報協会、内閣府「国民経済計算」により作成。
2. (1)について、機械器具小売業販売額の実質化には、消費者物価指数の耐久消費財から自動車及び家具類を除いた系列を作成の上用いた。
3. (2)について、サイクルの分解は、短期のサイクルは2〜9年、長期のサイクルは9〜14年の周期成分を、機械器具小売業の実質季節調整値からバンドパスフィルタを用いて抽出したもの。
3. (3)について、車検更新期車は内閣府による試算。
4. (4)について、価格弾力性は、内閣府「平成23年度年次経済財政報告」「日本経済2017-18」を参考に、実質消費支出(前年度比)を被説明変数とし、実質可処分所得(前年度比)、耐久財と家計消費全体の相対価格(前年度比)に回帰することで推定した。データ期間は1980年度〜2021年度。1980年度〜1994年度は旧基準(2000年基準・93SNA)。推計結果は所得弾力性・価格弾力性ともに有意水準1%以内で有意。

●**物価上昇下において特に低収入世帯が消費を抑制**

　次に、物価上昇下での消費支出の特徴を捉えるため、家計調査の「基礎的支出」と「選択的支出」の区分に着目し、①基礎的財（食料）、②日用品や医薬品、光熱費等を含む基礎的財（食料以外）、③家賃や家事サービス、保健医療サービス等を含む基礎的サービス、④衣服や家具・家電、自動車等を含む選択的財、⑤外食や交通、教養娯楽サービスを含む選択的サービスに分類[10]した上で、高収入世帯と低収入世帯の消費動向を比較する。

　まず、実質消費支出全体について、2021年度から2022年度の変化をみると、低収入世帯では低下、高収入世帯ではほぼ横ばいで推移している（**第1－1－6図（1）**）。内訳を確認すると基礎的財（食料）はいずれの収入階層でも減少している（**第1－1－6図（2）**）。これは、食料品価格の顕著な上昇を受け、プライベートブランドなどのより安い商品を購入することで節約している可能性があり、実質消費は品目とウェイトが固定されている消費者物価指数で割り引かれた水準ほど低くない可能性もある。データの制約から購買単価を収入区分別に分けてみることはできないが、スーパーのPOSデータを用いて、今次物価上昇局面における消費者の実際の食料品の購買単価をみると、消費者物価指数よりも低い上昇率で推移している（**第1－1－6図（3）**）。基礎的財（食料以外）はいずれの収入階層でもおおむね横ばい、基礎的サービスは高収入世帯では横ばいで推移する一方低収入世帯で増加、選択的サービスはウィズコロナが進む下でいずれの収入階層でも支出が増加している。特徴的な動きをしているのが選択的財であり、高収入世帯は2021年度から2022年度にかけて支出額を増やしているが、低収入世帯で支出の抑制が顕著となっている。耐久財を含む選択的財は、先述の推計結果を踏まえると所得弾力的であると考えられ、物価上昇下で実質所得低下の影響が大きい低収入世帯で、消費が相対的に大きく抑制された可能性がある（**第1－1－6図（4）**）。消費の持続的な回復に向け、特に低収入世帯の所得が改善することが鍵となっている。このためには、中小企業等における適切な価格転嫁を通じた継続的な賃上げ、最低賃金の引上げ及びそれに向けた環境整備や非正規雇用者の正規化や処遇改善が重要となる。

注　（10）分類の詳細は山内（2023）を参照。なお、選択的サービスからは通信を除いている。

第1−1−6図　収入階層別にみた消費支出

物価上昇下において特に低収入世帯が消費を抑制

(1)消費支出全体

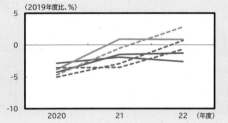

(2)各支出区分の動向

基礎的財(食料)

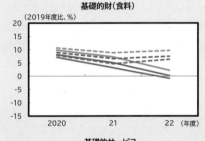

基礎的財(食料以外)

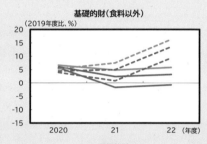

基礎的サービス

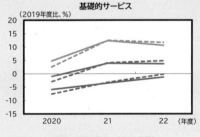

選択的財

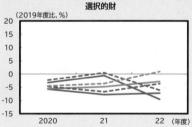

通信除く選択的サービス(実質)

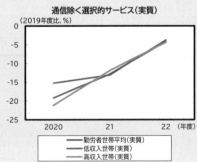

通信除く選択的サービス(名目)

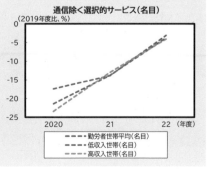

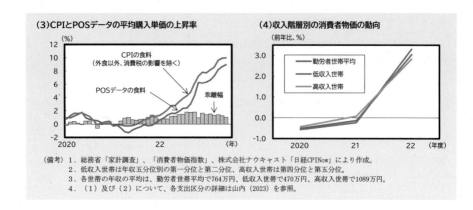

(3) CPIとPOSデータの平均購入単価の上昇率

(4) 収入階層別の消費者物価の動向

(備考)　1．総務省「家計調査」、「消費者物価指数」、株式会社ナウキャスト「日経CPINow」により作成。
　　　　2．低収入世帯は年収五分位別の第一分位と第二分位、高収入世帯は第四分位と第五分位。
　　　　3．各世帯の年収の平均は、勤労者世帯平均で764万円、低収入世帯で470万円、高収入世帯で1089万円。
　　　　4．(1) 及び (2) について、各支出区分の詳細は山内 (2023) を参照。

●可処分所得の増加は、女性正規雇用と高齢者雇用の雇用者報酬増が大半

　これまでみてきたように、物価上昇による食料品等の生活必需品における節約志向や、耐久消費財の買い替えタイミングなどが消費動向に影響を与えているが、中長期的には、先述の消費関数の推計結果にみられるように、可処分所得の動向が重要である。可処分所得は、雇用者報酬が感染拡大直後に減少したものの、賃金が上昇する中で基調的に増加していることに加え、累次の対策によって措置された各種の給付金等によって増加してきた（**第1−1−7図(1)**）。社会保険料や所得税は、可処分所得を減少させる方向に寄与するが、これは主に雇用者報酬の増加に伴うものである。可処分所得の増減は雇用者報酬の影響を強く受けることから、以下、雇用者報酬の動向と増加に向けた課題をみていく。

　GDP統計上の雇用者報酬は賃金・俸給、雇用者が支払う社会保険料負担や退職一時金などを含む雇主の社会負担からなるが、8割以上が賃金・俸給である。賃金・俸給は総雇用者所得に近い概念[11]であるため、寄与度分解が可能な総雇用者所得の動向を分析する。

　総雇用者所得は雇用者数に現金給与総額（雇用者一人当たりの平均賃金）を乗じたものであり、現金給与総額は基本給である所定内給与、残業等に伴い発生する所定外給与、ボーナス等からなる特別給与の合計である。そこで、2013年からコロナ禍前の2019年までの総雇用者所得の変動をこれらの動向によって確認すると、所定内給与や特別給与が増加することで現金給与総額は緩やかに増加しつつも、女性や高齢者の労働参加が進むことによる雇用者数の増加が大きく寄与してきた。一方、感染拡大後は、総雇用者所得は一度落ち込んだ後、雇用者数の増

注　(11) 雇用者報酬は国民経済計算に基づく概念であり、生産活動から発生した付加価値のうち、労働を提供した雇用者への分配額を指すもので、「賃金・俸給」と「雇主の社会負担」に分かれる。「賃金・俸給」は、一般雇用者の賃金、給料、手当、賞与等のほか、役員報酬や議員歳費等が含まれ、さらに給与住宅差額家賃や雇用者ストックオプションが含まれる。また、「雇主の社会負担」には、社会保険制度のうち年金制度に係る雇主の実際の負担金や医療や介護保険、雇用保険、児童手当にかかわる雇主の負担金、退職一時金の支給額が含まれる。一方、総雇用者所得は雇用者が稼ぐ所得の合計であり、雇用者報酬における「賃金・俸給」と概念は近いものの、役員報酬や議員歳費等は含まれていない。

加に加え、現金給与総額の増加が寄与して、再び増加している（**第1－1－7図（2）**）。

　次に、総雇用者所得の変動を性別、雇用形態別に雇用者数の増減と賃金変化に分解すると、2013年以降22年までの累積寄与をみると、女性正規雇用の労働者数の増加と賃金の上昇が共に大きく寄与し、総雇用者所得の増加の約半分を占めるなど、女性の正規雇用としての労働参加が家計の所得増を支えてきたことがわかる（**第1－1－7図（3）**）。第2章で詳述するが、男女間の正規雇用比率や賃金には依然として差がみられる中、男女間の賃金格差の是正や、女性が正規雇用として就労することを促進する柔軟な雇用制度の充実、男性育休の取得増加や長時間労働の是正等、働き方改革の一層の進展が期待される。

　また、高齢者の就業率も、2020年の感染拡大以降、上昇ペースが鈍化しているものの、コロナ禍前は高齢者の就業率上昇が全体の就業率上昇に大きく寄与してきたことがわかる（**第1－1－7図（4）**）。コロナ禍以降、感染拡大による一時的な落ち込みに加え、団塊の世代が70歳以上となることで65歳以上の就業率は伸び悩んでいるが、69歳以下の就業率は引き続き高まっており、高齢者全体の就業率も再び上昇基調に戻ることが期待される。そのため、引き続き高齢者が活躍しやすい環境を整備していくことが重要となる。

第1－1－7図　可処分所得と女性・高齢労働者の動向

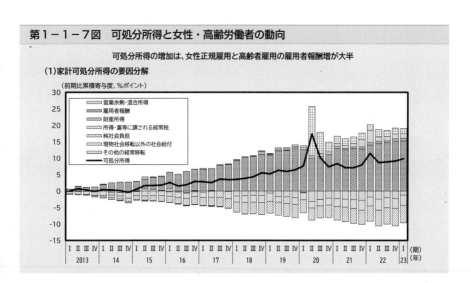

可処分所得の増加は、女性正規雇用と高齢者雇用の雇用者報酬増が大半

（1）家計可処分所得の要因分解

（2）総雇用者所得の寄与度分解

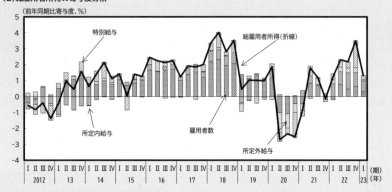

（3）総雇用者所得の性別・雇用形態別寄与度分解

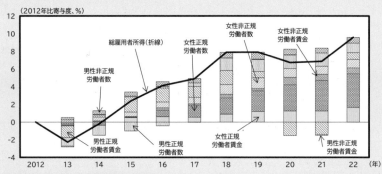

（4）就業率の要因分解（就業数要因、年齢要因）

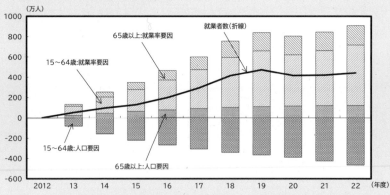

（備考）　1．内閣府「国民経済計算」、厚生労働省「毎月勤労統計調査」、「賃金構造基本統計調査」及び総務省「労働力調査（基本集計）」により作成。
　　　　　2．（1）は、季節調整済み系列。

●30年ぶりの賃上げから一般労働者の所定内給与増が期待

　雇用者数の増加以外でも、賃金上昇を通じた所得増加が期待される。足下では失業率が2％半ば、有効求人倍率も1.3倍を超える水準で推移するなど、労働需給は引き締まっている（**第1－1－8図（1）**）。人手不足の環境下では、企業は人材を確保するため、賃金を含む労働環境を改善するインセンティブを高める。こうした中、物価上昇と相まって、2023年の春闘では、連合による集計では定期昇給相当込み賃上げ計は3.58％と30年ぶりの伸びとなり、賃上げ（ベア）分が明確に分かる労働組合の賃上げ分をみると、2.12％と集計を開始した2015年以降で最も高い伸びとなっている。春闘の賃上げ率の集計対象は労働組合に所属している正規雇用の所定内給与が中心であり、ボーナスや残業代は含まれていない。そこで、春闘賃上げ率に比較的近い概念である毎月勤労統計の一般労働者の所定内給与と比較してみると、強い相関関係が確認できる（**第1－1－8図（2）**）。連合の集計結果は定期昇給も含むベースであることに加え、毎月勤労統計の調査対象には、労働組合を組織していない事業所があること、所定内給与の変動には労働移動による賃金の増減、初任給の変更等、春闘の賃上げ率とは異なる要素も含まれることから必ずしも一対一対応はしないが、2023年度の一般労働者の所定内給与は、前年度比で高い上昇となることが期待される。

　パートタイム労働者については、時給が労働需給と感応的であるとされる。そのため、労働需給の程度を示す指標として、パートタイム労働者の有効求人倍率を横軸に、時給の伸びを縦軸にとると一定の相関関係が確認されるなど、人手不足が続く中で、パートタイム労働者の時給も上昇が続くことが期待される（**第1－1－8図（3）**）。このように、当面は一般労働者の高い賃上げ率や、人手不足によるパートタイム労働者の時給の上昇によって、雇用者報酬は増加していくことが期待される。

　コロナ禍後の経済社会において、消費の増加を実現するためには、雇用者報酬の増加を通じた可処分所得の増加が欠かせない。雇用者報酬の継続的な増加には、上述の取組に加え、生産性上昇に向けた企業の取組の支援や、企業が賃上げ原資を確保できるよう労務費用を含む適切な価格転嫁の推進、最低賃金の継続的な引上げ及びそれに向けた環境整備などが重要となってくる。

第1-1-8図　労働需給と賃金動向

30年ぶりの賃上げから一般労働者の所定内給与増が期待

(1)失業率と有効求人倍率

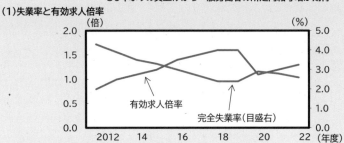

(2)春闘賃上げ率と一般所定内給与の相関

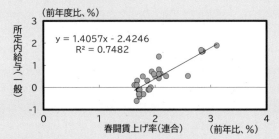

(3)パート時給と労働需給の相関

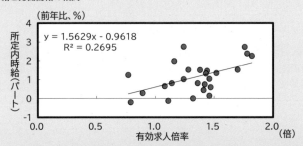

(備考) 1. 総務省「労働力調査（基本集計）」、厚生労働省「職業安定業務統計」、「毎月勤労統計調査」、連合「春季生活闘争　回答集計」により作成。
2. （1）は、月次の季節調整値を年度平均したもの。
3. （2）は1994年～2022年の値を用いている。春闘賃上げ率は最終集計の実績。
4. （3）は2020年の時給は労働時間の減少により大きく上振れしていることから、散布図から外れ値として除外している。

●住宅関連の資材価格が高騰し、取得能力が低下

　ここまで家計の消費とその背景にある雇用・所得環境をみてきたが、続いて住宅投資の動向を確認する。住宅投資も、消費同様、物価上昇の影響を受けていると考えられる。そこで、ま

ず住宅建設・販売に関する価格動向を確認する。住宅投資デフレーターの動向をみると、2021年入り後2021年7－9月期にかけて上昇し、2022年以降ペースは緩やかになり、2023年1－3月期には前期から下落した（**第1－1－9図（1）**）。その背景をみるため、国民経済計算の住宅投資デフレーターの推計方法を参考に、国内企業物価指数と企業向けサービス価格指数のうち、住宅投資関連の価格を産業連関表の部門別に加重平均し、前年比上昇率の寄与度を推計した。その結果を見ると、2021年10月にかけて、アメリカでの住宅需要の過熱を背景としたいわゆるウッドショックによる木材等の輸入価格上昇を受けて木製品を中心に価格が上昇した後、木製品の上昇率は低下し、2022年終わりには前年比下落に転じている。一方、木製品以外の品目は2022年終わりにかけて上昇率を高め、2023年に入ってようやく上昇率を低下させている（**第1－1－9図（2）**）。このため、木造住宅のコストは低下し始めているが、非木造住宅のコストは引き続き上昇している。そこで、木造住宅の建築費指数をみると、マンション等の非木造住宅が含まれる住宅投資デフレーターと比べ、ウッドショックの影響が強く表れることから、2021年半ばからの上昇はより急速なものとなり、2023年1－3月期になってようやく上昇が止まりつつある。建築コストの上昇は販売価格にも影響を与えている。戸建住宅の不動産価格指数をみると、コロナ禍で一時的に需要が減少した2020年7－9月期を底に上昇に転じた不動産価格は、戸建住宅の約9割が木造建築を占めることもあり、木造住宅の建築費指数に近い高い上昇となるなど、戸建住宅の購入を検討している家計にとって負担増となっていることがわかる。

　次に、住宅取得能力指数を推計することで、住宅価格の上昇が家計の住宅の取得能力に及ぼす影響を確認する。住宅取得能力指数は、家計の貯蓄額と住宅ローン借入可能額から求めた調達可能金額を住宅価格で除して算出され、土地付き注文住宅や戸建分譲、マンションごとに求めることができる。コロナ禍前までは金利が低下することで調達可能金額が増加する中、土地付き注文住宅や戸建分譲は価格がおおむね横ばいで推移したことから住宅取得能力指数が上昇してきたが、マンションについては価格の上昇が顕著であったことから取得能力が低下してきた（**第1－1－9図（3）**）。2021年半ば以降は、マンションだけでなく、土地付き注文住宅、戸建分譲いずれも価格が上昇する中で住宅取得能力は低下しており、特に土地付き注文住宅で価格上昇による影響が大きくなっている（**付図1－1**）。

第1章

第1－1－9図　住宅関連価格と家計の取得能力の動向

住宅関連の資材価格が高騰し、取得能力が低下

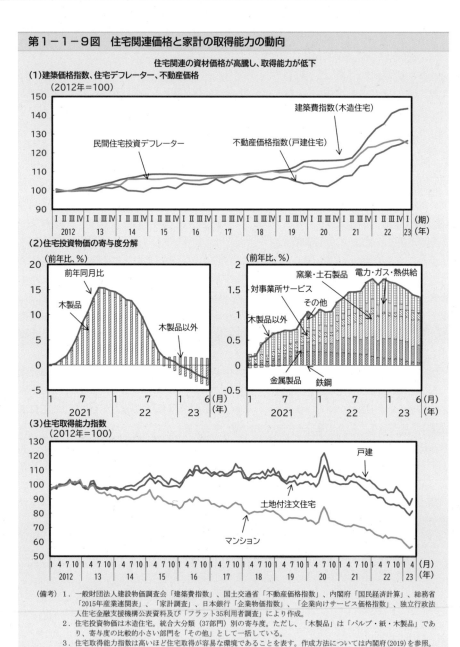

（1）建築価格指数、住宅デフレーター、不動産価格

（2）住宅投資物価の寄与度分解

（3）住宅取得能力指数

（備考）　1．一般財団法人建設物価調査会「建築費指数」、国土交通省「不動産価格指数」、内閣府「国民経済計算」、総務省「2015年産業連関表」、「家計調査」、日本銀行「企業物価指数」、「企業向けサービス価格指数」、独立行政法人住宅金融支援機構公表資料及び「フラット35利用者調査」により作成。
　　　　　2．住宅投資物価は木造住宅。統合大分類（37部門）別の寄与度。ただし、「木製品」は「パルプ・紙・木製品」であり、寄与度の比較的小さい部門を「その他」として一括している。
　　　　　3．住宅取得能力指数は高いほど住宅取得が容易な環境であることを表す。作成方法については内閣府（2019）を参照。

●住宅着工は底堅く推移しているが、長期的には減少の見込み

　不動産価格や住宅取得能力の動向を踏まえ、注文住宅からなる持家、マンション等の賃貸用物件としての貸家、居住用マンションや建売の戸建販売からなる分譲の利用関係別にコロナ禍後の着工戸数の推移をみてみよう。持家着工は、2020年半ばから2021年末にかけて、感染症対策としての住宅ローン減税制度等の住宅取得支援策の効果に加え、郊外の住宅需要の高まりもあって持ち直したが、2022年は価格上昇によって取得能力が低下している中、減少傾向で推移している（第1−1−10図(1)）。一方、相対的に価格上昇が抑えられている分譲住宅は2022年も底堅く推移してきたが、2023年に入り弱い動きとなっている。家計行動とは関係は薄くなるが、貸家の着工は2020年半ば以降、在宅勤務の広がり等に対応した比較的床面積の広い住宅への需要が高まったことなどを背景に、持ち直しの動きが続いてきた。2022年以降、価格上昇によって住宅取得を見送った世帯の賃貸需要を見込んだ動きも指摘される[12]中、底堅く推移してきた。このように、持家が弱含む一方で貸家や分譲住宅が底堅く推移し、住宅着工戸数全体としてはおおむね横ばいで推移している。一方、着工床面積をみると、2022年は減少傾向で推移している（第1−1−10図(2)）。これは、一戸当たりの床面積は、貸家が感染拡大以降緩やかに上昇し、分譲住宅はおおむね横ばいとなっている一方、持家が世帯当たりの人数の減少に伴う趨勢的な低下傾向に加えて物価上昇も背景として低下傾向が継続していることによるものであり、物価上昇が床面積ベースの住宅着工にも影響を与えている様子がうかがえる（第1−1−10図(3)）。

　着工床面積は減少しているものの、着工戸数は総じてみれば底堅く推移している中で、住宅着工は今後どのように推移していくだろうか。住宅着工の変化は、定義上、総戸数（ストック）の前期差と建て替え等に分解され、総戸数の変化は世帯数の増減による居住物件分と非居住物件分に分解できる。そこで、住宅着工戸数の変化について、3つの動き（居住物件の増減、非居住物件の増減、建て替え等の増減）別にみると、2019年以降、世帯数の増加ペースが落ちることで、世帯数要因による着工戸数は徐々に減少してきていることがわかる。

　社会保障人口問題研究所の世帯推計[13]を基に、足下の世帯数の上振れを反映して補正した将来の世帯数の推移をみると、世帯数は2020年〜25年にかけておおむね横ばいで推移し、2030年にはマイナスに転じることから、着工戸数全体も減少傾向が続くと見込まれる（第1−1−11図(1)(2)）。住宅政策に当たっては、着工戸数の増加にとどまらず、住宅投資を一人当たり床面積の上昇や省エネ対応が進んだ住宅着工の促進など、住宅の質の向上等が重要と考えられる。

注　(12)　詳細は岡田（2023）を参照。
　　(13)　2018年1月公表。2015年の国勢調査を基にした推計結果であり、2020年国勢調査を基にした将来推計人口は2023年4月に公表されているが、世帯数推計は未公表であり、2015年から2020年にかけて当時の世帯推計よりも世帯数が増加している実態などを捉えきれていない点に留意が必要である。

第1-1-10図　住宅着工の動向

住宅着工は底堅く推移

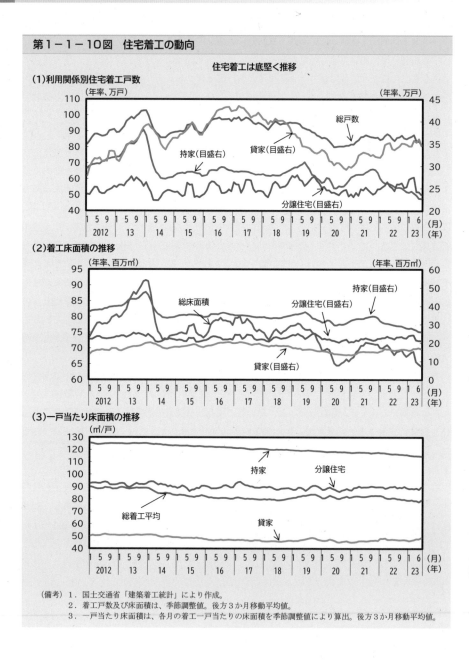

(1)利用関係別住宅着工戸数

(2)着工床面積の推移

(3)一戸当たり床面積の推移

(備考) 1. 国土交通省「建築着工統計」により作成。
2. 着工戸数及び床面積は、季節調整値。後方3か月移動平均値。
3. 一戸当たり床面積は、各月の着工一戸当たりの床面積を季節調整値により算出。後方3か月移動平均値。

第1-1-11図　住宅着工戸数の先行き

住宅着工は長期的には減少の見込み

(1)世帯数の動向と推計

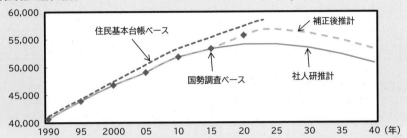

(2)住宅着工戸数の先行き

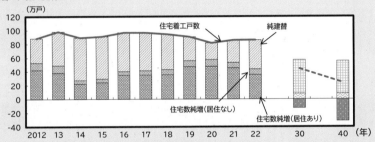

(備考)　1．国土交通省「建築着工統計」、総務省「国勢調査」、「住宅・土地統計調査」、「住民基本台帳に基づく
人口、人口動態及び世帯数調査」、国立社会保障・人口問題研究所「日本の世帯数の将来推計(全国推
計)」により作成。
　　　　2．要因分解及び先行きの算出方法は付注1-2を参照。

3 企業部門の動向

　次に企業部門について、2022年以降の生産・在庫の動向、収益動向を確認した上で、設備投資の動向を整理する。その後、中長期的な設備投資の動向に着目し、今後に向けた課題を整理する。

● 電子部品・デバイスや生産用機械は在庫調整局面だが、輸送機械は生産回復

　まず、生産について、全体と主要業種別の動きを確認する。鉱工業全体としては、2022年3〜5月の中国上海でのロックダウンによる部材供給不足を背景に4、5月と生産が大幅に減少したが、その後夏にかけて反発した。秋以降は少しずつ生産が減少してきたものの、2023年1月に底を打ち、徐々に増勢を回復している（第1−1−12図(1)）。業種別に内訳をみると、電子部品・デバイスは、世界的な半導体不足を背景に高い水準で推移してきたが、PC・スマートフォン需要が世界的に減少したことで、2022年後半にはメモリを中心に半導体市場が軟化し減少したが、2023年春以降下げ止まりつつある。生産用機械は、2022年秋にかけて半導体製造装置、建設・鉱山機械を中心に増加したが、その後は減少している。半導体製造装置は、世界的な半導体需要の減少の影響もあり、納期延長などがみられたことで秋以降減少したが経済安全保障の観点や、将来的な半導体市場の成長期待等に基づく世界的な工場新設や能力増強の動き等に支えられ、2023年に入り底堅く推移している。建設・鉱山機械はアメリカを中心にインフラ需要や資源開発などが堅調に推移する中で増加してきたが、年末にかけて需要が一服した。輸送機械は車載用半導体の供給不足によって2022年は停滞したが、2023年入り後、半導体需給が徐々に改善することで生産が回復している。このように、電子部品・デバイスが2022年夏以降下押しした一方、秋までは生産用機械が増加をけん引してきた。2022年末〜23年初にかけてはけん引役不在で全体として弱い動きとなったが、輸送機械を中心に、2023年春以降持ち直してきている。

　生産の先行きを展望する上で、主要業種の在庫循環図を確認してみよう。電子部品・デバイスは、2023年6月時点では出荷が減少し在庫が増加する「在庫調整局面」にある（第1−1−12図(2)）。そのため、今後在庫が減少して適正水準になるまでは生産を抑制させていくが、コロナ禍以降、需要・生産両面で見通しが立てにくいことで在庫調整が遅れたが、半導体の在庫調整は2023年内には終わるとの見方もある[14]。次に、生産用機械についても、2023年4−6月期は出荷が減少する中で在庫も前年と同程度にとどまるなど、「在庫調整局面」に位置している。2022年7−9月期、10−12月期はともに「在庫積み増し局面」で推移しているところから出荷が減少に転じることで局面が変わっているが、短期的な振れの可能性がある。業界の

注　(14) 半導体国際業界団体であるSEMI "World Fab Forecast Report"（2023年3月）によると、主要半導体メーカーの在庫調整プロセスが2023年中にはほぼ完了するとされている。

見通しをみても、例えば、国内の主要な半導体製造装置メーカーは、2023年度前半は生産が前年度比で減少するものの、年度後半以降持ち直すとの見込み[15]を示している。建設・鉱山機械についても、建設機械の輸出はアメリカにおける採掘・油田機械受注が堅調であることなどから、2023年度は続伸するとみられており[16]、当面は海外向けの生産・出荷は増加傾向で推移することが期待される。

　次に、輸送機械をみると、出荷・在庫ともに増加しており、「在庫積み増し局面」に位置している。輸送機械は、これまで車載用半導体をはじめとする部材供給不足により生産ができず、出荷・在庫ともに減少が続く「在庫減らし・在庫調整局面」にあったが、2023年以降、供給制約の緩和による生産の回復に伴い在庫を増加させることが可能となっている。在庫の前年比の増加幅が大きいのは、前年の感染拡大等による生産停止によることも踏まえると、全体として前向きな動きといえよう（第1-1-12図(3)）。供給制約の緩和は輸送機械における生産計画の実現状況からもみてとれる。一般的に輸送機械では、受注状況を参考とする月次生産計画が遅くとも前月中旬には確定する。生産計画の確定後は部品メーカーのリードタイム等の物理的制約から大幅な変更を加えにくいこともあり、生産計画と実績に大きなずれは生じない。しかし、製造工業生産予測指数と鉱工業生産指数とを比較すると、コロナ禍では当初計画と月次生産計画のかい離（予測修正率）、月次生産計画と生産実績とのかい離（実現率）が続いてきた。こうしたかい離はいずれも2023年初以降解消されてきており、予期できない部材供給不足の解消が示唆される（第1-1-12図(4)）。また、自動車大手7社の2022年度1-3月期の決算発表時に示された生産計画や販売計画によると、供給制約が緩和される中で、2022年度の実績と比べて2023年度には生産が大きく回復し、販売が増加する見込みが示されるなど、輸送機械の生産は今後も持ち直しが続くと考えられる（第1-1-12図(5)）。

（15）半導体製造装置大手各社のうち、ＩＲ（2023年5月時点）において2023年度上期下期別の見通しを出している社（東京エレクトロン、ＳＣＲＥＥＮ、荏原製作所（精密・電子部門）、東京精密（半導体部門）、ＴＯＷＡ（全部門計））はいずれも2023年度前半と比べて後半に向けて市場が改善していくと予想している。
（16）日本建設工業会が2023年8月に公表した見通しによると、建設機械の世界向け輸出額は、2023年度は上期が7％、下期が14％前年同期より増加する中で、年度を通して5％増加すると見込まれている。

35

第1-1-12図　生産・在庫の状況

電子部品・デバイスや生産用機械は当面在庫調整局面だが、輸送機械は生産回復

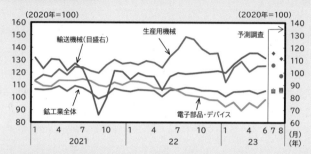

(1)生産の動向(主要業種別)

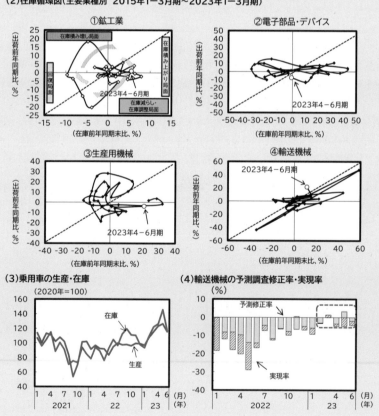

(2)在庫循環図(主要業種別　2015年1-3月期~2023年1-3月期)

(3)乗用車の生産・在庫

(4)輸送機械の予測調査修正率・実現率

(5)自動車の生産・販売計画

①生産台数

②販売台数

(備考) 1．経済産業省「鉱工業指数」、各社ＩＲ資料により作成。
　　　 2．（5）はトヨタ、日産、マツダ、スズキ、スバル、ホンダ、三菱の公表値の合計。ホンダ、三菱
　　　　　は販売台数のみ。マツダは出荷台数を生産台数とみなしている。

● **2022年度の企業収益は高水準だが、年度後半は製造業を中心にコスト増が下押し**

　2022年度の企業の収益動向を製造業・非製造業別にみると、製造業については、売上高は増勢に鈍化がみられ、営業利益、経常利益ともに年度後半にかけて減少傾向となっている。非製造業については売上高が増加を続ける中、経常利益、営業利益ともに特に年度後半にかけて増加している（**第1－1－13図（1）**）。

　2022年度後半の売上と利益の関係をみるため、売上高経常利益率の変化幅を要因分解すると、製造業では、売上原価率と営業外収益等が売上高経常利益率の下落に寄与している一方、企業の効率化努力の下、売上高販売管理費比率は低下することで、売上高経常利益率の改善に寄与している（**第1－1－13図（2）**）。売上原価率については、原材料価格の高騰によって前年同期と比べ増加したこと、営業外収益等については、2022年度末にかけてそれまでの円安方向への動きが一服し、円高方向に動いたことで為替差益が減少することなどにより、マイナスに寄与している。非製造業については、中間投入に占める財の割合が低いことから原材料価格上昇の影響が相対的に小さい中、ウィズコロナの下で売上が大きく回復したことなどにより売上原価率の低下が売上高経常利益率の改善に寄与している。

　同じ期間の企業収益を業種別にみると、製造業では、輸送用機械、一般機械は前年同期と比較して増益、電気機械はおおむね前年同期と同水準となっている（**第1－1－13図（3）**）。これらの業種は共通して、海外売上比率が高い加工業種であり、円安の影響もあって利益が押し上げられたが、電気機械は家電の需要が弱かったこと等が影響していると考えられる。一方、パルプ・紙、非鉄金属、化学などの素材業種では、原材料価格の高騰や円安による輸入コストの増加により大きく減益となり、石油・石炭は資源価格の下落による在庫評価損などを反映して減益となった。非製造業では、ウィズコロナの下で旅行や外食の再開が進み、卸売・小売が増益を維持するとともに、陸運や生活関連サービス、宿泊といったコロナ禍で厳しい状況が続

いてきた業種が増益となった。ただし、飲食は営業利益自体は改善したものの、2021年度に受給していた休業補償がなくなったことで営業外利益が減少したことも影響し、減益となっている。また、原油・LNG等の鉱物性燃料の高騰が一服したことを受け電気業も増益となった。

　このように企業収益が高水準で推移する一方、コロナ禍で企業の借入金が増加した点には留意が必要である。2020年度以降コロナ禍において、雇用調整助成金、持続化給付金や休業補償に加え、いわゆる実質無利子・無担保融資といった政府による支援策により、月々の倒産件数は500件程度まで低下するなど、事業主体は守られてきた。我が国の企業の借入金の状況をみると、いずれの企業規模においても2020年度以降借入金の増加がみられ、手元流動性を確保することで経済活動正常化までの間の事業活動を守る動きがみられてきた。特に、中小企業では、長期借入れは1998年度以来の高水準となっている（**第1−1−13図（4）（5）**）。コロナ禍のような経済的ショックにおいて、無利子融資や助成金等によって、本来であれば事業継続できた企業が倒産することを避けることは経済的に理に適ったことであるが、平時であれば市場から退出するはずの生産性の低い企業も存続し、雇用や資本などの生産要素が生産性の高い企業に移動できなければ、中長期的には経済全体の生産性が損なわれる可能性もある[17]。

　足下の倒産動向をみると、コロナ禍後の経済へと移行し、各種支援措置が終了していく中、2023年6月の倒産件数は720件と2020年春の感染拡大直後の500件程度から増加してきている（**第1−1−13図（6）**）。企業債務が高い水準になる中で、個々の企業が過剰債務問題に陥ることを回避し、適切な企業支援を提供しつつ、健全な市場競争の下では存続が難しい企業が市場から円滑に退出できる環境を整えることが、資本と労働という生産要素の再配分を進めることで我が国経済全体の生産性を向上させるという観点から重要となってこよう。その際、これらの企業の従業員が次の職をスムーズに見つけられるよう、労働市場のマッチング機能の強化と新たな成長分野へ移行できるようなリ・スキリングの支援などを合わせて提供していくことが重要である。

注　(17) 例えば、Andrews（2017）では、生産性が低く競争市場においては典型的には退出するであろう企業の増加がマクロの生産性を下げる、Barrero（2020）では、給与収入を超える失業手当の給付や雇用保護のための補助が感染症の拡大による経済ショックに対応するための雇用の再配置を阻害する、Lilas（2021）では、短期的には流動性支援は生産性の低い企業を増加させるとは言えないが、中期的には資源の再配置を遅らせる可能性があると指摘している。

第1−1−13図　企業の財務状況

2022年度の企業収益は高水準だが、年度後半は製造業を中心にコスト増が下押し

(1)売上高、営業利益、経常利益の推移(全規模)

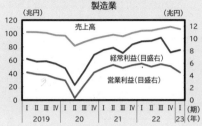

製造業

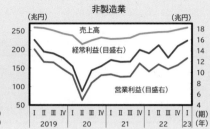

非製造業

(2)売上高経常利益率の変化幅
（2022年10月期〜2023年3月期、全規模）

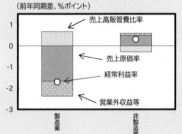

(3)詳細業種別の経常利益の増減率寄与度
（2022年10月期〜2023年3月期、全規模）

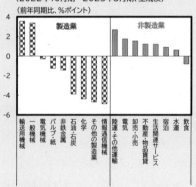

(4)長期借入金

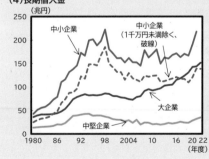

(5)短期借入金

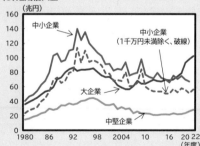

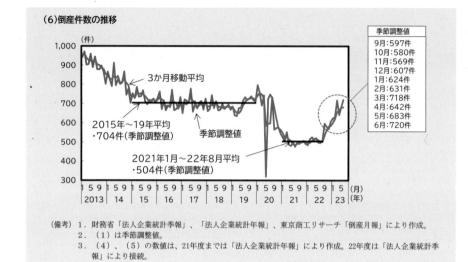

（6）倒産件数の推移

季節調整値
9月：597件
10月：580件
11月：569件
12月：607件
1月：624件
2月：631件
3月：718件
4月：642件
5月：683件
6月：720件

（備考）　1．財務省「法人企業統計季報」、「法人企業統計年報」、東京商工リサーチ「倒産月報」により作成。
　　　　　2．（1）は季節調整値。
　　　　　3．（4）、（5）の数値は、21年度までは「法人企業統計年報」により作成。22年度は「法人企業統計季報」により接続。

●設備投資は堅調な企業収益を背景に増加しているが、実質面では物価上昇が下押し

　このように倒産は増加しているものの、加工型業種や非製造業を中心に総じてみれば経常利益が高水準となる中、設備投資の動向をみると、キャッシュフローが増加していることに支えられ、名目ベースでは過去最高となっている。ただし、キャッシュフローの増加ほどに設備投資は増加しておらず、設備投資キャッシュフロー比率は歴史的に低い水準で推移している（**第1－1－14図（1）**）。加えて、資材価格の高騰等に伴い設備投資デフレーターが上昇していることで、実質設備投資の増加テンポは緩やかである（**第1－1－14図（2）**）。

　実質設備投資の動向を形態別にみると、2022年以降、ソフトウェア、研究開発等の知的財産生産物への投資は増加基調で推移してきた（**第1－1－14図（3）**）。その他の機械設備等については2022年7－9月期にかけて能力増強投資や更新投資を中心として増加したが、2022年10－12月期以降は物価上昇や半導体市況の軟化等を背景に、高い水準ではあるものの減速してきた。一方、輸送用機械は2022年の前半までは供給制約等により低水準で推移してきたが、2022年10－12月期以降、供給制約が徐々に緩和されてきたことで増加した。

　2023年度については、日銀短観（6月調査）では、7.4％増加した2022年度からさらに12.4％増加する設備投資計画が示されるなど、企業は設備の更新や維持・補修、省力化・合理化、IT化など念頭に、引き続き強い投資意欲を維持している（**第1－1－14図（4）**）。また、これまで実質投資を下押ししてきた投資財価格についても、2023年は上昇テンポが鈍化しており、実質ベースでの投資を下支えする要素となろう（**第1－1－14図（5）**）。

第1章

第1－1－14図　設備投資の動向

設備投資は好調な企業収益を背景に増加しているが、実質面では物価上昇が下押し

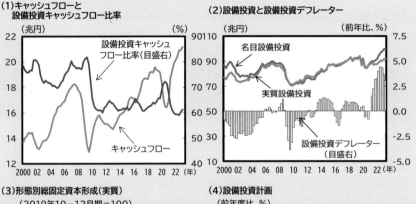

(1)キャッシュフローと
　　設備投資キャッシュフロー比率

設備投資キャッシュフロー比率（目盛右）

キャッシュフロー

(2)設備投資と設備投資デフレーター

名目設備投資

実質設備投資

設備投資デフレーター（目盛右）

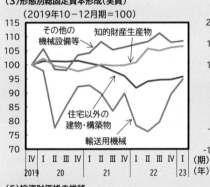

(3)形態別総固定資本形成（実質）
（2019年10－12月期＝100）

その他の機械設備等

知的財産生産物

住宅以外の建物・構築物

輸送用機械

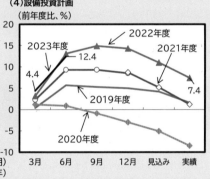

(4)設備投資計画
（前年度比、%）

2022年度

2023年度

2021年度

12.4

4.4

2019年度

2020年度

7.4

3月　6月　9月　12月　見込み　実績

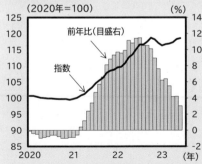

(5)投資財価格の推移
（2020年＝100）

前年比（目盛右）

指数

（備考）1．財務省「法人企業統計季報」、内閣府「国民経済計算」、日本銀行「全国企業短期経済観測調査」「企業物価指数」により作成。
　　　　2．（1）におけるキャッシュフローは、経常利益×0.5＋減価償却費。後方4四半期移動平均。

●資本のヴィンテージが伸びている中、資本装備率、資本生産性は低水準で推移

　我が国の企業の設備投資を取り巻く環境を中長期的にみると、1990年代後半から2000年代前半にかけて、バブル崩壊後の不良債権処理の過程で金融機関のリスク許容度が下がる中、企業は財務の健全性を高めるべく債務の返済を優先し、設備投資等については新規の借入を抑制しながら、内部調達による資金に基づくキャッシュフローの範囲内で行ってきた[18]（**第1－1－15図 (1)**）。その後も、低成長が続いたことで企業の期待成長率が下がったことに加え、デフレ下において実質金利が高止まったことで、企業にとって借入れによって設備投資を行うリスクが高くなったため、2000年代を通じてキャッシュフローの範囲内で投資を行う状況が続き、企業の純貯蓄（＝貯蓄－投資）の対GDP比もG7諸国の中で最も高い水準で推移してきた（**第1－1－15図 (2)**）。こうした中、生産的資本ストック[19]の伸び率をみると、1990年代は4％を超えていたが、2010年代には0％程度となり、2020年代にはG7の中では我が国だけが減少している（**第1－1－15図 (3)**）。

　我が国は既に人口が減少しており、資本ストックが減っても一人当たりの資本ストック（資本装備率）が減るとは限らない。しかし、資本装備率も2000年以降減少に転じており、主要先進国の中で最も低い水準となっている（**第1－1－15図 (4)**）。さらに、投資の低迷は、資本の平均年齢（ヴィンテージ）の上昇につながっている。1970年以降、G7諸国の資本ヴィンテージを試算[20]すると、我が国では1990年代半ばまでは積極的な投資を通じて相対的に低い水準で推移してきたが、1990年代半ば以降、投資が抑制される中で設備の老朽化が急速に進んだ結果、2019年時点ではイタリアを除いた他の5か国よりもヴィンテージが長くなっている（**第1－1－15図 (5)**）。こうした資本の老朽化は生産性を低下させることが指摘されている[21]。実際、資本ストックをGDPで除した資本係数（資本係数が低いほど少ない資本ストックで実質GDP（付加価値）を1単位生み出すため、資本生産性が高い）をみると、我が国は1990年代前半までは活発な投資がGDPの増加を生み出していたが、その後は、投資に比して実質GDPが伸びなかったため、資本係数が上昇し、1990年代以降G7諸国で最も資本効率が低くなっている（**第1－1－15図 (6)**）。また、企業会計ベースでの資産の効率性をROA（総資本利益率）を用いてみても、コロナ禍を経て1990年代と同程度の水準でとどまり、長期的にみて改善傾向とは言えない状況にある（**第1－1－15図 (7)**）。

　今後、新規設備の導入や既存設備の更新等を通じて資本の生産性を向上させていくことは喫

注
　(18)　企業がバブル崩壊後2000年代初頭にかけて新規借入を抑制し、キャッシュフローの範囲内で設備投資を行った背景についての詳細な分析は内閣府（2003）を参照。
　(19)　Productive Capital Stockとは、現在あるいは過去に生産された固定資産や在庫資産などの生産資産と、土地など自然に存在している非生産資産の蓄積や賦存量である資本ストックの、生産要素としての有用性や能力の測定量であり、資本による生産への貢献分を示すフロー量である資本サービスの源泉と捉えられる。詳細は内閣府経済社会総合研究所（2021）参照。
　(20)　資本のヴィンテージはベンチマーク・イヤー法に基づき、以下の計算式から算出した。
　　　　$Vt=\{(V_{t-1}+1) \times (K_{t-1}-R)+I_t \times 0.5\}/Kt$
　　　　Vはヴィンテージ、Kは資本ストック、Rは除却額、Iは設備投資額を指す。なお、ヴィンテージの水準は、初期年齢の設定によって大きく変わるが、長期間で推計を行った場合には推計開始時点の資本はほぼ置き換わっていると考えられることから、一定の比較可能性は得られると考えられる。
　(21)　詳しくは、Hagiwara and Matsubayashi（2019）参照。

緊の課題であり、実際、企業側も設備の入替えや省力化、IT化などを念頭に投資マインドが高まっている。また、官民での国内投資の機運醸成に向けて2022年12月に開催された「国内投資拡大のための官民投資フォーラム」においても、経済界から過去最高水準の設備投資見通しが示されており、引き続きこうした民間による積極的な投資の動きが続くことが期待される。

第1-1-15図　資本装備率、資本係数、資本ヴィンテージ

資本ヴィンテージが伸びている中、資本装備率、資本生産性は低水準で推移

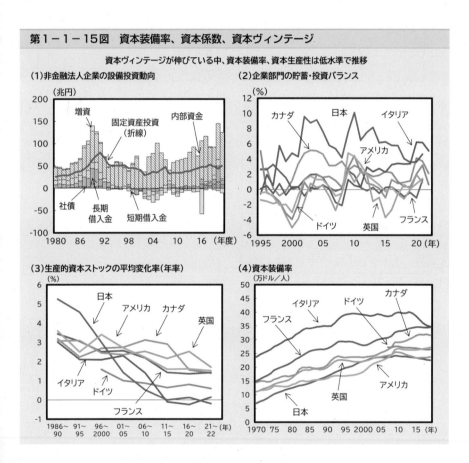

(1)非金融法人企業の設備投資動向

(2)企業部門の貯蓄・投資バランス

(3)生産的資本ストックの平均変化率(年率)

(4)資本装備率

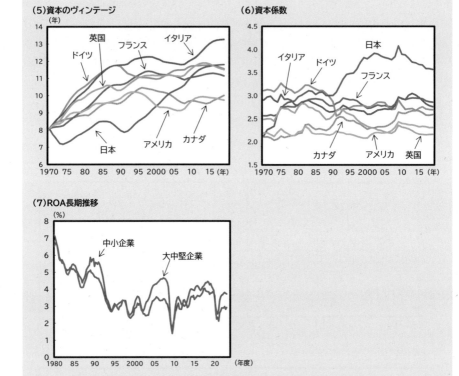

(5)資本のヴィンテージ

（年）

英国　フランス　イタリア

ドイツ

日本　アメリカ　カナダ

1970 75 80 85 90 95 2000 05 10 15（年）

(6)資本係数

イタリア　ドイツ　日本

フランス

カナダ　アメリカ　英国

1970 75 80 85 90 95 2000 05 10 15（年）

(7)ROA長期推移

（%）

中小企業　大中堅企業

1980 85 90 95 2000 05 10 15 20（年度）

（備考）1．財務省「法人企業統計年報」、「法人企業統計季報」、内閣府「国富調査」、IMF「Capital
Investment and Capital Stock Dataset」、OECD.Statにより作成。
2．（1）について、
増資＝（資本金＋資本準備金）調査対象年度中の増減額
短期借入金は受取手形割引残高を含む。
内部調達＝利益留保（利益準備金＋その他剰余金）＋引当金＋特別法上の準備金＋その他の負債（未払金等）＋減
価償却
固定資産投資＝有形固定資産投資（土地以外）＋無形固定資産投資＋土地投資
3．（5）の資本のヴィンテージは、内閣府「国富調査」（昭和45年）を参考に、1970年末のヴィンテージを各国一律
に8.1年と仮定して算出。
4．（7）は、後方4四半期移動平均。大中堅企業は資本金1億円以上、中小企業は資本金1千万円以上1億円未満の
企業。
ROA（総資本営業利益率）＝営業利益／総資本（＝負債＋特別法上の準備金＋純資産）

４　経常収支と海外需要の動向

　財輸出は生産、投資を通じて企業の経済活動に、原材料等の輸入は企業の生産に、消費財の
輸入は家計消費に直接関わる。また、サービス貿易もインバウンドやアウトバウンド、知的財
産権の利用やデジタル関連のサービス利用などが増加することで年々規模を拡大している。加

えて、海外子会社からの配当等の所得収支も企業収益の観点から欠かせない要素である。本項では、こうした活動に関わる経常収支や貿易の動向をみるとともに、長期的な我が国の輸出入の構造変化を確認したい。

●**経常収支は、貿易収支が赤字で推移するも、所得収支黒字の下、黒字基調で推移**

　まず、経常収支の動向を確認しよう。2022年以降の経常収支は、秋にかけて子会社の収益改善や円安方向への動きにより直接投資収益を中心に増加がみられ所得収支が改善したものの、資源価格等の上昇を背景とした貿易赤字拡大の影響が大きく、2022年10月には経常収支は103か月ぶりの赤字となった。しかし、それ以降は貿易収支の赤字幅が縮小したことや、サービス収支が改善することで、経常収支も黒字で推移している（**第1−1−16図 (1)(2)**）。

　貿易収支の動向について、貿易統計を用いて輸出入金額を数量要因と価格要因に分解して詳細にみると、輸入については、2022年以降は、原油やLNG，石炭等の鉱物性燃料の輸入金額が価格要因で大きく上昇する中、食料品、木材や鉄鋼、非鉄金属等の原料品、有機化合物や医薬品、プラスチック等の化学製品についても輸入物価の上昇や円安が進む中で価格要因が上昇することで輸入金額が伸びてきたが、2022年秋以降、鉱物性燃料中心に価格要因が縮小する中、全体としても輸入金額が減少している（**第1−1−16図 (3)**）（**付図1−2**）。輸出については、電気機器や化学製品は世界的な需要の減少の影響を受けて数量要因が減少しているが、輸送用機器、一般機械含めいずれも価格要因が上昇することで伸びている（**第1−1−16図 (4)**）（**付図1−3**）。

　サービス収支については、コロナ禍以降、旅行輸出がほぼ失われる中、赤字幅を拡大した状況で推移してきた。この間、知的財産権等使用料は黒字で推移した一方、再保険含む保険・年金サービスが趨勢的に拡大してきたことに加え、その他業務サービスもウェブ広告への支払増などを背景に赤字幅を拡大しており、全体としても2022年夏まで赤字幅が徐々に拡大してきた（**第1−1−16図 (5)**）。また、近年、輸入超過となっているデジタル関連サービス[22]の影響が大きい通信・コンピュータ・情報サービスや専門・経営コンサルティングサービス、著作権等使用料についても、ゲームのサブスクリプション利用料の増加もあって通信・コンピュータ・情報サービスの受取は増加しているものの、収支は赤字幅が拡大する傾向にある（**第1−1−16図 (6)**）。一方、2022年10月の水際対策の大幅な緩和以降、旅行収支が訪日外客数の回復等により改善している（**第1−1−16 (7)**）。

注　(22) 詳しくは、内閣府政策統括官（経済財政分析担当）（2023）第1章参照。

第1－1－16図　経常収支の動向

経常収支は、貿易収支が赤字で推移するも、所得収支黒字の下、黒字基調で推移

（1）経常収支の推移

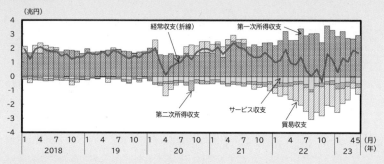

（2）第一次所得収支の推移

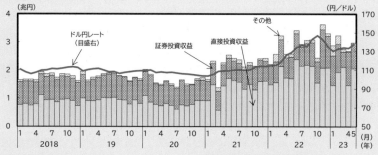

（3）輸入金額の要因分解（2022年）

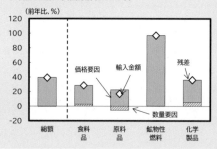

（4）輸出金額の要因分解（2022年）

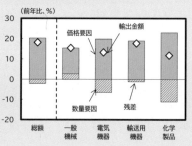

46

（5）サービス収支の動向

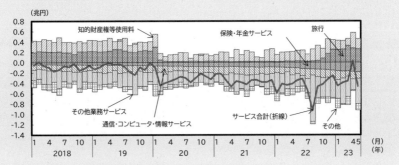

（6）デジタル関連サービスの収支動向

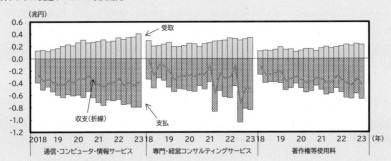

（7）訪日外客数の推移

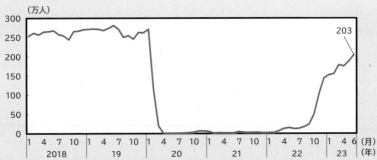

（備考）　1．財務省「貿易統計」、財務省・日本銀行「国際収支統計」、日本銀行「外国為替市況」、日本政府観光局（J
　　　　　　NTO）「訪日外客数」により作成。
　　　　　2．（1）（2）（5）（7）は季節調整値。（5）の内訳のうち季節調整済の公表値がないもの及び（7）は内
　　　　　　閣府による季節調整値。（6）は四半期、最新は2023年1～3月期。
　　　　　3．（2）のドル円レートは、インターバンク直物中心相場の月中平均。
　　　　　4．（5）の「その他」は、「輸送サービス」、「委託加工サービス」、「維持修理サービス」、「建設サービ
　　　　　　ス」、「金融サービス」、「個人・文化・娯楽サービス」、「公的サービス等」の合計。

第1章

●外需は、半導体需要が減少する中、自動車が持ち直すことで底堅い動き

　輸出数量の動向を地域や品目別にみていくと、2022年半ばから半導体市況が悪化する中で、半導体等電子部品を中心とする電気機器や半導体等製造装置を含む一般機械の輸出の減速、世界的な需要低迷の下での化学製品の輸出の減速等により、アジア向けを中心に弱い動きが続いてきた。2023年に入り、供給制約の緩和を背景に輸送用機器の輸出が持ち直すことなどで、輸出全体としても底堅さがみられる（第1－1－17図(1)）。特に中国向けは、2021年度にみられた5G向けの基地局需要などとみられる通信機輸出の剥落や、半導体市況悪化による情報関連財の輸出減、中国国内の感染再拡大に伴う生産や消費の停滞、電気自動車の普及等に伴う原動機や自動車関連財の輸出減により、大きく減少してきたが、自動車関連財は2023年に入って持ち直している（第1－1－17図(2)）（付図1－4(1)～(3)）。自動車輸出については、中国に限らず、アジア、アメリカ、EU向けのいずれも持ち直してきていること、半導体市況に底入れの兆しがみられ、半導体製造装置の減少も一服してきたことが、輸出全体として底堅い動きとなってきている背景として挙げられる（第1－1－17図(3)(4)）。

　輸入数量をみると、各地域からの輸入が2022年秋以降減少してきたが、2023年春以降、持ち直してきている（第1－1－17図(5)）。アジアからの輸入を地域別にみても、中国、NIES、ASEAN全ての地域で2022年秋以降減少し、2023年に入ってからはおおむね横ばいで推移してきている（第1－1－17図(6)）。アジアからの輸入を品目別にみると、医薬品やプラスチックを中心に化学製品が2022年冬から減少し続けている一方、機械機器は電話機や電算機類が減少することで2022年後半は減少してきたが、2023年以降はICや電算機類が持ち直す中で、全体としても持ち直していることがわかる（第1－1－17図(7)(8)）。アメリカからの輸入については、2022年はワクチンを除く医薬品を中心とした化学製品や、他地域からの輸入代替がみられた穀物などの食料、コロナ禍における航空機本体の輸入減などを背景として機械機器が減少し、全体としても大きく減少してきた。しかし、2023年に入り、原動機が持ち直す中で機械機器は下げ止まり、穀物類が春以降上向くことで食料品が反転し、化学製品も回復するなど、全体として持ち直しの動きがみられている（第1－1－17図(9)(10)）。

第1-1-17図 輸出入の動向

外需は、半導体需要が減少する中、自動車が持ち直すことで底堅い動き

(1)地域別の輸出数量指数
(2020年1月＝100、後方3か月移動平均)

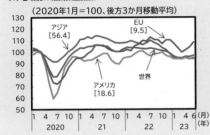

(2)中国向け輸出数量指数
(2020年1月＝100、後方3か月移動平均)

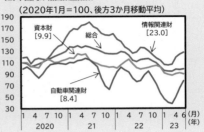

(3)自動車の地域別輸出数量
(2020年1月＝100、後方3か月移動平均)

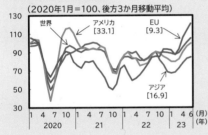

(4)半導体製造装置の地域別輸出数量
(2020年1月＝100、後方3か月移動平均)

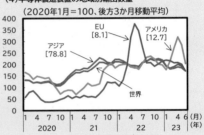

(5)地域別の輸入数量指数
(2020年1月＝100、後方3か月移動平均)

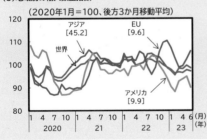

(6)アジアからの地域別輸入数量指数
(2020年1月＝100、後方3か月移動平均)

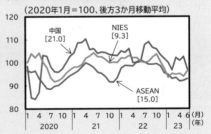

第1章

49

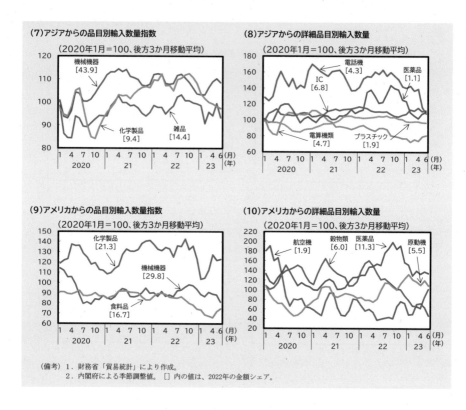

(7)アジアからの品目別輸入数量指数
（2020年1月＝100、後方3か月移動平均）
機械機器［43.9］
化学製品［9.4］
雑品［14.4］

(8)アジアからの詳細品目別輸入数量
（2020年1月＝100、後方3か月移動平均）
電話機［4.3］
IC［6.8］
医薬品［1.1］
電算機類［4.7］
プラスチック［1.9］

(9)アメリカからの品目別輸入数量指数
（2020年1月＝100、後方3か月移動平均）
化学製品［21.3］
機械機器［29.8］
食料品［16.7］

(10)アメリカからの詳細品目別輸入数量
（2020年1月＝100、後方3か月移動平均）
航空機［1.9］
穀物類［6.0］
医薬品［11.3］
原動機［5.5］

（備考）　1．財務省「貿易統計」により作成。
　　　　　2．内閣府による季節調整値。［　］内の値は、2022年の金額シェア。

● 我が国は近年、半導体等製造装置、建設用・鉱山用機械に強み

　世界の輸出に占める日本のシェアは、1990年時点で8.2％であったが、中国をはじめとするアジア諸国のプレゼンスが拡大する中で、2020年には3.0％へと低下している（第1－1－18図（1））。そこで、財貿易の長期的な動向をみた後、我が国の貿易上の比較優位とその変化を確認したい。

　この間の我が国の財貿易における構造変化をみてみよう。まず、輸出品目からみると、1990年には電気機器、一般機械、輸送用機器が約7割を占めていたが、電気機器と一般機械のシェアの低下を受け、2022年には約6割となった。一方、化学製品やその他のシェアが拡大している（第1－1－18図（2））。輸出先の変化をみると、1990年代には3割強だったアジア向けのシェアが、2022年には中国向けを中心に6割弱まで上昇し、アメリカ及び欧州向けが減少している（第1－1－18図（3））。

　次に、詳細品目の動向をみてみよう。まず、シェアが低下した電気機器の動向をみると、1990年代半ばにかけて半導体等電子部品を中心として電気機器のシェアが高まったが、2000年以降、半導体等電子部品やデジタルカメラ等の映像機器の輸出シェアが低下している（第1

－1－18図（4））。一般機械は、1995年以降、パソコン、モニター等からなる電算機類が減少することでシェアを下げている（第1－1－18図（5））。一方、化学製品の内訳をみると、2000年代半ばにかけて元素及び化合物やプラスチックがシェアを高めている（第1－1－18図（6））。これは、2000年以降、中国、NIES、ASEANがグローバルバリューチェーンにおいて台頭する中で、家電等の電化製品や半導体をこれらの国で製造し、その素材となる半導体用の樹脂等の化学製品を我が国から輸出する形でバリューチェーンが組み直されていった結果と考えられる。実際、電気機器は、我が国からの輸出シェアが減少する一方で我が国の輸入に占めるシェアは増加しており、具体的には半導体等電子部品、音響・映像機器に加え、近年ではスマートフォンが約6割を占める通信機の輸入が伸びている。こうした動きに伴い、中国をはじめとするアジアからの輸入が増加している（第1－1－18図（7）（8）（9））。しかし、バリューチェーンの棲み分けによる変化だけでなく、シェアを伸ばしている品目がある。具体的には、一般機械では建設用・鉱山用機械が2000年以降継続的にシェアを伸ばすとともに、半導体需要が世界的に高まる中で、半導体等製造装置が2015年以降急速にそのシェアを伸ばしている。また、化学製品では2010年代半ば以降に医薬品や製油・香料及び化粧品のシェアが高まっている[23]（前掲第1－1－18図（5）（6））。

　これらの品目について、我が国の比較優位の状況を測るため、顕示比較優位指数（RCA指数）をみてみよう。RCA指数は1を超えていれば、その品目について我が国は比較優位を有していると解釈できる。まず、高い輸出シェアで推移している輸送用機器はRCA指数が高水準を維持している。一般機械も電算機類の輸出減少があったものの、ブルドーザーやエキスカベーター（掘削機）といった品目からなる建設用・鉱山用機械や、半導体製造装置のRCA指数が高く、前者では近年さらに上昇している。一方、電気機器は2000年には1.6だったが、2021年には1.0と比較優位を失っており、化学製品は我が国における輸出シェアは伸びているもののRCA指数は1.0に止まっている（第1－1－18図（10）（11））。

　このように、我が国は中国をはじめとするアジアとの競争の中で、2000年以前は強みとしてきた電気機器等のシェアを落としながら、建設用・鉱山用機械や医薬品をアメリカ向けに、半導体製造装置や化粧品をアジア向けにといった形で、市場ごとにニーズを汲み取りながら、新たな強みを見つけて輸出を伸ばしている。我が国はこれまでもTPPや日EU・EPA、RCEPを締結するなど、関税協定に止まらない貿易・投資の幅広いルールを各国との間で整えてきた。こうして整えられた貿易環境を企業に有効活用してもらうための支援や、IPEFをはじめとした新たな枠組みのルール作りに積極的に関わりながら、企業が比較優位のある分野を切り拓き、海外展開しやすい環境を整えていくことが重要である。

注　(23) 特に医薬品はアメリカ向けが2014年は約720億円だったのが、2022年には4,120億円まで増加、製油・香料及び化粧品は中国向けが2014年には600億円だったのが、2022年には4,850億円まで増加している。

第1-1-18図 輸出入の構造変化

我が国は近年、半導体等製造装置、建設用・鉱山用機械に強み

(1)世界輸出金額に占めるシェア

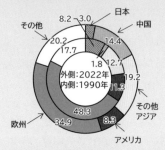

(2)輸出金額シェア(主要品目別)

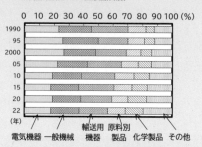

(3)輸出金額シェア(地域・国別)

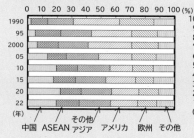

(4)輸出総額に占める割合(電気機器詳細)

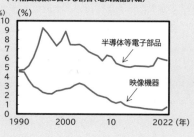

(5)輸出総額に占める割合(一般機械詳細)

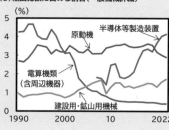

(6)輸出金額に占める割合(化学製品詳細)

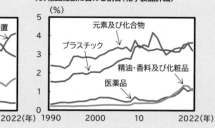

第1章

(7)輸入金額シェア(主要品目別)

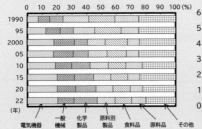

電気機器　一般機械　化学製品　原料別製品　食料品　原料品　その他

(8)輸入総額に占める割合(電気機器詳細)

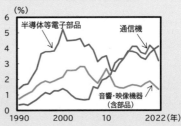

半導体等電子部品　通信機　音響・映像機器(含部品)

(9)輸入金額シェア(地域・国別)

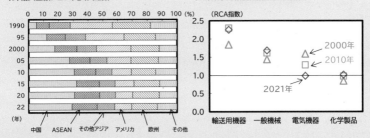

中国　ASEAN　その他アジア　アメリカ　欧州　その他

(10)顕示比較優位指数(主要品目)

(RCA指数)　2000年　2010年　2021年

輸送用機器　一般機械　電気機器　化学製品

(11)顕示比較優位指数(詳細品目)

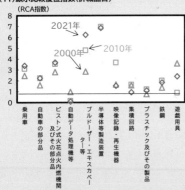

(RCA指数)　2021年　2000年　2010年

乗用車　自動車の部分品　ピストン式火花点火内燃機関及びその部分品　自動データ処理機等　ブルドーザー・エキスカベーター等　半導体等製造装置　映像記録・再生機器　集積回路　プラスチック及びその製品　鉄鋼　遊戯用具

(備考) 1. 財務省「貿易統計」、WTO、UN Comtrade database により作成。
　　　 2. RCA指数＝〔(A国のi財の輸出額／A国の総輸出額)／(i財の世界輸出額／世界総輸出額)〕。
　　　　 RCA指数が1を上回る品目は、輸出競争力があるとされる。
　　　 3. (7)(9)は鉱物性燃料を除く。
　　　 4. (10)の輸送用機器はHS86〜89、一般機械はHS84、電気機器はHS85、化学製品はHS28〜40を採用。
　　　 5. (11)の乗用車はHS8703、自動車の部分品はHS8707及びHS8708、ピストン式火花点火内燃機関及びその部分品はHS8407及びHS840991、自動データ処理機等はHS8471、ブルドーザー・エキスカベーター等はHS8429、半導体等製造装置はHS8486、映像記録・再生機器はHS8525、集積回路はHS8542、プラスチック及びその製品はHS39、鉄鋼はHS72、遊戯用具はHS9504を採用。

第2節　物価の基調的な動向と財政・金融政策

　本節では、2022年以降記録的な上昇を続ける消費者物価について、その動向の背景を分析した上で、デフレ脱却に向けて求められる経済環境を整理し、持続的な経済成長に向けたマクロ経済政策の課題を検証する。

1　2022年以降の物価上昇の背景と基調的な動向

　本項では、消費者物価上昇の背景として今般の物価上昇の起点とも言うべき輸入物価の動向やその国内企業物価への波及を分析した後、消費者物価の財・サービス別の動向を、欧米との比較も交えて分析する。さらに、デフレ脱却に向けた物価動向の評価について分析し、長期的にデフレや低インフレが続いてきた我が国の物価を取り巻く環境の現在地を確認する。

●輸入物価の下落に伴い、国内の企業間取引価格も上昇率を縮小

　原油をはじめとした国際商品の価格を円ベースでみると、2022年中頃までは多くの商品価格がロシアによるウクライナ侵略や円安方向への動き等の影響で上昇していたものの、急速な円安の進展の一服、世界的な景気減速による需要減少の予想、暖冬による欧州の天然ガス需要の低下に加え、ウクライナからの穀物輸出の再開などにより、2023年には多くの商品価格がコロナ禍前よりは高いものの、ウクライナ侵略前の水準まで低下している（**第1−2−1図(1)**）。国際商品価格の下落に伴い、輸入物価（円ベース）の前年比上昇率も、2022年秋以降低下している。特に、我が国の輸入物価は、資源価格によって変動が形作られており、2023年4月には、石油・石炭・天然ガスといった鉱物性燃料や、鉄鉱石や銅などの影響を受ける金属・同製品などの価格が寄与することで、総平均の前年比が2年2か月ぶりにマイナスとなった（**第1−2−1図(2)**）。

　こうした輸入物価の動向は、国内企業間の取引価格に影響を与える。特に輸入財の価格変動の影響を強く受ける国内財の企業間取引価格の動向を捉えた国内企業物価指数は、2022年12月には、1980年12月以来42年ぶりの上昇となる前年比10.6%となった。2023年に入ると、輸入物価を遅れて反映する形で石油・石炭製品、非鉄金属等が前年比で下落するとともに、鉄鋼も上昇幅を縮小させる中で、総平均の上昇率が低下している（**第1−2−1図(3)**）。他方、企業間のサービス取引の価格動向を捉えた企業向けサービス価格指数（除く国際運輸）は、財に比べれば低いものの、前年比上昇率は次第に高まっている。宿泊サービスの需要回復や人件費要因による専門技術者派遣サービスの高騰等により諸サービスが上昇したほか、物品価格の高騰によりリース・レンタルが上昇している。こうした背景により、2023年5月には、総平均（除く国際運輸）の前年比が、消費税の影響を除けば、1992年7月以来30年8か月ぶりの上昇となる前年同月比2.0%となった（**第1−2−1図(4)**）。

第１章

第１－２－１図　輸入物価と国内企業物価の動向

輸入物価の下落に伴い、国内の企業間取引価格も上昇率を縮小

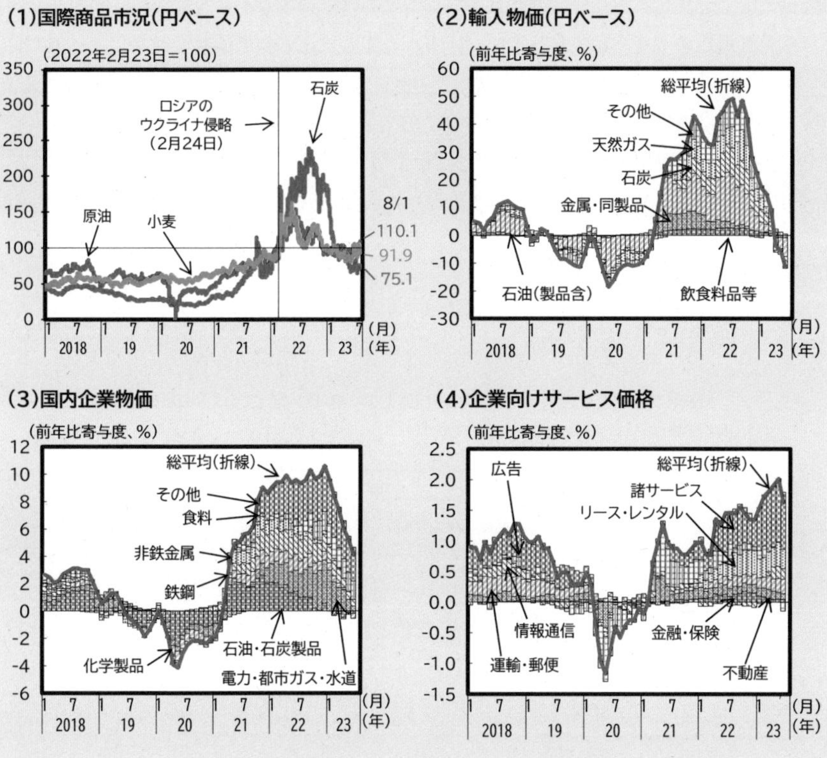

（1）国際商品市況（円ベース）

（2022年2月23日＝100）

ロシアの
ウクライナ侵略
（2月24日）→

石炭

原油　　小麦

8/1
110.1
91.9
75.1

７　７　７　７　７　７　（月）
2018　19　20　21　22　23　（年）

（2）輸入物価（円ベース）

（前年比寄与度、％）

総平均（折線）

その他

天然ガス

石炭

金属・同製品

石油（製品含）　　飲食料品等

７　７　７　７　７　７　（月）
2018　19　20　21　22　23　（年）

（3）国内企業物価

（前年比寄与度、％）

総平均（折線）

その他
食料

非鉄金属

鉄鋼

化学製品

石油・石炭製品

電力・都市ガス・水道

７　７　７　７　７　７　（月）
2018　19　20　21　22　23　（年）

（4）企業向けサービス価格

（前年比寄与度、％）

広告

総平均（折線）

諸サービス

リース・レンタル

情報通信

運輸・郵便

金融・保険

不動産

７　７　７　７　７　７　（月）
2018　19　20　21　22　23　（年）

（備考）Bloomberg、日本銀行「企業物価指数」、「企業向けサービス価格指数」により作成。

● **最終需要段階の物価は、輸入財の寄与が低下する中、国内財・サービスの寄与が上昇**

　企業が直面する財やサービスの物価を需要段階別に統合して集計したものとして、最終需要・中間需要物価指数（FD－ID指数）がある。FD－ID指数は、素材・原材料に最も近い段階であるステージ１（川上）から最終需要に最も近い段階のステージ４（川下）まで[24]の中間需要と最終需要に投入される財・サービスの価格で構成されており、企業間取引価格の転嫁の特徴をみることができる。

注　(24)　それぞれのステージに含まれる品目は例えば、ステージ１はアルミニウムなどの素材・原材料、ステージ２は電子回路などの部品、ステージ３はポンプ・圧縮機などの機械類、ステージ４は航空機などの卸売段階の製品から主に構成されている。

　一般的に、中間需要段階が川下になるにつれて前年比の変動率が小さくなるものの、その動きは川上から川下までおおむね連動している（**第1－2－2図（1）**）。2021年3月以降、原油・一般炭・液化天然ガスといったエネルギーの割合が高い川上の中間需要ステージ1や2の物価指数が大きく上昇し、それが転嫁される形で川下の物価指数も上昇してきた。2022年秋以降は、輸入財価格の下落を反映する形で、いずれの需要段階の物価指数も前年比上昇率が低下し、おおむね同程度の上昇率に収斂してきている。

　こうした中、最終需要の物価指数も2022年後半をピークに前年比上昇率が低下しはじめている。ただし、上昇率の低下は主に輸入財やエネルギー関連の国内財によるものであり、その他の国内財やサービスの価格は引き続き上昇している。2021年から始まった輸入物価の上昇に端を発した企業物価等の上昇が、小幅ながらも依然として川下の物価に波及し続けていることが確認できる（**第1－2－2図（2）**）。

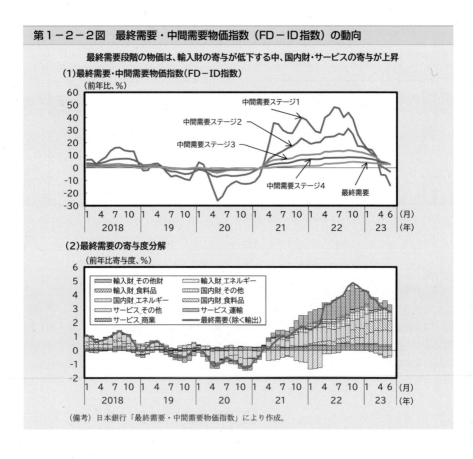

第1－2－2図　最終需要・中間需要物価指数（FD－ID指数）の動向

最終需要段階の物価は、輸入財の寄与が低下する中、国内財・サービスの寄与が上昇

（1）最終需要・中間需要物価指数（FD－ID指数）

（備考）日本銀行「最終需要・中間需要物価指数」により作成。

コラム 1-2　輸入物価の先行きの簡易推計

　輸入物価の動向を迅速に把握し、先行きを予測することが国内物価の今後の動向を見る上で重要となっている。我が国の輸入物価は石油・石炭・天然ガスといった資源や有機化合物などの素原材料、輸送用機器や資本財など多様な品目で構成されているが、実際に輸入物価のボラティリティを生んでいるのは主に資源価格であるため、資源価格のみに着目し、リアルタイムの輸入物価の推計や先行きを簡易的に予測する方法を考えてみよう。

　2020年基準の輸入物価では、「原油」のウェイトの約10％にとどまるが、原油価格が天然ガスの長期契約における調達価格の算定基礎となっているなど、資源価格全体との連動性が高いことから、原油のマーケット価格と為替の変動から輸入物価（総平均、円ベース）が予測できるか検討しよう。

　具体的には、1〜2か月前のドバイ原油のスポット価格に当月の為替レートを乗じて求めた円ベースの原油価格から予測する。我が国は原油の大宗を中東諸国から輸入しており、輸入物価の「原油」はドバイ原油のスポット価格と連動している。また、中東で産出された原油が値決めされてから、実際に我が国に輸入されるまでに船舶による輸送期間を挟むことから、ドバイ原油価格と輸入物価の原油価格にはラグが生じるため、1〜2か月前のスポット価格を用いる。実際に、円ベースの原油価格について、変化率の大きさを調整するなどした前月比を見ると、その変化は輸入物価（総平均、円ベース）とおおよそ連動していることがわかる（コラム1-2図（1））。さらに、この前月比を用いて指数やその前年比も予測することができる（コラム1-2図（2）（3））。

　ただし、特に2022年以降は原油以外の資源価格も急激に変動しているため、2022年以前よりも予測誤差が拡大している。そこで、輸入物価の品目のうち「原油」「液化天然ガス」、「一般炭」、「原料炭」、「鉄鉱石」、「銅鉱」に対応する商品市場の価格が実際に輸入価格に反映されるまでのラグを考慮した上で、それぞれの輸入物価のウェイトで加重平均することで、予測モデルに反映させる（コラム1-2図（4））。先と同様に、当月の為替レートを乗じて、変化率の大きさの調整等をした結果、「原油」のみの予測と比べて精度が高まった（コラム1-2図（5）（6）（7））。

　なお、この方法では輸入物価と資源価格のラグが最短1か月であるため、資源価格の月次平均値を用いると1か月先の輸入物価しか予測することができない。ただし、日次価格を平均するなどして、速報値の資源価格の月次平均値を用いれば、精度は落ちるものの予測期間を延伸することができる。品目数の追加等により予測精度の向上余地はあるものの、当該予測指数は物価の先行きを見る参考指標として一定程度有用であると考えられる。

コラム1－2図　輸入物価の先行きの簡易推計

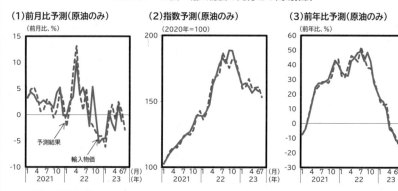

（1）前月比予測（原油のみ）

（前月比、％）

予測結果

輸入物価

（2）指数予測（原油のみ）

（2020年＝100）

（3）前年比予測（原油のみ）

（前年比、％）

（4）予測用の資源価格

輸入物価の品目名	輸入物価のウエイト	予測に使用する資源価格等	ラグ
原油	93.4	ドバイ原油先物	1か月前の2か月後方移動平均
液化天然ガス	56	ドバイ原油先物	3か月前の4か月後方移動平均
一般炭	19.5	オーストラリア一般炭先物	1か月前の4か月後方移動平均
原料炭	10.7	オーストラリア原料炭先物	1か月前の2か月後方移動平均*
鉄鉱石	16.4	中国鉄鉱石スポット価格	3か月前の3か月後方移動平均*
銅鉱	14.4	ロンドン銅現物	1か月前
為替		ドル/円	当月

＊2・5・8・11月の3か月ごとに変動し、それ以外の月は前月と同値。

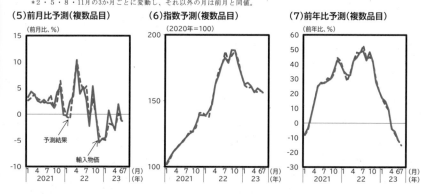

（5）前月比予測（複数品目）

（前月比、％）

予測結果

輸入物価

（6）指数予測（複数品目）

（2020年＝100）

（7）前年比予測（複数品目）

（前年比、％）

（備考）　1．日本銀行「企業物価指数」、Bloombergにより作成。
　　　　　2．予測に使用する資源価格等のラグは、各輸入物価の品目との相関が最大のものを選択している。

●**2022年以降の消費者物価の上昇はエネルギー、食料が中心**

　こうした中で、我が国の消費者物価は上昇率を高めており、2022年1月からのガソリン代や灯油代に係る激変緩和に加え、10月からの全国旅行支援も消費者による旅行商品の購入価格を下げることで消費者物価を低下させるなど、政策が上昇率を押し下げたものの、2023年1月には前年比4.2％と41年4か月ぶりの上昇率となった。2月には、電気・ガス代の激変緩和が消費者物価（コア）の前年比を1.1％ポイント引き下げたことで、コアの前年比は3.1％と低下したが、6月の消費者物価（コアコア）上昇率は、政策要因である全国旅行支援の影響を除くと4.4％と41年12か月ぶりの上昇となっている（**第1−2−3図（1）**）。

　物価上昇の内訳をみると、2022年はエネルギーと食料が中心となっており、2023年1月には両者で上昇率の約7割を占め、6月には食料だけで約3分の2となっている。2008年に原油価格の高騰で物価が上昇した時は、エネルギーと食料の寄与は約9割であったことから、今回の方が相対的に幅広い品目で物価上昇がみられる。一方、更に遡って、外生的なショックが相対的に小さかったと考えられる1990年の物価上昇率をみると、食料は3割弱寄与しているが、エネルギーは上昇率の8％しか占めておらず、教養娯楽や被服履物など幅広い品目で物価が上昇していた（**第1−2−3図（2）**）。このように、内生的に物価上昇が起きていた過去の時期と比べると、上昇している品目に依然として偏りがあることがわかる。

第1-2-3図　消費者物価の動向

2022年以降の消費者物価の上昇はエネルギー、食料が中心

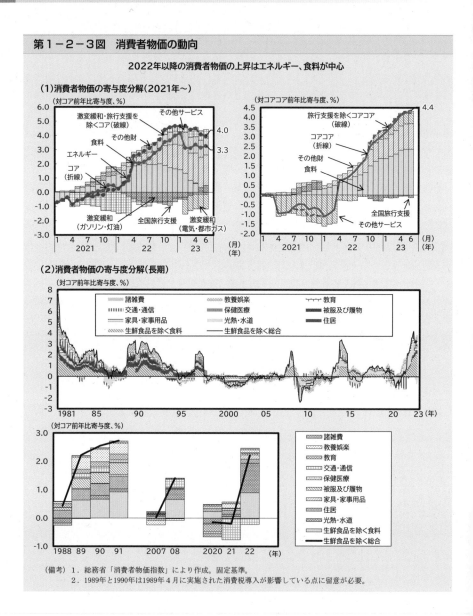

（1）消費者物価の寄与度分解（2021年～）

（2）消費者物価の寄与度分解（長期）

（備考）1．総務省「消費者物価指数」により作成。固定基準。
　　　　2．1989年と1990年は1989年4月に実施された消費税導入が影響している点に留意が必要。

● 財の物価は輸入物価の影響で上昇

　消費者物価の内訳をみると、食料品やエネルギー、家電等の工業製品等からなる財と、家賃や外食、一般サービス、公共サービス等からなるサービスがそれぞれ50％ずつを占める（第1

－2－4図（1））。しかし、財とサービスではその動きや背景が異なることがあるため、消費者物価の上昇の背景を把握する上で、財・サービス別に物価動向をみてみよう。

　消費者物価の生鮮食品を除く財の物価（以下「財物価」という。）は、海外から輸入する競合品や素材・部品価格の影響を受けることから、輸入物価との連動性が高い。そこで、財物価と輸入物価の上昇率を比較してみると、我が国では輸入物価の変動が財物価に反映されるまでには、調達や卸売に係る価格交渉過程や財の性格、市場の特性等による違いはあるものの、平均すると6か月程度のラグを伴って反映されている。そのため、2022年以降の消費者物価の上昇は、主に輸入物価の転嫁によるものと考えられ、我が国では、輸入物価と財物価の変動のラグや、輸入物価が2022年7－9月期にピークを越えたことを踏まえると、2023年夏以降、財物価上昇率は低下していくと見込まれる。欧米について両者の関係をみると、輸入物価と財物価の変動は、我が国同様に強く相関している。しかしながら、輸入物価の変動が財物価に反映されるまでのラグはそれぞれ0か月から2か月程度と短いだけでなく、その弾性値も我が国と比べて高い点に特徴がある（第1－2－4図（2）（3））。つまり、我が国では輸入物価の変動が消費者物価の財物価に転嫁されるのに時間が掛かるだけでなく、その転嫁率も欧米より低い傾向にある。言い換えれば日本では輸入コストを中間需要段階でより多く吸収しており、企業の賃金引上げや投資の余力を削っている可能性があることから、積極的な賃上げや投資促進に向け、一層の価格転嫁の促進が重要である。

　輸入物価のほか、一般的に物価に影響を与える要因として、需給の引き締まり度合いを示すGDPギャップや生産一単位当たりの労働コストであるULC（ユニット・レーバー・コスト）が挙げられる。これらと財物価との相関関係をみてみよう。コロナ禍前まではGDPギャップと財物価上昇率には一定の相関関係が確認できるが、2022年以降の財物価は、過去のGDPギャップとの関係からかい離する形で大きく上昇している（第1－2－4図（4））。また、同様に財物価とULCの上昇率については、2008年頃まではみられていた相関関係が、近年は明確ではない（第1－2－4図（5））。このように、我が国におけるこれまでの財物価の変動は、国内のマクロ経済環境が一定の影響を与える可能性はあるものの、輸入物価の変動が最も大きな決定要因であるといえよう。

第1-2-4図　財物価の動向

財の物価は輸入物価の影響で上昇

(1)財とサービスのウェイト

(2)財物価と輸入物価の推移(日米欧)

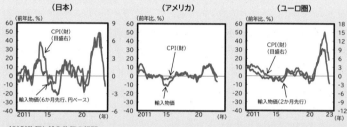

(3)財物価と輸入物価の相関

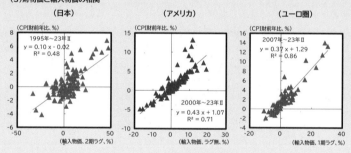

(4)財物価とGDPギャップの相関　　　(5)財物価とULCの相関

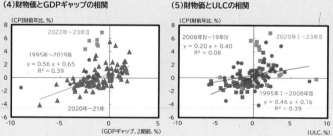

(備考)　総務省「消費者物価指数」、内閣府「国民経済計算」、日本銀行「企業物価指数」、アメリカ労働省、
　　　　Eurostatにより作成。

●サービスに関する物価はマクロ経済環境の影響を受けるが、関係は弱く硬直的

　次に、消費者物価のうち、サービスに関する物価（以下「サービス物価」という。）についてみてみよう。サービス物価は一般的に国内の需給や賃金コストの影響が強く、商品市況の影響を受けにくいため、変動が財と比べて小さく、物価のトレンドを形作るとされる[25]。2023年6月の我が国のサービス物価上昇率は1.8％と、財と比べると低く、アメリカの5.7％、ユーロ圏の5.4％と比べても低い（**第1－2－5図（1）**）。サービス物価の内訳をみると、家事関連サービスや教養娯楽サービスが一定程度前年比上昇率に寄与しているものの、コスト上昇を反映した食料品の値上がりを受けた外食サービスの値上がりが最も大きく寄与している。そのため、外食の影響を除いたサービス物価上昇率をみると1.3％と、更に緩やかな上昇ペースとなる（**第1－2－5図（2）**）。なお、家賃の前年比上昇率は０％近傍で推移しており、家賃の上昇がサービス物価の上昇に一定以上寄与している欧米と比べた我が国のサービス物価の粘着性の一因と言えよう。

　また、サービスに関する価格上昇品目の分布をみると、ゼロ未満の品目ウェイトが大きく減少している財と異なり、ゼロ以上の品目ウェイトが増加しているものの、依然としてゼロに多くの品目が集中している（**第1－2－5図（3）**）。

　こうしたサービス物価の動向の背景を把握するため、需給やULCとの相関関係をみてみる。財物価同様、1995年以降のGDPギャップを横軸に、サービス物価の前年比を縦軸にとると統計的に有意な関係がある。ULCについては、1990年代末から2000年代半ばにおいて、それ以前と比べ切片が切り下がるとともに相関関係が失われているが、リーマンショック以降は弱いものの再び相関関係が確認できる（**第1－2－5図（4）**）。このようにサービス物価では、需給のタイト化やULCの上昇の反映というマクロ環境と価格の健全な関係性が弱まっており、労務費等の適切な価格転嫁等を通じてこの関係性を取り戻す必要がある。また、需給が均衡した状況でもサービス物価上昇の持続性を確保するという観点からは、ULCが前年比プラスで推移し、増加している労務費が価格に転嫁されることで、安定的に物価が上昇していくことが重要である。

注　（25）例えば、Lane（2022）では、財の価格は貿易財の影響を受けやすいがサービスの価格は国内要因が価格決定に相対的に大きな役割を果たすこと、製造業の生産性向上がもたらす所得が相対的に高コストで生産性が低いが非貿易的なサービス分野の労働者にも分配されること、長期的に消費者物価総合とサービス物価のトレンドはおおむね一致していることなどから中長期の物価上昇のダイナミクスはサービス物価の上昇で代理できると指摘している。

第1−2−5図 サービス物価の動向

サービスの物価はマクロ経済環境の影響を受けるが、関係は弱く硬直的

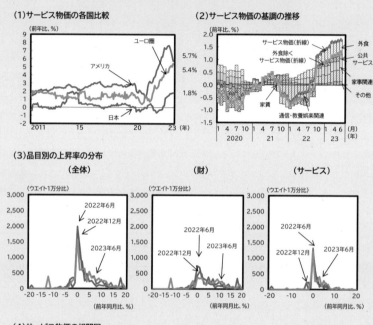

(1)サービス物価の各国比較

(2)サービス物価の基調の推移

(3)品目別の上昇率の分布

(全体)　　　　(財)　　　　(サービス)

(4)サービス物価の相関図

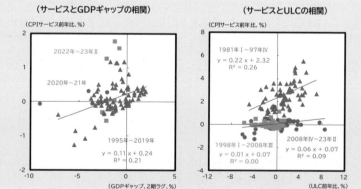

(サービスとGDPギャップの相関)　　(サービスとULCの相関)

(備考) 1. 内閣府「国民経済計算」、総務省「消費者物価指数」、日本銀行「企業物価指数」。
　　　　2. (2)は、政策等による特殊要因(Goto事業、2021年4月の通信料(携帯電話)下落、全国旅行支援等
　　　　　 による直接の影響)を除いた値。
　　　　3. (3)は生鮮食品及び帰属家賃を除く値。
　　　　4. (4)の回帰係数のt値は次のとおり。GDPギャップとの相関は1995年〜2019年:4.83、ULCとの
　　　　　 相関は1981年I〜1997年IV:4.71、1998年I〜2008年III:0.24、2008年IV〜2023年II:2.21。

●食料及びエネルギーを除く総合の上昇は緩やかだが、予想物価上昇率は高水準

消費者物価の基調をみる上で関連するいくつかの指標を併せて確認してみよう。

まず、欧米で消費者物価の基調的な動向をみる際に参照されることの多い、食料及びエネルギーを除いた総合の動向をみると、我が国ではこれまで低位で推移してきたものの、2022年半ばから上昇に転じた。上昇率が５％程度のアメリカやユーロ圏と比べると、緩やかな上昇にとどまっているものの、徐々に上昇率が高まっている（**第１－２－６図（1）**）。

次に、刈込平均値の動きをみる。刈込平均値は、消費者物価の品目別価格変動率の分布両端の一定割合（上下各10％）を機械的に控除して計算した平均値[26]であり、2022年９月に２％、12月には３％を超えるなど高い伸び率となっている（**第１－２－６図（2）**）。一方、価格上昇率の高い順にウェイトを累積して50％近傍にある値を示す加重中央値は1.4％、品目別価格変動分布において最も頻度の高い価格変化率である最頻値は2.9％となっている。品目別にみると価格が上昇している品目の割合は全体の８割を占めるなど物価上昇は広がっているものの、エネルギーや食料などの上昇率が高い品目がけん引する形で全体が押し上げられている様子がわかる。

また、消費者物価は消費者等による物価上昇予想の影響が大きいと欧米の研究では指摘されており[27]、実際、日本銀行も物価目標の達成に当たって、予想物価上昇率の動向を重視している。そこで、我が国の消費者の物価上昇予想をみると、５％以上と回答する者の割合が2023年２月に66.8％とピークを迎えたのち、若干低下しているものの同年７月時点でも依然として51.2％と高水準で推移している。また、消費者の物価上昇予想の平均値を加重平均して算出した予想物価上昇率も、2022年９月に４％に達して以降高止まりしている（**第１－２－６図（3）**）。

このように、価格が上昇している品目が増加し、物価上昇率も全体として高まっている中、消費者の物価上昇予想も高まっている。一方、引き続きサービスを中心に上昇率が低い品目が多く、物価の動向については強弱入り混じっているというのが実態といえよう。

注　(26) 変動率の両端を除くことで、例えば2022年末〜2023年初の鳥インフルエンザ流行による鶏卵価格の高騰、2023年２月支払分から適用された電気・ガス価格激変緩和対策事業といった特殊要因による上昇下落を取り除いた動向を見ることができる。
　　(27) 合理的期待形成を織り込んだ New Keynesian 型のフィリップスカーブでは、予想物価上昇率を含んだ定式化が一般的であり、例えば Gali and Getler（2000）においても、予想物価上昇率を含めた定式化の下で、フォワード・ルッキングな行動が物価動向をよく説明しているとの結果が得られている。

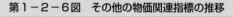

第1－2－6図　その他の物価関連指標の推移

食料及びエネルギーを除く総合の上昇は緩やかだが、予想物価上昇率は高水準

（1）各国の食料及びエネルギーを除く総合の推移

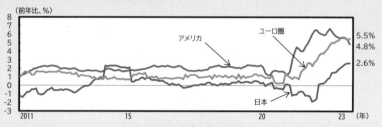

（2）CPI刈込平均等

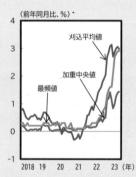

（3）消費者における物価上昇予想

①予想上昇率別の回答者割合

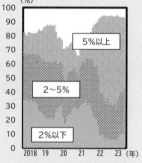

②予想物価上昇率

（備考）　1．総務省「消費者物価指数」、内閣府「消費動向調査」、日本銀行「基調的なインフレ率を捕捉するための指標」、アメリカ労働省、Eurostatにより経済財政分析担当にて作成。回答された予想物価上昇率について、上昇、下落ともに「2％未満」を1％、「2％以上～5％未満」を3.5％、「5％以上」を5％として、それぞれの回答者割合で加重平均した値。
　　　　　2．（1）は、各国の分類方法に差異があるため、食料に含まれる品目が厳密には一致しない。例えば、酒類及びたばこについては、日本・アメリカでは含まれているのに対して、ユーロ圏では除かれている。

● **GDPデフレーター、GDPギャップ、ULCいずれも持続性を確認する必要**

　消費者物価のコアコアが約40年ぶりの上昇率となっている状況に鑑みると、我が国はデフレを脱却したと言えないのだろうか（**第1－2－7図（1）**）。まず、デフレ脱却の定義を確認すると「『デフレ脱却』とは、『物価が持続的に下落する状況を脱し、再びそうした状況に戻る見込みがないこと』」、「その実際の判断に当たっては、足元の物価の状況に加えて、再び後戻りしないという状況を把握するためにも、消費者物価やGDPデフレーター等の物価の基調や背景を総合的に考慮し慎重に判断する必要がある。」とされ、背景として「例えば、需給ギャップやユニット・レーバー・コスト（単位当たりの労働費用）といったマクロ的な物価変動要

因」が例示されている[28]。デフレ脱却に向けた状況を確認する上で、様々な指標をみる必要があるが、まず、これまで分析してきた消費者物価に続いてGDPデフレーターの動向をみた上で、背景として、GDPギャップ、ULCの状況を併せてみていきたい。

　GDPデフレーターは、国内で生産された付加価値の価格であり、輸入物価による要因が控除されていることから、海外要因を除いた我が国の物価の実勢と言うこともできよう。2023年4-6月期は前年比3.4%と、前期から上昇率を高めた。内訳をみると、2022年半ばに上昇した輸入物価が国内物価へと徐々に波及することで、内需デフレーターの寄与度が2%台半ばとなる中で、秋以降に輸入物価上昇が一服したことを受けた輸入デフレーターによる押下げ寄与が縮小している（**第1-2-7図（2）**）。当面は、輸入デフレーターの前年比がマイナスで推移する一方、内需デフレーターは過去の輸入物価上昇がラグを伴って転嫁されていくことから、高めの上昇率で推移すると見込まれ、結果としてGDPデフレーター上昇を続けると見込まれる。しかし、こうした輸入物価の転嫁ラグによる上昇では、国内物価の基調が強くなったとは言えない点に留意が必要である。

　国内の経済社会活動が正常化に向けて進んだことで内需が緩やかに持ち直す中でGDPギャップは改善しており、2023年1-3月期にはマイナス0.7%となった。（**第1-2-7図（3）**）。推計結果は幅があり、GDPギャップがゼロの状態が厳密な需給均衡とは言えないが、GDPギャップのマイナスが解消に向かう中では、潜在成長率の引上げを伴う形での成長へ移行することが重要である。

　ULCの動向もみてみよう。2021年後半以降、賃金上昇によるULCの押上げ寄与も労働生産性上昇によるULC押下げ寄与も小幅に推移することで、ULCの前年比上昇率は小幅にプラスで推移してきたが、2023年4-6月期のULCは賃金要因が生産性要因を上回った結果、前年比0.7%上昇と2期ぶりのプラスとなった[29]（**第1-2-7図（4）**）。

　ここまで見てきたように、サービス物価の上昇率は依然として緩やかなペースの上昇となっており、物価を取り巻くマクロ環境をみると、現時点では、「物価が持続的に下落する状況を脱し、再びそうした状況に戻る見込みはない」という状況には至っていないものと考えられる。

注　(28)　内閣府参議院予算委員会提出資料「デフレ脱却の定義と判断について」（2006年3月）において、以下のとおり定義を示している。
　　　〇「デフレ脱却」とは、「物価が持続的に下落する状況を脱し、再びそうした状況に戻る見込みがないこと」
　　　〇その実際の判断に当たっては、足元の物価の状況に加えて、再び後戻りしないという状況を把握するためにも、消費者物価やGDPデフレーター等の物価の基調や背景[注]を総合的に考慮し身長に判断する必要がある。
　　　（注）例えば、需給ギャップやユニット・レーバー・コスト（単位当たりの労働費用）といったマクロ的な物価変動要因
　　　〇したがって、ある指標が一定の基準を満たせばデフレを脱却したといった一義的な基準をお示しすることは難しく、慎重な検討を必要とする。
　　　〇デフレ脱却を政府部内で判断する場合には、経済財政政策や経済分析を担当する内閣府が関係省庁とも認識を共有した上で、政府として判断することとなる。
　(29)　ULCは一単位の実質GDPの生産に要する名目雇用者報酬の額と定義される。実質GDPを雇用者で割ると労働生産性になり、名目雇用者報酬を雇用者で割ると一人当たり報酬になる。両者を労働時間で割ると、時間当たり労働生産性と時給の比ということになる。そこで4-6月期のULC上昇率を労働生産性要因と時給要因に分解すると、労働生産性の上昇がマイナスに寄与した一方、時給要因がプラスとなり、ULCは若干のプラスとなっている。なお、参考までに欧米の状況をみると、1-3月期のULCはアメリカが5.0%の上昇、ユーロ圏が5.7%の上昇となっており、いずれも我が国を大きく上回っている。

第1-2-7図　GDPデフレーター、GDPギャップ、ULCの動向

GDPデフレーター、GDPギャップ、ULCいずれも持続性を確認する必要

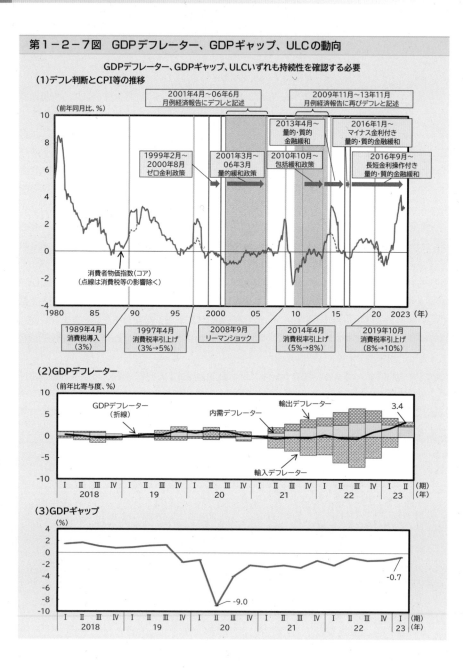

（1）デフレ判断とCPI等の推移

（2）GDPデフレーター

（3）GDPギャップ

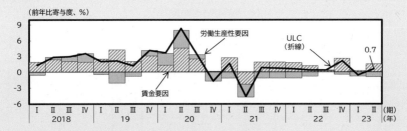

(4)ULC

（備考）1．総務省「消費者物価指数」、内閣府「国民経済計算」により作成。
　　　2．2019年10月の消費税増税時には幼児教育・保育無償化も行われており、（1）の点線はこれらの影響も除いている。
　　　3．GDPギャップ＝（実際のGDP－潜在GDP）／潜在GDPにより算出。
　　　4．SNAベースのユニットレーバーコスト＝名目雇用者報酬／実質GDP＝（名目雇用者報酬／労働投入）／（実質GDP／労働投入）により算出。

●物価は動き始めている

　マクロの動向だけでなくミクロの視点で個別の品目の動向を見ていくと、長引くデフレや低インフレの下で硬直化していた物価が動き始めていることも確認できる。例えば、消費者物価の対象となる各品目の価格の前年比上昇率の分布をみると、2023年6月時点で、ゼロ近傍の山の高さが低く、インフレ方向へとなだらかな勾配を描いている。前回物価上昇率が高まった2008年頃と比較しても価格上昇品目には広がりがみられ、内生的な物価上昇がみられた1990年頃の形状に近づいてきていることがわかる（**第1－2－8図（1）**）。

　また、品目ごとの価格改定頻度が高まると需給動向や原材料価格の変化等を相対的に速やかに店頭価格に反映させていくことが可能となることから、価格の粘着性が下がり、物価上昇率が高まりやすいと考えられる[30]。価格の粘着性の変化は、特売などの一時的な価格変化ではなく、定価の変動をみることで確認できる。そこで、小売物価統計から計測された前月からの価格改定頻度の推移をみると、財・サービスともに、特売などの「一時価格」に加えて定価に代表される「正規価格」の改定頻度も上昇しており、これまでの価格粘着的な状況が変わり始めていることがわかる（**第1－2－8図（2）**）。

　さらに、こうした物価上昇等の下、2023年の春闘では3.58％と、30年ぶりの賃上げ率となった。こうした賃金上昇が広範に生じ、これが適切な販売価格の改定へとつながれば、賃金と物価の好循環を実現し、所得増を生み出す成長と分配の好循環が実現すると見込まれる。今は、こうしたデフレ脱却に向けた動きが出てきている状況だと言えよう。

注　（30）渡辺・渡辺（2016）では、各企業の価格の更新頻度がフィリップス曲線の傾きを決める重要なパラメーターのひとつであり、各企業の価格更新という事象がポアソン過程に従って起きると仮定するCalvo（1983）の設定の下でフィリップス曲線を導出すると、その傾きは価格更新イベントがどれくらいの確率で起きるかによって決まるとしている。

第1-2-8図　デフレ脱却に向けた動き

物価は動き始めている

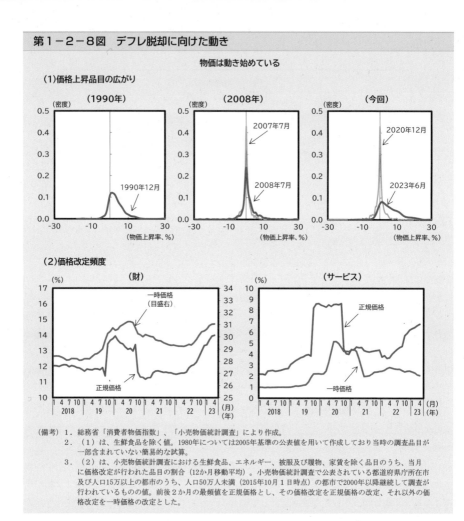

(1)価格上昇品目の広がり

（1990年）　（2008年）　（今回）

2007年7月
1990年12月
2008年7月
2020年12月
2023年6月

(2)価格改定頻度

（財）　（サービス）

一時価格
（目盛右）
正規価格
正規価格
一時価格

（備考）　1.　総務省「消費者物価指数」、「小売物価統計調査」により作成。
　　　　　2.　(1)は、生鮮食品を除く値。1980年については2005年基準の公表値を用いて作成しており当時の調査品目が
　　　　　　　一部含まれていない簡易的な試算。
　　　　　3.　(2)は、小売物価統計調査における生鮮食品、エネルギー、被服及び履物、家賃を除く品目のうち、当月
　　　　　　　に価格改定が行われた品目の割合（12か月移動平均）。小売物価統計調査で公表されている都道府県庁所在市
　　　　　　　及び人口15万人以上の都市のうち、人口50万人未満（2015年10月1日時点）の都市で2000年以降継続して調査が
　　　　　　　行われているものの値。前後2か月の最頻値を正規価格とし、その価格改定を正規価格の改定、それ以外の価
　　　　　　　格改定を一時価格の改定とした。

●**デフレ脱却により企業の売上が増加し、投資や賃上げ余力が拡大**

　デフレから脱却することは我が国経済にどのような意義があるだろうか。1990年代末から断続的に続いたデフレの弊害として、実質金利の高止まりによる成長機会の喪失や過度な円高の進行による価格競争力の低下、コスト削減圧力の高まりなどが指摘されている。この間、デフレの環境下では実質金利と名目金利は、原油価格が急騰した2008年前後を除いて、おおむね同程度で推移している（**第1-2-9図 (1)**）。特に、潜在成長率が低く推移する中で自然利

子率も同様[31]であることを考えると、デフレ下の実質金利は自然利子率を下回りにくく、投資を喚起して成長率を高めることが困難となっていた[32]。また、為替（ドル円レート）水準についても、2013年以降は、購買力平価からみると円安方向に振れて推移しているものの、それまでは、円高になる局面が多くみられる。我が国の物価上昇率が貿易相手国の物価上昇率よりも恒常的に低いことから、購買力平価自体が円高方向に推移してきたが、実際の為替レートはそれ以上に円高傾向となっており、輸出企業には大きな足かせとなっていた（**第1−2−9図 (2)**）。また、企業の売上高も景気変動に応じた上下動はあるものの、マクロ的なデフレ環境下において、販売価格が恒常的に下押しされていたことから、過去30年間、全く増加トレンドがみられず、投資や分配の原資が増加しなかった。すなわち、名目が増加しないことが成長制約になった状態である（**第1−2−9図 (3)**）。デフレ脱却は、こうした状況から脱することを意味する。また、購買力平価説に立てば、各国とインフレ率が同じになれば、為替レートがより安定すると見込まれる。為替レートが安定すれば、企業は先行きを見通した投資戦略を立てやすくなるだろう。さらに、一定の物価上昇が実現している市場経済であれば、名目売上高が増加することが常態化し、売上げの増加分で様々なリスクを吸収することができることから、コストカットの必要性が低下する。また、自社製品に対する価格下落圧力が弱まることからも、中間段階での様々なコスト削減圧力が弱まり、価格転嫁をしやすく、さらにはマークアップ率を高めやすい環境となり、企業の投資、賃上げの余力が高まることが期待できる。こうして、物価上昇や賃金上昇が常態化すれば、いずれもゼロ近傍で粘着的な状況と比べて価格や賃金に分散が生じ、相対価格・相対賃金が変化する下で、価格メカニズムによる生産要素の再配分機能が動き始め、効率的な資源配分に向かう。このようなデフレ脱却の意義に鑑みると、マクロ経済運営に当たっては、デフレ脱却に向けた芽を摘むことのないよう万全を期す必要がある。

第1章

注　(31) ＩＭＦ（2023）によると、日本の2015〜19年にかけての自然利子率はマイナスとなっていることが示唆されている。
　　(32) 内閣府（2021）では、デフレによる設備投資抑制が、実質金利の上昇を通じて発現することを踏まえ、実質金利を説明変数に加えた設備投資関数を推計し、有意な結果を得ている。

第1-2-9図　金利・投資動向と為替レート、企業の売上高

デフレ脱却により企業の売上が増加し、投資や賃上げ余力が拡大

(1)長期金利の推移

(2)為替レートと購買力平価

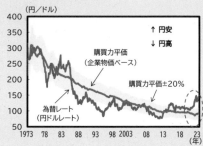

(3)企業の売上高の推移

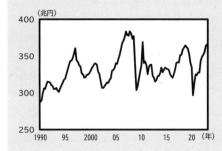

(備考)　1. Bloomberg、FRB「Federal Reserve Economic Data」、財務総合政策研究所「法人企業統計調査」により作成。
　　　　2. (3)は、季節調整値。

コラム 1-3　GDPギャップの推計とその見直し

　経済学では、経済社会において、ある財の需要が供給を上回る／下回る場合には価格が上昇／下落することで需要が調整され、需給が一致するという、価格変動による調整メカニズムが働いていると考えている。こうした見方は経済全体に対しても援用されており、一国の総需要と総供給も価格変動で一致すると考えているが、それには一定の時間を要するため、移行過程では需給には差が生じる。その差はGDPギャップと呼ばれる。GDPギャップは、上述のとおり、物価の基調的な動向を評価する上で重要な指標であり、デフレ脱却に向けた進捗をみる重要な指標の一つである。また、その背景となる潜在成長率は、中長期的な経済の成長力をみる重要な指標である。

　GDPギャップは、潜在GDPと実際に需要されたGDPとのかい離率で計算される。内閣府は、潜在GDPを「経済の過去のトレンドから見て平均的な水準で生産要素を投入した時に実現可能なGDP」と定義し、労働投入量（就業者数×労働時間）、資本投入量（資本ストック×稼働率）、全要素生産性（TFP）の3要素についてトレンド成分を抽出し、それを合成している（生産関数アプローチ）[33]。

　したがって、潜在GDPは、3要素の定義やデータ特性に依存して変化する。2020年以降、感染拡大防止のために政策的に経済活動を抑制してきたが、こうした非経済的な要因により、潜在GDPの推計に用いる各種経済指標の実績値は通常の景気循環とは異なる影響を受けていた。したがって、2020年4-6月期以降、潜在GDPの算出に用いる労働指標には暫定的な処理を施して推計を行ってきた[34]。

　2022年の後半以降は、経済社会活動が通常に戻りつつあり、2023年1-3月期には、労働時間や雇用人員判断DI等においても、コロナ禍の影響が大きかった対面サービス業も全産業と近しい動向を示すようになってきている（コラム1-3図（1））。データの蓄積が進んできたことや2023年5月には感染症の感染症法上の位置付けが変更されたことも踏まえ、暫定的な処理を見直すこととした。

　コロナ禍以降の労働指標の動向を確認すると、労働参加率は2021年まではおおむね横ばいで推移した後、2022年以降は再び上昇トレンドがみられ始めている。一方、労働時間については、コロナ禍における急激な落込みは解消されているものの、働き方改革の影響もあって、コロナ禍以前と比べて減少した水準で推移している（コラム1-3図（2））。

　これらを踏まえて推計を行うと、潜在GDPに対しては、潜在労働参加率の改定は押上げ要因、潜在労働時間の改定は押下げ要因となり、全体として下方改定された。その結果、2022年10-12月期のGDPギャップは、▲1.3％と、従来の公表値からマイナス幅が縮小した。2020年以降のGDPギャップのマイナス幅は縮小したが、緊急事態宣言が出された2020年4-6月期に大きく拡大した後、振れを伴いながらも縮小傾向にあることに変わりはない。（コラム1-3図（3））。

　なお、GDPギャップを始めとするマクロ経済全体の需給状況を捉える指標は、内閣府以外でも推計が行われており、我が国では、日本銀行によって「需給ギャップ」が公表されている[35]。内閣府のGDPギャップとの違いを整理すると、まず、ギャップを計測する対象が異なる。具体的には、内閣府は実際のGDPを潜在

（33）吉田（2017）。2023年5月に行った暫定的な処理の見直しについては小林他（2023）を参照。
（34）具体的には、労働参加率、労働時間のトレンドを2020年1-3月期の水準で一定との仮定を置いて推計していた。
（35）日本銀行の需給ギャップの推計手法については川本他（2017）を参照。

GDPと比較して推計しているためGDP全体の動きが反映されるのに対して、日本銀行は労働・資本といった投入要素の稼働率を、それぞれの潜在的な稼働率と比較、合成することで推計している。その結果、内閣府のGDPギャップは、日本銀行が捉えている資本や労働の投入量ギャップのみならず、「需要変動によって生じる生産性の動き」(TFPギャップ)も考慮されることになる。また、利用している基礎統計やトレンドの推計手法にも違いがある[36]。GDPギャップはOECDやIMFといった国際機関においても推計されている。OECDは、内閣府と同様、実際のGDPと潜在GDPを比較して推計している。IMFは、日本については日本銀行と同様に労働・資本の稼働率動向から推計しており、推計結果の水準に違いはあるものの、方向感についてはおおむね一致している[37](コラム1-3図(4))。

注　(36) 基礎統計の違いとしては、非製造業の稼働率について、内閣府では、実際の生産指数(第3次産業活動指数)を基に計算しているが、日本銀行では、短観の営業用設備判断DIの推移を基に計算している点などが挙げられる。また、トレンドの推計手法の違いとしては、労働投入量のトレンドについて、内閣府では、コロナ禍での期間の影響を取り除いて推計しているが、日本銀行では、そうした処理を行っていない点などが挙げられる。
　　(37) OECDの推計手法についてはChalaux and Guillemette (2019)、IMFの推計手法についてはPanth and Kang (2023) を参照。また、各国の政府機関等においても推計が行われており、アメリカ連邦準備制度理事会、アメリカ議会予算局、欧州委員会などでは、内閣府、OECDと同様に実際のGDPと潜在GDPを比較する手法が採用されている (川本他 (2017))。

コラム1-3図　GDPギャップの推計とその見直し

（1）産業別労働時間・雇用人員判断DIの推移

① 雇用人員判断DI

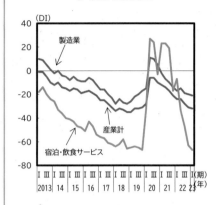

② 総実労働時間（一般労働者）

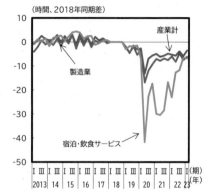

（2）労働参加率・労働時間の推移

① 労働参加率

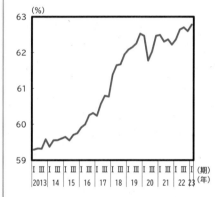

② 労働時間

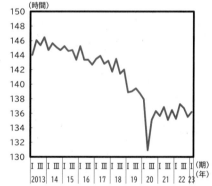

（3）潜在GDP・GDPギャップの新旧比較
① 潜在GDPと実質GDP
② GDPギャップ

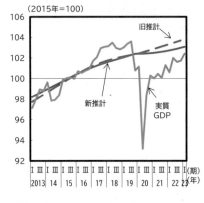
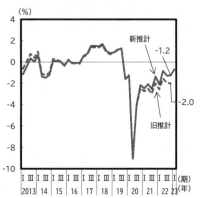

（4）各機関が推計するGDPギャップ

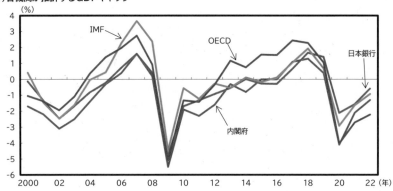

（備考）内閣府「国民経済計算」、総務省「労働力調査（基本集計）」、厚生労働省「毎月勤労統計調査」、日本
　　　銀行「全国企業短期経済観測調査」、ＩＭＦ「World Economic Outlook」、ＯＥＣＤ「Economic
　　　Outlook」により作成。労働参加率は、月次の季節調整値から算出。潜在ＧＤＰ、ＧＤＰギャップは2023年
　　　１－３月期四半期別ＧＤＰ速報（２次速報）等に基づく試算値。

2 安定的な物価上昇と金融政策

　ここまでみてきたように、物価を取り巻くマクロ環境は依然として力強さを欠くものの、デフレではないという状況が続いている。また、ミクロの動向に目を移すと物価が動き始めている様子もうかがえる。こうした中で、デフレ脱却後を見据えた金融政策と財政政策の進め方が当面の課題となる。本項では、過去10年の金融政策を振り返った上で、デフレに後戻りしないと考えられるマクロ経済環境の条件と金融政策の方向性について整理したい。

●物価目標の達成に向け、世界でも大規模な金融緩和を推進

　過去10年間、我が国は世界でも大規模な金融緩和を進めてきた。2013年1月に、デフレからの早期脱却と物価安定の下での持続的な経済成長に向けて政府及び日本銀行の政策連携を強化し、一体となって取り組むこととした「政府・日本銀行の共同声明」を公表し、消費者物価上昇率2％の「物価安定の目標」を設定した。同年4月には「量的・質的金融緩和」を導入し、その後、2016年1月にマイナス金利、同年9月にはイールドカーブ・コントロール（以下「YCC」という。）やオーバーシュート型コミットメント、2018年7月にはフォワードガイダンス導入等を実施してきた。

　この間、2013年6月には消費者物価は前年比プラスに転じ、2014年の消費税率引上げ後の2015年半ばに再び下落に転じたが、2017年以降再びプラスで推移している。予想物価上昇率についても、量的・質的金融緩和導入後の2013年以降高まった（第1-2-10図(1)）。年限別の国債利回りについてみると、量的・質的金融緩和導入後、長期金利を中心に下落を続け、イールドカーブは低位で安定している（第1-2-10図(2)）。このように実質長期金利が低水準で推移する中、新規貸出の増加を伴って設備投資も拡大した（第1-2-10図(3)）。また、金融機関（預金取扱機関）の資産構成も貸出債権が増加するとともに株式などのリスク性資産が増加するなど、一連の金融政策は一定の効果があったと言えよう（第1-2-10図(4)）。

第1-2-10図 消費者物価と金融市場の動向

物価目標の達成に向け、世界でも大規模な金融緩和を推進

(1)CPI前年比と予想物価

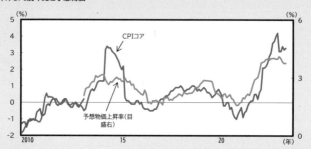

(2)長短金利の推移

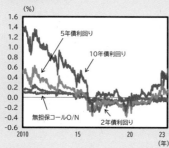

(3)実質長期金利、投資資金、設備投資の推移

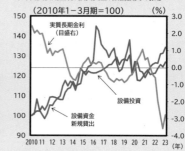

(4)金融機関のポートフォリオ

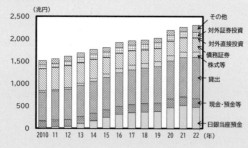

(備考) 1. 内閣府「消費動向調査」、総務省「消費者物価指数」、Bloomberg、日本銀行「貸出先別貸出金」、「資金
循環統計」、内閣府「国民経済計算」により経済財政分析担当にて作成。
2. (1) の予想物価上昇率について、上昇、下落ともに「2％未満」を1％、「2％以上〜5％未満」を
3.5％、「5％以上」を5％として、それぞれの回答者割合で加重平均した値。消費動向調査において2013
年4月から郵送調査への変更等があったため、それ以前の訪問留置調査の数値と不連続が生じている。
3. (3) について、設備投資は国民経済計算の民間企業設備、名目季節調整値。設備資金新規貸出は内閣府に
よる季節調整値。いずれも国民経済計算の四半期デフレーター原系列「民間企業設備」にて実質化。実質長
期金利は、10年物国債利回りを消費者物価指数の「生鮮食品を除く総合（税抜き）」にて実質化。

●金利の変化は分配を通じて経済主体別に与える影響が異なる

　今後、デフレからの脱却が確実なものとなれば、金利も広く上昇していく可能性がある。

　名目金利の変動は、各経済主体間の所得分配にそれぞれ異なる影響を与える。そこで、過去の金利変動が各経済主体に与えた影響についてみてみよう。家計部門では、受取金利が2010年代半ば以降ほぼ横ばいで推移してきた。一方、支払金利は、借入れの大宗を占める住宅ローンが2000年代前半は固定金利型が多かったこともあり、金利低下がマクロの支払金利に波及するのに時間を要したが、変動金利型の増加の影響もあり、2010年代を通じて徐々に低下してきた。その結果、収支は2010年代後半にかけてマイナス幅が徐々に縮小している[38]（**第1−2−11図**）。

　次に、金融法人部門をみると、金利低下の影響で貸出金利や国債利回りが下がることで受取金利が減少したものの、預金等の支払金利の低下幅の方が小さいため、1990年代以降黒字幅が継続的に縮小している。非金融法人部門は負債を減らす一方で、運転資金や設備投資資金に係る借入金利が継続的に下落することで収支が改善し、近年は黒字で推移している。政府部門は、債務残高は増加しているが、既発債が低い表面利率で発行された新発債に置き換わっていくことで実効金利が徐々に低下していき、利子の受け払いに係る収支が改善している。このように、金融政策は金利の変化を通じて各経済主体間の利子所得の分配に影響を与えている。

　金利が上昇した場合、ラグはあるものの基本的にはこれまでと反対の動きが起こると想定される。つまり、貯蓄超過主体である家計部門は、総じてみれば受取利子が支払利子を上回ることで収支が改善する。しかし、資産負債の保有状況は世帯によって多様であり、多額の資産を有する世帯がいる一方、資産に比べて変動型の住宅ローン等の金利上昇に敏感に反応する負債を多く保有する世帯もあり、後者では金利上昇で収支が悪化する。非金融法人企業部門は、全体としては、借入れを大きく減らし、貯蓄超過となっており、また受取金利が借入金利を上回っているため、借入金利の上昇の影響は限定的である可能性がある。しかし、上述のように、企業の長期借入金は規模を問わず増加傾向にあり、企業ごとに見れば金融資産に比して借入れを増やしている企業もあることから、収支への影響も異なってこよう。金融法人は、預貸スプレッドの改善がある一方、保有債券の価格下落による損失も見込まれ、収支への短期的な影響はマイナスとなる可能性がある。政府部門は、発行債券の満期構成によって支払金利が次第に上昇し、利払費が増加して収支の悪化が見込まれる。このように、分配面を通じた経済への影響については、部門ごとに違うだけでなく、世帯ごと、または企業ごとにも異なってくるため、きめ細かくみていく必要がある。

第1−2−11図　経済主体別の金利変化の影響

金利の変化は分配を通じて経済主体別に与える影響が異なる

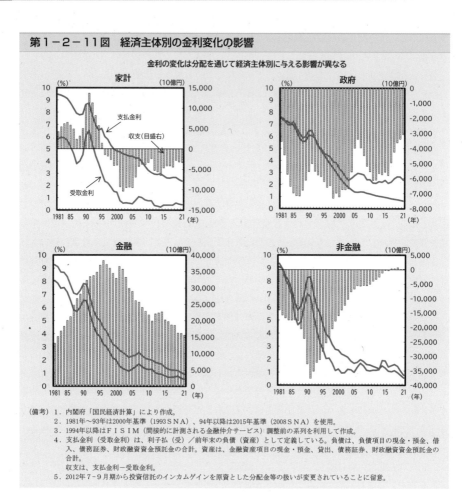

（備考）　1．内閣府「国民経済計算」により作成。
　　　　2．1981年〜93年は2000年基準（1993ＳＮＡ）、94年以降は2015年基準（2008ＳＮＡ）を使用。
　　　　3．1994年以降はＦＩＳＩＭ（間接的に計測される金融仲介サービス）調整前の系列を利用して作成。
　　　　4．支払金利（受取金利）は、利子払（受）／前年末の負債（資産）として定義している。負債は、負債項目の現金・預金、借入、債務証券、財政融資資金預託金の合計。資産は、金融資産項目の現金・預金、貸出、債務証券、財政融資資金預託金の合計。
　　　　　収支は、支払金利−受取金利。
　　　　5．2012年7−9月期から投資信託のインカムゲインを原資とした分配金等の扱いが変更されていることに留意。

●物価の基調は海外要因や政策要因等の短期的な影響を除いて判断

　物価の基調をみるには、輸入コスト増や政策要因といった物価の短期的な振れを除いた消費者物価の動向をみること、賃金が継続的に上昇しそれが適正な価格転嫁を伴って物価に波及していることを確認する必要があると考えられる。

　第一に、消費者物価の動向については、2023年夏以降、2022年秋までの輸入物価上昇による消費者物価への上昇圧力は弱まると考えられるが、累次の物価対策によって講じられた措置の終了等により、前年比で上昇率が高まることが見込まれる品目がある。具体的には、2022年2月から実施されている燃料油価格激変緩和対策事業は徐々にその規模を縮小しながら2023年9月で終了予定であり、電気・ガス価格激変緩和対策事業は1月使用分から9月使用

分まで実施することとされている。そのため、これらが9月で終了すれば、その後、消費者物価の前年比を上昇させる方向に寄与する。その他、全国旅行支援も同年6〜7月頃までを目途とする予算措置終了後はその押下げ寄与がなくなり、事業開始から1年後の2023年10月以降は前年比で上昇に寄与することが見込まれる。また、これに加えて、同年6月から適用が開始された電気の規制料金の値上げについても、6月以降、消費者物価の上昇要因となる（**第1−2−12図**）。

このように、2023年後半の消費者物価は、輸入財由来の上昇圧力が剥落することで下押しされる一方、10月、11月には2022年度第二次補正予算等による政策効果が剥落することで押し上げられるなど、消費者物価の総合やコアをみているだけでは、物価の基調的な動向が見えにくいため、物価の基調判断に当たっては、これらの要因を除いて考えることが必要である。こうした観点から、輸入物価の影響を受けにくく、主に国内需給や賃金によって変動するサービス物価を政策による特殊要因を除くベースで確認することが重要となる。

第1−2−12図　2023年度の消費者物価に影響を与える政策要因

物価の基調は海外要因や政策要因等の短期的な影響を除いて判断

政策要因	時期	CPIへの寄与度
ガソリン・灯油激変緩和	2022年1月〜23年9月	−0.1%ポイント〜−0.7%ポイント
電気・都市ガス激変緩和	2023年2月〜10月 （10月は支援の幅を縮小）	−1.0%ポイント〜−1.1%ポイント （10月は−0.5%ポイント）
電気・都市ガス激変緩和の前年の裏	2024年2月〜10月 （10月は影響縮小）	1.0%ポイント〜1.1%ポイント （10月は0.5%ポイント）
再エネ賦課金の値下げ	2023年5月〜24年4月	−0.3%ポイント
電気代の規制料金値上げ	2023年6月	＋0.2%ポイント

（備考）　1．総務省「消費者物価指数」、経済産業省ウェブサイト、Bloomberg、各社のプレスリリースにより作成。
　　　　　2．ガソリン・灯油価格の激変緩和事業は、ガソリン価格・灯油価格に応じて補助金額が変化するため、月によってCPIへの寄与度が異なる。
　　　　　3．電気代の規制料金値上げは、2023年5月16日開催「物価問題に関する関係閣僚会議」の資料に掲載の数値に基づいた試算値。値上げを行う7社の規制料金の契約者が毎月30A・400kWhの電力量を使用していると仮定したときの値（託送料金の値上げ分を除く）。
　　　　　4．電気・都市ガス価格の激変緩和事業は、1月使用分から9月使用分まで実施され、その後継続されなかった場合の試算。

●マクロ経済環境としては賃上げの影響・継続性を確認する必要

第二に、2023年4月以降の賃金動向とそれが物価に与える影響をみることが重要である。30年ぶりの高水準となっている春闘の賃上げが、雇用者全体の賃金に広く波及し、適切なマークアップを確保した下で販売価格に転嫁されれば、物価が上昇する。今後、賃金が継続的に上昇していく中で、企業による賃金上昇分の販売価格への適切な転嫁が定着することでサービス物価が持続的に上昇し、ひいては財物価も含めた消費者物価が、実質賃金の上昇を伴う形で安

定的に上昇することが、「デフレに後戻りしない」という意味でのデフレ脱却への移行には重要となってこよう。その際、賃金上昇による家計所得の増加が消費の増加を生み出し、企業売上の増加を通じて次の賃上げ原資を生み出していく。こうした賃金と物価の好循環が、需要増と適切な分配を通じて連続的に波及していくマクロ経済環境を整えていくことが求められている。

３ 財政健全化と潜在成長率向上への取組

　政府と日本銀行の共同声明において、デフレからの早期脱却と物価安定の下での持続的な経済成長に向けて、政府及び日本銀行の政策連携を強化し、一体となって取り組むこととしている。本項では、感染拡大以降の財政政策と財政の現状を振り返る。

●コロナ禍と物価高騰対策で一般会計歳出で総計141兆円の補正予算を編成

　感染拡大以降、緊急事態宣言やまん延等防止措置等が経済活動を制約する中で、2020年度の実質GDPは前年度から4.1%減少し、GDPギャップもマイナス4.4%となったことに加え、資源価格の下落もあり、消費者物価上昇率もマイナスに転じた。こうした中、政府は、感染拡大防止策に加え、家計や企業への直接的な給付金、公共投資等の需要喚起を伴う経済対策を取りまとめた。2020年4月には25.7兆円を計上した2020年度第一次補正予算が、同年6月には31.9兆円の第二次補正予算が成立した。2021年1月にはワクチン接種体制の整備等を含む感染拡大防止策、デジタル・グリーン社会の実現等のポストコロナに向けた経済構造の転換のための施策、「防災・減災・国土強靱化のための5か年加速化対策」などからなる15.4兆円の第三次補正予算が成立した。2021年度も断続的に感染拡大防止を意図した経済活動の抑制が続く中で、感染対応等に加え、ウィズコロナ下での経済社会活動の再開に向けた支援、経済安全保障や人への投資等を含む36.0兆円の2021年度補正予算が2021年12月に成立した。

　2022年度に入ると、ウィズコロナが進展する一方で、物価上昇が国民の生活や事業活動に与える影響が懸念されるようになった。このため、2022年5月に原油価格・物価高騰等緊急対策として2.7兆円の2022年度第一次補正予算を、物価上昇が一層加速するとともに世界的には金融引締めが続き海外景気の下振れリスクが懸念される中で、同年10月には物価高・円安への対応、構造的な賃上げ、成長のための投資と改革を重点分野とした「物価高克服・経済再生実現のための総合経済対策」を取りまとめ、12月には28.9兆円の2022年度第二次補正予算が成立した。

　このように、3年間の補正予算においては、128兆円の国債発行を伴って141兆円を措置するという前例のない規模の補正予算によって、国民生活や雇用・事業を守り、我が国経済を下支えしてきた（**第1-2-13図**）。

第１－２－13図　コロナ禍の補正予算の推移

コロナ禍と物価高騰対策一般会計歳出で総計141兆円の補正予算を編成

（単位　億円）

		一般会計歳出	国債発行額
令和２年度	第１次補正予算	256,914	256,914
	第２次補正予算	319,114	319,114
	第３次補正予算	154,271	223,950
令和３年度	第１次補正予算	359,895	220,580
令和４年度	第１次補正予算	27,009	27,009
	第２次補正予算	289,222	228,520
令和２年度～４年度補正予算合計		1,406,425	1,276,087

（備考）財務省ＨＰの毎年度の予算フレーム・決算により作成。

●累次の補正予算は政府消費、公共投資を通じて経済を下支え

　補正予算に限らず、各種政府支出は、経済的な性質の違いに応じて波及経路は異なるものの、GDPを増加させる。

　第一に、防災・減災関連施策の多くはGDP統計上の公的固定資本形成としてGDPを直接押し上げるとともに、周辺産業を含めて雇用を生むことで需要も喚起するなど、支出額以上の経済効果（乗数効果）を生み出すことが期待される[39]。GDP統計上の公的固定資本形成には独立行政法人による投資や研究開発投資等が含まれることから、国の一般会計決算上の公共事業関係費や地方普通会計決算上の投資的経費とは必ずしも一致しないが、おおむね沿った動きをしている[40]（第１－２－14図（1））。公共事業関係費の予算と決算をみると、2021年度以降は東日本大震災復興特別会計予算による支出が縮小する一方で、5か年加速化対策に基づき、補正予算で2020年度に1.65兆円、2021年度及び2022年度にそれぞれ1.25兆円が措置されたこと、それらに加え、0.7兆円台半ばの公共事業関係費が措置された。（第１－２－14図（2））。

　第二に、政府最終消費支出[41]もGDPを直接押し上げる。コロナ禍においては、政府最終消費支出のうち特に中間投入が大きく増加していたが、これは政府・自治体による新型コロナウイルスワクチンや医薬品の購入、臨時の療養施設の調達等をはじめとする様々な感染症対応に関する費用が多く支出されたことが寄与している。また、現物社会移転が2021年度に大きく上昇しているが、これは医療費の増加やワクチン接種費用が計上されたことなどによるものであ

注
(39) 内閣府「短期日本経済マクロ計量モデル（2022年版）の構造と乗数分析」によると、名目公的固定資本形成を名目ＧＤＰの１％相当額だけ継続的に拡大した場合、初年度の名目ＧＤＰを1.14%増加、3年目には1.52%増加させるとの分析結果が示されている。
(40) ここでは、比較対象をできるだけ揃えるため、中央政府・地方政府別に、公共事業関係費・投資的経費に含まれる土地の購入代をＧＤＰ統計の総固定資本形成に加えた系列と、公共事業関係費や投資的経費を比較している。
(41) 政府最終消費支出は公務員等の給与である雇用者報酬、政府が支払う消費税等が含まれる生産・輸入品に課される税、保有資産の価値の減少分である固定資本減耗、医療・介護費のうち保険給付分や教科書の購入、保育所などの公費負担分などからなる現物社会移転、政府が一般的に行う消費財の購入などの中間投入等で構成される。

る。このように、感染症対応に関する費用等は政府最終消費を2019年度対比で約10兆円増加させたことがわかる（**第1－2－14図 (3)**）。

　第三に、GDP統計上は移転や給付として計上されることが多い、いわゆる補助金や助成金の影響が挙げられる。2020年度、2021年度の政府から家計や企業への移転の2018年度差はそれぞれ36.3兆円、22.1兆円であり、2019年度と比較して大規模となっている（**第1－2－14図 (4)**）。家計や企業への現金給付や激変緩和措置、サプライチェーンの強靭化等の補助金は、政府が直接的に消費や投資といった形で最終需要を生み出すものではない。しかし、これらは経常移転や社会給付等として家計や企業へ移転され、各々の所得を増加させる、あるいは、各々が購入する財・サービスの価格を市場評価より低下させることで、実質的に所得を増加させる。その結果、個人消費や設備投資といった最終需要の増加にもつながりうる。

　コロナ禍以降の家計の可処分所得の推移をみると、2020年4－6月期に家計の雇用者報酬等が減少する一方、全世帯向け給付金を含むその他の経常移転が増加している。また、2021年10－12月期及び2022年1－3月期には、住民税非課税世帯や子育て世帯向けの給付金等を含む現物社会移転以外の社会給付の受取が増加している。これらの結果、家計の可処分所得は、2019年10－12期に比べておおむねプラスの水準を維持してきた（**第1－2－14図 (5)**）。

　他方、この間は行動制限などもあり、可処分所得の増加がただちに消費に回ったわけではない。家計貯蓄率は、2020年4－6月期には21.4％と上昇し、その後もコロナ禍前より高水準で推移してきた。2022年度に入り消費者物価の上昇ペースに雇用者報酬の増加が追い付かない中にあっても、家計は貯蓄率を低下させることで実質消費を増やしているが、貯蓄率はおおむね2015年から2019年の平均的な水準に戻ったところであり、コロナ禍での超過貯蓄が今後消費に回ることが期待される（**第1－2－14図 (6)**）。一連の経常移転は企業所得も下支えしている。非金融法人企業の可処分所得の変動の内訳をみると、2020、21年度は、経済活動が制限されたこともあり、営業余剰が大きく減少したが、雇用調整助成金や持続化給付金、休業補償等を含んだその他の経常移転が増加し、減少を緩和している（**第1－2－14図 (7)**）。

第1章

第1-2-14図　補正予算と政府消費の動向

累次の補正予算は政府消費、公共投資を通じて経済を下支え

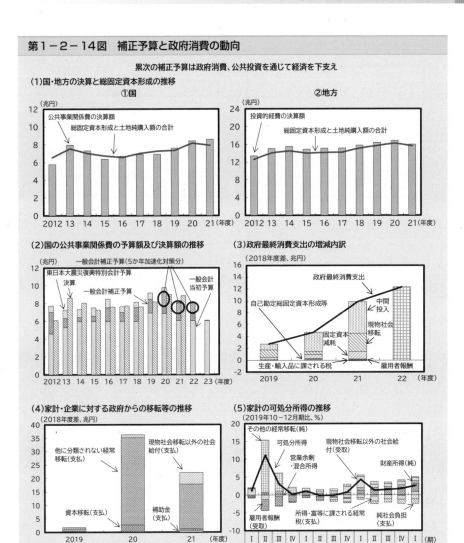

(1)国・地方の決算と総固定資本形成の推移

①国 ②地方

(2)国の公共事業関係費の予算額及び決算額の推移

(3)政府最終消費支出の増減内訳

(4)家計・企業に対する政府からの移転等の推移

(5)家計の可処分所得の推移

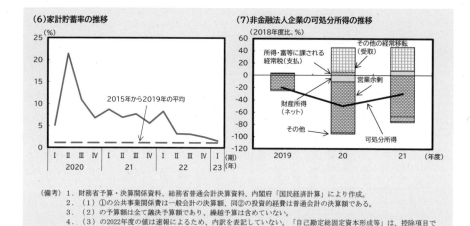

（6）家計貯蓄率の推移

（7）非金融法人企業の可処分所得の推移

（備考）　1．財務省予算・決算関係資料、総務省普通会計決算資料、内閣府「国民経済計算」により作成。
　　　　　2．（1）①の公共事業関係費は一般会計の決算額、同②の投資的経費は普通会計の決算額である。
　　　　　3．（2）の予算額は全て議決予算額であり、繰越予算は含めていない。
　　　　　4．（3）の2022年度の値は速報によるため、内訳を表記していない。「自己勘定総固定資本形成等」は、控除項目である「自己勘定総固定資本形成」及び「財貨・サービスの販売」の合計値である。
　　　　　5．（5）（6）は、季節調整済み系列。
　　　　　6．（7）の「その他」は、「その他の社会保険非年金給付（支払）」、「その他の経常移転（支払）」及び「雇主の帰属社会負担（受取）」の合計値である。

●財政出動によって基礎的財政収支赤字対GDP比が拡大し、債務残高対GDP比は上昇

　一方、歳出拡大によって基礎的財政収支赤字は拡大し、債務残高対GDP比は上昇した。一般会計の動向をみると、当初予算段階で消費増税に伴う臨時・特別の措置が講じられた2019年度と2020年度においては、100兆円を超える予算となった。感染症対応もあり2021年度及び2022年度はコロナ対応の予備費を当初予算で5兆円ずつ計上した結果、予算がさらに増加した。なお、2023年度は、114.4兆円となるなど4年間で当初予算は約12.9兆円[42]増加している（第1－2－15図（1））。一方、歳入面をみると、19年10月の消費税率の引上げに加え、好調な企業収益による法人税収増などもあり、税収は、2019年度の57.4兆円から2023年度当初予算では68.5兆円と増加している[43]。これらの収支の結果、前年度剰余金の繰入れなどもあるものの、当初予算の国債発行額は35.6兆円と高水準で推移している（第1－2－15図（2））。

　政府における財政健全化目標は国・地方の基礎的財政収支と債務残高対名目GDP比に関して設定されている。まず、基礎的財政収支の動向をみると、一般会計の歳出入の動き同様、税収が増加する中、その他の経常移転、現物社会移転以外の社会給付、政府最終消費支出といったコロナ禍・物価高騰下において補正予算で措置された項目のマイナス寄与が拡大している（第1－2－15図（3））。債務残高対名目GDP比は、基礎的財政収支の赤字の増加が債務残高の増加に寄与し続けており、2020年度以降は予算規模が拡大する中で基礎的財政収支の寄与がさらに高まっている。2023年度について、当初予算を基にした試算[44]によると、基礎的財政

注　（42）臨時・特別の措置を含まない予算額と比較した場合、約15.0兆円増加している。
　　（43）税収は印紙収入を除く一般会計税収。
　　（44）内閣府「中長期の経済財政に関する試算」（2023年7月25日）

収支赤字の寄与は縮小するものの、引き続き増加方向にあり、名目GDP成長率の高まりによる下落寄与と相殺する形で、債務残高対名目GDP比は2022年度から2023年度にかけて横ばいで推移すると見込まれている（**第1－2－15図（4）**）。感染症が5類に移行し、経済社会活動の正常化が進むことで今後感染症対応に関連する支出は減少していくことが見込まれ、輸入物価上昇による外生的なコスト上昇圧力も剥落していく中、物価高騰への対応についても、影響を受けやすい低所得世帯や中小企業にはきめ細やかな目配りをしつつ、激変緩和対策による直接的な財政支援から、物価上昇に見合った賃金上昇といった、民間部門での主体的な対応が進んでいくことが期待される。こうしたことを踏まえると、マイナスのGDPギャップが縮小していく中で、財政政策についてもこれまでの緊急時の生活支援や需要喚起といった段階から、少子化対策や民間投資を誘発するような中長期的な成長に資する分野へのメリハリをつけた財政支出としていくことが求められる。

第1-2-15図　債務残高対GDP比と基礎的財政収支の動向

財政出動によって基礎的財政収支対GDP比が悪化し、債務残高対GDP比は大きく増加

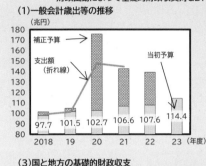

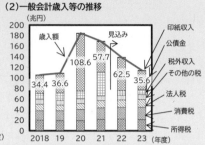

(1)一般会計歳出等の推移

(2)一般会計歳入等の推移

(3)国と地方の基礎的財政収支

(4)国・地方の債務残高の寄与分解

(備考) 1. 財務省HPの毎年度の予算フレーム・決算、内閣府「国民経済計算」、「中長期の経済財政に関する試算」(2023年7月公表)により作成。

2. 「中長期の経済財政に関する試算」は復旧・復興対策及びGX対策の経費及び財源の金額を含んだベースを使用。
債務残高(GDP比)の変動については以下の式により要因分解した。

$$\frac{B_t}{Y_t} - \frac{B_{t-1}}{Y_{t-1}} = i_t \times \frac{B_{t-1}}{Y_t} - g_t \times \frac{B_{t-1}}{Y_{t-1}} + \frac{PB_t}{Y_t}$$

さらに名目GDPを実質GDPとGDPデフレーターに分解した。

$$\frac{B_t}{Y_t} - \frac{B_{t-1}}{Y_{t-1}} = i_t \times \frac{B_{t-1}}{Y_t} - (rg_t + d_t) \times \frac{B_{t-1}}{Y_t} + \frac{PB_t}{Y_t}$$

B:債務残高、Y:名目GDP、PB:基礎的財政収支、i:名目利子率(当期利払費/前期債務残高)
g:名目GDP成長率、rg:実質GDP成長率、d:GDPデフレーター伸び率、利払費要因:金利変動と債務残高変動の両方に起因する要因、基礎的財政収支要因:国と地方の基礎的財政収支に起因する要因、実質GDP要因:実質GDPの増減に起因する要因、GDPデフレーター要因:GDPデフレーターの増減に起因する要因。また、上記のような要因分解式を用いるため、債務残高系列は、以下のものを用いた。
1994年度:「国民経済計算」による国と地方の負債残高。
1995年度～2021年度:1994年度の値に、それ以降の「純貸出(+)/純借入(-)」の累積を加算した値。
2022年度～2023年度:2021年度の値に、それ以降の「中長期の経済財政に関する試算」の財政収支の累積を加算した値。

●相対的に満期が短い債券発行が増加する中、金利上昇の影響が大きくなる可能性

　発行年限別に国債の発行額をみると、2013年度～19年度にかけては、1年以下の短期債は全体の19.2％から16.7％へと徐々に低下、2年～10年債についても2013年度の61.3％から2019年度には55.6％と割合を下げており、一方で、20年～40年債の比率は2013年度の14.6％から2019年度には16.7％となるなど、長期金利が低水準で推移する中、超長期債の割合が高まっていた。しかし、コロナ禍においては、2020年度は1年以下の短期債が全体の38.9％を占め、2023年度も国債発行計画（当初予算ベース）で26.6％とコロナ禍以前に比べると高水準にある（第1－2－16図）。現状、普通国債の平均残存年限（発行残高ベース）は2023年3月末時点で9年2か月と長期化しているが、短期債の割合が高くなると、外生的な要因での債券価格変動の直接的な影響を受けやすく、借換えリスクに直面しやすい。また、金利上昇がより速やかに政府部門の実効金利を上昇させることで、利払費の増加ペースが早まると考えられる。利払費の増加は債務残高対名目GDP比の悪化要因であり、債務残高対名目GDP比を安定的にコントロールするためには、基礎的財政収支の改善に加えて、金利変動の影響を受けにくいよう、国債の年限構成について、需給バランスをみながらコロナ禍で増加した短期債の割合を減少させていくなど、適切に管理していくことも重要となってくる。

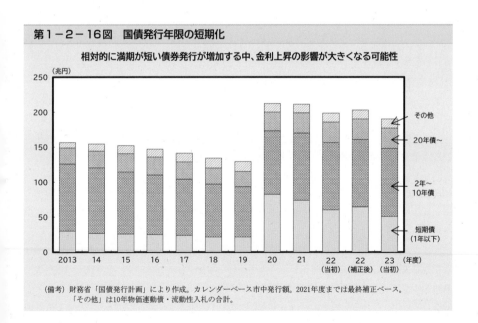

第1－2－16図　国債発行年限の短期化

（備考）財務省「国債発行計画」により作成。カレンダーベース市中発行額。2021年度までは最終補正ベース。「その他」は10年物価連動債・流動性入札の合計。

89

第3節　本章のまとめ

　我が国では長くデフレから脱却できず、すう勢的な人口減少と相まって、企業による我が国の経済成長についての予想が低下することで投資が抑制され潜在成長率が低下し、これが一層の成長期待の低下につながるという悪循環を招いてきた。デフレ脱却に向けた動きが出てきた今、マクロ経済運営に当たっては、物価動向や賃金動向に加え、賃金上昇が消費増を通じて企業所得を増加させ、更なる投資や継続的な賃金上昇につながっているか、また、労務費等の適正な転嫁を通じた物価上昇への好循環が起動し、持続しているか、細心の注意を払って確認していく必要がある。

　2022年以降の我が国経済は、経済社会活動の正常化が進む下、サービス消費を中心に緩やかな回復を続けてきた。サービス消費は、コロナ禍前の水準を取り戻しつつある一方、テレワークの定着により、平日の外食消費や定期券による交通利用が減少する一方で、コンテンツ配信は増加するなど構造変化が生じている可能性がある。また、財消費をみると、主要な家電は巣ごもり需要を経て買い替え時期を迎えておらず、弱い動きが続く可能性がある。他方、明るい材料もある。まず、感染症の5類への移行により、経済社会活動が抑制されることなく回復を続けられる環境が整った。また、30年ぶりの高水準の賃上げは、家計の可処分所得の増加を通じて消費増につながることが期待され、今後の自律的で持続的な回復を後押しすると考えられる。自動車は、半導体等の部材供給不足の影響が緩和されたことで生産が増加しており、買い替え時期を迎えている登録台数が多いことから、こうした所得増の下で販売増が続くことが期待される。

　また、企業部門の強い投資意欲も需要を支えることが期待される。日銀短観による2023年度の設備投資計画では、2022年度の7.4%増から更に12.4%増加する計画が示されている。ただし、長期的にみると、我が国では設備投資キャッシュフロー比率が低下し、資本の老朽化が進む中で資本の生産性が停滞しており、積極的に能力増強やIT化、省力化投資などを進め、生産性を高めていくことが喫緊の課題といえよう。

　我が国経済は足元では緩やかな回復が続いているが、今後、コロナ禍後の経済社会を民需主導の自律的・持続的な回復軌道に乗せていくためには、経済の供給面、すなわち潜在成長率を高めていくことが重要となる。

　潜在成長率の引上げには、生産性の低い資本ストックを更新するとともに、成長分野における投資を拡充し、人手不足を解消する省力化投資を加速することにより、資本投入の寄与度を高めていくことが重要となる。設備投資の決定要因の一つが我が国の経済成長に対する企業の期待[45]であり、これを高めるには、まず実際の成長率を引き上げることが必要である。成長率を引き上げるためには、企業の積極的な投資意欲を後押しする必要があり、重点分野での大胆

注　(45) 詳細は、内閣府（2022）を参照。

な投資拡大に向けて、政府が長期的なビジョンを提示し、呼び水となる官の投資について複数年度でコミットするとともに、規制・制度措置の見通しを示すことで、民間の予見可能性を高め、民間投資を誘発するなど、持続的な成長を支える投資環境を整えることが重要である。

　また、労働投入の寄与については、女性や高齢者の就業者数・就業時間には増加の余地があると考えられる。そのための具体策については、第2章で詳述する。加えて、生産性の継続的な上昇もまた、成長期待の向上を通じて、その後の更なる投資などにつながることから、持続的な成長にとって重要である。人的資本や研究開発といった無形資産への投資や情報化資産への投資に加え、スタートアップ支援や新陳代謝の活性化策などが、今後の生産性の持続的な向上に寄与すると考えられる。これらについては、第3章で詳述する。

　潜在成長率の上昇は、財政状況の改善にも資する。名目GDPの増加を通じた税収増や、名目GDP自体が増加することで、基礎的財政収支対名目GDP比の赤字幅や政府債務残高対名目GDP比も改善させる。現下の日本経済は、コロナ禍から脱し、平時の経済に向かいつつあり、財政による生活・事業支援や需要不足補填という段階は終わりに近づいている。海外経済の下振れリスクなどを注視しながら、設備投資や人的資本投資、少子化対策などの供給力の上昇に資する分野を中心とした財政支出へとメリハリをつけるなど、潜在成長率の向上に向けた取組を進めていくという視点が重要である。

　過去四半世紀の我が国経済にとっての最も大きなチャレンジがデフレ脱却である。本章で議論してきたように、マクロ経済環境をみると依然としてデフレ脱却したとは言えない状況にあるものの、今まさに、我が国の物価や賃金が動き出しつつある。今般の物価上昇の起点は輸入物価上昇によるコストプッシュであり、物価高騰が家計や企業にとって一定の負担となっていることは事実である。しかし、こうした物価上昇を契機として、消費者の物価上昇予想が高まり、ゼロに張り付いてきた価格が動き始めることで、デフレ脱却に向けたチャンスが訪れていることを見逃してはならない。デフレからの脱却は、企業の売上が増加し、賃金に適切に分配される中で、物価や金利が需給を調節し、価格メカニズムを通じて資源の効率的な再配分を達成する、正常な経済の姿を取り戻すという点で大きな意味を持つ。そのため、政府は、日本銀行と緊密に連携し、物価に加え、賃金や企業収益といった分配面も含め、マクロ経済環境をよく注視しながら経済運営に当たっていく必要がある。これにより、長らく続いたデフレマインドを払拭し、成長期待を高めることで、デフレ脱却に確実につなげていく必要がある。

第1章

第2章

家計の所得向上と
少子化傾向の反転に向けた課題

第2章　家計の所得向上と少子化傾向の反転に向けた課題

　家計の所得向上は、我が国における景気回復の持続力の向上を実現するための最重要課題の一つである。我が国の実質賃金は1990年代以降主要先進国と比較して伸び悩んできた[1]。2022年以降は、ロシアによるウクライナ侵略等をきっかけとした物価上昇が実質賃金の大きな下押しとなっている。こうした中で、家計の所得向上に向けては、生産性の改善等を通じた実質賃金の上昇に加えて、潜在的に存在する就労ニーズを実現に結び付けることが重要である。さらに、家計の資産形成を後押しすることにも、将来不安の軽減と個人消費の活性化の両面から経済の好循環を下支えする効果が期待される。

　また、少子化は我が国が直面する、最大の危機である。少子化のスピードは加速し、2022年の出生数は過去最少の約77万人となった[2]。急速な少子化は、人口減少を加速化させており、少子化・人口減少に歯止めをかけなければ、活力ある経済社会を維持することは難しい。こうした中で、政府は経済的支援の拡充を第一の柱に据えた少子化対策を進めていくこととしている。

　本章では、こうした状況を踏まえて、家計の所得向上を実現し、少子化の流れを反転させる上で検討すべき論点を分析対象とする。第1節では、家計の所得向上に向けて、労働所得・金融資産所得の両面から、各施策により期待される効果や課題を整理した。第2節では、少子化の進行によるマクロ経済への影響を分析するとともに、少子化が進行する背景について結婚や出産に経済環境が及ぼす影響という視点から分析し、必要な対策を考察している。第3節は、まとめである。

第1節　家計の所得向上に向けた課題

　本節では、家計所得の現状を概観し、合わせてその向上に向けた課題を確認する。家計の主な稼得経路である労働所得については、賃金とその決定要因である労働需給や労働生産性との関係を確認する。次に、労働生産性を改善し、賃金を引き上げるための論点として自発的な労働移動の効果と促進・阻害要因を分析する。さらに、雇用者全体の勤労から得られる総雇用者所得を引き上げるための論点として、副業・兼業を希望する者による本業以外での追加的な労

注　(1)　内閣府（2022）の第2−1−5図を参照。
　　(2)　「令和4年人口動態統計月報年計（概数）の概況」を参照。

働、女性や働く意思・体力のある高齢者の活躍を促すために必要な課題も整理する。最後に、家計にとっての労働所得以外の稼得経路である資産所得については、我が国家計の資産保有構成を確認した上で、「貯蓄から投資」を推進することにより期待される効果を分析する。

■1 労働需給と賃金の動向

　本項では、足下で企業の人手不足感が高まっていることを踏まえて、労働需給や生産性と賃金の間の長期的な関係性や、足下の変化について考察する。

●労働需給の引き締まりにより、賃金には上昇圧力が生じてきた

　2023年の春闘では、2022年の堅調な企業業績に加えて、物価高に直面する雇用者への配慮や、深刻化する人手不足への対応など様々な要因によって約30年ぶりの高い賃上げとなった。景気回復を持続させるためには、こうした賃上げを一過性のものにとどめずに、来年以降も構造的に高い賃上げを実現していくことが重要である。特にコロナ禍からの回復を受けて企業の人手不足感は高まっており、今後の賃上げの流れを後押しすることが期待される。そこでまず我が国の賃金と労働需給の関係性から、足下の動向を整理する。

　賃金の基本的な決定要因の一つとして、労働市場における需給が挙げられる。労働需給が引き締まれば賃金上昇率が高まるという関係性は、賃金版フィリップスカーブと呼ばれている。労働需給の緩み（スラック）を示す指標としては、有効求人倍率や就業率など複数の指標が存在するが、ここでは完全失業率を採用する。我が国の過去30年の完全失業率と名目賃金上昇率との関係をみると負の相関関係、すなわち完全失業率が低下するほど、名目賃金上昇率が高まる関係が観察される（**第2－1－1図**）。前掲**第1－1－8図**のとおり、2012年以降、我が国の完全失業率は低下傾向が続いており、こうした労働需給の引き締まりは賃金上昇率を押し上げ続けていると考えられる。

第2−1−1図　賃金版フィリップスカーブ

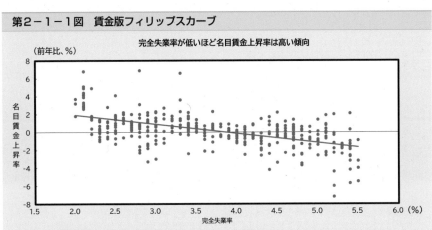

完全失業率が低いほど名目賃金上昇率は高い傾向

（備考）　1．厚生労働省「毎月勤労統計調査」、総務省「労働力調査（基本集計）」により作成。
　　　　　2．期間は1991年1月から2022年12月。

　他方、労働需給の引き締まりが賃金に与える影響は弱まっている（賃金版フィリップスカーブがフラット化している）という指摘があるほか[3]、名目賃金上昇率には、労働需給以外の変数も影響を及ぼしていると考えられる。そこで、先行研究における定式化を参考に、労働需給が賃金に与える影響の時系列方向の構造変化の可能性も織り込みつつ、労働需給だけではなく、予想インフレ率（適合的予想形成を前提に物価上昇率の実績で代用）と労働生産性を説明変数に加えた賃金関数を推計する[4]。

　推計結果をみると、労働需給が名目賃金上昇率に及ぼす影響は、1990年代以降に着目すれば、近年になっても大きく変化していないことが分かる（**第2−1−2図 (1)**）。具体的には、今回の推計では、構造変化検定の結果に従い、2013年以降[5]について失業率のパラメータをそれ以前と区別して推計しているが、2013年前後での失業率の係数には統計的に有意な変化が見られない。

　この関係式を用いて名目賃金上昇率の寄与度分解を行うと、2008年のリーマンショックや、2020年の感染症拡大による労働需給の緩和が名目賃金を下押しした一方、趨勢的には労働需給が引き締まる中で賃金を押し上げてきたことがわかる（**第2−1−2図 (2)**）。他方、労働生産性の上昇率が2010年代に低迷したこともあり、労働生産性の改善が名目賃金を押し上げる寄与が低下していることがわかる（**第2−1−2図 (3)**）。後述するように、賃金上昇を構造的

注　(3)　こうした賃金版フィリップスカーブのフラット化の背景について、日本では、女性・高齢者の弾力的な労働供給が増えたことによる賃金上昇の抑制や、名目賃金の上方硬直性、上下非対称な賞与の調整等の影響が指摘される。例えば、平田他（2020）、尾崎・玄田（2019）、日本銀行（2018）等を参照。他方で、Muto and Shintani（2020）は、我が国ではアメリカ対比で名目賃金の硬直性が小さいこともあり、賃金版フィリップスカーブにおける労働需給と賃金の関係性は依然として有用な枠組みであると指摘する。
　　(4)　詳細は付注2−1を参照。
　　(5)　Quant-Andrews Testによる構造変化検定の結果、2012年12月から2013年1月の間で構造変化なしの帰無仮説が棄却されたことを踏まえて設定。

なものへと変えていくためには、労働生産性の引上げが重要である。

第２－１－２図　賃金関数の推計結果

賃金関数を踏まえれば失業率は依然として賃金の決定要因

(1)推計結果

		説明変数						定数項
		失業率	失業率×2013年以降ダミー	ＣＰＩ前年同月比	ＣＰＩ前年同月比前月差	生産性変化率	生産性変化率×2013年以降ダミー	
被説明変数	名目賃金上昇率（時間当たり）	-1.001 **	—	0.223 **	-0.748 *	0.527 **	—	3.692 **
	名目賃金上昇率（時間当たり）	-1.016 **	0.153	0.276 **	-0.813 *	0.582 **	-0.787	3.673 **

(2)推計結果に基づく寄与度分解(期中平均からのかい離)

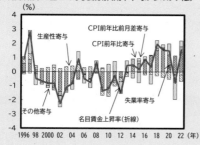

(3)労働生産性上昇率の推移

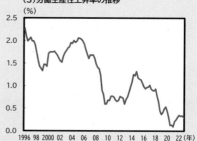

(備考) 1. 厚生労働省「毎月勤労統計調査」、総務省「労働力調査（基本集計）」、「消費者物価指数」、内閣府「国民経済計算」により作成。
2. (1)について、「**」は有意水準５％、「*」は同10%で有意。「—」は非有意。
推計期間は1992年から2022年。なお、いずれのモデルもコロナ禍ダミーを含む。詳細は付注２－１を参照。
3. (2)の被説明変数は名目賃金上昇率（時給）、説明変数は定数項、失業率、失業率前月差、ＣＰＩ前年月比、ＣＰＩ前年同月比前月差、生産性変化率、コロナダミー。
4. (3)は、５年平均値の前年同期比。マンアワーベース。

マクロでみた労働需給や生産性と賃金の関係について、業種別のデータからも確認することを目的に、業種別の欠員率（充足されない求人の割合）と労働生産性、販売価格判断DIといった説明変数を含む業種別パネルデータを用いた賃金関数を推計した[6]（**第２－１－３図**）。結果をみると、欠員率が高まり人手不足が深刻になるほど、労働生産性が高まるほど、販売価格DIが価格上昇方向に変化するほど、当該業種の賃金上昇率が高くなる[7]。本推計は、2013年以降のデータを用いているが、労働需給の代理変数である欠員率は、マクロの推計結果と同様に、統計的に有意に賃金上昇率に影響を及ぼしている。

　これらの推計結果から、コロナ禍以降、失業率は低下傾向、欠員率は上昇傾向にあることか

注 (6) 固定効果を含めているため、業種間の各変数の水準差ではなく、同一業種における時系列方向の変数の変動による効果を推計している。詳細は付注２－２を参照。
(7) 日本銀行（2023）では、このところ、労働需給に反応しやすい業種の賃金が相対的に大きく上昇していることを分析している。

ら、こうした労働市場の需給のひっ迫は賃金上昇率を押し上げる要因として、一定程度寄与していることがうかがえる。

第2－1－3図　業種別にみた欠員率と賃金上昇率

業種別にミクロにみても欠員率と賃金上昇は正の関係

説明変数	
欠員率	0.646** (0.284)
生産性	0.111** (0.039)
販売価格DI	0.081** (0.038)
定数項	-0.257 (0.622)

（備考）　1．厚生労働省「雇用動向調査」、「毎月勤労統計調査」、日本銀行「全国企業短期経済観測調査」、内閣府「国民経済計算」により作成。
　　　　　2．**は5％水準で有意。括弧内はロバスト標準誤差。詳細は付注2－2を参照。
　　　　　3．推計期間は2013年から2021年。分析には、建設業、製造業、情報通信、運輸・郵便、卸小売、飲食宿泊、不動産の全7種を用いた。

●女性・高齢者等の労働市場への流入鈍化が賃金上昇につながる可能性

これまでの賃金動向を振り返ると、2010年代は景気の緩やかな回復に伴い、労働需要が増加傾向にあり、労働需給も引き締まり気味で推移した。しかし、労働供給面をみると、女性・高齢者のパートタイム労働者など相対的に賃金の低い労働者の参入を伴ったことから、賃金の伸びは需給の引き締まりにも関わらず、緩やかとなった。以下ではこうした動向を振り返るとともに、足下の動向を整理する。我が国の総人口は2008年をピークに下落に転じているが、就業者数は2013年から2019年まで増加傾向にあった（**第2－1－4図（1）**）。特に、2010年代は、女性[8]や高齢者[9]の労働参加が推進され、相対的に労働時間が短く賃金の低いパート・アルバイトの雇用形態の増加につながった（**第2－1－4図（2）、（3）**）。さらに、外国人労働者も増加してきた[10]（**第2－1－4図（4）**）。在留資格別には、相対的に賃金の高い「専門的・技術的分野の在留資格」も増えていたが、その他の在留区分においてもコロナ禍前から増加傾向が

注　(8) 例えば、2016年に施行された女性の職業生活における活躍の推進に関する法律（平成27年法律第64号）は女性活躍に向け企業に行動計画の策定や取組状況の開示を求めた法律であり、2019年の改正（2022年4月施行）で対象企業の拡大や情報開示の強化が図られた。
　　(9) 例えば、高年齢者等の雇用の安定に関する法律（昭和46年法律第68号）の改正により、65歳までの希望者全員の雇用が確保されるよう、継続雇用制度の対象者を限定できる仕組みが2013年4月から廃止された。
　　(10) 例えば、技能実習生の在留期間が延長されたほか、転職や家族帯同を可能にする特定技能制度も新設された。

明らかであった[11]。女性・高齢者・外国人労働者の就業先をみると、相対的に賃金の低い「宿泊、飲食サービス業」や「その他サービス業」の割合が高いことに加え、これらの業種の中でも、全就業者平均と比較して、女性・高齢者・外国人の賃金水準は低い傾向にある（**第2－1－5図（1）、（2）**）。こうしたデータが示すように、2010年代に労働市場への参入が進んだ労働者は、賃金水準が低い傾向にあったと考えられる。

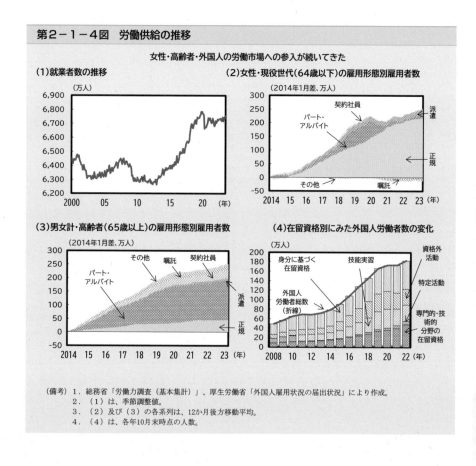

第2－1－4図　労働供給の推移

女性・高齢者・外国人の労働市場への参入が続いてきた

（1）就業者数の推移

（2）女性・現役世代（64歳以下）の雇用形態別雇用者数

（3）男女計・高齢者（65歳以上）の雇用形態別雇用者数

（4）在留資格別にみた外国人労働者数の変化

（備考）1．総務省「労働力調査（基本集計）」、厚生労働省「外国人雇用状況の届出状況」により作成。
　　　　2．（1）は、季節調整値。
　　　　3．（2）及び（3）の各系列は、12か月後方移動平均。
　　　　4．（4）は、各年10月末時点の人数。

注　(11)　厚生労働省「令和元年賃金構造基本統計調査」によると、我が国で働く一般労働者の定期給与は平均で35.5万円／月程度であるが、「専門的・技術分野の在留資格」の外国人は同34.8万円／月とおおむね同程度。他方で、「身分に基づく在留資格（定住者・永住者・日本人の配偶者等）」では同28.7万円、「技能実習（技術移転を通じた開発途上国への国際協力を目的に受け入れる労働者）」では同19.4万円と、その他の在留資格では軒並み外国人労働者の賃金は一般労働者の平均水準よりも低い（産業別にみた外国人労働者全体の賃金水準については後掲第2－1－5図を参照）。

第2−1−5図　女性・高齢者・外国人の賃金水準

女性・高齢者・外国人は相対的に賃金の低い産業に雇用され、その産業の中でも賃金が低い傾向

(1)業種別にみた女性・高齢者・外国人の就業者割合

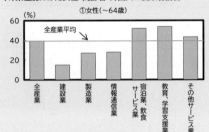

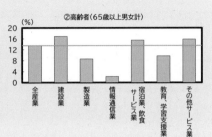

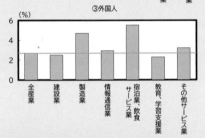

(2)業種別にみた女性・高齢者・外国人の賃金水準

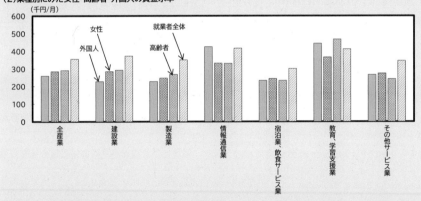

(備考)　1．厚生労働省「外国人雇用状況」、「賃金構造基本統計調査」、総務省「労働力調査（基本集計）」により作成。
　　　　2．（1）は2022年の値を用いて、（2）は2019年の値を用いて集計。（1）における外国人就業者数については各年10月末時点の人数。
　　　　3．（1）、（2）における「その他サービス業」とは「卸売業、小売業」、「生活関連サービス業、娯楽業」、「サービス業（他に分類されないもの）」からなる。
　　　　4．ここでの賃金とは定期給与を指している。

第2章

　人数の多い「団塊の世代」が75歳超の後期高齢者となり、継続就業が難しくなることや、女性の年齢別労働力率にみられた「M字カーブ」も解消されつつあることから[12]、今後は追加的な労働供給余地が低下していくと考えられる。こうした労働供給余地の低下は、我が国経済が、追加的な労働供給に対して必要となる賃金の上昇率が高まりやすい状態（労働供給の賃金弾力性が低下した状態）へと移行することを示唆している。

　外国人労働者についても、感染拡大後は増勢の鈍化がうかがえる（前掲第2－1－4図(4)）。政府の有識者会議において[13]、外国人との共生社会の実現を念頭に置いて、技能実習制度と特定技能制度の見直しの議論が行われている。経済的要因による外国人労働者の参入がこれまで同様に続くか否かは不確実であるが、外国人材の増加が我が国の労働需給に及ぼす影響には引き続き注視が必要である。

● **実質賃金への交易条件の影響を踏まえると、労働生産性の引上げが重要**

　以上みてきたように、人口動態の影響により、賃金が上昇しやすい局面に入る可能性が示唆されるが、企業が高まる賃金の原資を確保していくという観点からは、労働生産性の改善が重要である。そこで、実質賃金（時間当たり）の変動を、労働生産性、労働分配率、交易条件、海外からの所得の純受取に要因分解してみよう（**第2－1－6図**）。足下の大きな動きとして、2021年後半～2022年にかけて、エネルギー・食料を中心とした輸入物価の上昇を背景にした交易条件の悪化が、実質賃金を下押ししている点が指摘できる。また、企業収益が堅調に回復する中にあって、労働分配率要因も2021年以降は緩やかに下押し幅を拡大している。この間、海外からの所得の純受取は緩やかにプラス方向に寄与を拡大させているものの、労働生産性要因は、2000年から2017年頃にかけて改善傾向で推移した後、改善ペースが鈍化した状態で推移している。

　エネルギー輸入国である我が国は、資源価格が高騰する局面で交易条件の悪化が実質賃金の下押しに働くことは避けられない。中長期的にはエネルギー輸入依存度を下げていくことが肝心であるが、あわせて、実質賃金の上昇率を高めていくには、人的資本投資の強化や労働移動の活性化を通じた労働生産性の引上げを図ることが重要である。また、2023年の春闘では大幅な賃上げでの労使交渉の妥結が多くみられたが、来年以降も人手不足や価格転嫁の進展を踏まえた賃上げの継続が期待される[14]。

注　(12) 女性の年齢別就業率と、高齢者の就業率の時系列変化については付図2－1を参照。
　　(13)「技能実習制度及び特定技能制度の在り方に関する有識者会議中間報告書」（2023年5月11日）を参照。
　　(14) 最低賃金の引上げも労働分配率を引き上げるための一つの政策手段である。最低賃金の引上げは、介入の影響を直接受ける最低賃金近傍の労働市場だけでなく、賃金水準が高い労働市場へのスピルオーバー効果も有しており、内閣府政策統括官（経済財政分析担当）（2023）の2章では、最低賃金の引上げによる賃金分布の圧縮効果（相対的に賃金の低い雇用者の賃金を賃金の高い雇用者に近づける効果）が非正規雇用者の中で60％分位点まで及ぶことを指摘している。最低賃金の引上げによる大きな副作用として指摘されるのは、失業率の上昇であるが、我が国ではこれまで継続的に最低賃金を引き上げる中にあっても失業率に著変は生じていない。

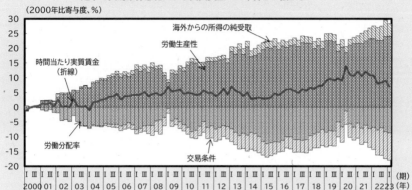

第2−1−6図　実質賃金の要因分解

足下で交易条件悪化による実質賃金への下押しが強まる

（備考）1．内閣府「国民経済計算」、総務省「労働力調査（基本集計）」、厚生労働省「毎月勤労統計調査」により作成。

2．時間当たり実質賃金の寄与分解は以下の式による。

$$\left(\frac{W}{P_{PCE}}\right)/E_2 h = \frac{W/E_2}{I/E_1} \times \frac{Y/P_{GDP}}{E_1 h} \times \frac{P_{GDP}}{P_{PCE}} \times \frac{I}{Y} = 労働分配率 \times 労働生産性 \times 交易条件 \times 海外からの所得の純受取$$

ただし、Wは雇用者報酬、Yは名目GDP、Iは名目GNI、E_1は就業者数、E_2は雇用者数、hは労働時間、P_{GDP}はGDPデフレーター、P_{PCE}家計最終消費支出（除く持家の帰属家賃及びFISIM）デフレーターを表す。

2　労働移動とその効果

　前項では、労働供給の側面から我が国の賃金は上昇しやすい局面に入りつつある可能性を議論した上で、労働生産性を上昇させる重要性を確認した。構造的な賃上げを実現していく手段の一つとして、人材の適材適所を推し進めながら、成長産業の雇用が拡大していくように円滑な労働移動を促し、労働生産性を高めていくことが考えられる[15]。ここでは転職市場の動向と、労働移動が、労働者の賃金や働くモチベーションに与える効果について考察する。

●**感染拡大後に若干弱まった正規間転職には持ち直しの動き**

　まず、労働移動の状況を確認する。労働移動の多寡には様々な指標が存在するが、以下の分析では主に転職者割合を用いる。具体的には、総務省「労働力調査」を用いて、過去1年以内に勤め先を変えた者が就業者全体に占める割合を転職者割合と定義する。2012年以降の転職者割合をみると、2019年にかけて緩やかに上昇した後に、2020年から2021年にかけて低下し、2022年入り後は横ばいで推移しており、全体としては活発な状況にあるとは言い難い（**第2−**

注　(15) 内閣府政策統括官（経済財政分析担当）（2023）の2章では、OECD諸国のデータを用いて、労働移動が円滑な国ほど実質賃金が上昇しやすい傾向を示している。

1－7図 (1))。ただし、転職者割合を年齢階級別にみると、25～34歳の若年層や、定年後の世代にあたる65歳以上では2022年入り後に持ち直しの動きがみられている。

　次に、労働移動の内訳をみるため、主要な就業形態である正規雇用者・非正規雇用者・自営業者別に、同じ就業形態内及び異なる就業形態間の移動の動向をみる。正規間転職は2010年代には緩やかに増加傾向にあったほか、非正規雇用の正規化の動きは同期間に横ばい傾向で推移したが、2020～2021年にかけて、これらの動きは若干弱まった（第2－1－7図 (2))。2022年以降は、正規間転職では持ち直しの動きがみられており、既にコロナ禍前の割合を超えている。こうした労働移動の回復が、雇用者の処遇改善につながっていくことが期待される[16]。他方、非正規雇用者の正規化の動きは感染拡大前と比較すると低い水準にとどまっている[17]。

注　(16) 古川他（2023）は、足下の労働需給に感応的な傾向にある求人の募集賃金の伸びが、高スキル人材への需要拡大がけん引する形で、毎月勤労統計調査の正社員のストックでみた平均賃金の伸びをはっきりと上回っていることを確認している。
　　(17) 短期的な振れの可能性もあり、傾向の変化として断定はできないものの、非正規雇用者の正規雇用者に対する比率が緩やかに低下していることに加え、不本意に非正規雇用にとどまっている雇用者の割合が徐々に低下していることが影響している可能性がある（付図2－2）。ここ数年の傾向として、男性・女性ともに「自分の都合のよい時間に働きたいから」と積極的な理由から非正規雇用を選んでいる者の割合が高まり続ける一方で、「正規の職員・従業員の仕事がないから」と消極的な理由から非正規雇用を選んでいる者の割合が低下傾向にある。

第2-1-7図　転職者割合の推移

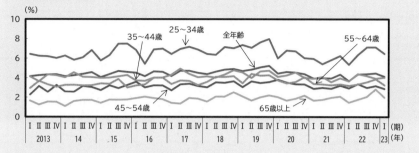

転職者割合は感染拡大後に若干弱まった後に回復傾向

(1)転職者割合の推移

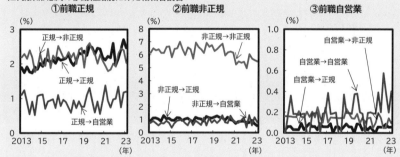

(2)就業形態間の移動経路別にみた転職者割合

①前職正規

②前職非正規

③前職自営業

(備考)　1. 総務省「労働力調査（詳細集計）」により作成。
　　　　2. （1）の転職者割合は、「転職者数（就業者のうち前職のある者で、過去1年間に離職を経験した者）
／就業者数」より求めた。（2）の就業形態間の移動経路別にみた転職者割合は、「過去1年間に離職
かつ前職の就業形態が正規（・非正規・自営業）であり、現職の就業形態が正規（・非正規・自営業）
である就業者数／現職の就業形態が正規（・非正規・自営業）である就業者数」より求めた。

● エンジニアなどの相対的に賃金水準の高い職種の求人倍率が高い

　2022年以降、正規間転職が活発化している状況について、具体的にどのような職種で転職
人材の需給がひっ迫しているのか確認していく。民間転職サイトにおける転職求人倍率の推移
をみると、2021年半ば以降は、全体として上昇が顕著となっているが、特に転職求人倍率の
水準が高いのは、「エンジニア（IT・通信）」や、「企画・管理」といった職種となっている
（第2-1-8図 (1)）。次に、同サイトの求人情報を独自に集計し、職種別にみた募集賃金の
分布を比較すると、「エンジニア（IT・通信）」や、「企画・管理」といった、求人倍率が特に
高まっている職種で高い傾向が確認できる（第2-1-8図 (2)）。これらの情報を踏まえる

と、2022年以降の転職市場で特に労働需給がひっ迫している職種は相対的に専門性の高い技能が求められ、賃金が高い職種であると整理できる。

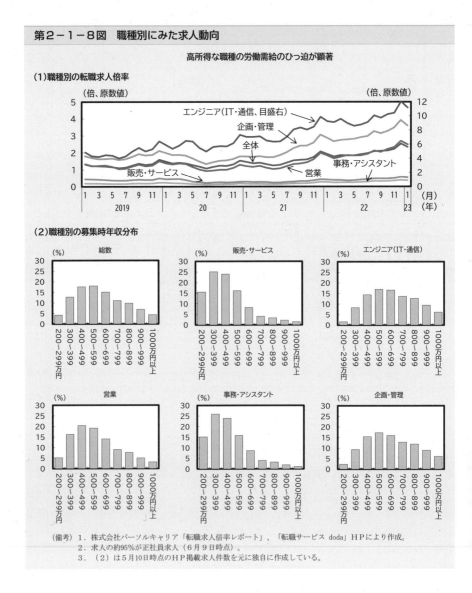

第2−1−8図　職種別にみた求人動向

高所得な職種の労働需給のひっ迫が顕著

(1)職種別の転職求人倍率

(2)職種別の募集時年収分布

(備考) 1．株式会社パーソルキャリア「転職求人倍率レポート」、「転職サービス doda」HPにより作成。
　　　　2．求人の約95％が正社員求人（6月9日時点）。
　　　　3．（2）は5月10日時点のHP掲載求人件数を元に独自に作成している。

●**転職活動は中低所得層で相対的に活発だが、徐々に広がり**

　我が国の転職活動は、どのような属性の個人で活発なのであろうか。ここでは総務省「就業構造基本調査」を用いて、男女別に、年収・年齢のクロスで、有業者に占める過去１年間の転職者の割合を一覧できるヒートマップを作成した（**第２−１−９図（1）、（2）**）。これをみると、第一に男女ともに中低所得層（有業者全体の所得の第Ⅰ〜第Ⅲ五分位）で転職が活発な傾向にあること、第二に男性の25〜34歳や女性の25〜44歳の年齢帯において、年収が800万円を超える高所得層でも転職がやや活発な傾向にあることが分かる。第三に、2017年調査と2022年調査を比較すると、所得の第Ⅰ〜第Ⅱ五分位の転職者割合がやや低下している一方で、第Ⅳ〜第Ⅴ五分位では転職者割合が徐々に高まっていることがわかる。

　相対的に低所得な層ほど転職割合が高く、この背景としては契約期間が短い雇用形態である場合が多いことや、労働市場により良い条件の求人が多いこと等が考えられる。こうした中で、前掲**第２−１−８図**でみたような、比較的高スキルで高賃金な職種への求人の増加を受けて、転職活動が比較的所得の高い層へ広がっているものと考えられる。

第２章

第２－１－９図　年収・年齢別にみた転職の実施状況

年齢別には若年層、年収別には中低所得層が中心であった転職活動にも徐々に広がり

(1)年間所得・年齢別転職者割合

①男性

2017年度 （万円）

年齢（歳）	0～99	100～199	200～299	300～399	400～499	500～599	600～699	700～799	800～899	900～999	1000～1249	1250～1499	1500～
25～34	11.8%	11.5%	10.2%	6.3%	3.9%	3.3%	2.5%	1.3%	5.3%	3.5%	1.6%	6.3%	0.0%
35～44	4.8%	7.5%	8.0%	5.1%	2.9%	1.6%	1.3%	1.2%	1.4%	1.9%	2.2%	1.0%	1.9%
45～54	3.5%	6.2%	6.7%	4.1%	2.2%	1.1%	0.9%	0.9%	0.6%	0.4%	0.4%	1.3%	1.7%
55～64	7.3%	7.3%	5.9%	3.4%	2.8%	1.7%	1.5%	1.3%	0.9%	1.4%	1.3%	1.3%	1.0%
65～	3.3%	3.1%	1.9%	1.5%	1.2%	0.9%	0.9%	0.6%	1.2%	0.9%	0.6%	0.6%	0.3%

2022年度 （万円）

年齢（歳）	0～99	100～199	200～299	300～399	400～499	500～599	600～699	700～799	800～899	900～999	1000～1249	1250～1499	1500～
25～34	9.3%	10.8%	9.6%	6.7%	4.5%	3.9%	3.2%	6.0%	3.3%	10.6%	7.4%	11.0%	1.7%
35～44	6.8%	5.7%	6.4%	3.5%	2.6%	2.6%	1.6%	1.2%	2.8%	2.6%	2.2%	2.8%	3.8%
45～54	4.9%	4.8%	5.3%	3.6%	2.0%	1.1%	1.1%	0.6%	0.8%	0.7%	0.9%	1.3%	0.9%
55～64	5.7%	7.5%	5.2%	3.6%	2.3%	1.8%	1.4%	1.1%	0.9%	1.1%	1.6%	2.3%	1.9%
65～	3.1%	3.4%	2.2%	1.5%	1.4%	1.1%	0.9%	0.7%	0.9%	0.9%	0.7%	0.5%	1.0%

②女性

2017年度 （万円）

年齢（歳）	0～99	100～199	200～299	300～399	400～499	500～599	600～699	700～799	800～899	900～999	1000～1249	1250～1499	1500～
25～34	13.3%	13.7%	9.9%	5.2%	3.9%	3.3%	4.1%	1.5%	0.0%	1.8%	10.2%	0.0%	0.0%
35～44	7.8%	9.8%	7.3%	4.9%	1.9%	0.0%	0.0%	3.2%	7.6%	5.0%	0.0%	0.0%	0.0%
45～54	7.0%	9.1%	6.8%	3.7%	1.5%	1.3%	0.0%	0.5%	0.0%	0.0%	0.0%	0.0%	0.0%
55～64	5.2%	4.0%	3.3%	2.0%	1.1%	0.6%	1.0%	0.0%	0.5%	0.0%	0.0%	0.0%	0.0%
65～	2.5%	1.8%	1.3%	1.0%	0.9%	0.9%	0.0%	0.0%	0.0%	0.0%	0.0%	0.0%	0.0%

2022年度 （万円）

年齢（歳）	0～99	100～199	200～299	300～399	400～499	500～599	600～699	700～799	800～899	900～999	1000～1249	1250～1499	1500～
25～34	11.1%	12.2%	10.4%	6.3%	3.8%	2.3%	5.0%	5.8%	10.7%	1.0%	0.0%	23.0%	0.0%
35～44	7.2%	7.7%	7.1%	4.2%	2.5%	1.6%	1.3%	1.3%	11.5%	2.0%	0.0%	8.2%	0.0%
45～54	5.9%	6.1%	6.3%	3.5%	1.9%	1.4%	1.1%	1.2%	0.5%	0.7%	0.0%	0.0%	5.3%
55～64	4.2%	3.9%	3.9%	2.0%	0.9%	0.6%	1.0%	0.5%	0.2%	1.0%	1.9%	2.2%	0.0%
65～	2.6%	1.9%	1.6%	1.0%	0.7%	0.5%	0.4%	0.3%	0.0%	0.0%	0.0%	0.0%	0.0%

25% ／ 0%

(2)年間所得別転職者割合

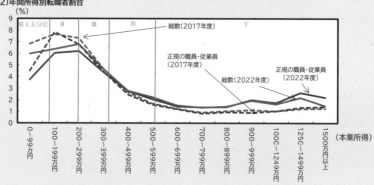

（本業所得）

第Ⅰ五分位　Ⅱ　Ⅲ　Ⅳ　Ⅴ

総数（2017年度）
正規の職員・従業員（2017年度）
総数（2022年度）
正規の職員・従業員（2022年度）

(備考) 1．総務省「就業構造基本調査」により作成。
2．年間所得は、転職後の年間収入・収益。転職者は、過去１年以内に就業異動した有業者。
3．(1)は、年間所得・年齢階級別の転職者数／年間所得・年齢階級別の有業者数。
4．ここでは、就業構造基本調査における「所得」を年収と表記している。
5．(2)における分位は、有業者全体の年間所得における分位を表している。各年間所得階級内における有業者
の分布は一様であると仮定した上で試算しており、第Ⅰ五分位点が～126万円、第Ⅱ五分位点が127万円～246万円、
第Ⅲ五分位点が247万円～370万円、第Ⅳ五分位点が371万円～560万円、第Ⅴ五分位点が561万円～となっている。

●正規雇用者の自発的な転職や非正規雇用者の正規転換は賃金にプラス

　次に、こうした労働移動が雇用者の所得に及ぼす効果を検証する。転職者のうち所得が上昇した者の割合に関する調査は存在する[18]。しかし、所得に及ぼす転職の効果と言う場合、個々の労働者が転職をする場合としない場合で、どの程度賃金の伸びに差が生じるかをみることが望ましい。このため、おおむね同質とみなせる労働者について、転職した者と転職しなかった者の組合せを作り出し、その後の動向を比較する方法が有効である[19]。例えば、転職者が比較的若年層に多いとすれば、こうした雇用者の賃金は転職をしなかったとしても、全年齢平均の賃金の伸びを上回って推移する傾向があると考えられ、仮に転職後の賃金が上昇していたとしても、それが転職による上昇であるかは自明ではない。そこで、リクルートワークス研究所「全国就業実態パネル調査」を用いて、正規雇用者の転職者のうち、処遇などの労働環境の改善を目的に自発的に転職した「環境改善目的転職者」と、非正規雇用者の転職者のうち雇用形態を転換し正規雇用者となった「正規転換者」に着目し、こうした属性の転職者の年収が、年齢や学歴などの属性が近いが転職しなかった者と比較してどのように推移しているのか統計的に検証する。

　まず、正規雇用者の「環境改善目的転職者」については、処置群（環境改善目的転職者）と対照群（属性の近い非転職者）の転職前年から転職翌年にかけての年収の伸び率は、処置群が対照群を上回り、2年累計の転職効果は2％ポイント強と推計された（**第2－1－10図（1）①**）。

　次に、非正規雇用者の「正規転換者」の結果をみると、処置群（正規転換者）と対照群（属性の近い非転換者）の転換前年から転換翌年にかけての年収の伸び率は、処置群が対照群を上回り、2年累計の正規転換による転職効果は9％ポイント程度と推計された（**第2－1－10図（1）②**）。

　これらの分析により、正規雇用者の「環境改善目的転職者」と、非正規雇用者の「正規転換者」のいずれも、仮に転職しなかった場合と比べると、統計的に有意に年収の伸び率が高まる傾向が確認されており、自発的な転職が雇用者の賃金上昇につながることが期待される。

注　(18)　例えば、株式会社リクルート「転職時の賃金変動の状況」や厚生労働省「雇用動向調査」では、転職により賃金が上昇した者の割合を把握する上で、有用な統計である。これらの動向については、内閣府政策統括官（経済財政分析担当）（2023）の2章で分析している。
　　　(19)　こうした手法を、傾向スコアマッチングを用いた差の差分析（Difference in Difference、ＤＩＤ）と呼ぶ。ここでは、個人の属性を踏まえた環境改善目的転職・正規転換を伴う転職への至りやすさを傾向スコアとして算出し、実際に環境改善目的転職・正規転換を伴う転職を行った者（処置群）と傾向スコアが近い非転職者（対照群）をマッチングし、属性が等しくなるように調整された両群間の賃金変化率を比較することで、環境改善目的転職や正規転換を伴う転職が賃金に与える効果を検証する。傾向スコアマッチングにあたっては、マッチングされた全てのペアに関して平均絶対距離が最も小さくなるように「最適ペアマッチング」を行っている。推計の詳細は付注2－3を参照。

第2−1−10図　転職実施による年収への効果

環境改善目的の転職は特に自己啓発を伴う場合に年収押上げ効果が大きい

（1）雇用形態別にみた転職効果（非転職者対比）

①正規雇用の環境改善目的転職　　　　②非正規雇用の正規転換転職

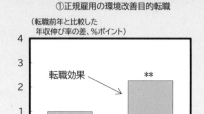

（2）自己啓発の有無別にみた環境改善目的の転職効果（正規雇用者のみ、非転職者対比）

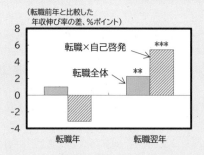

（備考）1．リクルートワークス研究所「全国就業実態パネル調査」により作成。2016年から2022年に実施された調査の調査票を使用している。

　　　　2．直近一年以内に離職（出向等を除く）と就職を経験した者を転職者としている。「環境改善目的転職者」とは、転職理由を尋ねる設問に対して「賃金への不満」「労働条件や勤務地への不満」「会社の将来性や雇用安定への不安」と回答した転職者であり、それ以外の転職者を「その他の理由による転職者」としている。

　　　　3．傾向スコアマッチングによる推計を行っている。詳細は付注2−3参照。
　　　　　*は10％水準、**は5％水準、***は1％水準でそれぞれ有意であることを示す。

　　　　4．（2）における転職×自己啓発は、転職前年に自己啓発を行った場合の転職の効果を示す。

●正規雇用者の自発的な転職は、自己啓発を伴う場合に賃金上昇効果が大きい

　さらに、同じ分析フレームワークを用いて、リ・スキリングを伴った場合に、転職の効果がどのように変わるのか分析を行った。厚生労働省（2022）においても、本章と同じ「全国就業実態パネル調査」を用いた分析により、転職の準備として自己啓発を行った者の方が、賃金が増加する確率が高いことが示されている。こうした先行研究も踏まえて、正規雇用者の「環境改善目的転職者」のうち転職前に自己啓発を行った者の転職効果を推計すると、非転職者対比で5％ポイント強となっており、「環境改善目的転職者」全体の伸び率よりも高くなってい

る[20]（**第2−1−10図（2）**）。

　こうした結果を踏まえれば、成長性の高い産業・企業や、自身の適性により合った仕事への移行を促すために、労働者のリ・スキリングの支援強化を労働移動の活性化と同時に行うことが、社会全体の構造的な賃上げ環境を構築する上で重要である。

●転職によってモチベーションや、キャリアへの自己肯定感等も改善する傾向

　転職による就労環境の変化は、賃金だけではなく、労働者のマインド面にも大きな影響を与えると考えられる。そこで、労働者のマインド指標の変化を、転職者と非転職者の間で比較する。ここでは、正規雇用者を対象に、環境改善目的転職者と、転職目的を問わない全転職者のマインド指標の変化を、非転職者と比較する（**第2−1−11図**）。

　結果をみると、①現職へのモチベーションに関する指標（「仕事そのものに満足している」「生き生きと働くことができている」）、②キャリア全体に対する自己肯定感（（「今後のキャリアの見通しが開けている」「これまでの職務経歴に満足している」）、③職場や家庭での対人関係の悩み（「職場の人間関係に満足している」「仕事と家庭の両立ストレス」）と、幅広いマインド指標において、転職後に統計的に有意な改善傾向が確認される。なお、転職目的を問わず、非自発的な場合も含む転職全体であっても、環境改善目的転職の場合と同様に、非転職者対比でマインド指標は幅広く改善する傾向がある。

　この結果を踏まえれば、転職が、働くモチベーションの向上に加え、働き手のマインド改善を通じて労働生産性を高めるのであれば、企業側からみても平均的に収益性の改善に資する効果が示唆される[21]。

注　(20)　自己啓発の有無に関する回答があるサンプルに限定してＤＩＤを実施しているため、「環境改善目的転職者」全体でみた転職効果が第2−1−10図（1）とは幾分異なっている。
　　(21)　ミクロレベルで、我が国における雇用の流動性と企業業績の関係を分析した事例として山本・黒田（2016）がある。山本・黒田（2016）は、Abelson and Baysinger（1984）の最適流動性モデルで提示された、雇用の流動性と企業業績の間の逆Ｕ字の関係性（すなわち、雇用の流動性を高めることにはメリットもデメリットもあるため、最適水準を頂点とした非線形な関係性が存在するという理論）が、日本企業のデータでも当てはまることを確認した。そして、推計結果から算出される雇用の流動性の最適水準が、実際に日本において観測されるデータの平均値よりも高いことから、総じてみれば、日本企業は離職や中途採用のウエイトを高めることで、業績を向上させることができると指摘している。ここでの結果は、こうしたミクロ的な労働移動の効果に加えて、マクロの視点でみても、労働者のモチベーションが全体平均として改善し、社会全体の平均的な労働生産性の向上につながる可能性を示唆している。

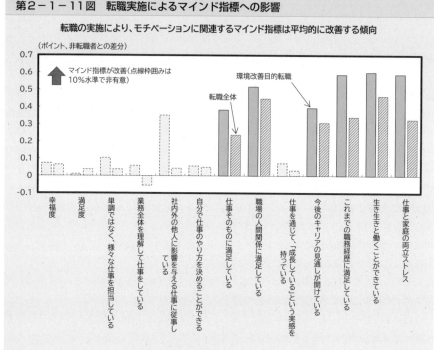

第2-1-11図　転職実施によるマインド指標への影響

転職の実施により、モチベーションに関連するマインド指標は平均的に改善する傾向

(備考) 1. リクルートワークス研究所「全国就業実態パネル調査」により作成。2016年から2022年に実施された調査の調査票を使用している。調査年前年の状況について聞いている。
2. 直近一年以内に離職（出向等を除く）と就職を経験した者を転職者としている。「環境改善目的転職者」とは、転職理由を尋ねる設問に対して「賃金への不満」「労働条件や勤務地への不満」「会社の将来性や雇用安定への不安」と回答した転職者としている。

●在職中のリ・スキリング支援、配偶者の就労や資産収入、転職経験が転職にプラスの影響

　ここまで転職の持つプラスの側面を検証してきたが、本項の最後に、雇用者の置かれている環境に着目し、どのような要因が自発的な転職を阻害・促進する要因となり得るのか検証を加える。この問題意識についても、厚生労働省（2022）で「全国就業実態パネル調査」を用いた分析がされており、男性では、子どもがいる場合や、正社員・中堅層である場合に転職に踏み切りにくい可能性が示されている。ここでは、この先行研究も参考にしつつ、世帯の主稼得者を対象[22]とし、転職の阻害・促進要因と考えられる複数の変数を追加し、自発的な転職の有無を被説明変数とするロジットモデルを構築し、各要因が転職確率に与える影響をみた。

　その結果と含意については次のとおりである（第2-1-12図）。第一に、子どもがいる場合には転職確率が下がる。世帯属性別にみると、配偶者なし世帯では転職確率が高く、逆に言

注　(22) 同アンケートで家計の主な稼ぎ手を「自分自身」と回答したサンプルのみを対象としている。

えば家族と住む場合に転職確率が下がることが示唆されるが、さらに子どもがいる場合に転職確率が下がる結果となっている。すなわち、転職に伴う所得面等のリスクを家族、特に子どもと共有することを忌避する主稼得者が多いことが示唆される。第二に、主稼得者の労働収入以外でも生活費の賄い先がある場合（配偶者に収入がある場合や、家賃・地代収入・利子・配当金がある場合等）に転職確率が上がる。これは、主稼得者の労働所得以外に安定的な収入がある場合に、それが生活のセーフティネットとして機能することから転職に踏み切りやすくなる可能性を示唆している。第三に、転職経験がある場合に転職確率が上がる。求職・求人の情報を集約し、キャリアコンサルタントが働く者のキャリアアップや転職の相談に応じられる体制の整備等を行うことで、転職希望者を後押しすることも重要である。第四に、自己啓発を行っている者は転職確率が上がる。前掲**第2－1－10図**のとおり、自己啓発は転職に伴う賃金上昇効果も高めることが確認されたが、転職確率そのものを引き上げる上でもリ・スキリングの支援が効果的である。

第2－1－12図　自発的な転職の阻害・促進要因

子育て期に転職確率が落ちるが、リ・スキリングや配偶者の就業・資産所得の増加が促進要因に

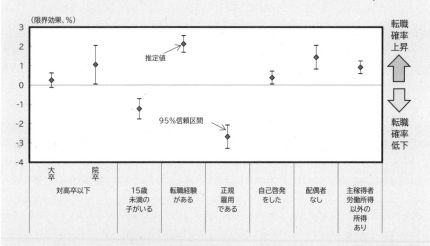

（備考）1．リクルートワークス研究所「全国就業実態パネル調査」により作成。2016から22年に実施された調査の調査票を使用している。
　　　　2．直近一年以内に離職（出向等を除く）と就職を経験したものを転職者としている。
　　　　3．ここでは、全ての観測値における限界効果を求めて平均した値を用いている。各ダミー変数は、転職者については転職前年の状況を表す。説明変数として、記載しているもののほか、年齢・性別・職種・職位・年収・企業規模・労働時間・年をコントロールしている。詳細は付注2－4を参照。

こうした結果を踏まえると、在職者への学び直し支援策について、個人への直接支援を拡充することや、自己都合での失業者への迅速な給付金の支給[23]などによって、所得面での落ち込みを抑えながら転職希望者を後押しすることが有効である可能性が示唆される。政府は5年間で1兆円の支援パッケージを用意し、在職者のリ・スキリングの受講割合を高め、業種・企業を問わずに個人が取得したスキルの履歴を可視化する仕組みの推奨を図る等、個人への直接支援を拡充する方針としている。こうした取組は、転職や副業・兼業を受け入れる企業への支援とあいまって、自発的な転職を後押しすることが期待される。さらに、女性活躍の推進・資産形成の後押しにより家計が所得を得る経路を広げることや、子育て費用の負担を軽減することも転職を促す上で効果を有する可能性が示唆されている[24]。

❸ 追加就業希望の実現に向けた課題

家計の労働所得の向上には、追加的に働く時間的・能力的な余地があり、それを希望する者の活躍を促す視点も重要である。また、少子高齢化に直面する我が国では、こうした取組により労働力を確保していくことは喫緊の課題である。ここでは、副業・兼業による本業以外での追加的な労働、高齢者や女性の更なる活躍という各テーマについて課題を確認していく。

●追加的な労働供給を望む人口は男性で約370万人、女性で約470万人存在

まず、潜在的な労働力について議論を始める出発点として、我が国において追加的な労働供給を望む人口がどの程度存在するのかを確認する。一つの試算として、①既に職についているが就業時間の増加を希望する者（就業時間増加希望者）、②職に就いていないが職探し・事業を始める準備をしている者（完全失業者）、③職に就いておらず職探し・事業を始める準備もしていないが就業希望を持っている者（就業希望非労働力人口）、の3カテゴリーに属する者を「追加就業希望者」と呼ぶことにする。追加就業希望者の推移をみると、男性では2002年には約630万人存在していたが、2008年秋のリーマンショックによる一時的な上昇がありながらも、減少傾向をたどっており、2022年には約370万人となっている（**第2-1-13図（1）**）。女性についても同様に、2002年に約810万人存在した追加就業希望者は、その後減少傾向にあり、2022年には約470万人程度となっている（**第2-1-13図（2）**）。すなわち、いずれも長期的には減少傾向にあるが、男女合計した追加就業希望者は約840万人と相当な規模に達する。

追加就業希望者を構成カテゴリー別に子細に見ると、完全失業者数は反景気循環的に動いており、2012年〜2019年は減少傾向で推移し、2020年の感染拡大により増加した後に、2022年は景気の回復を反映して減少している。他方、就業時間増加希望者数をみると、女性の短時間

労働者は感染症による経済活動の停滞以前の2017年を底に、女性の一般労働者と男性の短時間・一般労働者では2018年を底に増加へ転じていた。この間、就業希望非労働力人口は2014年以降のトレンドに大きな変化は生じずに、感染拡大以降も減少を続けており、2022年には過去最低水準になっている。

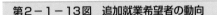

第2－1－13図　追加就業希望者の動向

追加的な労働供給を望む人口は男性で約370万人、女性で約470万人存在

(1)男性の追加就業希望者数の推移

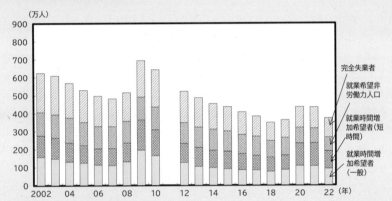

(2)女性の追加就業希望者数の推移

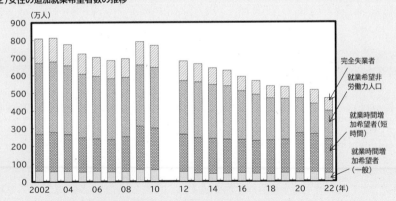

(備考) 1. 総務省「労働力調査（詳細集計）」により作成。
2. 2011年は、東日本大震災の影響により、東北3県（岩手県、宮城県及び福島県）の数値が存在しないため、空欄。
3. 就業時間増加希望者は、就業者かつ就業時間の増加を希望する者のうち、月末一週間の就業時間が「週0〜34時間」の短時間就業者を短時間、「週35時間以上」を一般とした。
4. 就業希望非労働力人口は、非労働力人口のうち就業を希望する者。

●**若年層で副業・兼業は活発化、その収入も幅広く増加**

　次に、就業時間増加希望者が更なる労働供給を実現する手段のひとつとして、副業・兼業に注目したい。副業・兼業の実施割合を、リクルートワークス研究所「全国就業実態パネル調査」を用いて確認すると、男女ともに多くの年齢層において、感染拡大前後でみて横ばいとなっているが、男性の29歳以下では2019年から2021年にかけて大きめに上昇しているほか、女性の同年齢帯においても2017年対比とやや長い目でみれば、2021年にかけて上昇している（**第２－１－14図（1）**）。これらを総合してみると、若年層で徐々に副業・兼業が活発化していると評価できる。

　さらに、副業・兼業から得られる年収の推移をみると男性では30代・40代で増加しているほか、女性についても29歳以下や30代・50代などの幅広い年齢層でも振れを伴いながらも緩やかに増加している（**第２－１－14図（2）**）。実際、副業・兼業を実施して感じられたことに関するアンケート調査の結果をみても、４割強の実施者が「本業からの収入に追加して副収入が得られた」と、追加的な労働による収入増加を実感している（**第２－１－14図（3）**）。さらに、約３割が「時間を意識し、効率よく仕事を進められるようになった」、３割弱が「新しい視点、柔軟な発想ができるようになった」「新しい知識やスキルを獲得できた」と回答しており、単に追加的な労働供給希望を実現しているだけではなく、自身の仕事の質が向上し、生産性が改善していることを示唆する回答をしていることも注目に値する。

第2-1-14図　副業・兼業実施の推移とその効果

副業・兼業は若年層中心にこのところ活発化傾向

(1)副業・兼業実施率

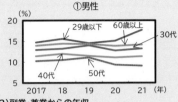

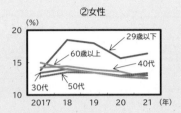

(2)副業・兼業からの年収

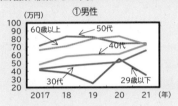

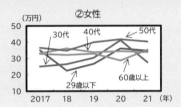

(3)兼業・副業を実施して感じたこと

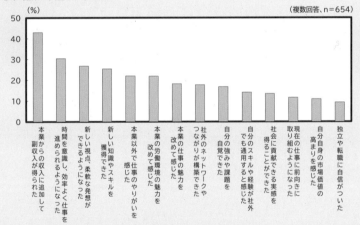

（備考）1．リクルートワークス研究所「全国就業実態パネル調査」、株式会社リクルート「兼業・副業に関する動向調査データ集2021」により作成。
　　　　2．「全国就業実態パネル調査」は、個票により特別集計を行い、集計に当たってはウエイトバックを行っている。

● **副業・兼業の実施割合は中間の所得層で低い傾向**

　副業・兼業の実施割合はどのような労働者の属性で高いのか、詳細にみてみよう。ここでは、総務省「就業構造基本調査」を用いて、転職実施者の属性を確認した前掲**第2-1-9図**

と同様の手法を用いて、男女別に、本業年収・年齢のクロスで、就業者に占める副業・兼業実施者の割合を一覧できるヒートマップを作成した（**第２－１－15図（1）**）。これをみると、副業・兼業実施者の割合は、年収別には男女ともに200万円未満の低年収層と1,000万円を超える高年収層で高く、年齢別には男女ともに65歳以上の高齢者で高くなっている。副業・兼業の実施は、兼業農林漁業従事者に多くみられ、65歳以上の高齢者の実施割合が高い背景になっているとみられる。また、雇用主からの制限が課されにくいパート・アルバイト労働者や、病院を掛け持つことが多い医師などの高収入な専門職や経営層で副業・兼業の実施割合が高くなっており、年収別にみた副業・兼業の実施割合がＵ字型に観察される要因と考えられる[25]（**第２－１－15図（2）**）。

　すなわち、現役世代の中間的な年収層（有業者全体の所得の第Ⅲ～第Ⅳ五分位）では副業・兼業は活発ではないと言える。2022年と2017年では、こうした分布の形状に大きな変化は生じていないものの、600～699万円の所得階層以下では、全体として副業・兼業実施者割合が高まっており、中低所得層において副業・兼業が徐々に浸透し始めていることもうかがえる。これまでは、職務専念義務、機密保持義務、競業避止義務を雇用主が懸念する等の実態から、副業・兼業の普及は抑制されてきた[26]。また、労務管理が雇用主・雇用者の双方で煩雑になることが見込まれるほか、雇用者側でも条件に合う副業を見つけられない者も多く、普及の壁となっており[27]、社会全体での成功事例や課題克服の経験の共有、ガイドラインの普及等を進めていくことが重要である。政府は、副業・兼業に人材を送り出す、また受け入れる企業への専門家経費や仲介サービス利用料等の一部を助成する「副業・兼業支援補助金」を設定しており、こうした取組を通じて、副業・兼業が後押しされることが期待される[28]。

注　(25) 川上（2021）では、本業の年収が低い層では収入目的の副業・兼業実施割合が高く、年収が高い層では収入目的の割合が下がり、代わりにスキルの獲得を目的とする割合が高まる傾向を報告している。
　　(26) 内閣府政策統括官（経済社会システム担当）（2023）によれば、企業から副業が明示的に許可されている雇用者は27.2％に過ぎない。勤務先が副業を許可しない理由については、「生産性や売上が落ちるから」が29.9％、「利益相反や情報漏洩を懸念しているから」が22.1％を占める。
　　(27) 内閣府政策統括官（経済社会システム担当）（2023）によれば、副業に関する情報収集をしているが副業を行っていない者のうち、42％が「適当な副業が見つからない」ことを副業を行わない理由として回答している。
　　(28) 株式会社リクルート（2022）で実施された企業の人事担当者へのアンケートによれば、副業・兼業人材を受け入れる企業のうち、14.6％が受け入れは業績・生産性の向上につながっていると回答しているほか、49.7％が受け入れはどちらかと言えば向上につながっていると回答している。こうした企業側にとってのメリットに対する認識もあり、同アンケートによれば、従業員の副業・兼業を認める制度がある企業の割合も、2020年以降、徐々に高まっている。

第2－1－15図　本業年収・年齢別にみた副業・兼業の実施状況

中間的な所得層では活発とは言えないが、副業・兼業実施は徐々に浸透

（1）本業年収・年齢別にみた副業・兼業割合

①男性

2017年度　　　　年収（万円）

年齢（歳）	0～99	100～199	200～299	300～399	400～499	500～599	600～699	700～799	800～899	900～999	1000～1249	1250～1499	1500～
25～34	11.8	5.4	2.6	1.8	1.4	1.7	1.9	2.5	1.8	3.2	6.8	5.4	19.0
35～44	8.1	5.9	3.3	2.0	1.9	1.6	1.4	1.8	1.6	1.7	6.9	5.3	
45～54	8.9	9.3	4.8	3.6	2.7	2.0	2.3	2.1	2.7	2.8	2.7	6.0	8.4
55～64	10.6	8.2	5.7	4.8	3.9	4.6	4.1	3.7	3.5	3.0	4.9	4.9	9.7
65～	6.6	6.6		6.3	6.1	6.1	7.3	8.8	7.7		10.7	15.7	14.2

2022年度　　　　年収（万円）

年齢（歳）	0～99	100～199	200～299	300～399	400～499	500～599	600～699	700～799	800～899	900～999	1000～1249	1250～1499	1500～
25～34	10.1	6.0	3.4	2.0	1.8	2.3	2.9	4.1	4.9	7.3	8.9	1.6	5.1
35～44	12.2	10.8	4.4	3.4	2.5	2.6	2.6	2.5	3.2	4.3	6.3	7.8	8.6
45～54	9.7	11.0	5.8	3.8	3.1	2.9	2.0	2.1	1.9	3.0	7.1	8.6	
55～64	11.1	9.5	6.6	4.8	4.4	3.8	3.1	2.6	2.6	4.8	4.8	5.6	9.0
65～	9.3	8.1	9.0	6.6	7.1	8.3	6.4	7.5	10.1	16.1	13.6	10.9	12.4

②女性

2017年度　　　　年収（万円）

年齢（歳）	0～99	100～199	200～299	300～399	400～499	500～599	600～699	700～799	800～899	900～999	1000～1249	1250～1499	1500～
25～34	6.7	4.2	2.2	0.9		1.2	5.8	1.0		16.4	8.0		0.0
35～44	6.3	3.8	2.8	1.4	1.9	1.3	1.1	2.2	4.2	4.7	15.1	18.8	10.3
45～54	7.3	6.5	4.6	2.7	2.0	2.0	2.5		9.6	11.2	9.0	12.9	
55～64	6.8	6.2	4.6	4.0	3.8	2.3	1.6	4.9		10.7	6.0	11.7	
65～	4.7	4.3	4.3	3.7	3.2	6.6	6.9	13.8	10.6	12.5	10.6		0.0

2022年度　　　　年収（万円）

年齢（歳）	0～99	100～199	200～299	300～399	400～499	500～599	600～699	700～799	800～899	900～999	1000～1249	1250～1499	1500～
25～34	7.4	5.8	3.4	1.7	1.9	3.4	0.8	8.3	6.1	9.7	2.8	23.4	
35～44	8.8	6.8	3.6	3.0	2.0	2.2	1.5	1.9	8.7	9.7	7.3	9.7	
45～54	8.7	6.7	5.1	3.4	3.3	2.2	2.3	2.6	4.0	4.5	13.0		
55～64	8.1	6.6	4.5	3.1	3.3	4.7	2.1	2.4	3.7	8.8	14.7	11.2	
65～	7.9	6.6	6.4	7.0	6.6	5.0	13.5	8.3	16.3	7.3	9.4	4.1	11.2

（25% ～ 0%）

（2）本業年収別にみた副業・兼業実施割合

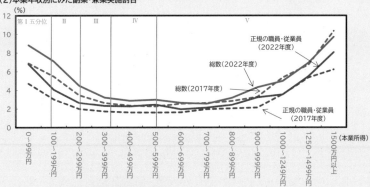

凡例：正規の職員・従業員（2022年度）／総数（2022年度）／総数（2017年度）／正規の職員・従業員（2017年度）

横軸（本業所得）：0～99万円、100～199万円、200～299万円、300～399万円、400～499万円、500～599万円、600～699万円、700～799万円、800～899万円、900～999万円、1000～1249万円、1250～1499万円、1500万円以上

分位：第Ⅰ五分位、Ⅱ、Ⅲ、Ⅳ、Ⅴ

（備考）1．総務省「就業構造基本調査」により作成。
　　　　2．（1）は、本業所得・年齢階級別の副業・兼業実施者数／本業所得・年齢階級別の有業者数。
　　　　3．ここでは、就業構造基本調査における「所得」を年収と表記している。
　　　　4．（2）における分位は、有業者全体の年間所得における分位を表している。各年間所得階級内における有業者の分布は一様であると仮定した上で試算しており、第Ⅰ五分位が～126万円、第Ⅱ五分位点が127万円～246万円、第Ⅲ五分位点が247万円～370万円、第Ⅳ五分位点が371万円～560万円、第Ⅴ五分位点が561万円～となっている。

第2章

●**副業・兼業は実施者の年収変化率を20～30%ポイント程度引き上げる効果**

　副業・兼業を新たに実施した者は、それ以前と比べて収入がどの程度高まる傾向にあるのだろうか。前述の転職実施による年収増加の推計（前掲**第2－1－10図**）と同様の分析スキームを用いて、副業・兼業の実施が収入に与える効果を分析する。すなわち、副業・兼業を実施している者の副業・兼業開始後の合計年収の推移を、年齢や学歴・本業の業種などの点でおおむね同質とみなせる労働者で、かつ副業・兼業を開始していない者の年収の推移と比較する[29]。

　結果をみると、正規雇用者では、処置群（副業・兼業の実施者）の合計年収の伸び率は、対照群（属性の近い副業・兼業の未実施者）と比較して、副業・兼業の前年から開始1年目にかけて15%ポイント程度、2年目では20%ポイント程度高い傾向がある（**第2－1－16図（1）**）。非正規雇用者では、この押上げ効果は更に大きくなっており、副業・兼業の開始1年目では25%ポイント程度、2年目では30%ポイント程度となっている。

　こうした年収の増加は、直感的には副業・兼業の実施による総労働時間の増加に起因していると考えられるが、前掲**第2－1－14図（3）**のアンケート調査の結果を踏まえれば、労働生産性が改善し[30]、時給ベースでみても押上げが生じている可能性も否定できない。そこで、上記と同じ検証を、年収ではなく時給を対象に試みる[31]。その結果、処置群（副業・兼業の実施者）の時給の伸び率は、対照群（属性の近い副業・兼業の未実施者）と比較して、副業・兼業の開始1、2年目ともに統計的に有意な差は生じていない。したがって、上述した正規雇用者の年収増加は、時給ではなく労働時間増加に依存していることが示唆される（**第2－1－16図（2）**）。

注
(29) こうした手法を、傾向スコアマッチングを用いた差の差分析（Difference in Difference、ＤＩＤ）と呼ぶ。詳細は付注2－3を参照。
(30) 例えば、Panos et al.（2014）は、英国の家計パネル調査を用いて、本業と異なる副業を実施する場合の転職確率が高まることや、本業と異なる職種への転職が増える傾向を報告しており、副業の保有が新たな人的資本の形成に資する可能性を指摘している。
(31) 同データベースでは、年間労働時間ではなく、調査対象週の労働時間しか把握できない。そこで、ここでの時給の試算にあたっては、調査対象週の労働時間を単純に年換算した値で年収を除す処理を実施している。そのため、推計値については幅をもって解釈する必要がある。また、こうした留保を踏まえて、各週の就業状況が比較的安定していると思われる正規雇用に限定した分析結果のみを掲載している。

第2－1－16図　副業・兼業の実施による年収への効果

副業・兼業の実施により正規雇用者・非正規雇用者ともに年収は上昇する効果

（1）雇用形態別にみた副業・兼業実施効果（非実施者対比）

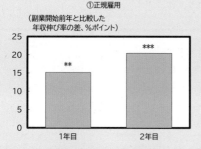

①正規雇用

（副業開始前年と比較した年収伸び率の差、％ポイント）

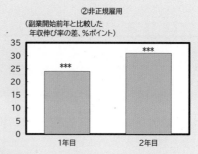

②非正規雇用

（副業開始前年と比較した年収伸び率の差、％ポイント）

（2）時給に対する副業・兼業実施効果（正規雇用のみ、非実施者対比）

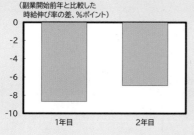

（副業開始前年と比較した時給伸び率の差、％ポイント）

（備考）　1．リクルートワークス研究所「全国就業実態パネル調査」により作成。2016年から2022年に実施された調査の調査票を使用している。
　　　　　2．直近一年以内に副業を実施していると三年連続で回答している者について分析している。
　　　　　3．時給については年収と週当たり労働時間から試算している。
　　　　　4．**は5％水準、***は1％水準でそれぞれ有意であることを示す。詳細は付注2－3を参照。

●**高齢者雇用を推進する上で、短時間勤務が可能なタスクの創出は重要**

　高齢者雇用の推進も我が国の重要な政策課題である。我が国では、前掲**第2－1－4図**でみたように、高齢者の就業者数はこのところ増勢が鈍化しているが、高齢者の年齢階級別にみた就業率でみると目立った増勢鈍化はみられておらず（**第2－1－17図（1）**）、高齢者の中での65歳以上や70歳以上の割合が高まるなど、就業率の低い年齢階層に人口の重心が移動することにより、全体の労働供給ペースが鈍化している（**第2－1－17図（2）**）。

　この現状を踏まえれば、65歳を超えても就業を希望する高齢者の継続雇用の努力を企業側に促すことに加え、より本質的には短時間でも活躍できるタスクを社会の中で創出していくことが重要である。年齢階級・職種別に、2012年から2022年にかけての就業者の伸びを寄与度分解すると、高齢者では特に「サービス職業」や「運輸・生産等」の増加が顕著であり、こう

した職種ではタスクの分割による短時間労働者の雇用が比較的生まれやすかった可能性がある（**第2－1－17図（3）**）。後述するとおり、男女間賃金格差の解消の鍵として、ジョブ型雇用の推進による長時間労働プレミアム（長時間勤務が可能な労働者の賃金の伸びが高まる傾向）の削減があるが、この取組は、現役世代と比較して長時間労働が困難である場合が多い高齢者の更なる活躍の観点からも、有効である可能性が示唆される。

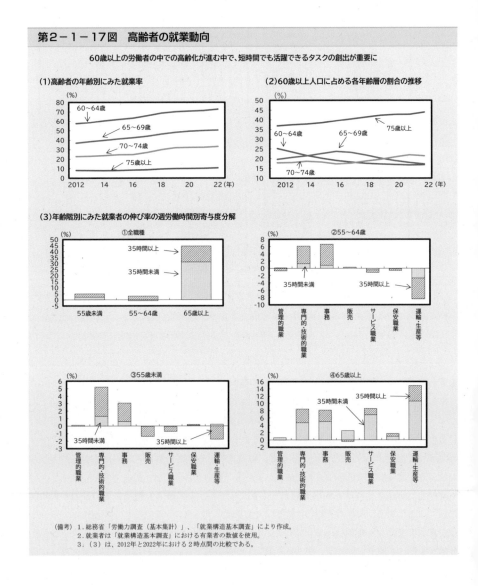

第2－1－17図　高齢者の就業動向

60歳以上の労働者の中での高齢化が進む中で、短時間でも活躍できるタスクの創出が重要に

（備考）1．総務省「労働力調査（基本集計）」、「就業構造基本調査」により作成。
　　　　2．就業者は「就業構造基本調査」における有業者の数値を使用。
　　　　3．（3）は、2012年と2022年における2時点間の比較である。

●正規から非正規に転換する高齢労働者のマインド指標に大きな悪化はみられない

　高齢者雇用の推進の観点からは、能力や体力に応じた多様な労働参加の形が確保されることが重要であるが、現状では柔軟な働き方ができる非正規雇用へ転換している高齢者が多いことを踏まえれば、こうした変化の中でモチベーションを維持して働き続けられる社会を築くことも重要である。そこで、リクルートワークス研究所「全国就業実態パネル調査」を用いて、59歳～74歳でかつ就業上の身分が、正規雇用から非正規雇用に転換した労働者のマインド指標の変化をみると、「自分で仕事のやり方を決めることができる」という仕事の裁量を示す指標が統計的に有意に低下しており、正規雇用が継続していた者との対比が顕著である（**第2－1－18図**）。他方で、「生き生きと働くことができている」というモチベーションに関わる職務への満足度は平均的にみれば統計的に有意に改善しており、その他の指標をみても、統計的に有意ではないがプラス方向の変化が多くみられ、非正規転換により自らの権限が低下し給与が減少する中でも、高齢者の労働意欲に関連する指標は全体として顕著な悪化がみられない[32]。先行きについても、高齢者が働き甲斐を感じられる就労環境を整備していくことが重要である。

第2－1－18図　高齢期の雇用形態の変化によるマインド指標への影響

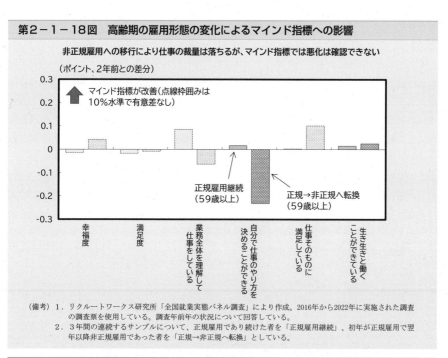

非正規雇用への移行により仕事の裁量は落ちるが、マインド指標では悪化は確認できない

（ポイント、2年前との差分）

マインド指標が改善（点線枠囲みは10％水準で有意差なし）

正規雇用継続（59歳以上）

正規→非正規へ転換（59歳以上）

幸福度／満足度／業務全体を理解して仕事をしている／自分で仕事のやり方を決めることができる／仕事そのものに満足している／生き生きと働くことができている

（備考）　1．リクルートワークス研究所「全国就業実態パネル調査」により作成。2016年から2022年に実施された調査の調査票を使用している。調査年前年の状況について回答している。
　　　　　2．3年間の連続するサンプルについて、正規雇用であり続けた者を「正規雇用継続」、初年が正規雇用で翌年以降非正規雇用であった者を「正規→非正規へ転換」としている。

注　（32）内閣府「令和元年度　高齢者の経済生活に関する調査結果」（60歳以上の男女3,000人を対象にしたアンケート）によれば、収入のある仕事をしている高齢者のうち、82.7％が現在の仕事に満足していると回答している。また、仕事をする理由を尋ねると「仕事そのものが面白いから、自分の知識・能力を生かせるから」「仕事を通じて友人や仲間を得ることができるから」「働くことは体によいから、老化を防ぐから」といった、金銭的な報酬以外を挙げる割合が49.8％に達している。

4　女性の能力発揮と男女間賃金格差是正に向けた課題

●労働時間・勤続年数では説明できない男女間賃金格差が存在

　高齢者と並んで、希望する女性の更なる労働参加を支援することは重要な政策課題であり、その際、女性がその能力を最大限発揮できる就労環境を整備することが不可欠である。そのためには、例えば、いわゆる「年収の壁（106万円・130万円）」を意識せずに働くことができるように、支援強化パッケージを本年中に決定した上で実行し、さらに、制度の見直しに取り組むことが重要である[33]。また、女性が能力を最大限発揮できる環境整備が進めば、労働時間、時給、管理職割合など様々な面での男女間格差は縮小すると見込まれるが、我が国では現状、男女間格差が大きく課題も多い。

　まず、2022年の年齢階級別に男女の年収差をみると、最も差が小さい20〜29歳の年齢階級でみても、女性の年収は男性対比で約22％低く、この差は年齢が上がると拡大する傾向にあり、30〜39歳では約36％、50〜59歳では約43％低くなっている（**第2−1−19図（1）**）。こうした年収差は、女性の方が男性よりも労働時間が短いだけでなく、女性の時給が男性よりも低いことにも起因している（**第2−1−19図（2）、（3）**）。

　時給の男女差が生じる背景としては、就業上の立場に注目すると、第一に、女性の方が正規雇用の割合が低く、特に年齢階級が上がるにつれてこの差が広がる傾向がある（**第2−1−19図（4）**）。男性では、30〜59歳の年齢階級における正規雇用割合は、8割強で安定しているが、女性では20〜29歳の6割強をピークに、年齢階級の上昇に伴い低下する。第二に、管理職割合に大きな男女差がある（**第2−1−19図（5）**）。管理職割合の男女差が、合理的な業績評価の結果に由来していれば、例えば、人的資本の蓄積量にも男女差が存在することになるだろうが、企業特殊的な人的資本を重視する我が国の企業では、勤続年数の長さが管理職割合に反映しているだけかもしれない。実際、男女間の勤続年数の差は年齢が上がるにつれて拡大しており昇進ペースの差の背景である可能性がある（**第2−1−19図（6）**）。さらに、勤続年数を揃えてみても、月給ベースで男女間賃金格差が残る下で、管理職割合にも大きな男女差が残っている（**第2−1−20図（1）、（2）、（3）**）。

注　(33)　内閣府政策統括官（経済財政分析担当）(2023) の2章では、社会保障制度や企業の福利厚生制度が、世帯の非主稼得者（主稼得者の配偶者等）の就業時間調整のインセンティブを高めており、時給上昇の効果を一部相殺している可能性を指摘している。「こども未来戦略方針」(2023年6月13日閣議決定) においても、106万円・130万円の壁を意識せず働くことが可能となるよう、短時間労働者への被用者保険の適用拡大、最低賃金の引上げ、労働時間の延長や賃上げに取り組む企業に対する必要な経費の補助等に取り組む方針としている。

第2－1－19図　年齢別にみた男女間賃金格差

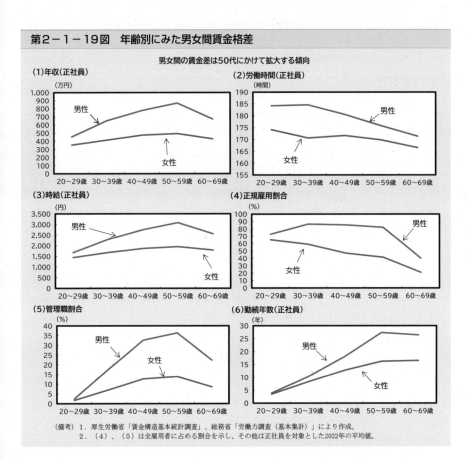

男女間の賃金差は50代にかけて拡大する傾向

(1)年収(正社員)
(2)労働時間(正社員)
(3)時給(正社員)
(4)正規雇用割合
(5)管理職割合
(6)勤続年数(正社員)

(備考) 1．厚生労働省「賃金構造基本統計調査」、総務省「労働力調査（基本集計）」により作成。
　　　 2．（4）、（5）は全雇用者に占める割合を示し、その他は正社員を対象とした2022年の平均値。

第2章

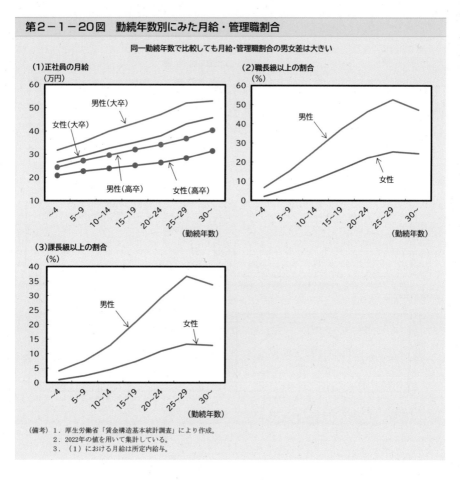

第2－1－20図　勤続年数別にみた月給・管理職割合

同一勤続年数で比較しても月給・管理職割合の男女差は大きい

(1)正社員の月給

(2)職長級以上の割合

(3)課長級以上の割合

(備考) 1．厚生労働省「賃金構造基本統計調査」により作成。
　　　　2．2022年の値を用いて集計している。
　　　　3．(1)における月給は所定内給与。

　このような男女間賃金格差は業種別にみても幅広く観察される（**第2－1－21図（1）**）。しかし、相対的にみると、運輸・郵便業や、その他サービス業のように、係長以上の中間管理職割合が低い（従って管理職割合の男女差も小さい）産業では小さい（**第2－1－21図（2）**）。一方、建設業や製造業では男女間賃金格差が大きくなっている。

第2-1-21図　業種別にみた賃金・管理職割合の男女間格差

幅広く男女間賃金格差が存在するが、中間管理職割合の低い業種では相対的に軽微

(1)女性の正社員の賃金水準(男性比)

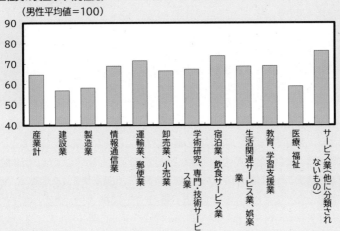

（男性平均値＝100）

(2)管理職(係長以上)割合

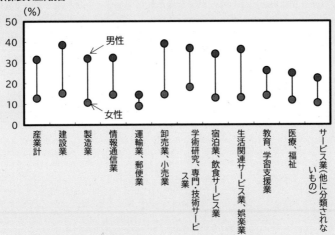

（％）

（備考）1．厚生労働省「賃金構造基本統計調査」により作成。
　　　　2．（2）は、全労働者における管理職の割合（2022年の値）を用いて集計。

こうした男女間賃金格差は、女性の正規雇用者が増加傾向にある中で徐々に縮小傾向にあるとみられ（前掲第1－1－7図）、縮小の動きを後押ししていくことが重要である。また、2022年から男女間の賃金の差異に関する情報の開示が義務化されたことも、男女間賃金格差の是正を加速させることが期待される。以下では国際的に見て我が国で男女間賃金格差が大きい背景について考察を深める。

●出産後の女性の労働所得減少の緩和が重要

男女間賃金格差は国際的に観察される事象であるが、その中でも、我が国は賃金格差が大きい国の一つである（第2－1－22図）。先行研究では、出産という女性に特有のライフイベントに伴う労働所得の減少——本研究分野ではChild Penalty（チャイルド・ペナルティ）と呼ばれる——が、男女間賃金格差の背景にある可能性が指摘されてきた[34]。

我が国では、男女間の家事・育児時間の偏りが大きいことにも表れているように、出産後の無償労働時間は、女性で増えやすい（第2－1－23図（1））。こうした中、全年齢平均と子供がいる女性の就業率の差は我が国で大きくなっており、出産を機とした離職は、女性の勤続年数が男性よりも短くなる一因になっている（第2－1－23図（2））。また、女性の育児休業の取得期間も諸外国と比較して長くなっている（第2－1－23図（3））。このように、出産を機に、女性の労働供給量が男性に比べ抑制されることで生じうる所得の減少や昇進の遅れは、女性にとってハードルである。さらに、出産を機としたキャリア中断が高い割合で発生することは、いわゆる統計的差別[35]を生み出す原因となり、女性から良い就業機会を奪っている可能性も考えられる。統計的差別により、労働供給や人的資本蓄積の機会が制約され、本来の能力を発揮できない女性を少なくするためにも、出産後の女性の労働所得減少の発生源を小さくすることが重要である。

注　(34) Kleven et al.（2019a）は、デンマークの行政データを用いたイベントスタディにより、出産によるChild Penaltyは大きく一定期間粘着的であること、またChild Penaltyは男性では観察されず、専ら女性におけるペナルティ（Motherhood Penalty）として観測されることを示した。また、本研究では、人的資本の要因で説明できない男女間賃金格差のほぼ全てがChild Penaltyで説明できるとしている。Kleven et al.（2019b）は、同様の手法により、デンマーク以外の諸外国でも広くChild Penaltyが観測できることを示しているほか、Cortés and Pan（2020）は、アメリカにおける男女間賃金格差の多くがChild Penalty由来のものであることを示している。こうした先行研究を踏まえて、日本でも古村（2022）が、厚生労働省「21世紀成年者縦断調査」を用いてChild Penaltyを推計しており、男性では第一子の誕生後の労働所得の変化が確認されないが、女性では約−60％となり、出産から7年程度経過してもほとんど回復していないことが示唆されている。

(35) 代表的なフェルプスの理論（Phelps（1972））によれば、性別や人種などの異なるグループ間で、各個人の労働生産性や仕事への定着率等、企業には観察できない平均的な資質に差があり、企業はその差の知識を持っていると仮定する。この場合、企業にとってグループ間の平均の違いを考慮して雇用や賃金を決定することが合理的であり、これにより平均資質の低いグループの中には実際の資質よりも低い評価が与えられることがあり、これを統計的差別と呼ぶ。統計的差別には、フェルプスの理論のほか、グループ間の平均の差ではなく分散の差に注目するエイグナーとケインの理論（Aigner and Cain（1977））など複数の変化形が存在する。詳しくは、山口（2007）を参照。

第2－1－22図　男女間賃金格差の国際比較

我が国の男女間賃金格差は国際的にみても大きい

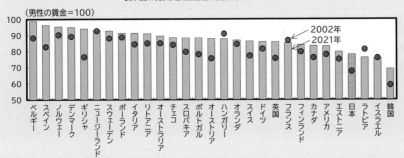

(備考)　1.　OECD.Statにより作成。
　　　　2.　一般労働者の賃金中央値ベース。参照している賃金の種類は国ごとに異なるが、日本は所定内給与。ギリシャ、イスラエルは2019年、ベルギー、デンマーク、ポーランド、イタリア、ポルトガル、ハンガリー、スイス、ドイツ、フィンランドは2020年、その他は2021年のデータ。
　　　　　マーカーは2002年のデータ。

第2－1－23図　出産後の女性の労働所得減少による男女間賃金格差

我が国では出産後の女性の労働参加が抑制されやすい

(1)家事・育児時間の男女間の差

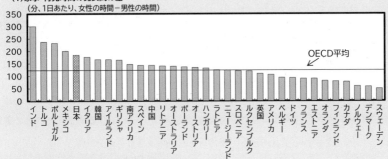

(2)子どもがいる女性の就業率の国際比較

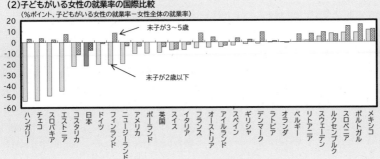

第2章

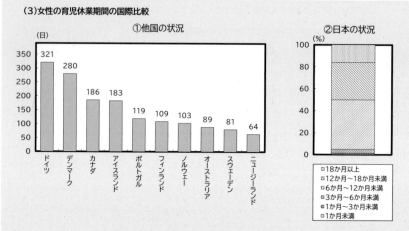

(3)女性の育児休業期間の国際比較

①他国の状況

②日本の状況

凡例
□18か月以上
□12か月～18か月未満
□6か月～12か月未満
□3か月～6か月未満
□1か月～3か月未満
□1か月未満

(備考) 1．OECD.Stat、厚生労働省「雇用均等基本調査」により作成。
2．(1)は原則15-64歳を対象。国により調査時期・対象の定義が異なる。Unpaid workを家事・育児等と定義した。
3．(2)はいずれも15～64歳の女性が対象。日本は2018年、その他の国は2019年の値。
4．(3)について、①は、公的給付金の支給ベースでみた育休取得期間（実績）の各国平均。取得できる最新年の値。（オーストラリア・ニュージーランドは2017年、アイスランドは2018年、カナダ・デンマーク・ポルトガル・スウェーデンは2020年、フィンランド・ドイツ・ノルウェーは2021年。）②は、2020年4月1日から2021年3月31日までの1年間に育児休業を終了し、復職した者の育児休業期間。

●メンバーシップ型雇用の下での長時間労働等が男女間賃金格差の一因の可能性

　では、どのように出産後の女性の労働所得減少と、それによる女性の就業機会への悪影響を軽減できるであろうか。雇用政策の側面からこの問題を考えるヒントになる研究であるGoldin（2014）では、米国のデータを用いて、長時間労働に対する賃金プレミアムの違いが、職種ごとの男女間賃金格差につながっていることを指摘している。そこでは、引継ぎ・交代等の調整コストが大きく、代替要員を確保しにくい職業ほど長時間労働に対する賃金のプレミアムが高まるという仮説について、米国O-NETを用いて、検証している。すなわち、職業ごとの仕事の代替コストの大きさを数値化し（具体的には「スケジュールの自由度が小さいほど」「他者とのコミュニケーションを要するほど」「継続的な対人関係が前提となる業務であるほど」「仕事が雇用者に合わせて構築されているほど」「意思決定の裁量が大きいほど」、代替コストが大きく、長時間労働が求められやすいと仮定）、代替コストの高い職業ほど、長時間労働に対するプレミアムが生じて男女間賃金格差が大きくなる傾向を報告している。

　日本型雇用システムの大きな特徴と言われるメンバーシップ型雇用は、職務・勤務地の限定のない雇用契約の下で、長期雇用を前提にゼネラリストを養成する制度となっており、海外でより一般的と言われるジョブ型雇用（定められた職務内容に対して人材を割り当てる制度）と比較すると、長い勤務時間の中で多種多様なタスクに対応できる者が重用されやすいシステム

と言われる。我が国では、働き方改革の進捗もあり、平均労働時間でみると諸外国と比較して突出して長くはないが、長時間労働者の割合が依然として海外対比で高く、その背景にはこうしたメンバーシップ型雇用の下での長時間労働に対するプレミアムの存在がある可能性が高い（**第2－1－24図（1）**）。また、こうした雇用形態の下では、企業特殊的な人的資本が重視される傾向があり、勤続年数の長さが年収の伸びに直結しやすい（**第2－1－24図（2）**）。さらに、本人の同意のない転勤の発生割合も高く、そうした転勤に伴う居住地域コミュニティとの一時的な断絶や、単身赴任による家族生活への大きな影響といったコストもある[36]（**第2－1－24図（3）**）。

　日本型の雇用慣行が、男女間の賃金格差につながる一例は、コース別雇用制度においてみられる。具体的には、長時間の残業・会社都合の転勤を求めるが、勤続年数の蓄積により管理職登用の道が前提となっている「総合職」と、そうした将来性は約束されていないがワークライフバランスが相対的に優れる「一般職」において、後者では女性の志望者が多い[37]。労働時間・勤務地に制約があり、勤続年数が短い傾向にある労働者[38]の賃金を相対的に上げていくためには、タスクの明確化と成果による業績評価を雇用体系の中で広げていくことも重要である。

　現状、諸外国では8割以上の雇用者が採用に際し、職務内容について何らかの説明を受けているが、我が国では4割未満にとどまっているなど、職務内容が明確なポストが相対的に少ない（**第2－1－24図（4）**）。ジョブ型雇用の拡大は、労働移動の活性化に必要な環境整備の文脈で論点となることが多いが、男女間賃金格差を縮小する観点からも重要である。

注
(36) 例えば、中央大学大学院戦略経営研究科（2017）のアンケート結果によれば、転勤の制約のない社員の方が制約のある社員よりも明らかに役職が高いと回答した企業が約52.5%、転勤の制約のない社員の方が制約のある社員よりも高い傾向にあると回答した企業が25.3%であり、合計すると8割弱の先で転勤可否が昇進差に結び付いている。また、転勤の制約のない社員の方が制約のある社員よりも平均的な賃金水準が3割以上高いと回答した企業が24.2%、2割程度高いと回答した企業が33.3%、1割程度高いと回答した企業が20.2%であり、こちらも合計すると8割弱の先で転勤可否が賃金差に結び付いている。
(37) 山口（2019）においても、「日本の管理職昇進率における男女格差の大きな原因になっているのは、男女別のキャリアコースだ。」と指摘されている。
(38) 現状では、女性の方が出産を契機とした労働時間の減少や勤務先の変更が発生しやすいほか、子どもの学校関連のコミュニティへの参加も母親が中心となっていることを踏まえた評価であるが、こうした男女差自体も対応すべき課題である。

131

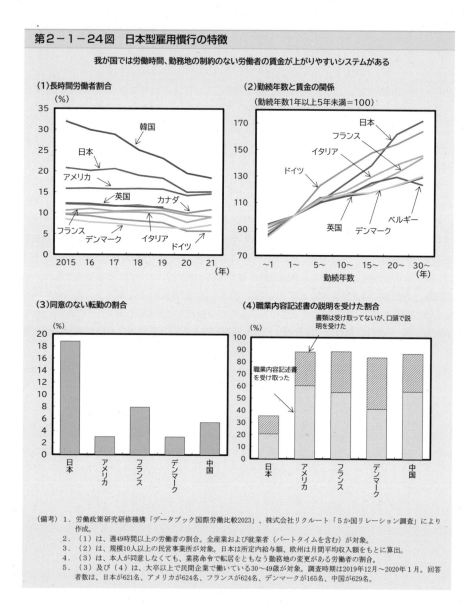

第2－1－24図　日本型雇用慣行の特徴

我が国では労働時間、勤務地の制約のない労働者の賃金が上がりやすいシステムがある

(1)長時間労働者割合

(2)勤続年数と賃金の関係
（勤続年数1年以上5年未満＝100）

(3)同意のない転勤の割合

(4)職業内容記述書の説明を受けた割合

（備考）1．労働政策研究研修機構「データブック国際労働比較2023」、株式会社リクルート「5か国リレーション調査」により作成。
　　　　2．（1）は、週49時間以上の労働者の割合。全産業および就業者（パートタイムを含む）が対象。
　　　　3．（2）は、規模10人以上の民営事業所が対象。日本は所定内給与額、欧州は月間平均収入額をもとに算出。
　　　　4．（3）は、本人が同意しなくても、業務命令で転居をともなう勤務地の変更がある労働者の割合。
　　　　5．（3）及び（4）は、大卒以上で民間企業で働いている30～49歳が対象。調査時期は2019年12月～2020年1月。回答者数は、日本が621名、アメリカが624名、フランスが624名、デンマークが165名、中国が629名。

●固定的な性別役割分担意識や無意識の思い込みも男女間賃金格差の一因

　以上のように、雇用制度面を見直すことで、男女間賃金格差を一定程度縮小することは見込めるものの、我が国の性別役割分担意識も男女間賃金格差を生み出している可能性がある。修士・博士課程卒業者に占める女性割合でみても我が国では諸外国と比較して顕著に低い（**第2**

－1－25図（1））。専攻分野の国際比較でも、我が国では理工系学部の卒業者では女性割合の低さが際立っている（**第2－1－25図（2）**）。こうした教育達成度・専攻選択の差を背景に、理工系を中心とした専門領域の知見において、就業開始時点で男女差が生まれている可能性がある[39]。進路選択は、本人や家族の意思決定による部分が大きいと思われるが、その背後には、例えば「女性は文系向き」等といった固定的な性別役割分担意識や無意識の思い込みが、影響を及ぼしている可能性がある[40]。女性の能力発揮が阻害されないための意識の変革も重要であろう。

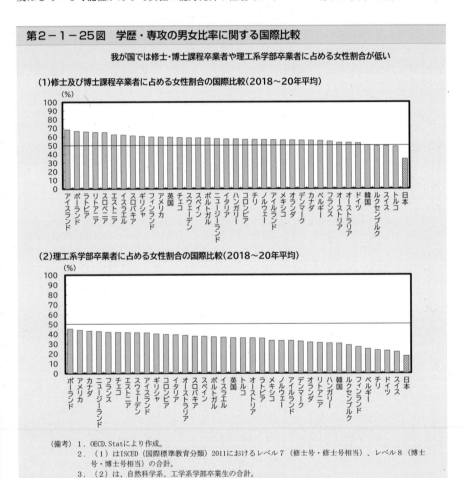

第2－1－25図　学歴・専攻の男女比率に関する国際比較

我が国では修士・博士課程卒業者や理工系学部卒業者に占める女性割合が低い

（1）修士及び博士課程卒業者に占める女性割合の国際比較（2018～20年平均）

（2）理工系学部卒業者に占める女性割合の国際比較（2018～20年平均）

（備考）1．OECD.Statにより作成。
　　　　2．（1）はISCED（国際標準教育分類）2011におけるレベル7（修士号・修士号相当）、レベル8（博士号・博士号相当）の合計。
　　　　3．（2）は、自然科学系、工学系学部卒業生の合計。

注　(39) 浦坂他（2011）では、「日本家計パネル調査」を利用して、理系出身者と文系出身者の所得差を検討しており、男性・女性のいずれについても、理系出身者の方が文系出身者よりも所得が高い点を確認している。
　　(40) 伊佐・知念（2014）は、小中学生を対象に実施された学力調査のデータを用いて、小学校の早い段階で形成される「女子＝文系、男子＝理系」という無意識の思い込みは、次第に、女性の数学の学力や意欲にも影響されるようになってくると報告している。

5 資産所得の引上げとその効果

　家計の所得全体の引上げに向けて、ここまでみてきた労働所得に加え、2,000兆円に上る家計部門の金融資産からの資産所得を増やしていくことも重要である。本項では我が国の家計部門の金融資産の保有動向と、資産所得増加の効果について考察を行う。

●我が国家計の金融資産は現預金に偏重している

　政府は、家計の金融資産所得の拡大と、成長資金の供給拡大により、成長と資産所得の好循環を実現することを目的に、「資産所得倍増プラン[41]」を策定し、家計の資産形成の支援に取り組んでいる。

　我が国の家計の金融資産2,000兆円は、半分以上がリターンの少ない現預金で保有されており、アメリカ・英国と比較して現預金の保有割合が高い（**第2－1－26図 (1)**）。こうした資産構成の差は、金融資産・家計収入の伸び率の差の一因となっている（**第2－1－26図 (2)**、**(3)**）。各年の可処分所得に占める財産所得の割合をみても、我が国はアメリカや英国の約半分となっている（**第2－1－26図 (4)**）。

注　(41) 2022年11月28日策定。家計の資産所得倍増に向けて、①家計金融資産を貯蓄から投資にシフトさせるNISAの抜本的拡充や恒久化、②加入可能年齢の引上げなどiDeCo制度の改革、③消費者に対して中立的で信頼できるアドバイスの提供を促すための仕組みの創設、④雇用者に対する資産形成の強化、⑤安定的な資産形成の重要性を浸透させていくための金融経済教育の充実、⑥世界に開かれた国際金融センターの実現、⑦顧客本位の業務運営の確保、の7本柱の取組を一体として推進していくとしている。

第2-1-26図　家計の金融資産と財産所得の国際比較

金融資産は預貯金に偏重しており、資産額・財産所得の両面で諸外国の伸びに見劣り

(1)金融資産構成の国際比較

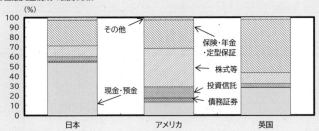

(2)金融資産(ストック)の推移

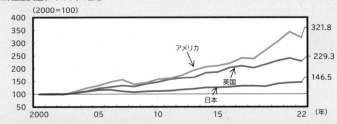

(3)財産所得・労働所得(フロー)の推移

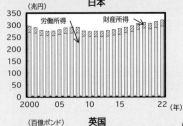

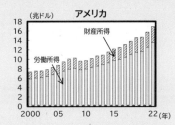

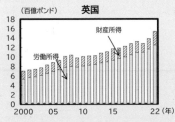

(4)可処分所得に占める財産所得割合の国際比較

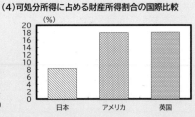

(備考)　1.　内閣府「国民経済計算」、日本銀行「資金循環統計」、アメリカ商務省経済分析局、ＦＲＢ、英国国家統計局
　　　　　　により作成。日本のみ、対家計民間非営利団体は含まない。
　　　　2.　(1)及び(4)は2022年の値。
　　　　3.　(3)及び(4)について、ここでの財産所得は財産所得の純受取を、労働所得は雇用者報酬を用いている。

　こうした資産保有構造は、先行研究での議論も参考にすれば、金融知識の不足などを理由に、全てが合理的な意思決定の結果となっているとは言い難い[42]。実際、家計に対する金融庁の調査結果をみても、投資を行わない最も大きな理由として、４割弱が「余裕資金がない」と回答しているが、２割弱は「知識がない」を選択している（**第２－１－27図**）。

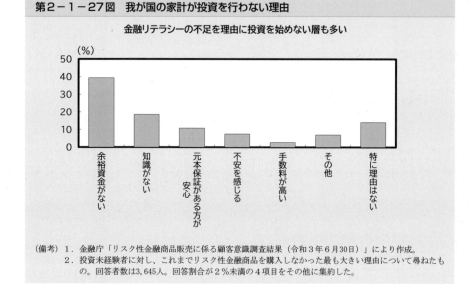

第２－１－27図　我が国の家計が投資を行わない理由

金融リテラシーの不足を理由に投資を始めない層も多い

(備考)　1．金融庁「リスク性金融商品販売に係る顧客意識調査結果（令和３年６月30日）」により作成。
　　　　2．投資未経験者に対し、これまでリスク性金融商品を購入しなかった最も大きい理由について尋ねたもの。回答者数は3,645人。回答割合が２％未満の４項目をその他に集約した。

注　(42) 木成・筒井（2009）では、日本の家計の危険資産保有比率（株式・債券・投資信託）は、アンケート結果を基に試算されるリスク許容度や期待収益率を使って求められる理論値よりも低くなっている可能性があり、知識程度（学歴）や銀行と比較した証券会社への信認の低さがこうしたかい離を説明するとしている。また、北村・中嶋（2010）では、民間ＷＥＢモニター調査のデータを用いて、30～40歳代の男性会社員が労働収入を得ている家計を対象に、株式投資の決定要因を分析し、金融や経済に関する基礎知識及び主観的な株式投資コストといった行動経済学的な要因が、年収や金融資産と同様に大きな影響力を持つことを確認している。

●若年期からの資産形成が将来不安の軽減に結び付くことに期待

　次に、経済環境の変化を踏まえた若年期からの資産形成の意義について考える。労働所得を取り巻く構造的な変化として度々指摘されるのが賃金カーブのフラット化である（**第2－1－28図（1）**）。我が国においては、新卒一括採用・長期雇用を前提とした、年功型賃金制度の下で、若年期の賃金は本来の生産性よりも低く抑えられ、年齢が上がるにつれて賃金も徐々に上昇するという賃金カーブが観察される。ただし、出生年が後の世代ほど賃金カーブのフラット化が観察されている。このようなフラット化の特徴は、第一に年齢の上昇に伴う賃金の上昇度合が低下していること、第二にカーブの始点である20代の所得に幾分改善がうかがえることである[43]。第一の点にあるように、過去と比較すると年齢とともに賃金が上昇しにくくなっている中で、若年層の所得面での将来不安が高まっている。賃金の上昇期待の後退と併せて、少子高齢化が進行する下で国民負担率が高まっていることもあり[44]、若年層の貯蓄理由をみても、老後の生活不安を理由とする割合が近年急速に高まっている（**第2－1－28図（2）**）。ここで第二の特徴である、ライフサイクルの中で20代の所得環境の改善がうかがえる点については、老後のために貯蓄に回せる度合いが、若年期ほど過去と比べて高まっているとみることもできる。これらを踏まえると、賃金カーブのフラット化とライフサイクルの早い段階での資産形成は親和性が高いと言える。

第2章

注　(43)　例えば、正規労働者の男性であれば35～39歳時点の年収は1956～60年生まれと比較して直近コーホート（1991～1995年生まれ）では30万円程度低下（-8％程度）しているが、20～24歳時点の年収では1961～65年生まれと比較して直近コーホート（1996～2000年生まれ）では40万円程度上昇（+23％程度）している。
　　(44)　内閣府政策統括官（経済財政分析担当）(2023)の第2章を参照。

第2-1-28図　賃金カーブと若年層の貯蓄理由

賃金カーブがフラット化する下で老後の生活不安は高まっている

(1)出生年代別の実質賃金カーブ

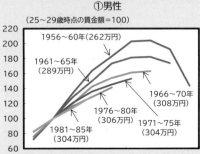

①男性
(25～29歳時点の賃金額=100)

1956～60年(262万円)
1961～65年(289万円)
1966～70年(308万円)
1976～80年(306万円)
1971～75年(304万円)
1981～85年(304万円)

②女性
(25～29歳時点の賃金額=100)

1956～60年(212万円)　1961～65年(236万円)
1966～70年(259万円)
1971～75年(262万円)
1976～80年(269万円)
1981～85年(276万円)

20～24歳　25～29歳　30～34歳　35～39歳　40～44歳　45～49歳　50～54歳　55～59歳　60～64歳

(2)若年層の貯蓄理由の変化

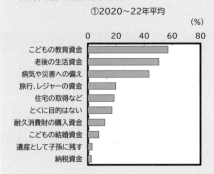

①2020～22年平均 (%)

こどもの教育資金
老後の生活資金
病気や災害への備え
旅行、レジャーの資金
住宅の取得など
とくに目的はない
耐久消費財の購入資金
こどもの結婚資金
遺産として子孫に残す
納税資金

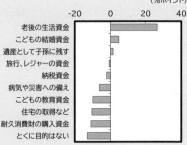

②2007～09年平均→2020～22年平均の増減 (%ポイント)

老後の生活資金
こどもの結婚資金
遺産として子孫に残す
旅行、レジャーの資金
納税資金
病気や災害への備え
こどもの教育資金
住宅の取得など
耐久消費財の購入資金
とくに目的はない

(備考)　1．厚生労働省「賃金構造基本統計調査」、総務省「消費者物価指数」、金融広報中央委員会「家計の金融
　　　　　行動に関する世論調査」により作成。
　　　　2．（1）について、折線は、出生年代ごとの賃金カーブを表す。なお賃金額は、一般労働者の所定内給与
　　　　　額を2020年基準の消費者物価（持ち家の帰属家賃を除く総合）で実質化。凡例の（　）内は、出生年代
　　　　　ごとの25～29歳時点の賃金額。
　　　　3．（2）は、金融資産を保有する二人以上世帯のうち、世帯主の年齢20～39歳。なお、調査方法・調査対
　　　　　象の変更に伴い、2020年調査と2021年調査の間はデータが不連続となっている。金融資産の保有目的を
　　　　　選択肢から3つまで複数回答。

　我が国では、2024年からNISAの抜本的拡充・恒久化[45]の見直しが予定されている。これにより、制度の予見可能性が高まり、制度がシンプルになることで、中間層を中心とする層の資産形成が更に促されることが期待されている。さらに「資産所得倍増プラン」の柱として、こうした資産形成を促進する制度の拡充・恒久化に加えて、消費者に対して中立的で信頼できるアドバイスの提供を促す仕組みの創設や金融経済教育の充実も掲げられている。また、顧客のニーズに応じた多様な金融商品の開発を促進していくことも重要であろう。こうした取組を通じて、将来不安を軽減し、各人のライフプランの下で豊かな人生を送れるように後押しすることが重要である。

●**資産形成によって、足下の個人消費も刺激される効果**

　最後に、国民資産の「貯蓄から投資」への移行を進めることによるマクロ経済への効果についても考えてみよう。ここでは、総務省「家計調査」の調査票情報を用いて、各世帯の消費支出に影響する様々な属性が一定とした上で、株式投資の有無が足下の個人消費に及ぼす効果を試算する。属性として具体的には、年齢階級・世帯人数（成人・子ども別）・可処分所得・貯蓄残高・持家の有無をコントロール変数として採用した。株式保有の有無が、世帯消費支出に影響を及ぼすメカニズムとしては、以下が考えられる。将来的な金融資産の時価上昇を見込むことによって、毎期の消費支出を増やす余裕が生まれる場合には、株式を保有していると平均消費性向が高まる可能性が考えられる。また、短期的な消費支出に回る割合が、資産所得と労働所得と異なっている場合には、配当収入の発生が可処分所得全体に対する平均消費性向に影響を及ぼす可能性も考えられる。

　結果をみると、全ての年齢階級と株式投資ダミーの交差項において、係数は統計的に有意にプラスとなっており、株式投資を実施している世帯は同一属性の株式非保有世帯と比較して消費支出額が多いことが確認できた（**第2-1-29図**）。具体的には、年齢・可処分所得・保有資産・家族構成などの属性が同じ家計対比で、34歳以下では毎月の消費支出額が1万円程度多く、35〜49歳では2万円程度、50歳以上では3.5万円程度多くなる傾向が確認できた[46]。

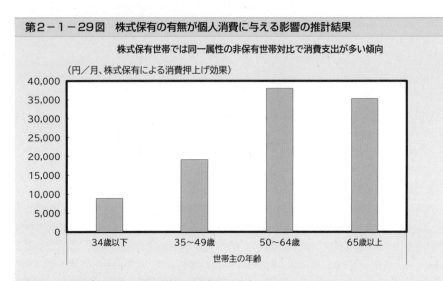

第2−1−29図　株式保有の有無が個人消費に与える影響の推計結果

株式保有世帯では同一属性の非保有世帯対比で消費支出が多い傾向

（円／月、株式保有による消費押上げ効果）

（備考）1．総務省「家計調査」の調査票情報を独自集計して作成。
　　　　2．世帯属性などをコントロールした消費関数を推計し、株式保有の有無が消費支出に与える影響を図示した。
　　　　　金額は月額換算したもの。詳細は付注2−5を参照。

第2節　少子化と家計経済

　我が国では、出生数が初めて100万人を割り込んだのが2016年だったが、2019年に90万人、2022年に80万人を割り込むなど急速な少子化が進んでいる。少子化、人口減少に歯止めをかけなければ、我が国の経済社会は縮小し世界第三位の経済大国という国際社会における立ち位置にも大きな影響が及ぶほか、地域社会や社会保障制度の維持も難しくなる。本節では、こうした現状を踏まえて、少子化が我が国のマクロ経済に及ぼす影響について分析すると共に、少子化の背景とその対策について考察する。

1　少子化の現状と経済への影響

　ここでは我が国における少子化と呼ばれる現状を概観した上で、少子化が我が国経済に及ぼす影響を分析し、少子化対策がなぜ必要なのか確認していく。

●少子化の進行には歯止めがかかっていない
　まず、少子化の現状を確認する。出生数は1973年の第二次ベビーブーム以降は緩やかな減少傾向にあり、2000年代入り後には幾分減少ペースが緩やかになっていたが、2015年以降は

再び減少ペースが加速している（**第2-2-1図（1）**）。現在の出生数自体は、過去の少子化の進展による出産期相当の女性の人数減少の影響を受け続けるので、足下の出産動向を把握する上では出生率（女性の一人当たりの出生人数）をみることが有用である。その際、以下の二つの統計的尺度からみてみよう。まず、よく参照される出生率として、「期間合計特殊出生率」をみてみよう。これは、当該1年の15〜49歳の女性の年齢別出生率を合計したものを指す。**第2-2-1図（1）**で示したとおり、期間合計特殊出生率は、出生数同様に1973年以降は低下傾向にあり、その後2005年を底に幾分回復し、2015年以降は再び幾分低下する状況となっている。ただし、期間合計特殊出生率は、一人の女性に対して15〜49歳という長い期間における出生動向を計測する指標であることから、各個人が一生のうちに出産する予定人数が不変だったとしても、出生タイミングがずれることで変動することには注意が必要である。実際、我が国では、近年は晩婚化・晩産化が進んでおり、女性が一生で産む子どもの人数に変化がなかったとしても、晩産化が進んだコーホートの出産時期のずれにより、期間合計特殊出生率は一度低下した後に、2005年以降に反転上昇した可能性がある（**第2-2-1図（2）**）。その後、2015年以降反落している背景には、2015年以降第一子出産年齢の上昇が一服するなど、出産タイミングの後ずれペースが緩やかになったことが考えられる。本質的には、女性が生涯で産む子どもの人数こそが、長期的な出生動向を判断する上では重要である。しかしながら、期間合計特殊出生率は、出産タイミングにトレンド的な変化がある局面ではこうした本質的な変化がみえにくくなるという欠点がある[47,48]。

そこで、もう一つの出生率の概念である、「コーホート合計特殊出生率」をみる（**第2-2-1図（3）**）。これは、生まれ年別にみた女性の49歳まで（50歳になる時点までであることから、以下では「50歳時点」と呼ぶ）の出生率を示す概念だが、ここでは、生まれ年別に、それぞれ30歳時点・35歳時点・40歳時点・50歳時点までの出生率をみた[49]。30歳時点までのコーホート合計特殊出生率は、1970年代後半〜1980年代前半生まれの世代まで一度横ばいに近い動きとなった後に、1980年代後半生まれ以降の世代では再び低下するなど、反転はみられない。他方、40歳時点の出生率をみると、1970年代生まれ以降のコーホートでは緩やかではあるが上昇傾向にある。コーホート合計特殊出生率は、年齢時点が上がるほどに、生涯概念に近い出生率が計測できる一方で、現時点でその年齢に達している女性に限定されたデータになるため、直近世代の状況が把握しにくくなるというトレードオフがある。前掲**第2-2-1図（2）**にあるとおり、第二子・第三子までの平均出産年齢が30歳代であることを踏まえると、40歳時点のコーホート合計特殊出生率は、こうしたトレードオフを踏まえても、一つの有用な参照

注 (47) また、「丙午」にあたる1966年は出産が避けられたことから期間合計特殊出生率が大きく低下したが、この多くはタイミングのずれによるものだけであると考えられ、1967年には急回復している。次の「丙午」は2026年にあたるため、一時的に期間合計特殊出生率に振れが生じる可能性がある。
(48) 我が国の人口動態統計における合計特殊出生率は、日本人の再生産力を示す指標であるため、分子には日本人の父と外国人の母の間に生まれる日本国籍児を含んだ計算となっている。そのため、短期的にはこの指標は日本人女性の出生率と大きくかい離しないが、やや長い目で見れば異なる動きとなることに注意が必要。詳しくは、第70回ESRI政策フォーラム（2023年6月23日）を参照。
(49) 一般的には、49歳までの出生数により定義されるが、ここではそれ以前の年齢時点までの同一コーホートの合計特殊出生率も、便宜上、その年齢時点までのコーホート合計特殊出生率と呼んでいる。

時点と考えられる。この基準でみて、僅かではあるがこのところ反転上昇がみられることは、2000年代以降に政府が進めてきた少子化対策の一つの柱であった就労と育児の両立を支援するための施策にも一定の効果があった可能性が示唆される。ただし、その変化は小さなものとなっており、30・35歳時点の出生率でみれば反転の兆しがないことから、全体としては少子化の進行には歯止めがかかっているとは言い難い状況だろう。

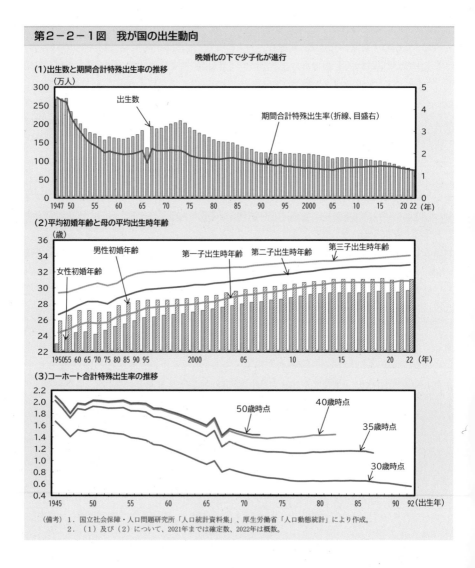

第2-2-1図　我が国の出生動向

晩婚化の下で少子化が進行

(1)出生数と期間合計特殊出生率の推移

(2)平均初婚年齢と母の平均出生時年齢

(3)コーホート合計特殊出生率の推移

(備考)　1．国立社会保障・人口問題研究所「人口統計資料集」、厚生労働省「人口動態統計」により作成。
　　　　2．（1）及び（2）について、2021年までは確定数、2022年は概数。

●長い目でみた労働投入量の減少を抑制する観点からも少子化対策は重要

　ここからは少子化がマクロ経済に及ぼす影響を考察していく。まず、我が国の労働投入量への影響である。少子化の進行は、国内の生産活動の中心的な担い手である生産年齢人口（15～64歳）の減少継続につながる。その間、65歳以上の老年人口の割合が高まる高齢化も同時に引き起こす。生産年齢人口は、主要な労働の担い手でありその減少は労働投入量の下押し圧力となる。我が国では生産年齢人口が減少する中にあっても、女性や高齢者の労働参加率の上昇により、就業者数や労働力人口は増加傾向を維持しているが、就業日数や時間に制約のある労働者の参加では、労働投入量（人数×時間）の減少を全てカバーできているわけではなく、長い目でみれば労働投入量は減少傾向で推移している（**第2－2－2図 (1)**）。我が国においては、ワークライフバランスの改善や労働生産性改善を企図した働き方改革が進められてきたことも、労働投入量の減少に影響しているとみられるが、国際比較をしても、2000年の合計特殊出生率が低く少子化傾向が強い国ほど、その後の労働投入量の伸びも弱いという関係が観察される（**第2－2－2図 (2)**）。

第2章

第2－2－2図　少子化と労働投入量

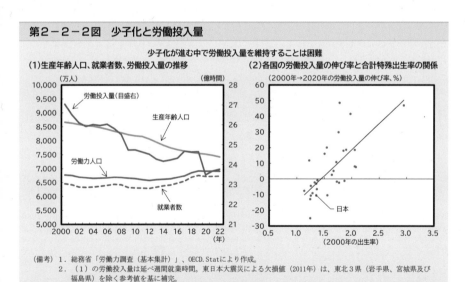

少子化が進む中で労働投入量を維持することは困難

(1)生産年齢人口、就業者数、労働投入量の推移

(2)各国の労働投入量の伸び率と合計特殊出生率の関係

（備考）1．総務省「労働力調査（基本集計）」、OECD.Statにより作成。
　　　　2．（1）の労働投入量は延べ週間就業時間。東日本大震災による欠損値（2011年）は、東北3県（岩手県、宮城県及び福島県）を除く参考値を基に補完。
　　　　3．（2）の労働投入量は、労働力人口×年間総労働時間により算出。
　　　　　プロットしたのは、オーストラリア、オーストリア、ベルギー、カナダ、チリ、チェコ、デンマーク、エストニア、フィンランド、フランス、ドイツ、ギリシャ、ハンガリー、アイスランド、アイルランド、イスラエル、イタリア、日本、ラトビア、ルクセンブルク、オランダ、ニュージーランド、ノルウェー、ポーランド、ポルトガル、スロバキア、スロベニア、スペイン、スウェーデン 、英国、アメリカの31か国。

　こうした人口動態は、賦課方式である社会保障制度の下で収支均衡を図ろうとすれば、給付を抑制しない限り現役世代の負担の増加につながる。我が国では、世代間・所得階層間での給付と負担の割合に関する国民理解の下で、全世代型社会保障制度改革が進行中であるが、高齢

者の労働投入量は若年・壮年期と比べて限られることから、生産年齢人口が減れば引退世代を支えるマンアワーベースでみた労働投入量を維持することは非常に困難である。

● **短期的にみても少子化により個人消費に下押し圧力が生じる**

　子育て世帯では子育てのための追加的な支出が発生し、子育て関連の財・サービスの提供者の所得につながっていることを踏まえれば、少子化は関連産業の生産活動に影響を及ぼす。したがって、短期的にみても我が国の経済活動の下押しに作用する可能性がある。

　子どもの人数が世帯消費に及ぼす影響をみるためには、所得・資産保有状況の違いや、子どもの有無による子育て関連費用以外の消費支出の違いが、世帯消費全体に及ぼす影響を考慮して推計を行う必要がある。そこで、前掲**第２－１－29図**で構築した総務省「家計調査」の調査票情報を利用した世帯レベルの消費関数を用いて、子どもの人数が増えることによる世帯単位の消費への影響をみる（**第２－２－３図**）。

　結果の含意は大きく次の二点である。第一に、子どもの数が増えるとそれに応じて統計的に有意に世帯消費が増加する傾向がある。具体的には、年齢・世帯の成人人数・可処分所得などの世帯属性をコントロールした上でも、子ども１人世帯では無子世帯対比で１カ月当たりの消費支出額が＋３万円程度、子ども２人世帯では同＋3.3万円程度、子ども３人世帯では同＋5.1万円程度、子ども４人以上世帯では同＋6.2万円程度増える[50,51]。この事実は、少子化対策を行うことによって短期的には家計消費支出の誘発が期待できることを示唆している[52]。

　第二に、子育て費用には規模の経済性が働いている可能性がある。具体的には、子どもの人数が０人→１人での消費支出は＋３万円程度であるが、そこから子どもの人数が２倍、３倍になっても、消費支出増加額は２倍、３倍に増えている訳ではない。

注　(50)　これは子育て費用自体を指すのではなく、子育て費用の増減と、それ以外の支出の増減をネットした消費支出全体の増減額（対無子世帯）である。
　　(51)　ここでの推計結果は、利用するデータや推計方法によって変わり得るため、十分幅をもって解釈する必要がある。
　　(52)　推計期間中の20～40代の無子世帯（二人以上世帯）の１カ月当たりの平均消費支出額は258,890円であり、子どもがいることによる消費支出の誘発効果は、子ども１人で11.6％程度、２人で12.7％程度、３人で19.8％程度、４人以上では23.8％程度である。

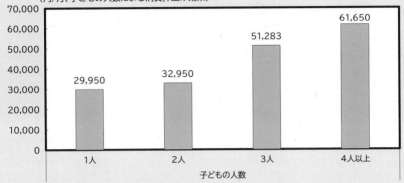

第2－2－3図　少子化と個人消費

少子化は世帯の消費を下押しする

（円/月、子どもの人数による消費押上げ効果）

- 1人: 29,950
- 2人: 32,950
- 3人: 51,283
- 4人以上: 61,650

子どもの人数

（備考）1．総務省「家計調査」の調査票情報を独自集計して作成。
　　　　2．世帯属性などをコントロールした消費関数を推計し、子どもの人数が消費支出に与える影響を図示した。
　　　　　金額は月額換算したもの。詳細は付注2－5を参照。

2 少子化の要因とその対策

　本項では、我が国において少子化が進行している背景について、結婚行動と出産行動の両側面から分析し、必要な対策について考察する。

●最近の少子化は人口減少・非婚化・夫婦の出生率低下の三重の下押しで進行

　出生数の低下はどのような要因によりもたらされているのだろうか。ここでは、我が国の出生数の変動を①人口要因（女性数自体の減少）、②有配偶率要因（結婚の減少）、③有配偶出生率要因（夫婦の出産の減少）、という三つに要因分解する[53]（**第2－2－4図**）。これをみると2005年以降の出生数の減少に対しては人口要因、すなわち過去の少子化の影響で女性の人口自体が減少していることにより生じる下押しの影響が最も大きくなっている。一方、有配偶率要因も1990年代以降継続して下押しに寄与している。また、有配偶出生率要因は、2015年頃までは押上げ要因となっていたが、直近の5年間では下押しに寄与している。すなわち、2015年から2020年にかけての出生数の減少は、女性人口の減少・非婚化の進行・夫婦の出生率の低下、の三重の要因により進んだと言える。女性人口の減少は、過去の少子化の結果として現れているものであり当面は下押し圧力となり続けることが見通されるが、有配偶率と有配偶出

注　（53）要因分解の手法は藤波（2022）を参考にしている。この間、婚外子割合が安定していることを前提とした分解。

生率は、現下の社会・経済環境の変化により、早期に反転させることも不可能ではないと考えられる。そこで、以下ではこの二つの要因に注目して分析を行う。

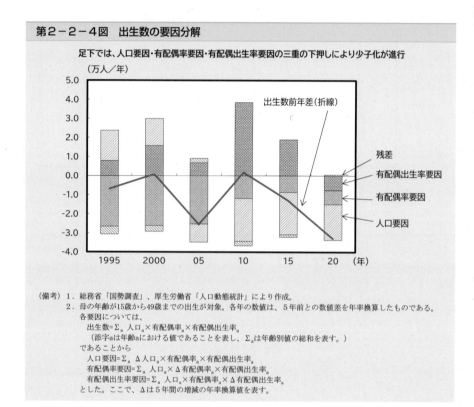

第2－2－4図　出生数の要因分解

足下では、人口要因・有配偶率要因・有配偶出生率要因の三重の下押しにより少子化が進行

（備考）1．総務省「国勢調査」、厚生労働省「人口動態統計」により作成。
　　　　2．母の年齢が15歳から49歳までの出生が対象。各年の数値は、5年前との数値差を年率換算したものである。
　　　　　各要因については、
　　　　　　出生数＝Σ_a 人口$_a$×有配偶率$_a$×有配偶出生率$_a$
　　　　　　（添字aは年齢aにおける値であることを表し、Σ_aは年齢別値の総和を表す。）
　　　　　であることから
　　　　　　人口要因＝Σ_a Δ人口$_a$×有配偶率$_a$×有配偶出生率$_a$
　　　　　　有配偶率要因＝Σ_a 人口$_a$×Δ有配偶率$_a$×有配偶出生率$_a$
　　　　　　有配偶出生率要因＝Σ_a 人口$_a$×有配偶率$_a$×Δ有配偶出生率$_a$
　　　　　とした。ここで、Δは5年間の増減の年率換算値を表す。

●**若年期の所得向上が婚姻率向上の鍵**

　まずは、有配偶率についてみてみよう。前掲**第2－2－4図**の寄与度分解に明らかなように、我が国の少子化の大きな原因の一つは非婚化である。我が国の婚姻率をみると、継続的に低下しており、1970年に10‰[54]にあったところから、2000年に6.4‰、2022年には4.1‰まで低下している[55]（**第2－2－5図**）。非婚化の進行は、ライフスタイル・嗜好の変化等様々な要因が複合的に重なって生じている事象であると考えられるが、ここでは経済環境に注目する。まず、男女別に所得と結婚行動の関係をみてみよう（**第2－2－6図**）。30代の男性有業者では、年収が高いほど未婚率が低い傾向にあり、この傾向は2012年からほとんど変わっていない。他方

注　(54) 千分率。0.001を1‰とする表記。
　　　(55) 国勢調査結果により算出すると、50歳時点の未婚率でみても、1970年時点で男性1.7%、女性3.3%だったところから、2020年には男性28.2%、女性17.8%まで上昇している。

146

で、30代の女性有業者では、こうした傾向は男性ほど顕著ではない。女性では、200万円未満の未婚率が低く、ここには結婚後に扶養の範囲内で働く女性が含まれている要因があり、必ずしも結婚前の年収の低い女性が結婚しやすいことを示唆するものではないが、年収と未婚率の関係には男女差があることがうかがえる。これらを踏まえると、男性の年収と婚姻率の関係からは、所得が高いほど未婚率が下がる傾向があり、経済的な理由が結婚行動に大きな影響を及ぼしていることが示唆される[56]。この点で、若年層の所得向上は婚姻率を高める上で重要である[57]。

第2－2－5図　婚姻率の推移

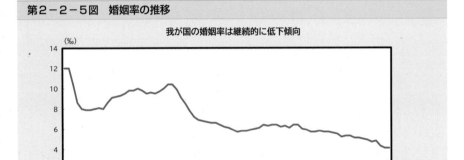

我が国の婚姻率は継続的に低下傾向

（備考）1．国立社会保障・人口問題研究所「人口統計資料集」、総務省「人口推計」、厚生労働省「人口動態統計」により作成。
　　　　2．2021年までは国立社会保障・人口問題研究所「人口統計資料集」における婚姻率、2022年は内閣府で算出。

注　(56) 結婚自体は、家賃・光熱費を共用すること等による経済合理的なメリットも存在するが、子どもが生まれることを想定して結婚後には経常的な費用が増えるとの見方が多いとみられる。子育て費用が、結婚行動自体に影響を及ぼしている可能性については、後掲第2－2－18図でも議論している。
　　　(57) 若年期の結婚行動と就業行動に関する多くの先行研究でも、若年期の非正規雇用がその後の結婚・出産の遅れを通じて少子化の一因となっているとの指摘がなされている。例えば、酒井・樋口（2005）、永瀬（2002）を参照。

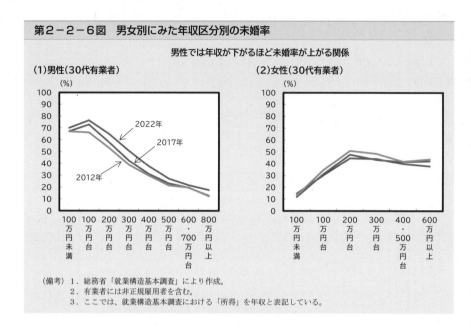

第2−2−6図　男女別にみた年収区分別の未婚率

男性では年収が下がるほど未婚率が上がる関係

(1)男性（30代有業者）　　　　　　　　　　　(2)女性（30代有業者）

（備考）1．総務省「就業構造基本調査」により作成。
　　　　2．有業者には非正規雇用者を含む。
　　　　3．ここでは、就業構造基本調査における「所得」を年収と表記している。

● 出産後の女性の所得が下がりにくい環境の整備が結婚のハードルを下げる可能性

　次に、子どもがいない結婚している男性・女性について[58]、年収区分別に、主稼得者（配偶者よりも年収区分が高い者）の割合を比較すると、男性では年収が400万円を超えると、75%を超える（第2−2−7図 (1)）。一方で、女性側からみると、400〜499万円の層でも、主稼得者になっている者の割合は25%、700万円を超えても4割程度である。こうした配偶者間の男女差は、2012年から2022年までの10年間で大きくは変わっておらず、男性の方が所得の高い組み合わせであることが、結婚のマッチング条件となっている可能性が考えられる。他方、未婚若年層の所得階級別の男女の人数比をみると、20代では300〜499万円では男女の人数比はほぼ拮抗しており、女性の年収が500万円を超えるとこれを上回る年収区分の男性人数は1倍を下回る。また、30代女性でも年収が500万円を超えると、これを上回る年収区分に所属する男性の人数は1倍を下回り、こうしたマッチング条件が、結婚へのハードルとなっている可能性がある（第2−2−7図 (2)）。また、内閣府が実施した意識調査による結婚相手に求める年収と、未婚の異性の実際の年収を男女で比較しても、女性では分布のかい離が目立つ（第2−2−8図）。男性では、相手に求める年収区分と、有業かつ未婚の女性（20〜39歳）の実際の年収区分のピークは一致しているが、女性側からみると、両者には200万円程度の開きがある。

注　(58) 出産・育児により夫婦のどちらかの労働時間を削減する必要に迫られていない夫婦をみるため、子どもがいない世帯をみている。

第2−2−7図　男女別にみた配偶者との年収の関係性

女性の年収が高くなっても、男性の方が収入が高い組み合わせの結婚が一般的

(1)男女別にみた配偶者よりも年収区分が高い割合(夫婦のみ世帯)

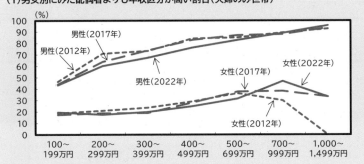

(2)女性より高い年収区分に属する男性の人数比(対女性)

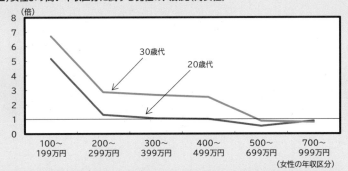

(備考) 1. 総務省「労働力調査(詳細集計)」、「令和4年就業構造基本調査」により作成。
　　　 2. (1)でいう年収とは、各調査時点において夫婦のみ世帯である夫婦の過去1年間のそれぞれの仕事からの収入を指す。
　　　 3. (2)は、2022年時点における有業かつ未婚の男女が対象。また、就業構造基本調査における「所得」を年収と表記している。

第2章

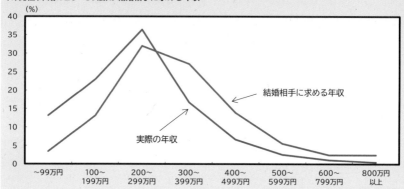

第2−2−8図 結婚相手に求める年収と実際の年収

女性では結婚相手に求める年収と現実のかい離が大きい

(1)男性(未婚の20〜39歳)が結婚相手に求める年収

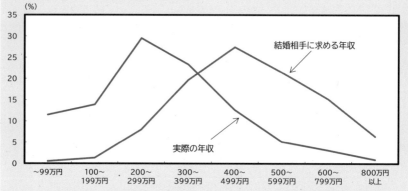

(2)女性(未婚の20〜39歳)が結婚相手に求める年収

(備考)1．内閣府「少子化社会対策に関する意識調査」（平成31年3月）、総務省「平成29年就業構造基本調査」により作成。
　　　2．結婚相手に求める年収は、「収入は関係ない」、「わからない」と回答した者を除いて算出。
　　　3．実際の年収は、20〜39歳の有業者かつ未婚者の値。
　　　4．ここでは、就業構造基本調査における「所得」を年収と表記している。

　女性の方が男性よりも収入が高い組み合わせでの結婚が少ない背景には、男性が世帯の主稼得者であるべきという伝統的な価値観の影響も否定できないが、こうした収入は結婚・出産前の収入であり、子どもの出生後の収入やキャリアパスの見通しの男女差が影響していることも考えられる。すなわち、男性は結婚や子供の出生前に安定的なキャリアプランと収入増を見込んでいる場合が多いのに対し、女性は収入増を伴うキャリアプランの実現と家族を持つことの

両立が難しいことを念頭に置いている可能性がある[59]。実際、男女の年収25%分位点（年収が低い方から数えて25%の者の年収）～75%分位点（年収が高い方から数えて25%の者の年収）の分布の重なりの推移を確認すると、20代では、男女の分布は足下では顕著に近づいており、特に20～24歳ではほぼ一致している（**第2－2－9図**）。他方で、30歳を超えると分布の重なりが小さく、依然として男女間の賃金分布の大きな差が確認される。これは、第1節でみたとおり、出産後の女性の労働所得の減少や統計的差別の影響により、30代以降の男女間賃金格差が大きいことによる。すなわち、出産後に女性の労働所得が減少することが多いが、このことが結婚前の女性の生涯収入の見通しの不確実性を高め、結婚時に夫に高い年収を求める傾向につながっている可能性がある。出産後の女性の労働所得の下落を小さくする取組を進めることは、女性が結婚相手に求める年収の低下につながり、結婚へのハードルを低くすることも期待される。

第2章

注　(59) 後掲第2－2－9図にあるとおり、30代以降の男女の賃金分布は徐々に重なる部分が増えており、こうした見方も徐々に変化しているとみられる。他方、国立社会保障・人口問題研究所「第16回出生動向基本調査」(2021)によれば、18－34歳の未婚女性の理想と予想のライフコースを比較すると、34%が両立（結婚し、子どもを持つが、仕事を続ける）、12%が非婚就業（結婚せず、仕事を続ける）を理想とするのに対し、予想では非婚就業が33%と両立の28%を上回る。

第2-2-9図　年齢階層別にみた男女の賃金分布の推移

20代の男女の賃金分布は重なりが大きくなってきたが、30代以降ではかい離が大きい

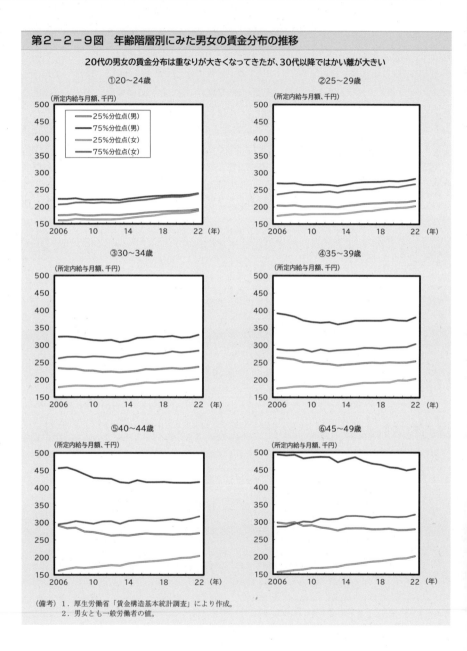

（備考）1．厚生労働省「賃金構造基本統計調査」により作成。
　　　　2．男女とも一般労働者の値。

第2章

●若年期の所得が、交際願望を通じて結婚行動に影響する可能性

　経済環境の変化がライフスタイルや嗜好に影響を及ぼし、それが結婚行動に影響する可能性
も考えられる。例えば、我が国の若年層に占める恋人・婚約者がいる者の割合は、2000年代
入り後は低下傾向にあり（**第2－2－10図 (1)**）、未婚者の中でも交際相手がおらず、また交
際相手を望まない者の割合も高まっているとの調査が存在する（**第2－2－10図 (2)**）。同調
査の中で、交際相手を望まない者の割合を属性別にみると、自らが無職、パート・アルバイト
である場合に高い傾向が男性側で顕著に観察され（**第2－2－10図 (3)**）、各個人の雇用・所
得環境が、交際や結婚への選好を弱めている可能性は否定できない。

第2－2－10図　交際願望と就業形態

無職、パート・アルバイトである者ほど交際願望も薄い

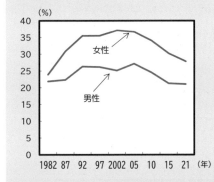

(1)未婚者(18〜34歳)のうち恋人又は
　婚約者がいる者の割合

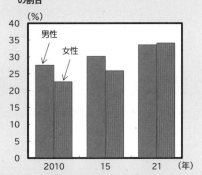

(2)未婚者(18〜34歳)のうち異性の交際
　相手がおらず、かつ交際を望まない者
　の割合

(3)未婚者(18〜34歳)のうち異性の交際相手がおらず、かつ交際を望まない者の割合(2015年、職業別)

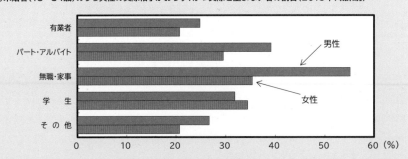

(備考)　1．国立社会保障・人口問題研究所「出生動向基本調査」により作成。
　　　　2．有業者は、農林漁業、農林漁業以外の自営業、専門職・管理職、事務職・販売・サービス職、工場などの現場
　　　　　労働の合計。

●**出産に伴う経済的側面への意識が高まっている可能性**

　ここまでは、主に低迷する有配偶率の背景について、雇用・所得環境面から考察してきたが、ここからは有配偶出生率の動向と背景について、経済的な観点からみていく。前掲**第2－2－4図**で確認したとおり、近年は有配偶出生率も少子化進行の背景となっており、既に配偶者のいる世帯における追加出生希望を叶え、有配偶出生率を高めることは重要である。また、出産の阻害要因を除くことがそのまま、有配偶率の上昇につながる可能性がある。

　まず、年収区分別に完結出生子ども数（結婚からの経過期間15〜19年の夫婦の平均出生子ども数）をみると、いずれの年収区分においても、2002年から直近調査の2015年まで低下しており、所得に関わらず女性が生涯で持つ子どもの数は減少しているが、2005年からの変化をみると、夫婦の年収が600万円を下回る中低所得階級における減少が相対的に目立つ（**第2－2－11図**）。

第2－2－11図　年収区分別にみた完結出生子ども数

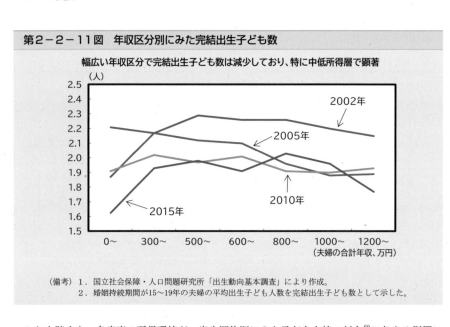

（備考）1．国立社会保障・人口問題研究所「出生動向基本調査」により作成。
　　　　2．婚姻持続期間が15〜19年の夫婦の平均出生子ども人数を完結出生子ども数として示した。

　これを踏まえ、各家庭の所得環境が、出生順位別にみた子どもを持つ割合[60]に与える影響について、ロジットモデルを用いて分析する（**第2－2－12図 (1)**）。全体的な傾向としては、夫の年収が増加すると子どもを持つ割合が高まる関係が観察される。1994年と比較すると、2019年では、いずれの年収帯においても子どもを持つ割合は低下しているが、第一子（（1）①）では、夫の年収が600万円を下回るポイント、第二子以降（（1）②）では、夫の年収が

注　（60）ここでは、総務省「全国家計構造調査」「全国消費実態調査」の調査票を用いているため、各調査時点において、同一属性の家計での年収の変化に応じた第一子、第二子を持つ割合を示している。

400万円を下回るポイントで、子どもを持つ割合の下落幅が大きくなっている。また、2019年について、都市階級別にみると、大都市以外の都市階級では、第一子（（2）①）では、夫の年収の上昇に連れて子どもを持つ割合が高まる一方、大都市ではこうした傾向が弱い。また、第二子以降（（2）②）では、大都市の年収400万以上の層では所得との関係がほほみられないことが分かる（**第2－2－12図（2）**）。

第2－2－12図　年収と子どもを持つ割合の関係

低年収層を中心に子どもを持つ割合が下がり、大都市では所得増が出生増に結び付きにくい傾向
(1)年収と子どもを持つ割合の関係

①夫婦の内、子どもを持つ割合

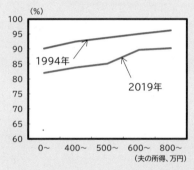

②子どものいる夫婦の内、
2人以上子どもを持つ割合

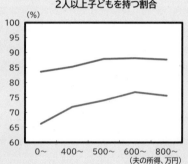

(2)都市階級別の年収と子どもを持つ割合の関係

①夫婦の内、子どもを持つ割合

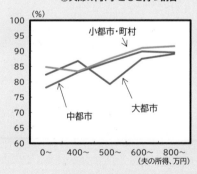

②子どものいる夫婦の内、
2人以上子どもを持つ割合

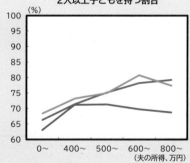

（備考）1．総務省「全国家計構造調査」、「全国消費実態調査」により作成。
　　　　2．各統計の調査票を利用し、妻が35〜44歳の夫婦のみあるいは夫婦と未婚の子から成る世帯を対象に子どもを持つ数をロジットモデルで分析した。図は、各年における平均的な属性の世帯を想定したときの割合。詳細は付注2－6を参照。
　　　　3．分析の対象とした妻が35〜44歳の夫婦のみあるいは夫婦と未婚の子から成る世帯について、2019年における夫の所得の中央値は550万円。

　ここでの分析結果は以下のように総括される。第一に、経済的な理由が出生行動に及ぼす程度が強まっており、1994年と比較すると特に中低所得層（夫の年収の中央値である550万円を下回る階級）で子どもを持つ割合が低下している。第二に、大都市部を中心に、所得が増えても子どもを持つ割合、特に第二子を持つ割合が高まりにくい傾向が観察される。大都市部では、子どもが増えることによる追加的な居住コストが高いことが背景の一つとして考えられる。また、家計が子どもの数と、一人当たりの子育て費用のトレードオフに直面しているとするBecker（1960）の量・質モデル[61]を前提とすれば、大都市に居住する者ほどこのトレードオフから出生数を増やしにくくなっている可能性も指摘できる[62]。

●教育関係費が最も多い子育てステージにあたる壮年期にかけての所得上昇期待が低下

　では、子育てに伴い発生する教育費用はどのように推移してきたのであろうか。家計の教育費用を、塾・習い事などの学校外活動も含めて幅広く調査する文部科学省「子供の学習費調査」を用いて、高等学校卒業までの教育段階別に教育費の推移をみると、高等学校では2010年の公立の授業料無償化、私立への就学支援金支給により、一時的に負担額の減少がみられるが、これを除くと、公立・私立を問わず、幅広く増加傾向にあることが分かる（**第2－2－13図（1）～（3）**）。特に、小学校や中学校では、平均値でみれば、公立・私立を問わず「補助学習費（塾代などが含まれる）」がコロナ禍であった2021年にかけて増加している[63]。また、独立行政法人日本学生支援機構「学生生活調査」を用いて、大学授業料の推移をみると、国立・公立大学では横ばい圏内にあるが、私立大学では2004年から2014年にかけて約10万円程度上昇し、その後横ばいで推移している（**第2－2－13図（4）**）。また、いずれの教育段階でも、一般に高額な授業料を伴う私立に通う子どもの割合も上昇傾向にある[64,65]（**第2－2－13図（5）**）。

注　(61)　家計は子どもの人数（量）と、子ども1人当たりにかけられる子育て費用（ここでは高い教育コストにより育てられた子どもの「質」が高いと想定する）間のトレードオフに直面していることから、親の所得の上昇が子どもの「量」ではなく「質」に向かう場合には所得の上昇と子どもの数の関係が薄れることが示唆される。
　　　(62)　付図2－3にあるとおり、人口規模の大きい都道府県では子ども一人当たりの教育費も高い傾向がある。付図2－3については、付注2－7を参照。
　　　(63)　なお、同調査では平均値だけではなく、補助学習費の支出額別の分布情報も確認できる。結果は付図2－4のとおりであり、小学校では「25万円以上」以降、中学校では「35万円以上」以降の比較的支出額が多い支出段階の割合が高まっている。他方で、補助学習費の支出がない世帯の割合も高まっている。
　　　(64)　我が国同様に少子化が進む韓国を対象とした韓・相馬（2016）では、韓国における少子化の原因の一つとして、OECD諸国の中で最も高い私教育費の存在を指摘している。
　　　(65)　こうした中で、「学生生活調査」によれば大学（昼間部）に通う学生のうち、奨学金受給者の割合は、2002年度では31.2%程度であったが、2020年度には49.6%に達している。奨学金の普及は大学進学率の向上に寄与しているとみられ、生涯可処分所得への影響についてはより詳細な分析を要するが、若年期の負債の存在が晩婚化を通じて少子化に寄与している可能性も考えられる。

第2−2−13図　教育段階別の教育費の推移

公立・私立のいずれでも家庭の教育費負担は増加傾向

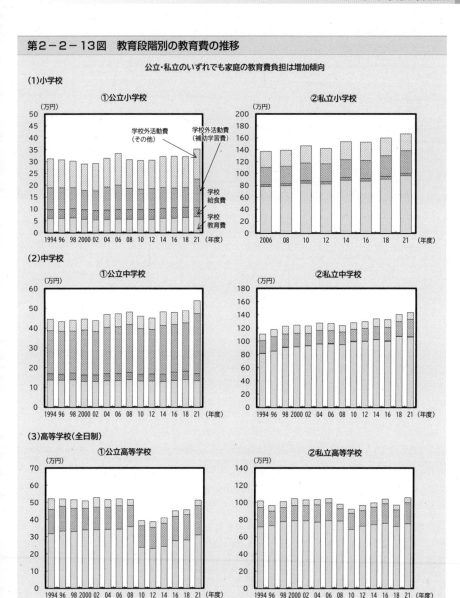

(1)小学校

①公立小学校 （万円）

②私立小学校 （万円）

(2)中学校

①公立中学校 （万円）

②私立中学校 （万円）

(3)高等学校(全日制)

①公立高等学校 （万円）

②私立高等学校 （万円）

第2章

157

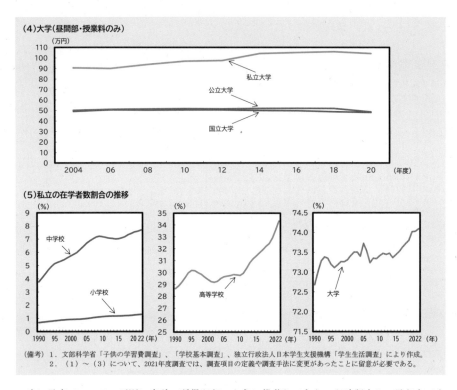

(4) 大学（昼間部・授業料のみ）

(5) 私立の在学者数割合の推移

（備考）　1．文部科学省「子供の学習費調査」、「学校基本調査」、独立行政法人日本学生支援機構「学生生活調査」により作成。
　　　　　2．（1）～（3）について、2021年度調査では、調査項目の定義や調査手法に変更があったことに留意が必要である。

　次に子育てのステージ別に家計の所得がどのように推移してきたのか確認する。子ども二人と夫婦からなる世帯をみると、長子が進学するにつれて、世帯主の勤め先収入は増加する傾向にあるが、1990年代に比べ2010年代[66]は増加ペースが緩やかになっている（**第2-2-14図(1)**）。この結果、2010年代の世帯主月収は、長子が高校生の時点では1990年代対比で2万円程度、長子が大学生の時点では6万円程度の低下となっている。この間、女性の労働参加が進んだため、世帯主と配偶者との合算月収では状況の改善がみられるが、長子の進学につれた所得上昇幅は1990年代対比で2010年代ではなお小さい傾向にあるほか、長子が大学生時点の月収は3万円弱低くなっている（**第2-2-14図(2)**）。こうした中で、長子の年齢別の教育関係費をみると、進学につれて必要なコストは増加傾向にある（**第2-2-14図(3)**）。

注　(66) 1990年代は1994年調査と1999年調査の平均値、2010年代は2014年調査と2019年調査の平均値。

第2－2－14図　子育てステージ別にみた収入と教育費

長子の進学に連れて教育費は増加するが所得上昇幅は低下傾向

(1)世帯主の勤め先月収

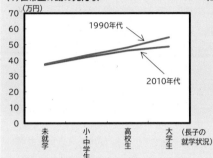

(2)世帯主＋配偶者の勤め先月収

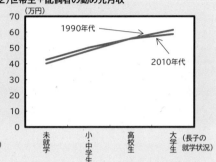

(3)1か月あたりの教育費

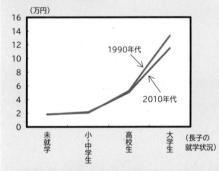

(備考) 1. 総務省「全国家計構造調査」、「全国消費実態調査」により作成。
2. 1990年代は1994年調査と1999年調査の平均。2010年代は2014年調査と2019年調査の平均。
2019年調査は10、11月の2ヶ月、それ以外は9、10、11月の3ヶ月平均。
3. 大学生には、大学院生、短大生、高専生を含み、加えて2010年代は専門学生も含む。
4. 夫婦と子ども2人の勤労者世帯を対象とした集計結果。

　勤続年数を重視する年功序列型は、こうした年齢が上がるに伴い増加する生計費を賄うための生活給重視の賃金体系と整合的であったと考えられるが、労働移動の活性化や女性活躍の推進等による我が国全体の生産性向上・賃金上昇の観点からは、見直すべき点も多い。こうした中で、企業が生産性を高め、構造的に賃金が上がる環境を整えるとともに、労働者もキャリアを通じてリ・スキリングに取り組むことで、賃金カーブのフラット化が生涯収入の減少につながらないようにしていくことが重要である。また、賃金体系が生活給的側面を弱めていくこと

を前提とすれば、政府による経済的支援の強化[67]も必要であるほか、補助学習費の負担を軽減する観点からは優れた教師や教育環境の確保によって公教育の質を高めていくことも重要である。

● 我が国は女性の家事時間が長く、男性育休利用・シッター利用も限定的

　以上は、金銭的負担の軽減という観点からみた有配偶出生率の議論であったが、夫の家事・育児参加が追加出生意欲に影響を及ぼすとの研究結果も我が国では多く報告されており[68]、家計全体としての育児に費やすことができる時間制約の解消や、女性の負担軽減も課題であろう。

　日本では、女性の労働参加が進み、足下では共働き世帯が片働き世帯の３倍近くの規模に達しており[69]、育児をしている女性の７割以上が仕事をしている[70]。一方、女性の無償労働時間（家事・育児などの対価の発生しない家庭内での労働）の分担割合は世界的にみても依然として大きい[71]。実際、前掲 **第２−１−23図** のとおり、我が国では女性の家事・育児時間が男性対比で長く、出産後の女性の負担感は大きいとみられる。

　こうした無償労働時間の男女差の背景を考察するために、内閣府が日本を含む４か国を対象に実施した生活優先度の理想と現実に関するアンケートをみてみよう。日本では理想としては家庭生活を優先したい男性が47.7％を占め、スウェーデンに次いで潜在的には家庭生活を優先したい男性の割合が高いが、現実としては家庭生活を優先できている男性の割合は19％と４か国の中で最低であり、理想と現実のかい離が目立つ（**第２−２−15図**）。一方で、理想に反して優先順位が高いのが仕事となっている。この結果を踏まえれば、男性の育児参加を促進するためには働き方の見直しが重要であるほか、手取りで10割相当の給付率への引上げを決定した「こども未来戦略方針」を着実に実行していくことが重要である[72]。

注

(67)　「こども未来戦略方針」（2023年６月13日閣議決定）では、児童手当の拡充（所得制限の撤廃、支給期間の高校生年代までの延長、第三子以降の３万円給付）、高等教育費の負担軽減（貸与型奨学金の減額返還制度について年収上限の引上げ、授業料減免および給付型奨学金について2024年度から多子世帯や理工農系の学生等の中間層に拡大すること等）により、ライフステージを通じた子育てに係る経済支援の強化を決定した。

(68)　例えば、水落（2011）は、公益財団法人家計経済研究所「現代核家族調査2008」の調査票情報を用いて、第一子出産時の夫の出産・育児に関する休暇取得日数が長いほど、第二子以降の出生を促す傾向を指摘している。また、加藤・福田（2018）は、厚生労働省「21世紀出生児縦断調査」の2001年コーホートを用いて、第一子・第二子の出生後の夫の育児参加度が高いほど次子を持つ確率が高まる傾向を報告している。

(69)　内閣府男女共同参画局（2023）を参照。

(70)　令和４年就業構造基本調査によると、未就学児をもつ女性に占める有業者の割合は73.4％（平成29年同調査では、同割合は64.2％）まで高まっている。

(71)　例えば、内閣府男女共同参画局（2023）を参照。また、内閣府政策統括官（経済財政分析担当）（2023）の第２章は、我が国における男女間の家事・育児時間の差は感染症拡大以降に縮小傾向にあるが、依然として大きな差が残っていることを指摘している。

(72)　「こども未来戦略方針」（2023年６月13日閣議決定）では、出産後一定期間内に両親ともに育児休業を取得することを促進するため、給付率を現行の67％（手取りで８割相当）から、８割相当（手取りで10割相当）へと引き上げるとしている。

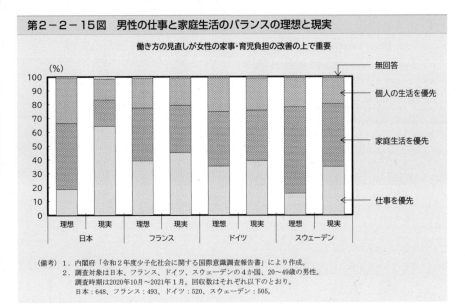

第2－2－15図　男性の仕事と家庭生活のバランスの理想と現実

働き方の見直しが女性の家事・育児負担の改善の上で重要

（備考）1．内閣府「令和2年度少子化社会に関する国際意識調査報告書」により作成。
　　　　2．調査対象は日本、フランス、ドイツ、スウェーデンの4か国、20～49歳の男性。
　　　　　　調査時期は2020年10月～2021年1月。回収数はそれぞれ以下のとおり。
　　　　　　日本：648、フランス：493、ドイツ：520、スウェーデン：505。

　また、共働き・共育てを支援する社会的な仕組みとして、男性の育休取得（男性の育児参加による負担軽減）とベビーシッター（外部サービスによる負担軽減）に注目して国際比較を試みる。まず男性の育休制度についてみると、我が国では法律で定められた取得可能期間は50週と国際的にみて最も長くなっている（**第2－2－16図（1）**）。育児休業手当の支給割合を加味した手当支給率調整済みの取得可能期間（育児休業給付金の支給率が国によって異なるため、国際比較をするために給付金が給料の100％であるとして換算した場合の休業期間）でみても、諸外国よりも長い。他方で、利用実態をみると、我が国ではスウェーデン・ドイツ・フランスといった欧州諸国と比較して取得割合、取得期間の両面で見劣りしている（**第2－2－16図（2）**）。法的な制度の整備が進んでいる一方で利用実態が伴わないことを踏まえると、職場や当人の意識が制度を形骸化させている可能性が懸念される。しかし、厚生労働省の調査によれば父親の育児休業取得率は上昇を続けるなど、徐々に状況の改善がみられる。（**第2－2－16図（3）**）。政府は「両立支援等助成金」の下、男性労働者が育児休業を取得しやすい環境の整備措置を複数実施するとともに、労使で合意された代替する労働者の残業抑制のための業務の見直しなどが含まれた規定に基づく業務体制整備を行い、育児休業を取得させた中小企業事業主等へ助成金を支給している[73]。こうした取組も利用される下で、各職場で男性の育児休業取得を前提とした働き方の見直しが進むことが期待される。

注　(73)　さらに、男性の育休取得率を2025年に公務員で85％、民間で50％に引き上げ、育児・介護休業法における育児休業取得率の開示制度の拡充を検討するほか、給付率の現行の67％から8割程度への引上げや周囲の社員への応援手当等の育休を支える体制整備を行う中小企業に対する助成措置の大幅強化が検討されている（「こども未来戦略方針」（2023年6月13日閣議決定）を参照）。

第2−2−16図　男性の育児休業の利用状況

我が国では制度整備状況との対比で男性育休の利用実態に課題があるが、近年は改善傾向

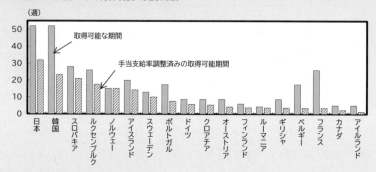

（1）父親のみを対象とした育休制度の国際比較

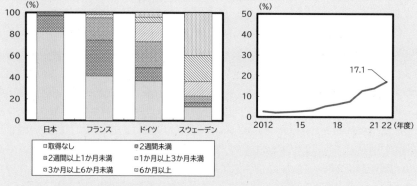

（2）男性の育休制度の利用実態の国際比較

（3）日本における男性の育休取得率の推移

（備考）　1. OECD. Stat、内閣府「令和2年度少子化社会に関する国際意識調査報告書」、厚生労働省「雇用均等基本調査」により作成。
　　　　　2. （1）は、父親のみが取得できる法定の育児休業期間について調査したもの。手当支給率調整済みの取得可能期間は、取得可能期間に手当支給率を乗じて算出されている。
　　　　　3. （2）は、直近の子どもが生まれたときの出産・育児に関する休暇の取得状況及びその期間について尋ねたもの。回収数はそれぞれ以下のとおり。日本：720、フランス：477、ドイツ：434、スウェーデン：496。
　　　　　4. （3）は、調査前年の9月30日までの1年間に配偶者が出産した労働者のうち、調査時点（調査年の10月1日）まで育児休業を開始した者（開始予定の申出をしている者を含む）の割合。

　また、我が国では核家族化が進み祖父母の育児への協力が得にくくなる一方で、居宅訪問型の保育事業者であるベビーシッター利用への抵抗感が根強いという指摘[74]も聞かれる。内閣府

注　（74）中小機構が2019年に1000人を対象に実施したアンケート調査結果によれば、今後ベビーシッターを積極的に利用したい人の比率は全体の3％にとどまるが、「どちらともいえない・わからない」と回答した人を含めると、全体の25％が利用に否定的な意向を持っていないことから、潜在的な需要は相応にあることが指摘されている。

が実施したアンケートによれば、我が国におけるベビーシッターの利用割合は、スウェーデン・ドイツ・フランスといった欧州諸国と比較して大幅に低い（**第2－2－17図（1）**）。ベビーシッターへのアンケート調査をみると、現在よりも保育を請け負う時間を増加させることを希望する者の割合が、減少させることを希望する者の割合を上回っており、現時点でもサービスの供給余力の存在も感じられる（**第2－2－17図（2）**）。こうした中で、内閣府が実施[75]するベビーシッター利用の支援事業における助成実績は増加傾向にある（**第2－2－17図（3）**）。こうした助成事業等を通じて利用を普及させる中で、家庭における育児負担軽減策の選択肢を増やすことは重要である。

第2－2－17図　ベビーシッター利用の現状

我が国ではベビーシッター利用が十分に普及していないが、政府の支援事業の利用は拡大

(1)ベビーシッターの利用に関する国際比較

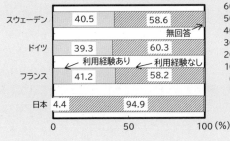

(2)ベビーシッターの追加就労意欲

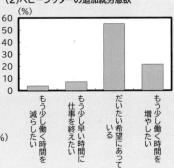

(3)ベビーシッター利用支援事業の利用状況

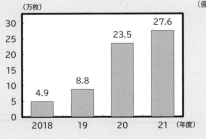

（備考）1．内閣府「令和2年度少子化社会に関する国際意識調査報告書」、公益財団法人全国保育サービス協会「ベビーシッター派遣事業実施状況」、「ベビーシッター-NOW2022」により作成。
2．（1）は1人以上の子どもがいる者に対し、行政機関が実施する施策以外の民間サービス（ベビーシッターや家事支援サービス）の利用について尋ねたもの。回収数はそれぞれ以下のとおり。日本：752、フランス：500、ドイツ：448、スウェーデン：519。
3．（2）は家庭訪問保育者（N=650）に対し、現在の働き方に対してどのような働き方を希望しているか尋ねたもの。複数回答。
4．（3）はベビーシッター利用者支援事業の割引券の精算枚数。通常分のほか、多胎児分を含む。ベビーシッター利用者支援事業は、企業等の労働者が就労のためベビーシッター派遣サービスを利用した場合等に、その利用料の一部を助成するもの。補助額は1枚当たり2,200円（多胎時の場合は加算）。

注　(75) 2023年度より、ベビーシッター利用者支援事業は、内閣府からこども家庭庁に移管された。

●雇用・所得環境、住宅・子育て費用、保育所整備状況の差が、地域間の出生率差に影響

　次に、出生率に影響を及ぼすと考えられる複数の要因がそれぞれどの程度の影響を持ちうるのかを確認するために、我が国の地域間の違いを利用して分析する。具体的には、都道府県別の2010年代以降の平均的な合計特殊出生率の差[76]を、有配偶率要因と有配偶出生率要因に分解した（**第2−2−18図（1）**）。合計特殊出生率が全国平均を下回る都道府県をみると、東京都は有配偶率が大幅に低いことが合計特殊出生率を相対的に大きく押し下げている。他方、下位に位置している北日本の北海道、秋田県、宮城県では有配偶率出生要因が、西日本の京都府や奈良県では有配偶率要因が低出生率の背景にあり、それぞれ単一の要因ではなく、複数の要因が背景にあって地域差を生んでいる。

　次に、各都道府県の有配偶率要因と有配偶率出生率要因（いずれも全国平均からのかい離）を被説明変数とし、これらがどのような要因に左右されるのかを検証する回帰分析を実施した。ここまでの考察も踏まえて、結婚や出産行動に影響を及ぼしていると考えられる、雇用・所得環境（賃金[77]、非正規雇用者割合[78]）、子育て費用負担（教育費[79]、家賃）、女性の出産に伴う機会費用の軽減措置（保育所の整備状況[80]、長時間労働者割合）を説明変数として採用した[81]。

　結果をみると、まず有配偶率要因は、①非正規雇用者割合が高まるほど、②教育費が高いほど、③家賃が高いほど、その地域で統計的に有意に低いことがわかる（**第2−2−18図（2）**）。男性の非正規雇用者割合の高さが有配偶率を下押しする点については、年収が高くなるほど未婚率が下がるという前掲**第2−2−6図**での確認結果と整合的である。また教育費用は、子どもがいない場合には結婚生活で発生する費用ではないが、教育費負担の高さが結婚の妨げになるという関係性には一定の説得力がある。さらに、子どもを持たなければ、共稼ぎのまま一緒に住み住宅費用を共有することが経済的になるとの考え方もあるが、家賃の高さが有配偶率の押下げ要因となっているという結果についても、結婚に際して出産を想定して広い居住スペースが必要になる、若しくは出産により片方の所得が減り、生活コストを共有する経済的なベネフィットが損なわれると考えている者が少なくないことの証左と言えよう。このことは、経済的な側面からの子育て支援が結婚の後押しにもなる可能性を示唆している。

　また、有配偶出生率は、①賃金が下がるほど、②潜在保育所定員率が下がるほど、③家賃が

注　(76) 厳密には2010年、2015年、2020年の平均値を用いている。ここでの分析では、地域別データの各年データの振れを均すために、基本的には各変数は三回分の調査の平均値を用いている。詳しくは付注2−7を参照。
　　(77) 結婚・出産が多い地域では女性の収入が下がることによる推計値へのバイアスを抑えるために、若年期の男性に限定した年収を用いる。
　　(78) 結婚・出産が増えることによる女性の非正規雇用割合の増加による推計値へのバイアスを抑えるために、若年期の男性に限定した非正規雇用割合を用いている。
　　(79) 学校教育費に加えて補助学習費も含む。
　　(80) 宇南山（2009）を参考に、25〜34歳の女性人口と保育所定員数の比率である「潜在的保育所定員率」を用いる。
　　(81) 総務省「全国家計構造調査」「全国消費実態調査」「就業構造基本調査」、厚生労働省「賃金構造基本統計調査」の都道府県別集計結果を用いている。都道府県単位の集計結果は、各調査回の回答値の振れも大きいとみられることから、5年毎の調査である「全国家計構造調査」「全国消費実態調査」「就業構造基本調査」の値は直近3回分の調査の平均値、年次調査の厚生労働省「賃金構造基本統計調査」は2020年、2015年、2010年（前者のデータの調査期間とおおむね揃えた時点）の3年分の平均値を利用している。なお、各地域の家賃・教育費の水準は、当該地域の賃金水準の影響を受けるため、これらの説明変数間には相関がみられるが、頑健性確認として、賃金を除いてみても家賃・教育費の符号は変化しない。本推計における各説明変数の都道府県間の比較は付図2−3を参照。

高いほど統計的に有意に下がることが分かる（**第2-2-18図（3）**）。賃金が出生行動に影響を及ぼす点は、出産・育児に伴うコストを踏まえれば直感的にも妥当性があると思われ、賃上げが夫婦の出生数を引き上げる上でも重要であることが示唆される。保育所の整備は、働く女性の機会損失の低減を通じて出生を後押しすることが示唆されるとともに、待機児童解消等のための保育所整備の政策的な推進が出生率上昇に効果を持ったことが示唆される。家賃は、上記のように有配偶率の押下げ要因としても統計的に有意であったが、有配偶者の中での出生数にも影響を及ぼす変数となっており、子育て世帯の住宅費用負担の軽減が出生数の引上げに資することが示唆される。政府では、公的賃貸住宅を対象に子育て世帯が優先的に入居できる取組のほか、空き家の活用や住宅金融支援機構を通じた支援が検討されており、こうした施策によって、住宅事情を理由に理想の子ども数を持てない家庭が減少することが期待されている[82,83]。

第2章

注 （82）「こども未来戦略方針」（2023年6月13日閣議決定）を参照。
（83）「長時間労働者割合」は有配偶率要因・有配偶出生率要因のいずれに対しても、統計的に有意な結果とはならなかったが、本推計は地域間の差分のみを利用した推計結果であることから、この結果だけをもって長時間労働削減の取組みの効果がないと解釈することは適切ではない点に留意が必要である。

第2-2-18図 都道府県別にみた有配偶率・有配偶出生率の決定要因

所得水準や、家賃・教育コスト、保育所の整備状況などが地域間の出生率の差に影響

(1)都道府県別にみた全国平均との出生率の差の要因分解

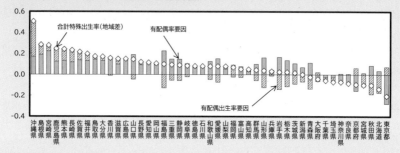

(2)有配偶率要因への影響推計

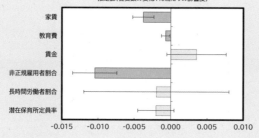

(3)有配偶出生率要因への影響推計

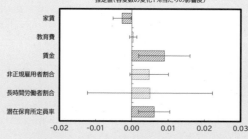

(備考) 1. 総務省「国勢調査」、「全国家計構造調査」、「全国消費実態調査」、「就業構造基本調査」、厚生労働省「人口動態統計」、「賃金構造基本統計調査」、厚生労働省公表資料により作成。
2. 合計特殊出生率及びその全国平均との差の要因分解は、都道府県別の五歳階級別女性人口、未婚女性数及び母親年齢（五歳階級）別出生数により算出。詳細は付注2－7を参照。
3. 各要因への影響推計は、都道府県別の回帰分析による推定値及びその90％信頼区間であり、有意水準10％で有意でない説明変数については点線で表示している。説明変数は、金額については1.01を底とする対数をとり、割合・率については％単位。これにより、推計結果の係数が「1％増の影響度」もしくは「1％ポイント増の影響度」と解釈できるようにしている。推計の詳細は付注2－7を参照。

●子育て費用の自助と公助のバランスが少子化対策実施にあたり重要

　国際比較により公的支出の役割についても考える。出生率を国際比較すると、我が国や韓国といった東アジア諸国の出生率は他のＯＥＣＤ諸国と比較して低い傾向にある[84]（**第２－２－19図（1）**）。この背景として、出産後に直面しうる経済的リスクの最も大きなものがひとり親となることであることから、ひとり親世帯がおかれている状況の比較を試みよう[85]。ひとり親世帯の相対的貧困率を国際比較すると、我が国や韓国の高さが際立っているが、幅広い年齢層で離婚を選択する夫婦が増えていることを踏まえれば[86]、ひとり親世帯の相対的貧困率が高い場合、夫婦が希望する出生数の下押しとなる可能性が考えられる（**第２－２－19図（2）**）。また、出産後に負担が見込まれる費用を考慮するとの観点から、教育段階全般を通じた教育費の公的部門の負担割合をみると、我が国や韓国ではＯＥＣＤ諸国平均と比較して低い（**第２－２－19図（3）**）。政府では、社会全体で子ども・子育てを支えていくという意識を醸成していく必要性を強く認識し、ライフステージを通じた子育てに係る経済的支援を強化するという方針の下、少子化対策全体の予算を積み増す方針としている。ひとり親の支援策としては、ひとり親の雇い入れ、人材育成・賃上げに向けた取組を行う企業への支援を強化する方針としている。また、資格取得を目指すひとり親家庭の父母に対する給付金制度について、資格取得期間の短縮・対象資格の拡大など、幅広いニーズに対応できる制度とすることとしている[87]。個々の子育てに係る親の責任は変わらず重要であるが、子どもを含めた人口問題は社会の課題である。子どもが社会の持続に必須であることに鑑みれば、少子化の進行という現実に対して、こうした取組を通じて、子育て費用についての自助と公助のバランスを再検討する必要がある。

注　(84) 内閣府（2022）にあるとおり、このほかシンガポール、台湾、香港といった地域の出生率も、ＯＥＣＤ諸国対比で低くなっている。
　　(85)「こども未来戦略方針」（2023年6月13日閣議決定）では、「こどものいる世帯の約1割はひとり親世帯であり、その約5割が相対的貧困の状況にあることを踏まえれば、特に、ひとり親家庭の自立と子育て支援は、こどもの貧困対策としても喫緊の課題」と指摘している。
　　(86) 厚生労働省「令和4年度人口動態統計特殊報告」により、有配偶離婚率（同年別居の離婚件数／有配偶人口）を妻の別居時の年齢別にみると、25〜29歳では、1990年の10.49‰から2020年には21.39‰へと2倍以上に上昇しており、他の年齢階級でもこの間2倍以上の上昇となっている。また、厚生労働省「令和3年度全国ひとり親世帯等調査」によれば、20歳未満の子どもがいる母子世帯のうち、離婚した相手から養育費を受けている割合が28.1％（父子世帯では8.7％）にとどまる点も、ひとり親世帯が相対的な貧困に陥りやすい一因となっている。また、現状、ひとり親世帯のうち母子世帯が約9割を占めることを踏まえれば、男女間賃金格差の是正も重要である。
　　(87)「こども未来戦略方針」（2023年6月13日閣議決定）を参照。

第2-2-19図　東アジアの低出生率と政府支援

我が国や東アジアでは、子育てに対する政府の支援が手薄い

(1)合計特殊出生率の国際比較

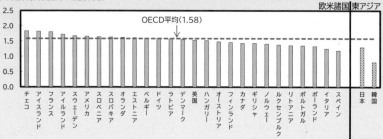

(2)ひとり親世帯の相対的貧困率の国際比較

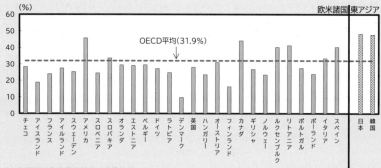

(3)公的機関の教育費負担率の国際比較

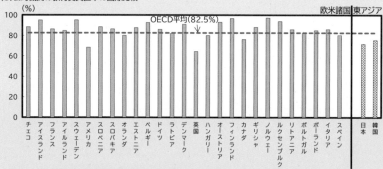

(備考)　1．OECD.Stat、OECD Family Databaseにより作成。
　　　　2．(1)及び(2)は、いずれも直近年の数値を使用。(3)は2019年の数値を使用。
　　　　3．(2)ひとり親世帯の相対的貧困率は、ひとり親世帯の世帯主が現役世代(18～64歳)かつ少なくとも1人の子
　　　　　ども(0～17歳)がいる世帯のうち、等価可処分所得がその中央値の50%を下回る人の割合である。
　　　　4．(3)公的機関の教育費負担率は、初等教育(初等教育前のプログラムを含む)から高等教育までの教育機関に
　　　　　対する支出のうち、公的機関が直接支出した金額の割合である。

●結婚・出産を希望する人を後押しする社会的な気運を醸成していくことも重要

最後に、ここまで、各個人にとって子どもを持つことによる費用に焦点を当てて、いかに負担を軽減していくべきか、という観点から少子化対策に必要な論点を考察してきたが、子育ての喜びをより感じられるような温かい社会をいかに実現していくかという視点も同時に重要である。具体的には、マタニティマーク、ベビーカーマークの普及啓発のほか、公共交通機関での子ども連れ家族への配慮などの環境整備を進めること等を通じて、多様な主体が連携し、結婚・出産を希望する人を後押しし、優しく包み込む社会的な気運を醸成していくことも重要であろう[88]。

コラム 2−1　出生率を国際比較する上での留意点

東アジアと欧州で出生率の水準に違いがある点をみてきたが、法律や文化が大きく異なる国家間で出生率の水準や少子化対策の効果等を比較する上では、結婚・子育て事情や出産以外の人口動態の違いにも留意する必要がある。例えば、東アジアでは出産前の婚姻を前提とする慣習が根強いが、欧米諸国では我が国や韓国に比べ婚外子割合が高い（コラム2−1図 (1)）。これは、婚姻率の低下が出生率の低下に直結するという、我が国における結婚行動と出生行動のデータのつながりが、諸外国では必ずしも当てはまらないことを示している。また、出生率が高いフランスやスウェーデンでは婚外子の割合が高いが、これはフランスのパクス（PACS、連帯市民協約）やスウェーデンのサムボ（同棲）といった、結婚よりも関係の成立・解消の手続が簡略で、結婚に準じた法的保護を受けることができる制度があるためである。こうした国では婚外子の多くは安定的な非婚カップルの間に生まれる[89]。他方で、婚外子は、平均的にみれば貧困に直面し、特に父親との関係が希薄になりがちである国も存在しており[90]、婚外子が置かれる環境の面でも、国際的に大きな違いが存在するとみられる。

また、外国人住民割合をみても、欧米と比較すると、我が国や韓国は低くなっている（コラム2−1図 (2)）。我が国では、外国人住民の方が自国出生者よりも、出生率が低い傾向にあるが、諸外国では逆に外国人住民の方が出生率の水準が高い傾向がある[91]（コラム2−1図 (3)）。このように、外国人住民の割合やその属性の差が、各国の出生率全体に影響を及ぼしている。

注　(88) 具体的な取組については、内閣府 (2022) を参照。
　　(89) Kiernan (2004) を参照。
　　(90) 岩澤 (2017) を参照。
　　(91) 我が国の外国人住民については、留学や就業目的で入国することが多いことがこの背景として指摘されている。詳しくは、第70回ＥＳＲＩ政策フォーラム（2023年6月23日）を参照。また、我が国で就業している外国人女性は、育児休業取得が難しい非正規雇用など相対的に子育てしにくい社会環境に置かれているため、定住化が進んでも出生率の上昇にはつながりにくいとの見方もある（Korekawa (2023)）。

コラム２－１図　婚外子と外国人住民の国際比較
家族の在り方や外国人住民受け入れの考え方において、国際的に大きなギャップが存在

（1）婚外子割合の国際比較

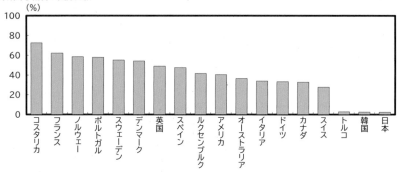

（2）外国人住民割合の国際比較

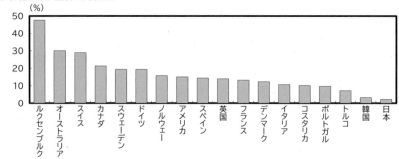

（3）全国民と外国人住民の期間合計特殊出生率比較

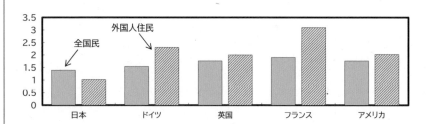

（備考）1．国連人口局データ、OECD.Stat、岩澤（2023）、Camarota and Zeigler（2021）により作成。
　　　　2．（3）について、ドイツの外国人住民の期間合計特殊出生率は2018年－19年平均、アメリカは2019年、その他は2014年－19年平均。Foreign-born及びforeign residentsを外国人住民と表記している。

第3節　本章のまとめ

　我が国は、適度な物価上昇の下で経済成長を高めていく上での正念場に差し掛かっており、経済の好循環を実現する上では、所得環境の回復が必要不可欠である。また、やや長い目でみた我が国の課題として、人口減少への対応があるが、出生数の減少には歯止めがかかっていない。こうした短期的な個人消費の喚起と、中長期的な少子化対策という課題の双方で重要なのが、家計の所得向上である。

　第1節では、家計の所得向上のために必要な要素として、まず労働所得の引上げに向けた論点を整理した。我が国の労働市場をみると、労働需給の側面から賃金が上がりやすい局面に入りつつあることが確認されるが、構造的な所得の引上げを実現していくためには、労働生産性の持続的な引上げを図ることや、潜在的に存在する職業能力が発揮される場を増やしていくことが重要である。こうした観点から、本節では、①自発的な労働移動の後押し、②副業・兼業による本業以外での追加的な労働、③女性や高齢者の能力発揮、を個別のテーマとして分析した。また、家計の所得向上の経路としては、労働所得だけでなく、我が国家計が保有する2,000兆円の金融資産を通じた資産所得引上げの視点も重要であり、④家計資産の「貯蓄から投資」への移行支援も分析対象とした。各テーマの主要な結果を要約する。

　第一に、自発的な労働移動は賃金上昇だけでなく、現職へのモチベーション、キャリア全体に対する自己肯定感、職場や家庭での対人関係といったマインド指標も改善する傾向が確認された。自発的な転職の阻害・促進要因の分析からは、子育て支援に加え、在職中のリ・スキリング支援を含めた転職希望者の支援体制の整備、自己都合の離職であってもリ・スキリングに取り組んでいた場合などに失業給付を受給できない期間を会社都合の場合と同等にするなどの失業給付制度の見直し、女性活躍・男女共同参画の推進や資産形成の支援によって家計の稼得経路の幅を広げることによる、転職希望者の後押しが有効である可能性が示唆された。

　第二に、副業・兼業は追加就労意欲の実現の機会として正規雇用者と非正規雇用者の双方にとって年収増加に効果があることが示唆された。他方で、副業・兼業は中間的な所得階層では一般的な動きとなっておらず、今後の広がりが期待される。

　第三に、我が国の男女間賃金格差は国際的にみても大きい。長時間労働プレミアムの縮小に資するジョブ型雇用拡大等により、賃金格差の主要因となっている出産後の女性の労働所得減少を緩和することに加えて、統計的差別や無意識の思い込みの解消が重要である。長時間労働プレミアムの縮小は、高齢者の活躍の観点からも有効である。

　第四に、家計の資産形成の後押しは、若年層の将来不安の軽減と個人消費の活性化の両面で有効であると考えられ、投資家ニーズに応じた多様な金融商品の開発や、家計の金融リテラシー向上支援が重要である。

　第2節では、我が国の少子化の現状とその背景の整理を行った。少子化の進行によるマクロ経済への影響としては、労働投入量の減少により社会保障制度等の維持が困難となることに加

え、子ども関連支出が減ることによる個人消費の下押しも懸念される。我が国の少子化は、近年、女性人口の減少・非婚化の進行・夫婦の出生率の低下、の三重の要因により進んだ。本章ではこれらに対して必要な施策として、①構造的な賃上げ環境の構築、②子育て世帯の住宅費用・教育費負担の軽減、③女性に偏った育児負担の軽減、④出産を応援する社会的な気運の醸成、を提示した。以下では分析結果も踏まえて要約する。

　第一に、男性において所得が上がると明確に未婚率が下がる傾向があるほか、非正規雇用割合が高い都道府県では有配偶率が下がる傾向にあることなどを踏まえれば、構造的な賃上げ環境を実現することは、少子化対策としても最も重要である。また、20代における男女間賃金格差が縮小する下で、出産後の労働所得の下落に伴う女性の生涯年収への懸念を抑制することが婚姻率上昇に資する可能性も指摘した。

　第二に、子育てに伴い発生する住宅費用・教育費用の負担への懸念という将来見通しが、結婚後の出産行動のみならず、その前提となる結婚行動にも影響を及ぼしている可能性が示唆されており、子育て負担軽減策は結婚や出産を促進することにつながると期待できる。特に、住宅費用負担を抑制する観点からは、子育て世帯への住宅ローンの優遇策のほか、住宅手当の支給や公営住宅・空き家の活用なども検討すべき政策手段である。また、教育費負担の軽減の観点からは、賃金カーブがフラット化していることを踏まえて、経済的支援の強化によって、子どもの進学に伴い増加する教育費負担への懸念を軽減することに加え、教員の待遇改善等を通じて公教育の質の充実を図ることも重要である。

　第三に、こうした直接的な費用だけでなく、出産による労働所得減少という機会費用や、非金銭的な育児負担を軽減する観点からは、保育所整備・父親の育休取得の推進・ベビーシッター制度の普及といった施策を同時に進めていくことも必要である。本章の分析では、保育所の整備状況が有配偶出生率を高める可能性が示唆されたほか、国際比較の観点からは、我が国では家事・育児負担が女性に偏る傾向が強い中で、男性の育休取得率が低く、家計のベビーシッターの利用割合も低い。

　第四に、少子化対策は、いかに負担を軽減するかという視点だけではなく、子育ての喜びをより感じられるような温かい社会をいかに実現していくかという視点も同時に必要であり、多様な主体が連携し、結婚・出産を希望する人を後押しし、優しく包み込む社会的な気運を醸成していくことも重要である。

第**3**章

企業の収益性向上に
向けた課題

第3章　企業の収益性向上に向けた課題

第1節　生産性の動向と課題

　人口減少が本格化していく中、我が国の成長力を高めていくためには、生産性の向上が不可欠である。本節では、1990年代以降の我が国の生産性動向を整理した上で、その上昇に向けた課題について考察する。

1　労働生産性の動向

　生産性の動向を見るための重要な指標として、労働生産性[1]が挙げられる。まず、実質ベースの労働生産性を全要素生産性（TFP）、労働の質、資本装備率に分解し、諸外国と比較を行うことで我が国の特徴を確認する。その上で、製造業・非製造業別の動向、さらに産業別の動向を確認する。

●労働生産性上昇率の寄与度分解を見ると、我が国では無形資産の寄与が低い

　まず、労働生産性の推移を確認する。労働生産性の上昇率を見ると、1990年代後半以降、徐々に低下していることがわかる。また、労働生産性の上昇率を、TFP、労働の質、及び資本装備率（資本は無形資産、有形資産（ICT）、有形資産（非ICT）により構成）に分解すると、資本装備率による押上げ寄与が徐々に縮小し、特に有形資産の低下が目立つ（**第3－1－1図（1）**）。また、無形資産の寄与も2010年代はほぼゼロになっている。1章1節で論じたように、民間企業の設備投資は2000年代以降伸びが低迷し、資本装備率の伸び悩みが顕著であることから、今後、設備投資を促進し、資本装備率を高めていくことによる生産性の上昇余地が大きいと考えられる。なお、労働の質の寄与は2010年代以降低下しているが、これは高スキルの労働者の構成比の低下や、サービス部門などでの雇用者の増加などが背景にある[2]と考えられる。

　2010年代以降の労働生産性の伸びを諸外国と比べると、我が国は無形資産の資本装備率の寄与が小さいことが確認できる（**第3－1－1図（2）**）。無形資産には、ソフトウェア、研究開

注　(1) 労働投入1単位当たりの実質付加価値額。本節における労働生産性は、マンアワーベース。
　　(2) 労働の質は、性や雇用形態、最終学歴等の属性別の労働者グループの平均賃金の加重平均で代理されていることから、相対的に賃金が低い（高い）労働者の比率が高まれば低下（上昇）する。

175

発、人的資本などが含まれており[3]、これらはイノベーションの活性化や生産活動の効率化などを通じてTFPを押し上げる効果を持つと考えられる。無形資産投資を増加させることで、資本装備率を上昇させるだけではなく、TFPも同時に上昇させることが期待できるため、労働生産性上昇の大きなドライバーとなる可能性がある。本節では、無形資産投資の重要性に焦点を当てて議論したい。

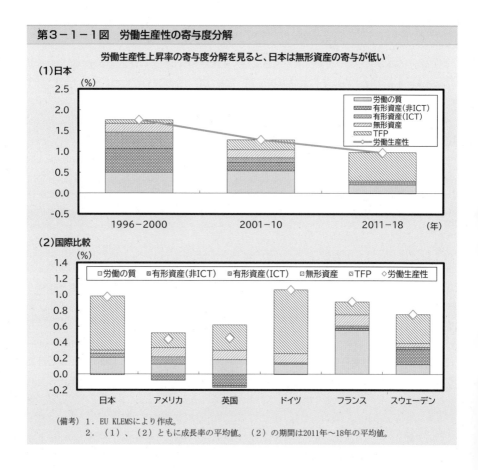

第３−１−１図　労働生産性の寄与度分解

労働生産性上昇率の寄与度分解を見ると、日本は無形資産の寄与が低い

(1)日本

(2)国際比較

(備考)　1．EU KLEMSにより作成。
　　　　2．（1）、（2）ともに成長率の平均値。（2）の期間は2011年〜18年の平均値。

注 (3) 本稿では、Corrado, Hulten, Sichel（2005）に倣い、無形資産を情報化資産、革新的資産、経済的競争能力に分類し、上記分類に沿ったデータの公表を行っているEU KLEMSデータベースやJIPデータベースを用いて分析を行った。無形資産分類の詳細は、第３−１−５図参照。また、無形資産の重要性に鑑み、2008ＳＮＡでもコンピュータ・ソフトウェア、研究開発投資や娯楽作品の原本など一部の無形資産を資産として扱うこととしている。それ以外の無形資産についても、国際プロジェクトであるINTAN-Invest projectを通じた推計方法の検討が進められている。

●非製造業の労働生産性の伸びが特に低い傾向

　我が国の名目ベースの労働生産性の水準を国際比較でみると、2021年には、コロナ禍からの回復の遅れもあり、ＯＥＣＤ諸国中でも低位にとどまることが指摘されている[4]。ただし、サービス業の生産性の水準を計測し国際比較する場合、サービスの質の国際格差を調整することが困難との指摘[5]もある点に留意が必要である。例えば、小売店舗で類似の商品を扱う平均的な競合店舗より従業員を多く配置して接客サービスを提供する場合、顧客は満足度の高いサービスを受けている可能性があるが、仮に売上げが同じであれば、労働費用が高い分だけ、労働生産性水準は低く計測される[6]。

　次に、我が国の労働生産性の伸びを製造業・非製造業別にみると、非製造業の伸びが低いことがわかる（**第3－1－2図 (1)**）。両者の寄与について内訳をみると、資本装備率とTFPは非製造業での寄与が小さく、設備投資や生産性向上の取組が相対的に進んでいないとみられる。製造業と比較した非製造業での労働生産性の伸びの低さは、アメリカ、ドイツでも共通してみられる。寄与度分解してみると、非製造業の資本装備率の寄与は3か国ともに90年代後半以降低下傾向にある（**第3－1－2図 (2) (3)**）。こうした我が国での資本装備率の寄与の低下の背景としては、アメリカと比較した場合のICT投資や無形資産投資の伸び悩みが挙げられる[7]。経済全体のサービス化が進む中で、生産性上昇の軸足が非製造業に徐々に移行しており、マクロの生産性上昇の下支えには非製造業の生産性の伸びを高めることが重要と考えられる。

第3章

注　(4) 日本生産性本部（2022）「労働生産性の国際比較2022」によると、購買力平価換算で我が国のマンアワーベースの労働生産性水準は、OECD諸国38カ国中27位となっている。
(5) 深尾・池内・滝澤（2018）
(6) 深尾・池内・滝澤（2018）では、日米の様々なサービスをいずれも利用したことがある者に対し、各サービスへの支払い意思額をアンケート調査し、その結果、利用者が日本のサービスにはアメリカの同種のサービスと比べて1～2割程度品質を高く評価していることを報告している。ただし、サービスの品質の差を調整しても、多くのサービス業で日本の方が労働生産性水準は低いとしている。
(7) Fukao et al.（2021）では、我が国とアメリカを比較して、ＩＣＴ資本サービス投入（対付加価値比率）が中小企業で顕著に低く、したがって中小企業比率の高い非製造業での労働生産性の押し下げ要因であることを指摘している。

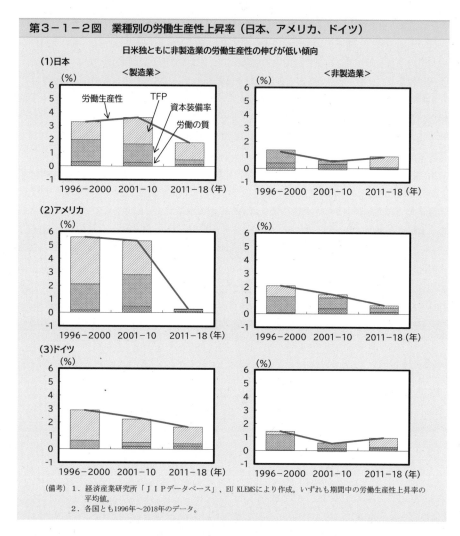

第3−1−2図　業種別の労働生産性上昇率（日本、アメリカ、ドイツ）

日米独ともに非製造業の労働生産性の伸びが低い傾向

(1)日本

＜製造業＞　　　　　　　　　　　　　＜非製造業＞

(2)アメリカ

(3)ドイツ

（備考）1．経済産業研究所「ＪＩＰデータベース」、EU KLEMSにより作成。いずれも期間中の労働生産性上昇率の平均値。
　　　　2．各国とも1996年〜2018年のデータ。

●産業別に見ると、非製造業全般で労働生産性の伸びが低い

　さらに、2010年代の労働生産性の伸びを細かく見てみよう。2010年代では、我が国の労働生産性は製造業で年平均1.8％、非製造業では0.9％と低い伸びとなっているが、アメリカ・ドイツの伸びはさらに低い。業種別には、我が国製造業では電子機械や電気機械、生産・業務用機械など、非製造業では金融保険や教育などで上昇がみられる一方、情報通信や、卸売・小売、宿泊・飲食を始めとした多くの業種でアメリカ・ドイツと比べて伸びが低い（**第3−1−3図**）。前述のように我が国では、非製造業の2010年代における資本装備率の寄与がほぼゼロ

であり（前掲**第3－1－2図（1）**）、背景としてICT投資の停滞が指摘されている。ICT資本ストックの水準を製造業・非製造業別に日米独で比較すると、我が国は製造業・非製造業を問わず、有形資産、無形資産ともに2010年代以降は横ばいで推移している（**第3－1－4図**）。特に、非製造業でのソフトウェア投資はアメリカ・ドイツと比べて伸びの低迷が顕著であり、DX投資による非製造業の効率化の遅れが課題であることがうかがえる。

第3－1－3図　産業別の労働生産性上昇率（日本、アメリカ、ドイツ）

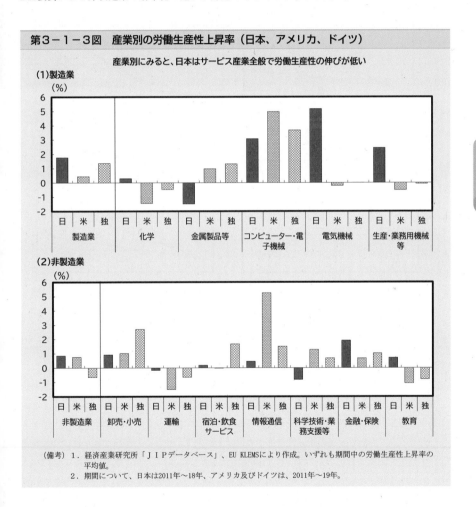

産業別にみると、日本はサービス産業全般で労働生産性の伸びが低い

（備考）　1．経済産業研究所「ＪＩＰデータベース」、EU KLEMSにより作成。いずれも期間中の労働生産性上昇率の平均値。
　　　　　2．期間について、日本は2011年～18年、アメリカ及びドイツは、2011年～19年。

第3章

179

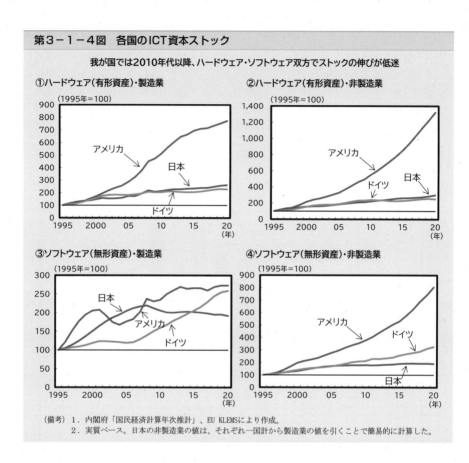

第3－1－4図　各国のICT資本ストック

我が国では2010年代以降、ハードウェア・ソフトウェア双方でストックの伸びが低迷

①ハードウェア（有形資産）・製造業

②ハードウェア（有形資産）・非製造業

③ソフトウェア（無形資産）・製造業

④ソフトウェア（無形資産）・非製造業

（備考）　1．内閣府「国民経済計算年次推計」、EU KLEMSにより作成。
　　　　　2．実質ベース。日本の非製造業の値は、それぞれ一国計から製造業の値を引くことで簡易的に計算した。

2　無形資産の動向と生産性への影響

　前項では、我が国の特徴として、無形資産投資の労働生産性上昇への寄与が小さく、また、製造業・非製造業別にみると、非製造業の労働生産性の伸びが低いことが確認された。従前から、資本の中でも無形資産の生産性上昇への役割や将来性に注目した議論がみられ、無形資産は有形資産や労働と補完的に機能して企業業績を高めることにより、TFP上昇につながりう

ると指摘されている[8,9]。我が国でも、生産性の伸びが低い非製造業を中心に無形資産投資を促進し、資本装備率とTFPを同時に上昇させることで、生産性の向上を図る余地があると考えられる。そこで本項では、日本における無形資産投資・ストックの動向を確認した上で、無形資産の増加による生産性の押上げ効果を考察する。

●日本の無形資産投資はアメリカに比べ少なく、近年はGDP比で横ばい圏内

　無形資産は、先行研究であるCorrado, Hulten, Sichel（2005）の整理に基づけば、情報化資産、革新的資産、経済的競争能力に大別することができる（**第3－1－5図（1）**）。情報化資産は、ソフトウェアやデータベースが対象となっており、DXの中核を構成している。革新的資産は、研究開発や著作権、デザイン等が含まれており、大宗が研究開発である。経済的競争能力は、ブランド、企業特殊的人的資本、組織改編が対象であり、企業の競争力を強化する資産と位置付けられている。

　無形資産投資のGDP比の推移を日米で比べると、我が国は有形資産投資に比べて無形資産投資が小さいほか、2010年代以降無形資産投資のGDP比は横ばい圏内にある（**第3－1－5図（2）**）。一方アメリカは、無形資産投資が有形資産投資を上回り、近年もおおむね増加傾向にある。上述のように、日米の生産性伸びの差の背景に無形資産の寄与がみられることから、我が国での無形資産投資の拡大が今後の成長の鍵であることが示唆される。

　有形資産と比べて無形資産は、一般的に企業にとっては、その蓄積によってどの程度の成果を得ることができるか不確実性が高いこと、資金調達の際の担保になりにくいこと[10]などの特徴が指摘されている。また、研究開発や人的資本は社会全体への生産性や知識のスピルオーバー効果[11]を持つ一方、汎用性のある人的資本は企業にとっては人材の流出可能性を高めることも特徴と考えられる。こうしたことから、個々の企業の意思決定だけでは過少投資になる可能性[12]があり、政府による後押しが必要と考えられる。重点分野の官民投資を促進する中で、無形資産への投資を活性化させていくことが、生産性の向上には重要な取組である。

注　(8) Haskel and Westlake（2017）では、リーマンショックを機に欧米諸国では無形資産投資が有形資産投資を上回るようになったとし、背景としてICTなど新技術の発展や経済のサービス化などを挙げている。また、こうした無形資産投資へのシフトが、今日の経済社会が直面する重要な課題である、イノベーションや成長、マネージメントの役割などの背景にあることを論じている。

　　(9) 有形資産と無形資産の代替性、補完性に関する我が国の企業レベルの実証研究成果であるHosono et al.（2016）では、両者の関係は企業の成長のダイナミクスに依存し、企業規模間や業種間で様々であることを指摘している。

　　(10) 「経済財政運営と改革の基本方針2023」（2023年6月16日閣議決定）では、スタートアップ育成の観点等から、事業全体に対する担保権として「事業成長担保権の創設を含めた、経営者保証に依存しない融資拡大を図る」こととしている。事業成長担保権の設定により、ノウハウや顧客基盤等の無形資産も含む事業全体が担保権の対象となり、無形資産を含む事業の将来性に着目した融資が促進されることが期待される。

　　(11) スピルオーバーの経路としては、研究開発については労働移動やグローバルバリューチェーンを通じた知識の国際間伝播、人的資本については労働移動に加え、集積を通じた正の外部性効果が指摘されている（BIS, 2012）。

　　(12) BIS（2012）では、人材の外部流出可能性により、企業の教育訓練投資水準は平均4％程度押し下げられていると指摘している。

第3−1−5図　無形資産の分類と投資額の日米比較

日本の無形資産投資はアメリカに比べ少なく、近年はGDP比で横ばい圏内

(1)無形資産の分類

情報化資産	・受注ソフトウェア
	・パッケージ・ソフトウェア
	・自社開発ソフトウェア
	・データベース
革新的資産	・研究開発(R&D)、他の製品開発
	・著作権及びライセンス
	・デザイン(機械設計、建築設計)
	・資源開発権
経済的競争能力	・ブランド資産(広告、市場調査)
	・企業特殊的な人的資本形成の取組 　(社員教育・研修の実施、実施に必要な人材導入)
	・組織改編 　(コンサルタントサービスの導入、経営管理にかかる取組)

(2)無形資産投資、有形資産投資(民間投資)の対名目GDP比推移

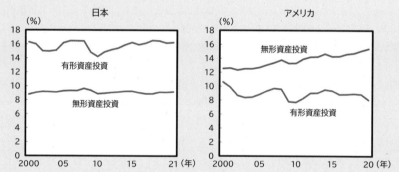

(備考)　1. Corrado, Hulten, Sichel (2005)、経済産業研究所「JIPデータベース」、EU KLEMS、内閣府「国民経済計算」
　　　　　及びアメリカ商務省経済分析局により作成。
　　　　2. (2)図の分子は経済産業研究所「JIPデータベース」及びEU KLEMS、分母は内閣府「国民経済計算」及びアメリ
　　　　　カ商務省経済分析局により作成。

●我が国の無形資産は革新的資産の割合が大きく、経済的競争能力の割合が小さい

　前述の無形資産を構成する3項目に分けて国際比較を行うと、我が国は革新的資産の割合が
大きい（第3−1−6図 (1)）。背景には、GDP比でみて高水準にある我が国の研究開発投資
があると考えられる。また、情報化資産の割合は中程度である一方、人的資本を含む経済的競
争能力の割合が顕著に低い。経済的競争能力の内訳をみると、各国と比べて我が国で比率が低
いのは組織改編（組織の改編や発展のための経費をストック化）であるが、ブランド（ブラン
ドや商標開発のための広告や市場調査費用をストック化）や人的資本についても、5か国中最
も低水準にとどまる（第3−1−6図 (2)）。経済的競争能力のうち、特に人的資本と組織改編

は、ICT資本や研究開発資本ストックと補完的に機能し、労働生産性の伸びを高めることが指摘[13]されている。このため、人への投資（リ・スキリング投資）の強化を通じ、労働者のスキルが向上することにより、企業内の生産性の向上が期待されるとともに、企業間・産業間における労働移動にも結び付いていけば、成長分野への資源集約によるマクロの生産性の向上も期待できる。

　無形資産の人的資本には計測の問題が指摘[14]されており、改善の余地がある。諸外国では費用アプローチに基づき、企業の教育訓練費用とその機会費用から計測されていることが多いが、職場外研修費用（OFF－JT）に限定して計測しているため、ＯＪＴが多い日本企業[15]では相対的に小さくなると考えられる。なお、上述の**第3－1－5図**の整理では、概念上企業特殊的な人的投資（当該企業においてのみ活用が期待されるスキルの訓練）のみを対象としており、個人によるリ・スキリング投資やリカレント教育などの自己啓発費用は含まれていない。我が国の労働生産性の伸びを高めていく観点からは、企業特殊な人的投資に限らず、一般的な人的投資（様々な企業で汎用的に活用が期待できるスキルの訓練）も重要となってくることから、個人が自発的に行っているリカレント教育費用の把握など、人的投資の統計整備[16]も求められる。

第3章

注
(13) Fukao et al.（2021）。また、Brynjolfsson and Hitt（2003）は、ＩＣＴ投資が意思決定方式や企業組織の改編といった補完的な組織改編投資によって生産性上昇につながることを指摘し、研究開発投資以外の無形資産投資と生産性の関係が注目される契機となった。
(14) 人的資本は2008ＳＮＡでは資産の境界外と位置付けられているが、「人的資本はさらなる検討が必要な課題」とされている。こうした問題意識を踏まえ、国連欧州経済委員会「人的資本の測定に関する指針」（2016）では、人的資本の測定に関して残されている多くの検討課題として、例えば推計する範囲対象、人的資本の不均一性の取り扱い、総額の計算方法を挙げている。
(15) 内閣府（2018）では、企業に対するアンケート調査結果を用い、人的資本投資額のうちＯＪＴの占める割合が非常に高いことを指摘している。
(16) 自己啓発の具体的な内容別の実施時間や負担費用について、定期的な調査を実施している統計は現時点で存在していない。今後はこうした調査の実施が必要であると考えられる。

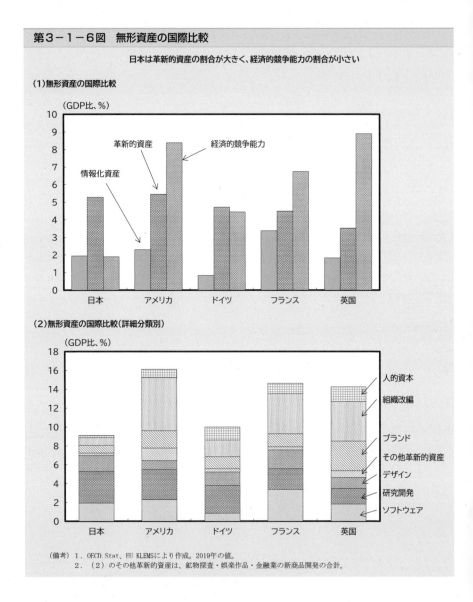

第3-1-6図　無形資産の国際比較

日本は革新的資産の割合が大きく、経済的競争能力の割合が小さい

(1)無形資産の国際比較

（GDP比、%）

革新的資産

経済的競争能力

情報化資産

日本　　アメリカ　　ドイツ　　フランス　　英国

(2)無形資産の国際比較（詳細分類別）

（GDP比、%）

日本　　アメリカ　　ドイツ　　フランス　　英国

人的資本

組織改編

ブランド

その他革新的資産

デザイン

研究開発

ソフトウェア

(備考)　1．OECD.Stat、EU KLEMSにより作成。2019年の値。
　　　　2．（2）のその他革新的資産は、鉱物探査・娯楽作品・金融業の新商品開発の合計。

●製造業・非製造業別にみると、無形資産は非製造業で少ない

　製造業・非製造業別に、無形資産投資の業種別GDP比を見ると、非製造業が製造業を大き
く下回っており、ストックベースでみても対固定資本ストック比で同様に下回っていることが
確認できる（**第3-1-7図**）。こうした業種間の違いの背景には、製造業で研究開発投資が相

対的に活発であることなどが影響していると考えられる。

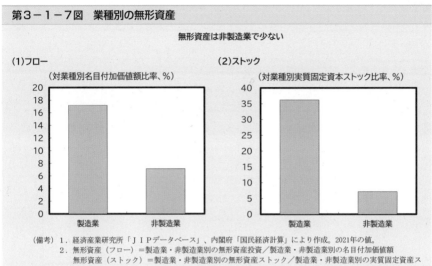

第3-1-7図　業種別の無形資産

無形資産は非製造業で少ない

(1)フロー

（対業種別名目付加価値額比率、%）

(2)ストック

（対業種別実質固定資本ストック比率、%）

（備考）1．経済産業研究所「JIPデータベース」、内閣府「国民経済計算」により作成。2021年の値。
　　　　2．無形資産（フロー）＝製造業・非製造業別の無形資産投資／製造業・非製造業別の名目付加価値額
　　　　　　無形資産（ストック）＝製造業・非製造業別の無形資産ストック／製造業・非製造業別の実質固定資産ストック

● **無形資産を増加させていくことで、生産性の向上が期待できる**

　無形資産ストックを増加させていくことで、資本装備率とTFPの両方が上昇し、労働生産性の向上が期待できるが、我が国では無形資産ストックが増加すると、どの程度のTFP押上げ効果があるか、業種別の時系列データを用いてみてみよう[17]。前提となるデータや推計方法によって結果が異なるため、推計値は相当な幅を持って理解される必要はあるが、経済的競争能力や革新的資産のTFPへの弾性値はプラスで統計的に有意な推計結果となり、前者は0.66、後者は0.11と経済的競争能力で特に高い値となった。こうした結果からも、人への投資や研究開発投資が重要であることが確認できる（**第3-1-8図**）。一方、情報化資産については、3種類の無形資産のうち弾性値が最も小さく、かつ統計的に有意な結果とならなかった。この背景として、我が国の企業がICT資産を非効率に活用してきた可能性が考えられ、具体的には、組織の再編や従業員への追加的なICTスキルに関するトレーニング費用を避けるため、企業がパッケージソフトではなくカスタムソフトを使い続けたことや、企業におけるICT専門人材の不足などが挙げられている[18]。

　経済的競争能力については、前述のとおり、諸外国に比べてGDP比で低くとどまっている

注　(17) ここでは、BIS（2012）を参照し、既存研究で用いられることが多い定式化を用いた推計を行った。
　　(18) Fukao, Kim, and Kwon（2021）。なお、内閣府（2014）では2010年までのマクロレベルのデータを用いて同様の推計を行った結果、情報化資産の弾性値が0.16程度との結果を得ている。

が、TFP上昇への効果が相対的に大きく、生産性向上に向けたポテンシャルを持っていると考えられる。また、上述のように日本の革新的資産のGDP比は高いが、革新的資産についてもTFPの押上げ効果があることが示唆され、引き続き、科学技術・イノベーションやスタートアップの促進を通じた研究開発費の増加が重要であると考えられる。

第3－1－8図　TFP上昇率に対する過去の無形資産の弾性値

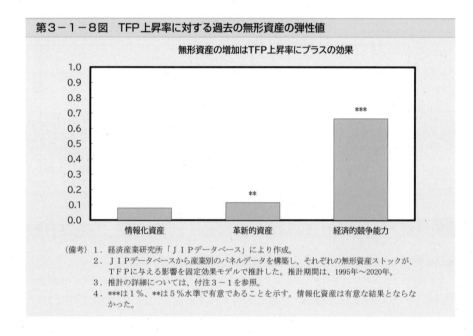

（備考）1．経済産業研究所「JIPデータベース」により作成。
　　　　2．JIPデータベースから産業別のパネルデータを構築し、それぞれの無形資産ストックが、
　　　　　　TFPに与える影響を固定効果モデルで推計した。推計期間は、1995年～2020年。
　　　　3．推計の詳細については、付注3－1を参照。
　　　　4．＊＊＊は1％、＊＊は5％水準で有意であることを示す。情報化資産は有意な結果とならなかった。

3　生産性向上に向けた課題

　これまで、生産性の上昇に向けて、無形資産への投資促進が重要であることを確認した。この項では、（1）各無形資産項目（経済的競争能力、情報化資産、革新的資産）が、政府が掲げている新しい資本主義に基づく重点分野への官民投資（人への投資、科学技術・イノベーションへの投資、DXへの投資、スタートアップへの投資）を通じてどのように増加し、それがどのように生産性の上昇につながっていくのかを整理する[19]。そのほか、（2）企業の新陳代謝の活性化についても、生産性上昇への影響を議論する。

注　(19) 本項の分析では、無形資産の項目別に推計を行ったが、既述のように異なる種類の無形資産の間に生産性上昇につながる補完性が存在するとの指摘もあり、こうした点を考慮した既存研究も見られる。例えば、Nonnis et al.（2023）では、組織構造と人的投資の間の補完性を、内閣府（2022）では教育訓練ストックとICT資本との間の補完性を指摘している。

（1）各無形資産項目の増加に伴う生産性の上昇

●経済的競争能力：成長分野への労働移動の円滑化にも資するリ・スキリング投資が重要

　まず、諸外国と比べて資本の蓄積が進んでいない経済的競争能力に着目する。そのうち政府が特に力を入れている人的資本への投資（リ・スキリング投資）については、総合経済対策[20]や2023年度予算が編成され、主要なリ・スキリング支援策が取りまとめられた（**第3－1－9図**）。内容をみると、個人の主体的なリ・スキリングへの取組を直接支援する仕組みや、事業主が雇用者に対して行う訓練経費の助成、さらに教育機関に対するリカレント教育プログラムの開発等への支援など、多様な施策が進められていることがわかる。

　企業によるリ・スキリング投資は、上述のように、教育訓練を受けさせた従業員の転職を促進するリスクがあり、社会全体として望ましい水準よりも過少投資になる可能性がある。このため、政府による企業への支援には一定の合理性があるものの、本来の教育投資は個人に体化されるものであり、直接支援が望ましいと考えられる。こうしたこともあり、本年6月に閣議決定された「経済財政運営と改革の基本方針2023」では、三位一体の労働市場改革として、リ・スキリング給付の比重を企業から個人に移行していくなど、個人への直接支援を拡充していくことが明記されている[21]。今後、リ・スキリング促進により人的資本が蓄積されることで、企業単位ではなく、社会全体の生産性の向上が期待される。

第3章

注　(20)「物価高克服・経済再生実現のための総合経済対策（2022年10月28日閣議決定）」。
　　(21)「現在、企業経由が中心となっている在職者への学び直し支援策について、5年以内を目途に、効果を検証しつつ、過半が個人経由での給付が可能となるよう、個人への直接支援を拡充する。」と記載。

第3－1－9図　政府の主なリ・スキリング支援策（令和4年度補正・令和5年度予算）

OFF-JTの促進に加え、成長分野への労働移動を意図したリスキリングを促進する施策を推進

施策名	概要	予算規模（億円）
リスキリングを通じたキャリアアップ支援事業の創設（経済産業省）	個人が民間の専門家に相談し、リスキリング・転職までを一気通貫で支援する仕組みの整備を目的として実施。	753 （令和4年度補正）
教育訓練給付の拡充（経済社会の変化に対応した労働者個々人の学び・学び直しの支援）（厚生労働省）	働く方々の主体的な能力開発やキャリア形成を支援し、雇用の安定と就職の促進を図ることを目的として、厚生労働大臣が指定する教育訓練を修了した際に、受講費用の一部を支給。	117 （令和5年度予算）
人材開発支援助成金の拡充（人への投資促進コースの拡充、事業展開等リスキリング支援コースの創設）（厚生労働省）	事業主等が雇用する労働者に対して、職務に関連した専門的な知識及び技能を習得させるための職業訓練等を計画に沿って実施した場合等に、訓練経費や訓練期間中の賃金の一部等を助成。	505 （令和5年度予算）
公的職業訓練のデジタル分野の重点化によるデジタル推進人材の育成（厚生労働省）	公共職業訓練（委託訓練）及び求職者支援訓練において、①デジタル分野の資格取得を目指す訓練コース、②企業実習を組み込んだデジタル分野の訓練コースへの委託費等の上乗せを通じ、デジタル推進人材の育成を行う。また、在職者に対する③DXに対応した生産性向上支援訓練機会を提供し、中小企業等のDX人材育成を推進。	86 （令和5年度予算）
成長分野における即戦力人材輩出に向けたリカレント教育推進事業（文部科学省）	デジタル・グリーン等成長分野での即戦力人材を社会に輩出するため、大学・高専専門学校等に対し、産業界や社会のニーズを満たすリカレント教育プログラム開発・実施・横展開を支援。	17 （令和4年度補正）

（備考）　1．各省予算資料により作成。

●企業の教育訓練投資は生産性に対して正の効果

　企業によるリ・スキリング投資の状況を確認するため、産業別に常用労働者一人当たりの能力開発費（OFF-JT及び自己啓発支援）をみると、電気・ガス・熱供給・水道業や情報通信業、建設業、学術研究、専門・技術サービス業、金融業、保険業などで支出額が多く、宿泊業、飲食サービス業、医療、福祉などで少ないことがわかる（**第3－1－10図（1）**）。また、一人当たりの能力開発費が少ない宿泊業・飲食サービス業や生活関連サービス業・娯楽業など一部の非製造業では、正社員以外に対する能力開発費を支出していない企業が大半を占め、正社員比率の低さが一人当たりの教育訓練投資の低迷の背景にあることがうかがえる（**第3－1－10図（2）**）。

　企業によるリ・スキリング投資の定量的な影響を確認するため、「経済産業省企業活動基本調査[22]」のパネルデータを用いて、企業の教育訓練ストックとTFP水準の関係を分析すると、正の効果が確認できる（**第3－1－10図（3）**）。企業の固定効果を考慮したモデルの結果を見ると、全産業において0.03の係数となっており、これは企業の教育訓練ストック（従業者当たり）[23]が1％増加すれば、TFPが0.03％上昇することを示している。製造業では統計的に有意な結果とならなかったが、非製造業では有意な結果となり、かつ、TFPの押上げ効果も約0.06％と大きくなっている。このことから、特に非製造業における教育訓練ストックの増加が、

注　（22）「経済産業省企業活動基本調査」は、従業者50人以上かつ資本金又は出資金3000万円以上の企業を対象としている。
　　（23）能力開発費に対する回答があった企業の中では、1企業当たりでみると、教育訓練ストックは1,200万円程度、能力開発費は400万円程度（2020年度、中央値）。なお、従業員数の中央値は約280人。

生産性の上昇につながると考えられる。

第3-1-10図　企業による教育訓練投資

企業の教育訓練投資は生産性に対して正の効果

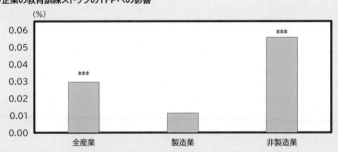

(1)能力開発費(OFF-JT、自己啓発支援)の支出額
(2)正社員以外への能力開発費(OFF-JT、自己啓発支援)の支出額

(3)企業の教育訓練ストックのTFPへの影響

（備考）1．厚生労働省「能力開発基本調査（企業調査）」、経済産業省「経済産業省企業活動基本調査」の調査票情報を独自集計し作成。
　　　　2．推計の詳細については、付注3-2を参照。各企業のTFPの算出方法は、付注3-3を参照。
　　　　3．***は1%水準で有意であることを示す。製造業は有意ではない。

●**情報化資産：非製造業のDXが生産性を押し上げていく可能性**

　次に、情報化資産の投資状況を確認するため、ソフトウェア資産ストックの動向をみると、2013年以降、増加傾向で推移している（**第3−1−11図 (1)**）。特に感染症拡大以降、テレワークの普及や非接触サービスの拡大に向けて、幅広い産業においてソフトウェア投資が増加したとみられる。また、これまで生産性が低かった飲食・宿泊業をはじめとする対面サービス業においても、人手不足を背景に、省力化に向けたソフトウェア投資が増加している傾向がみられる（**第3−1−11図 (2)**）。情報化資産ストックの残高は国際的にみれば中程度にとどまる中で、こうした傾向が続けば、今後、DXによる非製造業の生産性向上が期待できる。他方、中小企業では、受注型のソフトウェア投資を個社レベルで行うのに十分な財務力がない場合もあると考えられる。政府としても、ITツール（ソフトウェア、アプリ、サービス等）の導入を支援する「サービス等生産性向上IT導入支援事業（IT導入補助金）」の実施等を通じて、DXによる中小企業・小規模事業者等の労働生産性の向上を後押ししている[24]。

注　(24) このほか、ＤＸ推進に関する政府の計画としては、「デジタル社会の実現に向けた重点計画（2023年6月9日閣議決定）」や「デジタル田園都市国家構想総合戦略（2022年12月23日閣議決定）」が定められ、多極化・地域活性化の推進も含め、目指すべきデジタル社会の実現に向けて、政府が迅速かつ重点的に実施すべき施策を明らかにしている。

第3－1－11図　ソフトウェア資産・投資の状況

ソフトウェア投資は増加傾向にあり、非製造業の一部で高い伸び

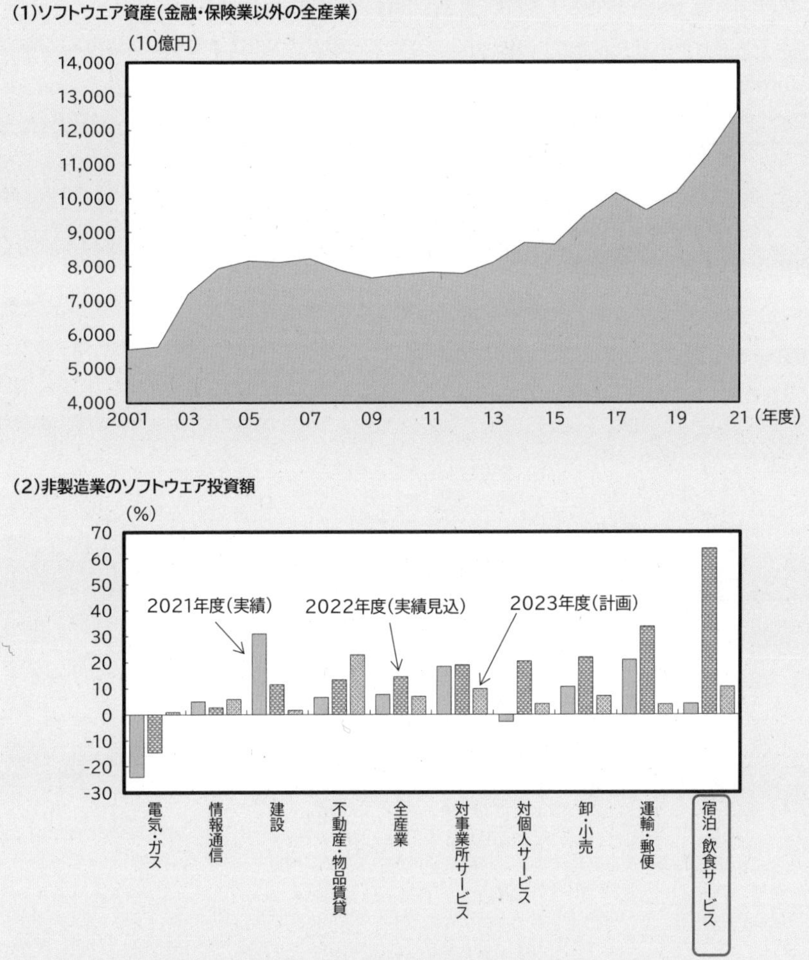
(1)ソフトウェア資産(金融・保険業以外の全産業)
(10億円)
14,000
13,000
12,000
11,000
10,000
9,000
8,000
7,000
6,000
5,000
4,000
2001
03
05
07
09
11
13
15
17
19
21 (年度)
(2)非製造業のソフトウェア投資額
(%)
70
60
50
40
30
20
10
0
-10
-20
-30
2021年度(実績)
2022年度(実績見込)
2023年度(計画)
電気・ガス
情報通信
建設
不動産・物品賃貸
全産業
対事業所サービス
対個人サービス
卸・小売
運輸・郵便
宿泊・飲食サービス

（備考）１．財務省「法人企業統計年報」、日本銀行「全国企業短期経済観測調査」により作成。

●革新的資産：スタートアップ投資に含まれる研究開発投資が生産性を押上げ

次に、革新的資産の増加に向けては、科学技術・イノベーション、スタートアップへの投資などが複合的に影響していると考えられる（**第3－1－12図**）。

　「第6期科学技術・イノベーション基本計画[25]」によれば、2021年度からの5年間で官民合わせた研究開発投資の総額120兆円（うち政府投資は30兆円）を目指すとされ、政府投資のうち、2023年度までの3年間の予算額は22兆円となっている。スタートアップについては、「スタートアップ育成5か年計画[26]」において、スタートアップへの投資額を5年後の2027年度に10兆円規模にするとの目標が掲げられている。2022年度第二次補正予算ではスタートアップ支援策1兆円が措置され、その大宗が研究開発投資への支援であることから、革新的資産の増加を通じて生産性の向上に資する可能性がある。

　前述の分析を踏まえると、科学技術・イノベーション基本計画やスタートアップの促進等により、革新的資産ストックが1％（1.8兆円）程度増加した場合、0.11％程度のTFP押上げ効果を伴うことになる（前掲第3−1−8図）。

第3−1−12図　政府の主な投資促進計画

政府の主な投資促進計画には、研究開発投資の促進が多く含まれる

名称	科学技術・イノベーション基本計画（第6期）	GX実現に向けた基本方針	スタートアップ育成5か年計画
計画期間	2021年度〜25年度	2023年度以降10年間（投資促進計画）	2023年度〜27年度
概要	我が国が目指すべきSociety 5.0の未来社会像を、「持続可能性と強靱性を備え、国民の安全と安心を確保するとともに、一人ひとりが多様な幸せ（well-being）を実現できる社会」と表現し、その実現に向けた『「総合知による社会変革」と「知・人への投資」の好循環』という科学技術・イノベーション政策の方向性を示している。	GXの実現を通して、2030年度の温室効果ガス46％削減や2050年カーボンニュートラルの国際公約の達成を目指すとともに、安定的で安価なエネルギー供給につながるエネルギー需給構造の転換の実現、さらには、我が国の産業構造・社会構造を変革し、将来世代を含む全ての国民が希望を持って暮らせる社会を実現すべく、GX実行会議における議論の成果を踏まえ、今後10年を見据えた取組の方針を取りまとめている。	日本にスタートアップを生み育てるエコシステムを創出し、第二の創業ブームを実現するためには、官民で一致協力して取り組んでいくことが必要との考え方の下、人材・ネットワークの構築、資金供給の強化と出口戦略の多様化、オープンイノベーションの推進の観点から、スタートアップ育成策の全体像を5か年計画として取りまとめている。そのための目標として、将来においてユニコーンを100社、スタートアップを10万社創出することを目指すとしている。
投資内容	・サイバー空間とフィジカル空間の融合による新たな価値の創出 ・地球規模課題の克服に向けた社会変革と非連続的イノベーションの推進 ・レジリエントで安全・安心な社会の構築 ・様々な社会課題を解決するための研究開発・社会実装の推進（AI、バイオテクノロジー、量子技術、マテリアル、宇宙・海洋、環境エネルギー、健康・医療、食料・農林水産業等）等	・再生可能エネルギーの大量導入 ・原子力（革新炉等の研究開発） ・水素・アンモニア ・製造業の省エネ・燃料転換 ・脱炭素目的のデジタル投資 ・蓄電池産業の確立 ・船舶・航空機産業の構造転換 ・次世代自動車 ・住宅・建築物 ・資源循環産業 ・バイオものづくり ・CCS等	・メンターによる支援事業の拡大・横展開 ・海外における起業家育成の拠点の創設 ・グローバルスタートアップキャンパス構想 ・国内の起業家コミュニティの形成促進 ・中小企業基盤整備機構のベンチャーキャピタルへの出資機能の強化 ・官民ファンド等の出資機能の強化・オープンイノベーションを促すための税制措置 ・スタートアップへの円滑な労働移動等
官民投資	120兆円（研究開発投資）	150兆円超（GX関連投資）	10兆円（スタートアップ投資額）
政府投資	30兆円（研究開発投資）	20兆円規模（GX関連投資）	（※備考2. 参照）

（備考）1.　「第6期科学技術・イノベーション基本計画」（令和3年3月26日閣議決定）、「GX実現に向けた基本方針」（令和5年2月10日閣議決定）、「スタートアップ育成5か年計画」（令和4年11月28日新しい資本主義実現会議決定）により作成。GX実現に向けた基本方針における「投資内容」は、現時点での見込みであり、具体的な内容は今後決定していく。
　　　　2.　スタートアップ育成5か年計画について、5年間の政府投資額は未定。令和4年度補正予算額は1兆円。

注　(25) 2021年3月26日閣議決定。
　　 (26) 2022年11月28日策定。

(2) 新陳代謝の活性化に伴う生産性の上昇

●我が国のスタートアップ・新陳代謝の取組は諸外国に比べ遅れている

　政府のスタートアップ支援策は、研究開発投資の支援を多く含むことを述べたが、起業しやすい環境の整備等による新陳代謝の活性化も重要な取組である。スタートアップへの支援は、資金面・人材面・規制面など多面的に進められてきたが、国際的に見ても我が国の起業を巡る環境は見劣りすることが指摘されている。人材面では、我が国における起業に対する認識を確認すると、起業について失敗への恐怖を感じている人の割合が高い一方で、起業を良いキャリア選択だと認識している人の割合は低い[27]。こうした認識と整合的に、起業家率はOECD平均よりも低い水準となっており、スタートアップの担い手となる人材が少ないことが指摘できる[28]（**第3-1-13図 (1) 〜 (3)**）。

　資金面では、ベンチャーキャピタル投資額のGDP比でみると、我が国は増加傾向にあるものの主要国に劣後している（**第3-1-13図 (4)**）。これに加え、我が国では、主要国と比較して、長期の資金供給の担い手が限られていることや、海外のベンチャーキャピタルからの投資を呼び込めていないことなどが課題とされている[29]。事業会社によるスタートアップの買収件数も、我が国は主要国に比べ限定的であるが、こうしたM&Aも人材や資金の循環につながることからスタートアップの出口戦略、既存の大企業のオープンイノベーションの推進策の両面で重要である（**第3-1-13図 (5)**）。

　このような状況を踏まえ、政府は、前述の「スタートアップ育成5か年計画」において、①スタートアップ創出に向けた人材・ネットワークの構築、②スタートアップのための資金供給の強化と出口戦略の多様化、③オープンイノベーションの推進を3本の柱として、2027年度にはスタートアップへの投資額を10兆円規模とすることを目標としている。人材、資金、イノベーションが一体的に強化されることで、起業に対する意識の変化やスタートアップ投資額の増加が進むことが期待される。

注　(27) 諸外国と比較して我が国では、スタートアップの成長に必要なメンターの不在や、大学における起業家教育、支援プログラムの不足が指摘されている（内閣府科学技術・イノベーション推進事務局、専門調査会資料、2022年4月）。こうした状況を踏まえ、スタートアップのグローバル市場参入や海外企業・投資家からの投資の呼び込みを目的として、政府は海外投資家等とのマッチングを支援するためのグローバル・スタートアップ・アクセラレーションプログラムを実施している。
　　(28) 大学生の就職希望では、ベンチャー企業志望者が半数近くを占める（2019年6月に実施されたアンケート調査（NPOエンカレッジ）結果による）一方、日本型雇用慣行制度の下では起業経験者が中途採用等で評価されにくいことも指摘されている。
　　(29) 背景として、海外投資家にとって日本の契約書式等が参入障壁となる場合や、ベンチャー経営者・従事者が税制面、労働法制面などで海外と同様の活動できない場合があるとの指摘がある（「スタートアップ育成5か年計画」、2022年11月）。また、スタートアップに投資する国内ファンドの出資先に関する規制の存在も指摘されている（内閣府科学技術・イノベーション推進事務局、専門調査会資料、2022年4月）。我が国のベンチャーキャピタルによるスタートアップへの投資は、投資事業有限責任組合（LPS）契約に基づくスキームが使われることが多いが、LPSの外国法人への投資比率は出資総額の50%未満に制限されている。なお、一定の要件を満たせば、産業競争力強化法（平成25年法律第98号）に基づく特例の適用によりこの上限を超えることは可能。

第3-1-13図　スタートアップ・新陳代謝の国際比較

日本のスタートアップ・新陳代謝の取組は、諸外国に比べ遅れている

(1)起業活動に対する認識として、失敗への恐怖を感じると回答した人の割合(2022年)

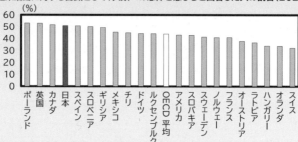

(2)起業を良いキャリア選択だと認識している人の割合(2022年)

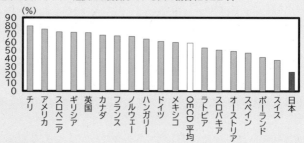

(3)起業家率(2022年)

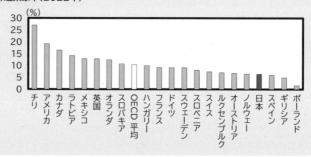

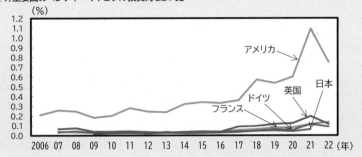

（4）主要国のベンチャーキャピタル投資対GDP比

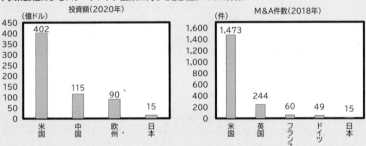

（5）事業会社によるスタートアップ企業に対する投資額・M&A件数

（備考）1．Global Entrepreneurship Research Association"Global Entrepreneurship Monitor"、OECD.Stat、CB Insights「The 2020 Global CVC Report」、三菱総合研究所「大企業とベンチャー企業の経理統合の在り方に係る調査研究」（平成30年度経済産業省委託調査）により作成。
　　　　2．（3）は、18〜64歳の人口のうち、「新事業の立ち上げに関わった人」若しくは「新事業の経営者」の割合。

●円滑な事業承継の推進を伴う企業の新陳代謝の活性化は、生産性の向上に寄与

　最後に、企業の新陳代謝の促進が、生産性の向上において重要であるという点を確認する。はじめに、「経済産業省企業活動基本調査」のパネルデータを用いて、TFP上昇率に対する企業の参入効果、退出効果、内部効果、再配分効果を推計した（**第3－1－14図**）。

　全規模の結果を見ると、企業の新規参入は、一定のTFP押上げ効果を有している。新規参入企業は、新技術や新しいアイディアを持ち、新たな需要を満たす生産活動を行えることから、高い生産性で特徴づけられる場合が多いと考えられる。コロナ禍を経験した2020年度を除けば、2000年以降、参入効果が一貫して産業全体のTFP上昇に最も大きく寄与してきたことからも、産業の新陳代謝を高め生産性の高い企業の新規参入を促していくことの重要性が示唆される。一方、企業の退出効果は、全期間を通じてTFPに対してマイナス寄与で推移して

195

いる。このことは、生産性が産業平均より高い企業が市場から退出していることを意味しており、産業の新陳代謝が望ましい形で機能していない可能性を示唆している[30]。こうした状況は、企業規模に関わらず生じており、特に中小企業では2000年代後半以降、退出効果のマイナス寄与が徐々に拡大している状況が確認できる。また、既存企業の生産性上昇を示す内部効果はプラスとマイナスに変動している。TFP水準が高い企業が市場シェアを拡大することによる再配分効果はプラス寄与であるが、特に2020年度はプラス幅が拡大している。

　2000年代以降一貫して退出効果のマイナス寄与が続いている点については、生産性を高めるために改善が急がれる。「経済産業省企業活動基本調査」の調査票情報を独自集計し、退出企業の収支をみると、退出直前の調査時点の黒字割合は全規模で6～7割程度と、存続企業（8割程度）と大きく変わらない（**第3－1－15図**）。また、特に2010年代以降、退出企業の黒字割合が上昇しており、存続企業と退出企業の間の差は縮小傾向にある。次に、退出企業の財務状況をみると、約8割の企業が退出直前の調査時点で資産超過であることが確認できる。また、2010年代以降、黒字割合と同様に、退出企業における資産超過企業割合が上昇しており、直近の割合は存続企業に肉薄している。存続企業と退出企業の差の縮小傾向は、大企業では2000年代後半以降、中小企業では2010年代後半以降顕著に確認できる。

　こうした事実は、我が国においてはキャッシュフローや財務状況の面で経営余力を有している企業の退出が多く、特に最近10年程でこうした優良企業の退出が増加している可能性を示唆している。事業承継の見通しに関する調査結果[31]を見ると、廃業予定企業の3割弱は、5年後の事業の将来性が「ある」と回答している。他方、廃業予定企業の3割が廃業の理由を「後継者難」としており、廃業予定年齢は7割以上で70歳以上と回答していることから、多くの経営者がかなり高齢になるまで事業を継続する意思があり、また事業の将来性はあるものの、適切な後継者が見つからないことから退出を決める場合が少なくないことがうかがえる。

　2022年9月には政府系金融機関によるコロナ禍での実質無利子・無担保融資も終了した中で、物価高や人手不足といった更なる課題が積み重なり、今後は必ずしも現時点での経営状況が悪くない企業においても、先行きへの悲観から退出気運が高まっていく可能性もある。今回の分析結果から、我が国では優良企業の退出の増加傾向が示唆されたが、こうした企業の円滑な事業承継を推し進めることで、優良企業が培ってきた経営資源を次世代に継承する形で、産業の新陳代謝を高めていくことが重要[32]であるといえる。

　このように、今後は、スタートアップ企業を支援する中で、生産性の高い新規企業の市場へ

注　(30) 金・深尾・権・池内（2023）では、日本では多くの研究で負の退出効果が報告されているが、諸外国（韓国、カナダ、ドイツなど）では正の退出効果が報告されることが多く、日本経済の特徴として挙げられている。
　　(31) 日本政策金融公庫「中小企業の事業承継に関するインターネット調査（2023年調査）」（有効回答は4,465件。調査対象は従業員数300人未満の全国の中小企業）結果では、廃業を予定している企業が57.4%と、2019年調査から4.8%ポイント上昇していることが示されている。また、「おおむね5年後の事業の将来性」については、廃業予定企業では「大いにある」が4.1%、「ややある」が23.6%で全体の3割弱を占めている。後継者難による廃業の割合は、廃業理由として「子供がいない」、「子供に継ぐ意思がない」「適当な後継者が見つからない」と回答した企業の合計。
　　(32) 上述の調査結果によれば、後継者が未定の企業が全体2割存在し、その多くが何らかの形で経営資源を引き継いでもらいたいという意向を持っている。

の参入を促すとともに、円滑な事業承継を進め、適切な形で企業の新陳代謝を高めていくことが重要であると考えられる。あわせて、第2章で詳述したように、長期雇用を前提とした働き方、副業・兼業の禁止、新卒一括採用偏重といった雇用慣行を見直し、リ・スキリング投資の項で述べた成長分野への労働移動の円滑化を図ることにより、人的資源の再配分効果を高めていくことも重要である。

第3－1－14図　企業の参入・退出と生産性

退出効果は一貫してTFPの下押しに寄与

(1)全規模

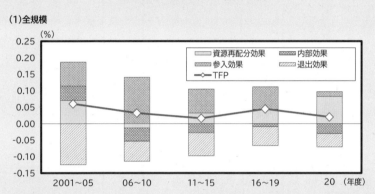

(2)大企業　　　(3)中小企業

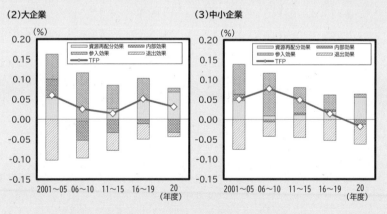

第3章

（備考）1．経済産業省「経済産業省企業活動基本調査」の調査票情報を独自集計し作成。
　　　　2．各企業のTFPの算出方法は、付注3－3を参照。
　　　　3．要因分解の方法は、以下のとおり。

$$\Delta TFP_t = \left\{ \sum_{stay} s_{i,t-1} \times \Delta TFP_{i,t} + \sum_{stay} \Delta s_{i,t} \times \left(TFP_{i,t-1} - \overline{TFP_{t-1}} \right) + \sum_{stay} \Delta s_{i,t} \times \Delta TFP_{i,t} \right\}$$
$$+ \sum_{entry} s_{i,t} \times \left(TFP_{i,t} - \overline{TFP_{t-1}} \right) - \sum_{exit} s_{i,t-1} \times \left(TFP_{i,t-1} - \overline{TFP_{t-1}} \right)$$

　　　　　　s：売上高シェア、i：企業、t：時点、バー付文字は平均。
　　　　　　第1項が既存企業要因、第2項が参入企業要因、第3項が退出企業要因を表す。
　　　　4．大企業は、資本金1億円以上、中小企業は、資本金1億円未満の企業として定義した。

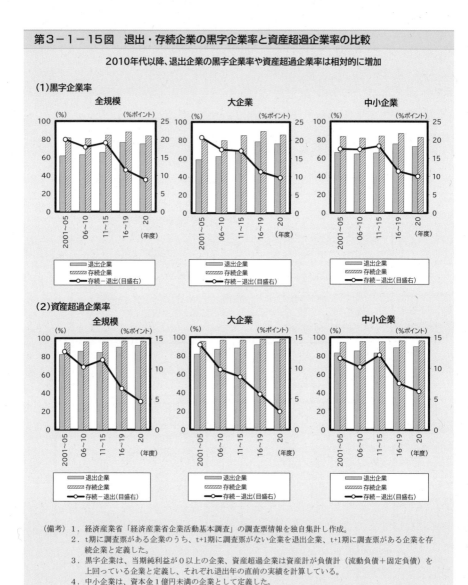

第3−1−15図　退出・存続企業の黒字企業率と資産超過企業率の比較

2010年代以降、退出企業の黒字企業率や資産超過企業率は相対的に増加

(備考) 1．経済産業省「経済産業省企業活動基本調査」の調査票情報を独自集計し作成。
　　　　2．t期に調査票がある企業のうち、t+1期に調査票がない企業を退出企業、t+1期に調査票がある企業を存続企業と定義した。
　　　　3．黒字企業は、当期純利益が0以上の企業、資産超過企業は資産計が負債計（流動負債＋固定負債）を上回っている企業と定義し、それぞれ退出年の直前の実績を計算している。
　　　　4．中小企業は、資本金1億円未満の企業として定義した。

　感染症の感染症法上の分類が5類に移行され、経済社会活動がコロナ禍後の時期を迎える中、企業の力強い投資が生産性の上昇に結び付き、日本の成長率を高めていく原動力になることが期待される。そのため、長くデフレから脱却できない下で伸び悩んできた有形資産投資に加えて、生産性を高める効果が特に大きいと考えられるものの不確実性が高い無形資産投資を

含む重点分野について、投資リターンを高める税制優遇策の活用などを通じて、積極的に民間投資を呼び込んでいくことが求められる。無形資産投資については、一般的に資産価値の評価が困難である場合が多く、民間企業の資金調達が困難であることが指摘されている。企業に投資を促すためには、税制上の優遇策に加え、ベンチャーキャピタルへの支援策や、資金調達の新たな枠組みの検討[33]などが課題と考えられる。

第2節　我が国企業のマークアップ率の動向と課題

我が国は現在、40年ぶりの物価上昇率や30年ぶりの高い賃上げを経験するなど、物価と賃金を取り巻く状況に変化の兆しがみえる。こうした中で、物価と賃金の持続的で安定的な上昇を目指していくうえで、企業による価格設定行動、すなわち、賃金上昇とコストの適切な価格転嫁を通じたマークアップ率の確保が注目されている。

本節では、我が国企業の長期的なマークアップ率の動向を概観した上で、マークアップ率に影響を与えている要因や、マークアップ率と投資や賃金との関係について分析する。

1 我が国企業のマークアップ率の動向

マークアップ率とは、企業の限界費用（生産量を追加的に一単位増加させるときに必要な費用）に対する販売価格（製品一単位当たりの売上高）の比率を指す。完全競争の下で各企業に価格設定力がないとき、限界費用と販売価格は一致してマークアップ率は1となるが、例えば製品の差別化や生産性の向上などを通じて限界費用対比で他の企業よりも有利な価格設定が可能となる場合、マークアップ率は1を上回る。このように、マークアップ率には企業の生産性や製品市場における価格支配力が反映されている。

マークアップ率を推計するには、企業の最適化行動をベースに限界費用を計測する必要がある。これまで様々な先行研究が行われてきたが、代表的な手法としては、投入と産出量の関係（生産関数）からマークアップ率を計測するものが挙げられ、Hall（1988）やBasu and Femald（2002）では、マクロや産業レベルのマークアップ率を計測した。さらに近年では、プラットフォーマーなど巨大企業の台頭とその市場支配力が注目される中で、個別企業間の異質性に注目した研究も広く行われている。その嚆矢となったDe Loecker and Warzynski（2012）では、企業が固有の生産関数を前提として生産に必要な費用を最小化する行動をとったとき、マークアップ率が生産関数における可変的生産要素の弾力性の関係から、企業の売上

（33）経済産業省（2022）では、近年米国では、新興企業にとって重要な資金調達手段として特別目的買収会社（SPAC）を通じた資金調達が行われていることを指摘している。また、IMF（2023）では、近年米国では、企業の営業余剰に基づく間接金融であるキャッシュフローベース貸出（CBL）の広がりがみられるとし、日本での将来的な可能性を指摘している。

高や中間投入などの財務データを用いて導出可能となることを利用して、個別企業のマークアップ率を計測しており、同手法はその後、多くの先行研究で採用されている。

　本稿では、こうした先行研究の手法を参考に、「経済産業省企業活動基本調査」[34]の調査票情報を活用して、我が国企業のマークアップ率を推計した[35]。同調査は、公的統計としてパネルデータを利用できることに加え、企業の財務データのみならず、各種の投資への取組や輸出入の状況など調査項目が豊富であるため、マークアップ率と企業行動との相関などについて包括的な分析を行うことが可能である。以下、その結果を基に考察していく。

●長期的にみて、我が国企業のマークアップ率に大きな変化はみられない

　我が国企業のマークアップ率の推移について、企業全体としての動向をみると、2001年度以降の20年間で、水準は僅かに低下したもののならしてみれば安定的に推移している（第3－2－1図）。我が国では、多くの先行研究で示されている米国や欧州でみられるようなマークアップ率の上昇は生じておらず、長期的にみてマークアップ率に大きな変化はみられない。こうした結果は、我が国企業のマークアップ率を推計したNakamura and Ohashi（2019）や、世界の上場企業データを基に1980年以降の各国のマークアップ率を推計したDiez et al.（2018）、De Loecker and Eeckhout（2021）における我が国の2000年以降のマークアップ率の動きともおおむね整合的である[36]。

注　(34)　従業者50人以上かつ資本金又は出資金3,000万円以上の会社（単体ベース）が対象。
　　(35)　推計式など詳細は付注3－4を参照。なお、マークアップ率の推計において重要となるのは生産関数を正確に推計することであり、特に外部から観察できない個別企業の生産性の影響をどのように織り込むかについては、先行研究においていくつかの手法が提案されている。我が国企業のマークアップ率を計測したNakamura and Ohashi（2019）では、Levinsohn and Petrin（2003）において提唱された、生産性の代理変数として中間投入を用いる手法が利用されており、本稿でも同様の手法にて推計を行っている。
　　(36)　青木ほか（2023）は、我が国企業のマークアップ率が低下傾向にあることを示しているが、本稿の推計結果との違いをもたらしている要因の一つには、推計の対象とする企業のカバレッジがあると考えられる。具体的には、先述のとおり、本稿が従業者50名以上かつ資本金又は出資金3,000万円以上の企業が対象である「経済産業省企業活動基本調査」を基にしているのに対し、青木ほか（2023）では信用保証協会や金融機関等から収集した財務情報を集約したデータベースである「Credit Risk Database」などを用いて、より規模の小さい企業まで含めた推計を行っている。

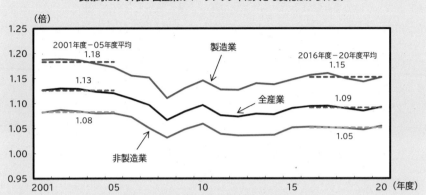

第3−2−1図　マークアップ率の推移

長期的にみて、我が国企業のマークアップ率に大きな変化はみられない

(倍)

2001年度−05年度平均　1.18　製造業　2016年度−20年度平均　1.15

1.13

全産業　1.09

1.08

非製造業

1.05

2001　05　10　15　20 (年度)

(備考) 1. 経済産業省「経済産業省企業活動基本調査」の調査票情報を独自集計し作成。
　　　 2. マークアップ率上位・下位1%の企業を除外し、売上高加重平均により算出。

第3章

　次に、企業ごとのマークアップ率の分布について、2001年度からと2016年度からの5年間の平均値で比較すると、いずれの期間でも分布の山は1.0倍の近傍に集中しており、その割合が2016年度からの5年間ではわずかに高まっているものの、全体的にみれば分布の構造にも大きな変化はみられない（第3−2−2図）。

　業種別にみると、非製造業に比べて製造業のマークアップ率の水準が高く、企業ごとの分布をみても、非製造業では1.0倍近傍に集中的に企業が分布しているのに対し、製造業ではそれよりも右側に厚く分布している。これは、製造業では輸送機械や一般機械などの加工業種で製品差別化によって高い付加価値を生み出す企業が多いことや、Hosono et al.（2022）が対外直接投資による海外生産の拡大が製造業の親会社のマークアップ率を上昇させることを示しているように、アジアを中心とした生産工程の分業化によってコストの低下が図られていることなどが背景にあるものと考えられる。一方で、製造業の分布をみると、2000年代前半から2010年代後半にかけて、マークアップ率が1.2倍以上である企業の割合が低下し、1.0倍から1.2倍までの割合が高まっており、製造業の中では、グローバル化の進展なども背景に競争環境が厳しくなってきた様子もうかがえる。

　より詳細に業種別の動きをみると、製造業では、加工業種に比べ、素材業種においてマークアップ率の変動幅が大きい[37]（第3−2−3図）。素材業種では中間投入に占める輸入品の割合が

注　(37) 日本銀行「全国企業短期経済観測調査」の定義に基づき分類。素材業種は、繊維、木材・木製品、紙・パルプ、化学、石油・石炭製品、窯業・土石製品、鉄鋼、非鉄金属。加工業種は、食料品、金属製品、一般機械、電気機械、輸送用機械、精密機械、その他製造業。

高い[38]など、相対的に原材料価格の変化による影響を大きく受ける構造であること等が影響していると考えられる。非製造業のうち、電気・ガスでは、2000年代の原油価格上昇を受けた発電コストの増加等も背景に、マークアップ率が大きく低下している。また、卸売・小売のマークアップ率は、非製造業の中でも相対的に低い水準であり、また、推計期間を通じた変化もほとんどみられない。

注　（38）経済産業省ほか（2023）によると、2015年産業連関表に基づく中間投入額に占める輸入品の割合は、加工業種では15.2%であるのに対し、素材業種では27.9%。

202

第3−2−2図 マークアップ率の分布

マークアップ率の分布構造にも大きな変化は生じていない

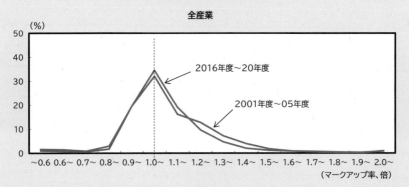

全産業

製造業

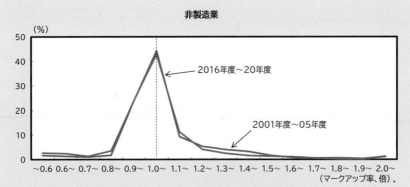

非製造業

(備考) 1. 経済産業省「経済産業省企業活動基本調査」の調査票情報を独自集計し作成。
2. マークアップ率の各範囲内における売上高の合計値をもとに割合を算出。

第3-2-3図　詳細業種別のマークアップ率の推移

製造業では素材業種、非製造業では電気・ガスの変動幅が大きい

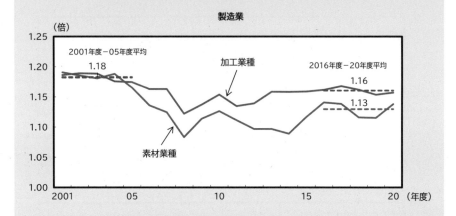

製造業

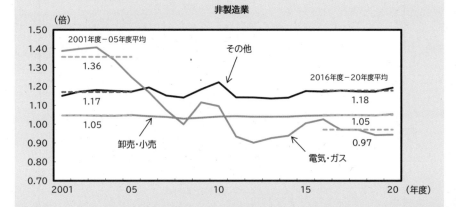

非製造業

（備考）　1．経済産業省「経済産業省企業活動基本調査」の調査票情報を独自集計し作成。
　　　　　2．業種ごとに、マークアップ率上位・下位１％の企業を除外し、売上高加重平均により算出。
　　　　　3．加工業種は、食料品、金属製品、はん用・生産用・業務用機械、電子部品・デバイス、電気機械、情報・通信機器、輸送用機械、その他製造業。素材業種は、繊維製品、パルプ・紙・紙加工品、化学、石油・石炭製品、窯業・土石製品、一次金属（鉄鋼など）。
　　　　　4．2008年のリース会計基準の変更などに伴い、物品賃貸業のマークアップ率には断層が生じているため、非製造業におけるその他からは物品賃貸業などを除外している。

●マークアップ率の短期的な変化には、原材料価格の影響

　このように、マークアップ率は長期的には大きな変化がみられない一方で、短期的には一定程度の変動を示している。時系列での動きを詳しくみることで、その背景を探ってみよう。

　まず、2001年度から2008年度にかけてマークアップ率は低下しているが、この間は、原油等の原材料価格が上昇して企業の中間投入コストが趨勢的に増加していた時期である。日本銀行「全国企業短期経済観測調査」で仕入価格と販売価格の判断DIをみると、両者ともに上昇していたが、そのペースは仕入価格に比して販売価格で緩やかなものにとどまり、両者の差である疑似交易条件は悪化した。これは、企業がコスト増加分を製品価格に十分に転嫁できなかったことを示している。企業の売上高と中間投入の動きもこれと同様であり、売上高は、増加はしていたものの中間投入に比べてそのペースは緩やかなものにとどまり、その結果、マークアップ率が低下した（**第3－2－4図**）。

　その後、2008年後半に原油価格が急速に下落したことを受けて、2009年度にはマークアップ率も上昇に転じており、2011年度に再び原油価格の上昇等を受けて一時的に低下がみられたが、以降は緩やかながらも上昇傾向で推移している。こうした動きは、2010年代を通じて、仕入価格判断DIが変動をもちつつもならしてみれば横ばいで推移する中、販売価格判断DIが緩やかに上昇し、疑似交易条件が改善傾向であったこととも整合的である。

　このように、我が国企業のマークアップ率は、短期的には原油等の輸入財価格の影響を大きく受けてきたと考えられる。原材料価格の変化に対して製品価格を柔軟に変化できればマークアップ率は一定の水準で保たれることになるが、我が国企業では、価格転嫁に課題が残る中で、原材料価格上昇による生産コストの増加に対してマークアップ率を低下させることで対応してきた様子がうかがえる。

第3章

第3−2−4図　原油価格、疑似交易条件とマークアップ率の動向

マークアップ率の短期的な変化には、原材料価格の影響

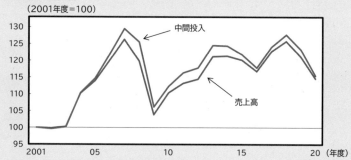

(1)ドバイ原油価格、販売価格判断DI、仕入価格判断DI

(2)中間投入と売上高

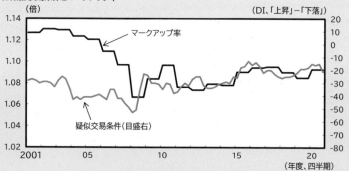

(3)疑似交易条件とマークアップ率

(備考) 1.（1）は、日経NEEDS、日本銀行「全国企業短期経済観測調査」により作成。原油価格は、
　　　　　日次価格の月間平均値を四半期化。販売価格及び仕入価格の判断DIは、全規模全産業の値。
　　　　2.（2）は、経済産業省「経済産業省企業活動基本調査」の調査票情報を独自集計し作成。中間投
　　　　　入、売上高ともに合計値。中間投入の計算方法は付注3−4を参照。
　　　　3.（3）の疑似交易条件は、日本銀行「全国企業短期経済観測調査」の全規模全産業の値。マーク
　　　　　アップ率は第3−2−1図の全産業の再掲（年度値）。

●欧米と異なり、マークアップ上位・下位企業の格差拡大はみられない

　次に、マークアップ率の上位企業と下位企業の動向を確認する。De Loecker et al.（2020）やKouvavas et al.（2021）などの先行研究では、米国や欧州では2010年代以降マークアップ率に一段と上昇傾向が強まっていること、その背景には一部の価格支配力の強い企業のマークアップ率が著しく上昇してきたことが示されている[39]。欧米諸国との対比の観点で、我が国企業の状況を確認しよう。

　我が国におけるマークアップ率の上位10%と下位10%の企業の動向をみると、先述の全体平均値と同じ傾向であるが、いずれも推計期間を通じて僅かに水準を切り下げつつも、総じてみれば安定的に推移している。また、2001年度からと2016年度からのそれぞれ5年間のマークアップ率の平均を比べると、下位10%企業では0.96倍から0.94倍へ約2％低下し、上位10%企業では1.37倍から1.31倍へ約4％低下しており、両者の差は大きくは変化していないものの僅かに縮小している（**第3−2−5図**）。

　このように、我が国では「スーパースター企業」と呼ばれるようなグローバル市場における価格支配力の強い企業が少ないことから、欧米でみられるような一部の企業とそれ以外とのマークアップ率の格差の拡大は生じていない。

注　（39）例えば、De Loecker et al.（2020）の推計結果をみると、米国企業の平均マークアップ率は、2000年から2010年までは1.4半ば程度で安定的に推移していたが、その後は急速に上昇し、推計期間の最終年である2016年には1.6を上回っている。その間、マークアップ率の中央値には大きな変化がみられない一方、90パーセンタイル値では顕著に上昇しており、平均マークアップ率の上昇の大半は、一部の企業によってもたらされたことが指摘されている。

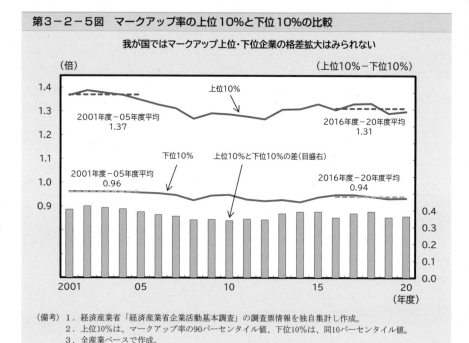

第3-2-5図　マークアップ率の上位10%と下位10%の比較

我が国ではマークアップ上位・下位企業の格差拡大はみられない

（備考）1．経済産業省「経済産業省企業活動基本調査」の調査票情報を独自集計し作成。
　　　　2．上位10%は、マークアップ率の90パーセンタイル値、下位10%は、同10パーセンタイル値。
　　　　3．全産業ベースで作成。

● 長期間続いたデフレの下で醸成された人々や企業の意識・慣行による影響

　このように、欧米企業と異なり、我が国企業全体としてのマークアップ率は、分析の対象とした過去20年間にわたって大きな変化はみられず、また、相対的にマークアップ率が高い企業と低い企業との間の格差も拡大していない。こうしたマークアップ率の動向は、物価の動向にも含意があるものと考えられる。すなわち、長期間続いたデフレと低成長の下で、企業はコスト上昇局面においても販売価格を引き上げることができず、そうした企業の価格設定行動が物価上昇を長らく低く抑えることにつながってきた可能性がある[40]。

　渡辺（2022）は、諸外国と比べ、我が国では価格変化が０％である品目の割合が顕著に高いなど企業の「価格据え置き慣行」が1990年代後半以降続いていること、その背景には趨勢的な物価上昇率の低さと、そうした状況が続く中で消費者の値上げに対する許容度が他の先進国と比べて著しく低いことを指摘している。同様に、Aoki et al.（2019）も、消費者が販売価格の動きをみて支出先を変化させる傾向が強い下では、企業は製品価格を上昇させると競争他社に顧客を奪われ売上減少幅が大きくなることを予測するため、価格の引上げに躊躇しやすいこ

注　（40）齋藤ほか（2012）は、1990年代半ばから2000年代半ばにかけて、マークアップ率がインフレ率を年率で▲
　　　　１％程度押し下げてきたとの分析結果を示している（動学的一般均衡モデルを用いた分析）。また、個別企業の財
　　　　務データベースを複数組み合わせてマークアップ率を推計した青木ほか（2023）は、マークアップ率の推計値を
　　　　インフレ率に換算すると15年間の累積で▲25％程度となっていることを示している。

とを指摘している。我が国では、物価が上昇しない環境が長期間にわたって継続する中、各企業にとっては価格を引き上げない行動を採用することが最適行動となっていた可能性が示唆される。

　一方で、足下では、我が国でも世界的な原材料価格の上昇等を受けて40年ぶりとなる物価上昇を経験する中で、消費者意識や企業の価格設定行動に変化もみられる。第1章や内閣府（2023）[41]でも述べたとおり、2022年以降は企業の価格転嫁が徐々に進展する中で物価上昇品目には広がりがみられており、また、消費者の予想物価上昇率も高い水準で推移している。こうした動きについて、渡辺（2023）は、5か国の消費者向けアンケート調査の結果を用いて、我が国消費者の値上げ許容度や物価上昇を予測する割合が2022年に入ってから他の先進国と遜色ない水準になっていることを示している。また、日本銀行「全国企業短期経済観測調査」の調査票情報を用いた分析を行った池田ほか（2022）は、過去にほとんど販売価格を変化させることがなかった「販売価格判断の変更に慎重な企業」[42]においても、今次の局面では販売価格判断DIが顕著に上昇していることを示している。

　また、こうした物価面での変化に加えて、人手不足による労働需給のひっ迫等も背景に、2023年の春闘では30年ぶりとなる賃上げ率が示されている。こうした物価・賃金を取り巻く状況が、長期間続いたデフレの下で醸成された人々や企業の慣行的な行動を変革するきっかけとなれば、我が国企業のマークアップ率が諸外国に比べて低位かつ長期にわたり安定的に推移してきた状況にも変化が生じ得ると考えられる。

2 マークアップ率と企業行動

●マークアップ率が高い企業ほど利益率が高い

　ここまで我が国企業のマークアップ率の動向をみてきたが、本項ではミクロ分析の観点から、企業のどのような取組がマークアップ率に影響を及ぼしているかについて考察する。

　まず、マークアップ率と企業利益との関係を確認してみよう。冒頭で述べたとおり、マークアップ率は単位当たりの生産にかかる限界費用に対する販売価格比率であるため、企業利益とは密接な関係がある。実際、企業の営業利益率及び経常利益率[43]をマークアップ率の五分位階級別にみると、マークアップ率が高くなるほど利益率が高くなっている。特に、第Ⅴ分位（上位20％：マークアップ率の平均は1.29倍）の企業の利益率は、第Ⅰ分位（下位20％：同0.95倍）の企業に比して営業利益で7倍超、経常利益で6倍弱であるなど、両者には大きな差があ

第3章

注
　(41) 内閣府政策統括官（経済財政分析担当）（2023）
　(42) 1991年から2019年までの約95％以上の期間において、販売価格判断を「もちあい」と回答した先であり、これらの企業では、過去の原材料コスト上昇局面でも販売価格判断DIにはほとんど変化がみられなかった。
　(43) 営業利益は、売上高から売上原価と販売管理費を除いたものであり、企業の本業の事業における利益を示す。経常利益は、営業利益に本業以外で得た営業外の収益を加え、営業外費用を除いたものであり、企業が通常の事業活動によって得た利益を示す。それぞれの利益を売上高との対比でみたものを営業利益率、経常利益率という。

る。企業の稼ぐ力を高めていくという観点からも、マークアップ率の確保又は向上が重要であることが示唆される。（**第3－2－6図**）。

第3－2－6図　マークアップ率五分位階級別の利益率

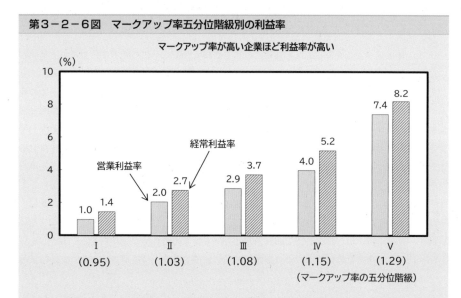

マークアップ率が高い企業ほど利益率が高い

(備考)　1．経済産業省「経済産業省企業活動基本調査」の調査票情報を独自集計し作成。
　　　　2．マークアップ率の五分位階級は産業ごとに作成。
　　　　3．いずれの数値も分位階級ごとの売上高加重平均値（期間は2001年度〜20年度）。全産業ベース。
　　　　4．横軸下の括弧内の数値は、分位階級ごとのマークアップ率の売上高加重平均値（上位・下位1％の企業を除く）。
　　　　5．営業利益率、経常利益率はともに売上高対比。

●研究開発や人的資本など、無形資産への投資はマークアップ率とプラスの関係性

　企業がマークアップ率を高めるためには、単にコストを適切に販売価格に転嫁することのみならず、競争他社に比べた製品の差別化・付加価値の向上やコストを抑えるための生産効率化などの取組が重要である。こうした取組には様々なものが考えられるが、以下では研究開発やソフトウェア、従業員の能力開発、広告宣伝などを通じたブランド化といった無形資産への投資に着目し、それらの取組とマークアップ率との関係をみていく。

　マークアップ率の五分位階級別に各種無形資産への投資状況をみると、マークアップ分位が上位の企業では下位の企業に比べていずれの指標でも高い数値を示している（**第3－2－7図**）。それぞれについて詳しくみていくと、売上高に比した研究開発費比率はマークアップ分位が上位にいくにつれて高まっており、マークアップ率が高い企業は自社の製品を差別化して付加価値を高めるべく、研究開発投資を積極的に行っていることを示唆している。従業員一人当たり

のソフトウェア資産についても、第Ⅲ分位から第Ⅴ分位までの企業間では大きな差はないが、これらの分位と第Ⅰ分位とを比べると明確な差があり、マークアップ率の高い企業の方がデータを活用した生産プロセスの効率化や最適化に資するソフトウェアの資本装備率が高いことを示している。また、人への投資である従業員に対する研修費用などの能力開発費もマークアップ分位が上位にいくにつれて高まっており、人的資本の蓄積に対する取組度合いの違いが表れている。ブランド資産の構築に資する広告宣伝費についても、第Ⅴ分位の数値が極めて高いといった違いはあるものの同様の傾向である。

第3－2－7図　マークアップ率五分位階級別の無形資産投資

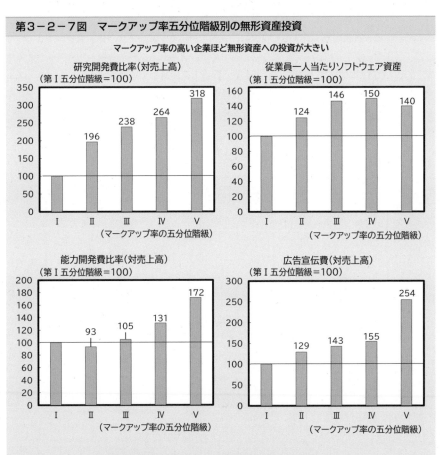

マークアップ率の高い企業ほど無形資産への投資が大きい

(備考) 1. 経済産業省「経済産業省企業活動基本調査」の調査票情報を独自集計し作成。
　　　　2. マークアップ率の五分位階級は産業ごとに作成。
　　　　3. いずれの数値も分位階級ごとの売上高加重平均値（期間は2001年度～20年度）を基に作成。全産業ベース。

このように、各種無形資産への投資とマークアップ率には一定の関係がある可能性がうかがえる。一方で、上記の結果には業種や売上げのシェア、年ごとの変動など様々な要因も影響していると考えられるため、それらをコントロールした上で、研究開発、ソフトウェア、人的資本、ブランド資産への投資（ストックの増加）がマークアップ率にどの程度影響を与えるのかを分析した[44]。結果をみると、いずれの投資も統計的に有意にマークアップ率に対してプラスの関係を有していることが確認できる（**第3－2－8図**）。業種別にみると、総じてマークアップ率が低い非製造業において係数が高くなっており、今後の取組によってマークアップ率を高める余地が大きいことがうかがえる[45]。投資の類型別には、いずれの投資もマークアップ率に対してプラスの関係を有しているが、研究開発は特に非製造業において係数が高い。

このように、各種の無形資産への投資は、製品差別化や生産効率化、付加価値の向上につながることでマークアップ率の向上につながるものと考えられる。科学技術・イノベーションやDXなど、政府が大胆な投資を喚起すべき重点分野と位置付けている各種の投資や、リ・スキリングなどをはじめとする人への投資は、そうした取組の結果として、企業のマークアップ率を向上させ、稼ぐ力を高めることにもつながると考えられる。

第3－2－8図　無形資産ストックを10%増加させた際のマークアップ率の変化

各種の無形資産への投資はマークアップ率とプラスの関係性

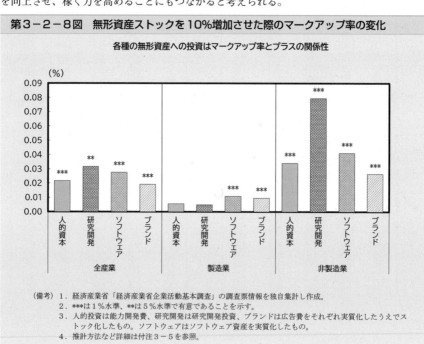

(備考)　1．経済産業省「経済産業省企業活動基本調査」の調査票情報を独自集計し作成。
　　　　2．***は1％水準、**は5％水準で有意であることを示す。
　　　　3．人的投資は能力開発費、研究開発は研究開発投資、ブランドは広告費をそれぞれ実質化したうえでストック化したもの。ソフトウェアはソフトウェア資産を実質化したもの。
　　　　4．推計方法など詳細は付注3－5を参照。

注　(44) 推計式など詳細は付注3－5を参照。
　　(45) 業種別にみた場合には、製造業と非製造業とで、マークアップ率の違いや投資の実施度合いの違いによる影響が表れている可能性があることに留意。

●**輸出の実施など企業の海外展開もマークアップ率とプラスの関係**

　次に、輸出とマークアップ率の関係性をみていく。両者の関係性については、Kato（2014）が我が国の製造業企業の輸出の有無と生産性及びマークアップ率の関係性を分析した結果、輸出が生産性とマークアップ率の上昇にプレミアムを与えていることを示している。こうした先行研究の結果も踏まえ、製造業のマークアップ率を輸出の有無別にみると、2001年度以降、輸出企業の方が非輸出企業に比べて高いマークアップ率を有していることが確認できる（**第3－2－9図（1）**）。

　ここで、無形資産への投資と同様に、業種や売上シェア等をコントロールした上で輸出の有無とマークアップ率との関係を分析すると、輸出の実施は製造業・非製造業ともに統計的に有意にマークアップ率に対してプラスの関係を有することが確認できる。輸出の実施が生産性の向上につながっている可能性があるほか、国内市場では企業の価格据置き行動が根付く一方、相対的に高いインフレ率の下で海外市場ではマークアップ率を確保しやすい環境にあった可能性などが考えられる。内閣府（2023）では、2010年代以降、企業が輸出財の高付加価値化によって市場支配力を高め、その結果、我が国輸出金額増加の主因が数量要因から価格要因へと変化してきたことを示しているが、輸出実施によるマークアップ率へのプレミアムはそうした企業行動とも関係があるものと考えられる。

　また、海外展開という観点から、海外関係会社への投融資残高の有無とマークアップ率との関係をみてみると、輸出と同様の結果が確認できる（**第3－2－9図（2）**）。我が国では、アジアを中心としたグローバル・バリューチェーンが構築されており、各国・地域が各々の特性を活かした生産工程に特化し、生産物を中間財として輸出入することで国際的な付加価値ネットワークが形成されているが、こうした中で、海外子会社への投融資はコストの低下による生産効率化を通じてマークアップ率にも影響しているものと考えられる。また、海外関係会社を通じた現地ニーズの把握などのマーケティングの成果が販売価格にもつながっている可能性も考えられる。

　このように、輸出の実施などをはじめとする企業の海外展開は、生産効率や付加価値の向上を通じてマークアップ率を押し上げる効果を有するものと考えられる。政府が実施する「新規輸出1万者支援プログラム」といった新規輸出の促進策は、いまだ輸出を実施していない企業の売上げや販路の拡大といった観点だけではなく、マークアップ率の向上という面からも効果を期待できるものと考えられる。

第3章

213

第3−2−9図　海外展開とマークアップ率の関係

企業の海外展開もマークアップ率とプラスの関係

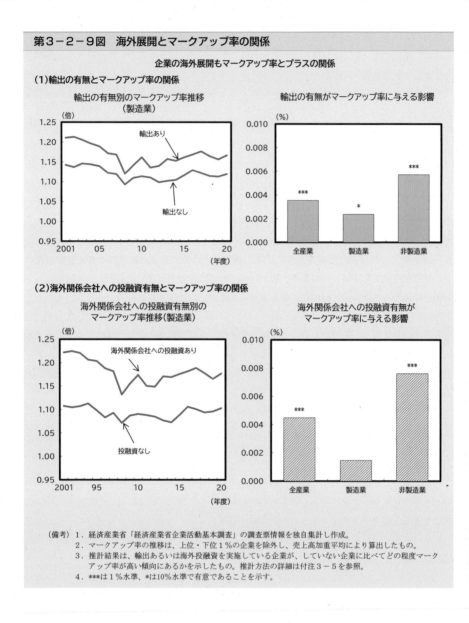

（1）輸出の有無とマークアップ率の関係

輸出の有無別のマークアップ率推移
（製造業）

輸出の有無がマークアップ率に与える影響

（2）海外関係会社への投融資有無とマークアップ率の関係

海外関係会社への投融資有無別の
マークアップ率推移（製造業）

海外関係会社への投融資有無が
マークアップ率に与える影響

（備考）　1．経済産業省「経済産業省企業活動基本調査」の調査票情報を独自集計し作成。
　　　　　2．マークアップ率の推移は、上位・下位1％の企業を除外し、売上高加重平均により算出したもの。
　　　　　3．推計結果は、輸出あるいは海外投融資を実施している企業が、していない企業に比べてどの程度マーク
　　　　　　アップ率が高い傾向にあるかを示したもの。推計方法の詳細は付注3−5を参照。
　　　　　4．***は1％水準、*は10％水準で有意であることを示す。

● 企業の前向きな設備投資の拡大には、一定程度のマークアップ率の確保が重要

　ここまで、無形資産への投資や輸出の有無などがマークアップ率にどの程度影響を与えるか
をみてきたが、以下ではマークアップ率が企業の設備投資や賃金などに与える影響について考

察する。

　マークアップ率と設備投資については、Diez et al.（2018）が米国企業についての分析結果として、資本ストックに対する設備投資の比率（以下、「I／K比率」）がマークアップ率に対して逆U字（上に凸）の関係にあることを示している。すなわち、マークアップ率が一定程度の水準に達するまでは、マークアップ率の上昇とともにI／K比率も上昇するが、マークアップ率が一定以上になると、逆にI／K比率は低下する。この関係性は、第一に、I／K比率を高めるためには一定程度のマークアップ率の確保が前提であること、第二に、マークアップ率が一定の水準を超えて他社との競争上の優位性が高まりすぎると、追加投資から得られるレントが低下して設備投資へのインセンティブが失われることを示唆している。後者の点からは、市場における適切な競争性の確保もまた重要であることがうかがえる。

　本稿では、Diez et al.（2018）の分析手法を参考に、我が国企業のマークアップ率とI／K比率の関係について推計を行った[46]。結果をみると、我が国企業についても、I／K比率はマークアップ率に対して上に凸の関係性であることが確認できる（第3−2−10図）。全産業ベースの平均でみると、マークアップ率が1.5倍程度となるまではマークアップ率の上昇とともにI／K比率も上昇し、マークアップ率がそれ以上に上昇した場合、I／K比率は横ばいに近いながらも緩やかに低下している[47]。

　ここで我が国企業のマークアップ率の分布を改めて整理すると、先述したとおり、我が国企業のマークアップ率は1.0倍の近傍に集中しており、1.5倍以上のマークアップ率を有する企業は全体の4％にも満たない[48]。このため、本推計結果は、我が国企業にはマークアップ率の向上とともに設備投資が拡大する余地が十分に残されていることを示唆している。

　第1章や内閣府（2023）でも指摘しているように、キャッシュフローに比した設備投資の比率が10年以上過去最低の水準で推移するなど、我が国企業の投資姿勢は長きにわたって慎重であり続けてきた。その背景には、物価上昇率が低い状況が続く下での実質金利の高止まりや、低成長の下で十分に収益性の見込める投資機会を見出せなかったこと等、様々な要因が考えられるが、今回の推計結果は、企業が価格設定力を失い、マークアップ率が上昇することなく低位で安定してきたこともその一つであることを示唆している。設備投資の拡大という観点からも、適切な価格転嫁をはじめとしたマークアップ率の確保とその向上に向けた取組が重要である。

第3章

注　(46) 推計式など詳細は付注3−6を参照。
　　(47) Diez et al.（2018）による米国企業の分析結果と比べると、設備投資比率とマークアップ率との逆U字の関係性がそれほど明確ではないが、これは我が国には米国のように極端にマークアップ率の高い企業が存在しないこと等に起因するものと考えられる。
　　(48) 米国企業では、De Loecker et al.（2020）の推計結果によれば、75パーセンタイル値のマークアップ率が1.5を上回っている。こうした結果と比較すると、我が国では高いマークアップ率を有する企業が少ないことが明らかである。

第３－２－10図　設備投資比率とマークアップ率の関係

企業の前向きな設備投資の拡大には、一定程度のマークアップ率の確保が重要

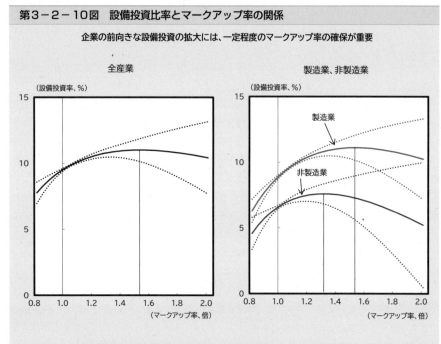

（備考）1．経済産業省「経済産業省企業活動基本調査」の調査票情報を独自集計し作成。
　　　　2．設備投資率は、当該期の実質設備投資を前期末の実質資本ストックで割ったもの。
　　　　3．図中の破線は95％信頼区間を表す。
　　　　4．図中の縦の実線は、設備投資比率が最も高い水準となるマークアップ率を表す。
　　　　5．推計方法は付注３－６を参照。

●**マークアップ率の上昇は生産性対比でみた賃金水準とプラスの関係**

　最後に、賃金とマークアップ率の関係をみてみよう。我が国経済にとって長年にわたって解決すべき課題であり続けているデフレ脱却を確実なものとし、物価と賃金の持続的で安定的な上昇を目指していくためには、マークアップ率の確保と賃金上昇が密接に結びつくことが重要である。

　両者の関係性については、青木ほか（2023）が個別企業の財務ビッグデータを活用した分析を行っており、賃金に対する労働の限界生産物収入の比率である「賃金マークダウン」が製品価格のマークアップ率と水準・変化双方で負の相関関係にあることを示している。すなわち、製品市場において価格支配力が弱くマークアップ率が低い企業ほど、生産性対比でみた賃金を抑制する傾向がある。Mertens（2022）は、こうした関係性について、マークアップ率が高い企業では得られた利潤を従業員とシェアする特徴があるというレント・シェアリングの理論と整合的であることを指摘しているが、そうした特徴は我が国企業にも当てはまる可能性があ

る。

　本稿でも、こうした先行研究を参考に、マークアップ率と生産性対比での賃金との関係性について推計を行った[49]。我が国企業の生産性対比でみた賃金の水準をマークアップ率の五分位階級別にみると、マークアップ分位が上位にいくほど賃金が高くなっており、先行研究による分析結果とも整合的な結果となっている[50]（**第3－2－11図（1）**）。第Ⅰ分位の企業では生産性対比の賃金が他の分位に比べて特に低いが、これは価格設定力の低さを賃金抑制によってカバーして収益性を確保していることを意味している。

　また、企業規模等をコントロールした上で、マークアップ率の上昇と生産性比での賃金水準との関係性についても分析を行った。その結果、業種にかかわらず、マークアップ率の上昇は生産性比での賃金水準に対してプラスの関係を有していることが確認できる（**第3－2－11図（2）**）。

　こうした結果を踏まえると、政府が目標とするデフレ脱却と「賃金と物価の好循環」を実現する上では、マークアップ率の向上が重要であることがうかがえる。このため、政府としては、企業が原材料価格等のコストや賃金の上昇に対する適切な価格転嫁を行うことができるような環境整備等に万全を尽くすとともに、製品の差別化や生産効率の向上を通じた付加価値又は生産性の向上を促進すべく、無形資産への投資や輸出の拡大等を後押ししていくことが重要であると考えられる。

注　(49) 推計式など詳細は付注3－7を参照。
　　(50) 青木ほか（2023）では「賃金マークダウン」として賃金に対する労働の限界生産物収入の比をとっている（値が高いほど生産性対比でみた賃金が抑制されていることを意味する）が、本稿では賃金水準が生産性対比でどの程度かに焦点を当てるため、その逆数をとっている。

第3-2-11図　生産性対比でみた賃金とマークアップ率の関係

マークアップ率の上昇は生産性対比でみた賃金水準とプラスの関係

(1)生産性対比でみた賃金の水準(マークアップ率五分位階級別)

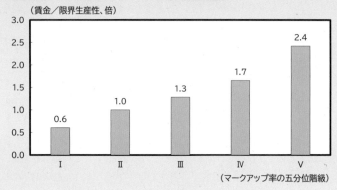

(2)マークアップ率の1%上昇が、生産性対比でみた賃金水準に与える影響

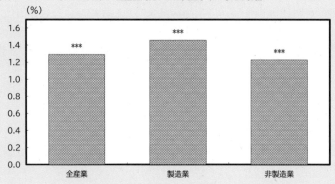

(備考)　1．経済産業省「経済産業省企業活動基本調査」の調査票情報を独自集計し作成。
　　　　2．マークアップ率の五分位階級は、産業ごとに作成。
　　　　3．賃金対生産性比は、上昇すれば生産性に対する賃金の上昇を表し、低下すればその逆を指す。
　　　　4．(1)の賃金対生産性比は、ともに上位・下位1％を除いた平均値(期間は2001年度〜20年度)。
　　　　　 全産業ベース。
　　　　5．(2)の***は1％水準で有意であることを示す。
　　　　6．賃金対生産性比や(2)の推計方法の詳細などは付注3-7を参照。

第3節　中小企業の輸出拡大に向けた課題

　我が国では、地域の中小企業[51]の活力を引き出すため、外需の取り込みが課題となっている[52]。我が国の中小企業が雇用面で果たす役割の大きさを考慮すると、中小企業の輸出拡大による付加価値向上は大きな政策課題である。本節では、こうした問題意識から、輸出開始が中小企業のパフォーマンスに及ぼす効果と輸出を開始・継続していく上での課題を整理する。

1 中小企業の現状と輸出開始により期待される効果

　本項では、我が国の企業活動全体に占める中小企業の割合を確認する。また、中小企業の輸出開始が業績や雇用面に与える効果について考察する。

●中小企業が従業者数に占める割合は6割を超えるが、付加価値に占める割合は5割未満

　まず、雇用・生産・投資など多面的な角度から、我が国の企業活動全体に占める中小企業の割合を確認する。事業所数ベースでは85%と多くを占めるほか、従業者ベースでみると6割を超えており、中小企業の事業の動向は、我が国の大半の雇用者の生活に直結するものとなっている（第3−3−1図）。他方、付加価値額ベースでみると、中小企業が我が国の企業活動全体に占めるシェアは5割程度にとどまる。一般に、中小企業は、大企業と比較して人材・資金・情報といった経営資源が乏しいほか、規模の経済性も働かせにくいことから生産性が上がりにくいことがこの背景にあると考えられる。また、ソフトウェアや研究開発、有形設備といった投資活動についてみると、中小企業の割合は1〜4割に低下する。これらを踏まえれば、労働生産性（一人当たり付加価値額）や資本装備率（一人当たり資本ストック）において、大企業と中小企業の間で差が生じている。

　中小企業が雇用面で果たす役割の大きさを踏まえれば、中小企業の生み出す付加価値額を向上させ、労働生産性を改善させることは、影響を受ける人数ベースでみた賃上げの観点からも重要である。

注　(51)　中小企業・小規模企業者のことを指す。中小企業者は、製造業・建設業・運輸業その他については資本金
　　　3億円以下・従業員数300人以下、卸売業については資本金1億円以下・従業員数100人以下、サービス業につい
　　　ては資本金5千万円以下・従業員数100人以下、小売業については資本金5千万円以下・従業員50人以下のこと
　　　を指す。小規模企業者は、製造業・建設業・運輸業その他については20人以下、卸売業・サービス業・小売業に
　　　ついては従業員5人以下。ただし、これは中小企業基本法（昭和38年法律第154号）上の定義であって、中小企
　　　業政策における基本的な政策対象の範囲を定めた「原則」であるため、法律や制度によって「中小企業」として
　　　扱われている範囲が異なることがある点に留意。また、本節においては、上記の原則になるべく準拠しつつ、利
　　　用する統計によって基準を変えて、中小企業・小規模事業者と便宜上呼称するが、詳しい定義は各図表の備考を
　　　参照されたい。
　　(52)　「経済財政運営と改革の基本方針2023」（2023年6月16日閣議決定）でも、外需獲得を含めた中小企業の活
　　　性化は取り組むべき課題の一つに挙げられている。

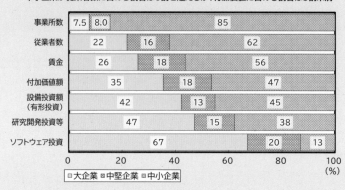

第3－3－1図　企業活動全体に占める中小企業の割合

中小企業が従業者数に占める割合は6割を超えるが、付加価値に占める割合は5割未満

	大企業	中堅企業	中小企業
事業所数	7.5	8.0	85
従業者数	22	16	62
賃金	26	18	56
付加価値額	35	18	47
設備投資額（有形投資）	42	13	45
研究開発投資等	47	15	38
ソフトウェア投資	67	20	13

（備考）1．財務省「法人企業統計年報」、総務省・経済産業省「経済センサス-活動調査」により
　　　　　作成。
　　　　2．大企業、中堅企業、中小企業はそれぞれ、資本金10億円以上、1億円以上10億円未満、
　　　　　1億円未満。
　　　　3．事業所数および従業者数は、「令和3年経済センサス-活動調査」（企業等に関する集
　　　　　計）、それ以外は、「法人企業統計（2021年報）」により作成。

●製造業では、大中堅企業と中小企業の労働生産性や一人当たり賃金の水準差が大きい

　続いて、製造業・非製造業別に、中小企業の労働生産性（従業員一人当たりの付加価値額、名目）と一人当たり従業員賃金（名目）の水準や動向を大中堅企業と比較する。まず、労働生産性についてみると、製造業・非製造業ともに、大中堅企業対比で中小企業は低い傾向にあるが、規模間の差は特に製造業で顕著である（**第3－3－2図（1）①**）。次に、2017－2019年度平均から2021年度にかけて[53]の変化をみると、いまだ国内ではまん延防止等重点措置が講じられていたこと等から、非製造業で下落が顕著である（**第3－3－2図（1）②**）。ここで、大中堅企業と中小企業の変化率の差に注目すると、非製造業では大中堅企業でマイナス4.8％、中小企業でマイナス4.2％といずれの企業規模も大きな低下となっているが、製造業では大中堅企業でプラス8.6％と大きく改善している一方で、中小企業ではマイナス1.2％となっており、水準の差と同様に規模間の差は製造業で大きい。また、労働生産性の変化を従業員数の寄与と付加価値の寄与に分解してみると、製造業の大企業では従業員数・付加価値がおおむね横ばいであるのに対し、中小企業では従業員数が減少する中で、それ以上に付加価値の下落寄与が大きくなったことから労働生産性が低下しており、企業規模間の違いが非製造業と比べて顕著である。

注　（53）法人企業統計の年報ベースにおける最新年。

　次に、一人当たり従業員賃金でも同様の比較をしてみよう。まず、実額をみると、非製造業では、中小企業の水準は大中堅企業の7割弱程度であるが、製造業では、中小企業の水準は大中堅企業の約半分にとどまっている（**第3－3－2図（2）①**）。このように、労働生産性の水準差を反映して、賃金水準についても、規模間の差は製造業で特に大きくなっている。2017－2019年度平均から2021年度にかけての変化率をみると、非製造業では、大中堅企業では従業員賃金寄与が押し上げた（企業が従業員に支払う賃金総額が増加した）一方で、従業員数寄与が下押し（企業が雇う従業員総数が増加）したことから、一人当たり従業員賃金の水準はおおむね横ばいであったが、中小企業では従業員数寄与が押し上げた（企業が雇う従業員総数が減少した）ことから、一人当たり従業員賃金は感染症拡大前の水準から2.6％上昇している（**第3－3－2図（2）②**）。この間、製造業では、一人当たり従業員賃金が、大中堅企業ではプラス2.1％、中小企業では2.6％と大きな差はないが、寄与度分解をみると、大中堅企業では従業員賃金が増えて雇用者数が横ばいであることから、一人当たり従業員賃金が改善した一方で、中小企業では、従業員賃金が減少したが、それ以上のペースで従業員数が減少したことから一人当たり従業員賃金が改善しており、その中身は大きく異なっている。

第3－3－2図　企業規模別にみた労働生産性・賃金

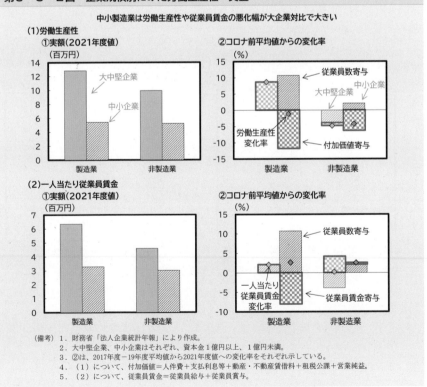

中小製造業は労働生産性や従業員賃金の悪化幅が大企業対比で大きい

（1）労働生産性
①実額（2021年度値）
②コロナ前平均値からの変化率

（2）一人当たり従業員賃金
①実額（2021年度値）
②コロナ前平均値からの変化率

（備考）1．財務省「法人企業統計年報」により作成。
　　　　2．大中堅企業、中小企業はそれぞれ、資本金1億円以上、1億円未満。
　　　　3．②は、2017年度－19年度平均値から2021年度値への変化率をそれぞれ示している。
　　　　4．（1）について、付加価値＝人件費＋支払利息等＋動産・不動産賃借料＋租税公課＋営業純益。
　　　　5．（2）について、従業員賃金＝従業員給与＋従業員賞与。

第3章

●**我が国の中小企業の海外で稼ぐ力は大企業との間に差**

　中小企業の生産性を改善するための手段として、本節では特に製造業において大企業と中小企業の収益性の大きな差の背景と考えられる輸出に焦点を当てる。外需を獲得する手段としては、輸出のほかに事業所の海外展開があり、リーマンショック後の円高進行を契機に我が国製造業の海外生産移管の動きも目立ったが、輸出は相対的にリスクが低く、経営資源を特定の販路に固定化させる必要がないことから、中小企業が外需を獲得するための最初の手段として選択されやすい[54]。

　まず、我が国における規模別の輸出企業割合の推移を確認する。中小企業の輸出企業割合は2011年度では19.7％だったものが、2017年度には21.7％へと上昇したが、2020年度には21.2％と僅かながら低下し、過去10年間を通じた上昇は1.5％ポイントとなっている。この間、大企業の輸出企業割合は、2011年度の25.1％から2020年度には28.3％へと、10年間で3.2％ポイント上昇しており、中小企業の大企業との差は開いている（**第3－3－3図（1）**）。また、輸出企業1社あたりの平均輸出金額をみても、大企業と中小企業では大きな開きがあることから、輸出企業数でみれば中小企業割合は7割を占めているが、輸出金額に占める割合では約7％に過ぎない（**第3－3－3図（2）**）。

第3－3－3図　企業規模別の輸出動向

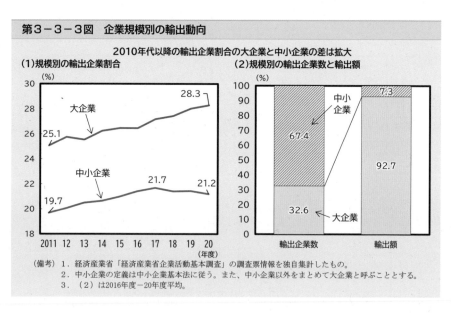

2010年代以降の輸出企業割合の大企業と中小企業の差は拡大

（1）規模別の輸出企業割合　　（2）規模別の輸出企業数と輸出額

（備考）1．経済産業省「経済産業省企業活動基本調査」の調査票情報を独自集計したもの。
　　　　2．中小企業の定義は中小企業基本法に従う。また、中小企業以外をまとめて大企業と呼ぶこととする。
　　　　3．（2）は2016年度－20年度平均。

　次に、我が国製造業の輸出企業割合が、規模によってどの程度違うのか、諸外国と比較す

注　（54）Gkypali et al.（2021）を参照。

る。2020年における企業規模別の輸出企業割合をみると、いずれの国においても、企業規模が大きくなるほど輸出企業割合が高まる傾向にあるが、我が国製造業はどの企業規模でも輸出企業の割合が低い（**第3－3－4図（1）**）。ただし、輸出割合は国の規模に依存する面もあることから、企業規模間の差に着目する方が適切である。我が国については[55]、「経済産業省企業活動基本調査」の対象である従業員規模50人以上の企業の輸出企業割合のみ把握できるため、「従業員数250人以上」と「従業員数50～249人」の二つのグループ間の輸出企業割合を国際比較する。その結果、2020年のデータが取得可能なOECD加盟国の両者の差が平均で10.9%ポイントであるところ、我が国では25.2%と、比較的規模が大きい企業と、小さい企業の間の輸出企業割合の差が大きい（**第3－3－4図（2）**）[56]。

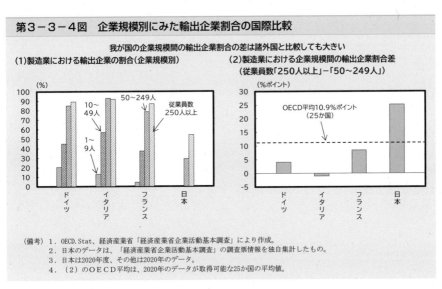

第3－3－4図　企業規模別にみた輸出企業割合の国際比較

我が国の企業規模間の輸出企業割合の差は諸外国と比較しても大きい

（1）製造業における輸出企業の割合（企業規模別）

（2）製造業における企業規模間の輸出企業割合差
（従業員数「250人以上」－「50～249人」）

（備考）1．OECD.Stat、経済産業省「経済産業省企業活動基本調査」により作成。
　　　　2．日本のデータは、「経済産業省企業活動基本調査」の調査票情報を独自集計したもの。
　　　　3．日本は2020年度、その他は2020年のデータ。
　　　　4．（2）のOECD平均は、2020年のデータが取得可能な25か国の平均値。

このように、我が国における2010年代以降の輸出企業割合の推移をみると、大企業と中小企業の差は拡大傾向にある。また、我が国の中小企業の海外で稼ぐ力には大企業との間で差が生じているが、その程度は諸外国と比較しても小さくない。

● **自由貿易協定の進展で、輸出環境の整備が進むが、中小企業の利用割合は相対的に低い**

　近年の自由貿易協定の大幅な進展は、我が国企業が輸出を開始するにあたり、企業規模を問わず追い風になると考えられる。政府は、シンガポールとのEPA発効（2002年）を皮切りに、アジア圏を中心にEPA締結を進めてきたが、2011年末時点では、我が国が自由貿易協定を結

注　（55）諸外国のデータはOECDによるデータベースを用いているが、我が国のデータは未収録である。
　　（56）中小企業庁（2012）でも同様の傾向が指摘されている。

ぶ国（ASEAN及びインドほか3か国）への輸出金額が輸出金額全体に占める割合は2割程度であった（**第3−3−5図（1）**）。しかし、2018年のCPTPP発効、2019年の日EU・EPA発効、2020年の日米貿易協定発効、さらには、中国や韓国など15か国が参加する「地域的な包括的経済連携（RCEP）協定」の2022年1月の発効により、同割合は8割程度に達している。

　こうした関税撤廃や通関手続の簡素化の流れにより、幅広い輸出企業にとってメリットが生じていると考えられるが、2022年度に実施された調査では、日本の発効済自由貿易協定の輸出における利用率を企業規模別にみると、大企業の73.8%に対し中小企業では57.5%にとどまっている。他方、利用に関心があると回答した企業は中小企業の19.1%を占め、相対的には伸びしろがあると考えられる（**第3−3−5図（2）**）。

第3-3-5図　自由貿易協定等の進展

自由貿易協定等締結国への輸出割合は約8割まで進展するも、中小企業の利用割合は相対的に低い

（1）我が国のEPA等発効状況と輸出に占める締結先の割合

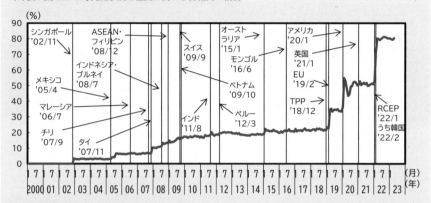

（2）日本の発効済みFTAの利用率

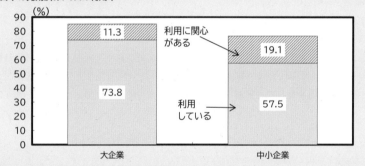

（備考）1．財務省「貿易統計」、日本貿易振興機構「2022年度輸出に関するFTAアンケート調査」により作成。
　　　　2．（1）は輸出全体に占める経済連携協定締結地域の金額割合の推移。締結月の翌月から計上。
　　　　3．（2）は2023年2月7日～2月27日調査。回答者数は大企業443社、中小企業1,030社。分子はFTA等相手国・地域（調査時点ではFTA等が発行済みのタイ、マレーシア、インドネシア、フィリピン、ベトナム、ブルネイ、シンガポール、カンボジア、ラオス、ミャンマー、インド、中国、韓国、オーストラリア、ニュージーランド、スイス、EU、英国、メキシコ、チリ、ペルー、カナダ、米国）のいずれか一つ以上に輸出を行っている社数。利用率を計算する際の分母には、一般関税が無税またはFTA以外の関税減免措置を利用している企業も含まれる。

●中小企業では輸出開始による生産性改善効果の発現が遅れる傾向

　では、輸出の開始は中小製造業のパフォーマンスにどのような影響を及ぼすのであろうか。海外への販路拡大による売上げ増加が、輸出開始による直感的な効果として予想される。しかし、輸出開始によって、単に企業の売上が伸びるにとどまらず、生産性が高まる「学習効果

225

(learning-by-export)」の存在も指摘されており、国内外のいくつかの先行研究で実証されている[57]。そのメカニズムとして、国内外の分業体制の強化[58]や、海外取引先の進んだ技術の受容[59]、海外顧客からのフィードバックを背景とした製品開発の進展[60]など様々な経路が指摘されている[61]。他方で、輸出開始による学習効果について、企業規模に応じて多様である可能性を実証した先行研究も存在し、中小企業では大企業と異なり輸出企業において有意な生産性改善効果が確認できないという指摘[62]や、学習効果が輸出開始後の比較的早いタイミングで発現する大規模事業者と異なり、小規模事業者では生産性は徐々に改善するという時間的ラグを指摘する先行研究も存在する[63]。

　そこで、輸出開始による売上げ・生産性への効果について、企業規模別の違いやその発現のタイミングにも注目しつつ、「経済産業省企業活動基本調査」の調査票情報を用いて考察する。具体的には、同調査を用いて、企業規模別に、輸出が売上げ・全要素生産性（TFP）に与える効果を分析する。ここでは、従業員数・負債比率・業種などの企業属性を用いて、輸出を開始する確率がおおむね等しいとみなせる輸出開始企業と非輸出開始企業の間の、売上げ・TFPの変化の差について、短期（1～2年目）と中期（5～6年目）の違いに注目して推計した[64]。結果をみると、売上高については、大企業・中小企業ともに輸出開始1～2年目から非輸出開始企業対比で統計的に有意に改善する傾向がある[65]（第3－3－6図（1）①、（2）①）。他方、TFPについては、大企業では1～2年目には、統計的に有意に改善する傾向があるが、中小企業では、1～2年目には統計的に有意な改善が確認されず、有意な差が出るのは輸出開始から5～6年目となっている（第3－3－6図（1）②、（2）②）。また、5～6年目の中小企業におけるTFPの押上げ幅に着目すると、大企業における押上げ幅とおおむね同程度になっている。

注　(57) 例えば、我が国企業を対象に輸出による学習効果を実証した研究としては、内閣府（2019）のほか伊藤（2011）などがある。ドイツのWagner（2002）、スロベニアのDe Locker（2007）、英国のCrespi et al.（2008）など、輸出開始による学習効果の存在は、諸外国の企業を対象にした研究でも幅広く実証されている。
　　　(58) 内閣府（2019）を参照。
　　　(59) Grossman and Helpman（1991）を参照。
　　　(60) Salmon（2006）を参照。
　　　(61) 企業の生産性と輸出の有無の間には双方向の因果関係があると考えられ、逆に生産性の高い企業ほど輸出を開始するメカニズムのことを、自己選択仮説（self-selection hypothesis）と呼ぶ。こうした因果関係があることから、輸出開始による学習効果を推計する上では、時系列方向の変化と輸出開始のタイミングを考慮した推計を実施する必要がある。
　　　(62) Yashiro and Hirano（2009）を参照。
　　　(63) 栗田（2014）を参照。
　　　(64) こうした手法を、傾向スコアマッチングによる差の差分析（Difference in Difference、ＤＩＤ）と呼ぶ。推計の詳細は付注3－8を参照。
　　　(65) 大企業では、5～6年目の売上では統計的に有意な差は認められない。この背景として、やや長い目では、大企業の輸出開始企業と非輸出企業の売上げ動向は、輸出開始企業における販路拡大以外の要因（事業が多角化しているケースでは輸出を開始した事業以外における売上の変動が大きい等）の影響を強く受けていた可能性が示唆される。

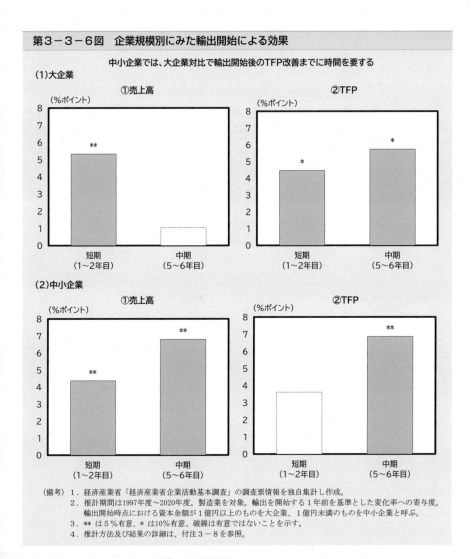

第3−3−6図　企業規模別にみた輸出開始による効果

中小企業では、大企業対比で輸出開始後のTFP改善までに時間を要する

（備考）1．経済産業省「経済産業省企業活動基本調査」の調査票情報を独自集計し作成。
　　　　2．推計期間は1997年度〜2020年度。製造業を対象。輸出を開始する1年前を基準とした変化率への寄与度。輸出開始時点における資本金額が1億円以上のものを大企業、1億円未満のものを中小企業と呼ぶ。
　　　　3．＊＊は5％有意、＊は10％有意、破線は有意ではないことを示す。
　　　　4．推計方法及び結果の詳細は、付注3−8を参照。

　このように、輸出開始に伴う売上げ改善は比較的早期に発現する傾向にあるが、生産性の改善に結び付くタイミングをみると企業規模間で差がある。すなわち、大企業では、比較的早期に生産性の改善が確認されるが、中小企業ではその効果の発現が遅れる傾向にある。

　輸出を開始するには、海外市場に対応したマーケティング戦略や人材、製品の微調整が必要であることから、追加的なコストが発生する。このことが、輸出の開始による生産性への効果が企業間で一様ではない理由であり、輸出先を豊富に確保できる企業ほどこうした費用の発生

を上回る収益を上げ、生産性が改善するとの指摘がされている[66]。また、事前に研究開発を実施している企業ほど、輸出による生産性の改善効果が大きくなるとの指摘もある[67]。こうした点を踏まえれば、中小企業では、人員・資金等の経営資源の制約から、輸出開始初期に市場を拡大させにくいことや[68]、事前の研究開発が小規模にとどまっていることが、生産性の改善までに時間を要する原因になっている可能性がある。いずれにせよ、こうした傾向を踏まえれば、中小企業の輸出開始〜中期における金融機関や公的な支援機関のサポートが重要であると言えよう。

２ 中小企業が輸出を開始・継続する上での課題

　本項では、内閣府が企業を対象に実施したアンケート調査[69]（以下、「アンケート調査」という）の回答結果等を用いて、我が国の中小企業が輸出を開始・継続していく上での課題を整理する。

●消費財の輸出希望が高まっており、越境ECを通じた販路拡大も重要
　まず、アンケート調査を用いて、企業側からみて、どのような商材に対する輸出希望があるのか確認してみよう。調査時点（2023年3月）において、輸出に関心がある企業が輸出したい商材をみると、消費財の割合は部品とともに高い（**第3-3-7図**）。また、輸出経験のある企業が最初に輸出した商材の割合の推移をみると、素原材料・部品・資本財といった、主として事業者向けの商材の割合が徐々に低下している一方で、消費財の割合は近年高まり、2013年以降は最も割合が高くなっている。以上から、消費財を輸出したい企業の割合が高く、実績の推移からみるとその希望は自然な流れであることが分かる。

注　(66) Wagner（2012）を参照。
(67) Ito and Lechevalier（2010）を参照。
(68) Yashiro and Hirano（2009）はこの観点から、日本における企業規模間の生産性改善効果の差を説明している。
(69) 「企業の輸出動向に関する調査」（調査機関：2023年3月17日〜31日、調査対象：10,000社、回収率：31.2%、調査実施機関：帝国データバンク）。業種は製造業。回答企業のうち中小企業（資本金3億円以下または従業員数300人以下）が98.4%を占めている。

第3-3-7図　企業が輸出したい商材の推移

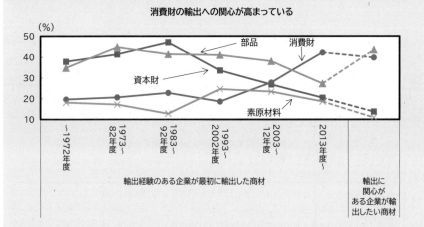

消費財の輸出への関心が高まっている

部品　　消費財

資本財

素原材料

～1972年度

1973～82年度

1983～92年度

1993～2002年度

2003～12年度

2013年度～

輸出経験のある企業が最初に輸出した商材

輸出に関心がある企業が輸出したい商材

(備考) 1．内閣府「企業の輸出動向に関する調査」により作成。
　　　　2．「貴社がはじめて実施した／したいと考えている輸出の類型」を尋ねる設問（複数回答可）への回答を集計。
　　　　3．回答企業数は、輸出経験がある企業のうち、輸出開始年度が～1972年度であるのが66社、1973年度～82年度が58社、1983年度～92年度が70社、1993年度～2002年度が134社、2003年度～12年度が205社、2013年度～が220社。輸出に関心がある企業は430社。

　こうした中で、海外に事業所を設けずに輸出を行う手段の一つとして、近年はEC（電子商取引）の活用気運が高まっている。独立行政法人日本貿易振興機構（JETRO）が実施したアンケート調査によると、大企業では利用したことがある企業、利用を拡大する意向のある企業ともに、コロナ禍の2021年度を除けば2016年度以降はおおむね横ばい圏内で推移している一方で、中小企業では直近の2022年度調査で低下がみられるもののも2016年度からの推移でみれば増加傾向にある（**第3-3-8図（1）**）。また、同調査では海外販売へのECの利用状況についても調査している。海外販売を行っていると回答した企業の割合は、2022年度には一服感が生じているが、2016年度以降の傾向としては、大企業・中小企業ともに増加を続けている。販売方法別にみると、経営資源が豊富な大企業では海外拠点での販売の割合が高くなっているが、中小企業では越境ECの割合が高い傾向がある（**第3-3-8図（2）**）。

　越境ECは、輸出を行う初期コストを抑えられることから、中小企業にとって活用するメリットは大きいと考えられるが、BtoB取引の場合に現地の需要者との直接的な商品規格のすり合わせや価格交渉を行うことが困難になるというデメリットも存在する。この点を踏まえると、中間財と比較して、商材規格や定価を決めて生産しやすい最終消費財の輸出をするにあたり、越境ECは中小企業にとって有力な選択肢と考えられる。今回実施したアンケート調査においても、輸出商材別に越境EC実施率をみると消費財で最も高くなっている（**第3-3-9図**）。

　越境ECの実施率を販売経路別にみると[70]、国内自社サイト経由が目立っており、ECモールの利用は限定的になっている（**第3－3－10図**）。特に、各国での主要なECモールでの販売は、手数料や現地のプラットフォーマーとの契約等のハードルはあるものの、現地の需要を幅広く取り込むことが可能な方法と言え、今後引き上げの余地がある。

　政府は、JETROによる海外ECサイトを活用した販路開拓支援を通じて新規輸出を後押しする方針としており、こうした取組がSNSの発達によるプロモーション費用の低下と相まって、中小企業の輸出促進につながることが期待される[71]。

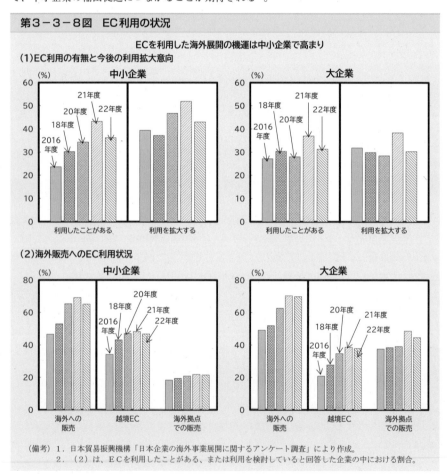

第3－3－8図　EC利用の状況

ECを利用した海外展開の機運は中小企業で高まり

(1)EC利用の有無と今後の利用拡大意向

(2)海外販売へのEC利用状況

（備考）　1．日本貿易振興機構「日本企業の海外事業展開に関するアンケート調査」により作成。
　　　　　2．（2）は、ECを利用したことがある、または利用を検討していると回答した企業の中における割合。

注　(70)　販売経路計の越境EC実施率は22.3％と、前掲第3－3－8図（JETRO調査）の中小企業の水準（2022年度で46.7％）と比較すると低くなっているが、JETRO調査は全業種を対象としているのに対し、今回内閣府で実施したアンケート調査では製造業を対象に実施しているという違いに起因するものと考えられる。
　　(71)　「新規輸出1万者支援プログラム」（2022年12月16日開始）を参照。

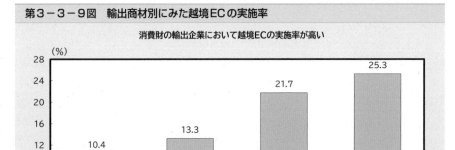

第3－3－9図　輸出商材別にみた越境ECの実施率

消費財の輸出企業において越境ECの実施率が高い

(%)

素材原料	部品	資本財	消費財
10.4	13.3	21.7	25.3

(備考) 1.　内閣府「企業の輸出動向に関する調査」により作成。
2.　「貴社が実施している／していた越境ＥＣ（国際的な電子商取引）の類型」を尋ねる設問（複数回答可）で、
いずれか1つ以上の類型を選択した企業の割合。
3.　輸出実施中の企業のうち、1種類の商材のみを輸出している企業。回答企業数は287社。

第3章

第3－3－10図　販売経路別にみた越境ECの実施率

国内自社サイト経由が多く、ECモールの利用は限定的

(%)

販売経路計	国内自社サイト	国内ECモール	現地自社サイト	現地ECモール	その他
22.3	13.5	4.7	3.4	3.1	2.2

販売経路別

(備考) 1.　内閣府「企業の輸出動向に関する調査」により作成。
2.　「貴社が実施している／していた越境ＥＣ（国際的な電子商取引）の類型」を尋ねる設問（複数回答可）への
回答を集計。
3.　輸出実施中の企業。回答企業数は676社。

231

●グローバル人材や現地の法規制・商習慣等に関するノウハウの不足が課題

　次に、企業自身がどのようなことを輸出開始にあたっての課題として認識しているのか確認してみよう。輸出開始にかかる課題についての回答割合をみると、輸出をしていないが輸出に関心がある企業が認識する課題としては、「人材の確保」を挙げる先が最も多くなっている（第3-3-11図（1））。また、輸出を既に開始している企業が輸出開始にかかる課題として認識している回答割合と比較しても「人材の確保」において両者のかい離が大きくなっており、人材不足が輸出開始の大きなボトルネックになっている可能性がある。そこで、この質問項目が複数回答であるという特性を活かして、「人材の確保」を課題として挙げた企業（人材非確保企業）と、課題として挙げていない企業（人材確保企業）に分けて、人材確保以外に課題として挙げた項目を比較することで、人材非確保企業が具体的にどのような人材を求めているのかについて考察を深める（第3-3-11図（2））。結果をみると、人材非確保先と人材確保先の差は、「現地の法規制・商習慣の把握」や「貿易実務への対応」といった回答項目で大きくなっており、こうした分野での知見を蓄積した、いわゆるグローバル専門人材の不足感が高い可能性が示唆される。

　政府は、中小機構やJETROを通じて、個別企業に対して海外展開に向けた経営計画の立案や具体的な準備事項の抽出をサポートする専門家の支援体制を整備する方針としており、こうした取組が、企業の人材・ノウハウ面のボトルネックを解消することが期待されている[72]。また、輸出を行う事業会社が利用できる外部サービスの選択肢を充実させる観点からは、こうした専門的な事務を請け負うフリーランスの育成も有効であろう[73]。

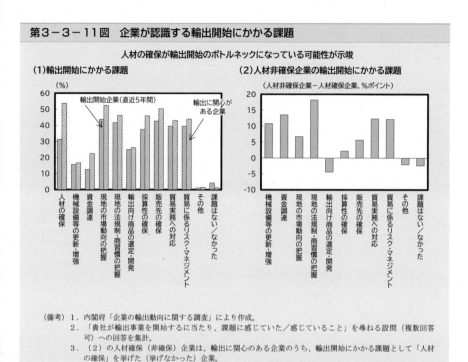

第3－3－11図　企業が認識する輸出開始にかかる課題

人材の確保が輸出開始のボトルネックになっている可能性が示唆

(1)輸出開始にかかる課題

(2)人材非確保企業の輸出開始にかかる課題

(備考) 1．内閣府「企業の輸出動向に関する調査」により作成。
　　　　2．「貴社が輸出事業を開始するに当たり、課題に感じていた／感じていること」を尋ねる設問（複数回答可）への回答を集計。
　　　　3．(2) の人材確保（非確保）企業は、輸出に関心のある企業のうち、輸出開始にかかる課題として「人材の確保」を挙げた（挙げなかった）企業。
　　　　4．(1) の回答企業数は、輸出開始企業（直近5年間）が96社、輸出に関心がある企業が439社。
　　　　5．(2) の回答企業数は、人材確保企業が203社、人材非確保企業が236社。

　また、経営者の海外経験（留学・修学経験）の有無と輸出経験の有無の関係をみても、海外経験がある場合には輸出経験のある企業の割合が高くなる傾向が確認される（**第3－3－12図**）。すなわち、経営レベルでみても、グローバル人材の不足が輸出開始にあたってボトルネックになっている可能性も考えられる。やや長い目では、官民による人への投資の強化により、グローバルな知見を有した経営者を育成していくことが重要であるが、M＆Aの支援等により、必要に応じて円滑な事業承継を支援していくことも有効な手段の一つであろう。

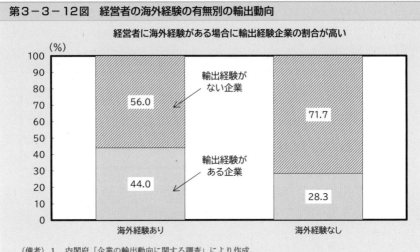

第3－3－12図　経営者の海外経験の有無別の輸出動向

経営者に海外経験がある場合に輸出経験企業の割合が高い

（備考）1．内閣府「企業の輸出動向に関する調査」により作成。
　　　　2．「貴社の経営者の海外留学・修学経験」の有無を尋ねる設問（単一回答）への回答を集計。
　　　　3．回答企業数は、経営者に海外経験がある企業が546社、ない企業が2,519社。

●価格転嫁の適正化を進め、技術開発力・ブランド力を養うことが重要

　さらに、輸出経験の有無別に企業が認識する自社の強みについて確認すると、「ブランド力」や「技術力・開発力」といった回答をする割合が、輸出経験のある企業で相対的に高いことがわかる（第3－3－13図）。他方で、輸出経験のない企業の方が相対的に高くなっている回答項目が「価格競争力」である。

　さらに、自社の強みと輸出実施状況の関係性が統計的に有意に確認できるのかみるために、従業員数、負債比率、業種などの輸出に影響を及ぼしうる他の企業属性をコントロールしたロジスティック回帰を実施する[74]。結果をみると、「ブランド力」や「技術力・開発力」に強みがあると認識する企業は、統計的に有意に輸出実施確率が高いことがわかる（第3－3－14図(1)）。また、経営者の海外経験がある場合にも、統計的に有意に輸出実施確率が上がる。他方で、「価格競争力」は、統計的には有意ではないが輸出実施確率を下げる方向に寄与している。

　こうした「ブランド力」「技術力・開発力」は、企業の成長戦略の結果として養われてきたものであると考えられる。そこで、認識する自社の強みに関する変数に代えて、成長に向けて取り組んでいることを尋ねる設問の回答項目を用いて、同様のロジスティック回帰を実施する。結果をみると、「研究開発（自社によるもの）」、「研究開発（他社・研究機関と連携したもの）」「脱炭素化への対応」の順に、実施企業で統計的に有意に輸出確率が高くなる傾向がある

注　(74)　詳細は付注3－9を参照。

（第3－3－14図（2））。

第3－3－13図　輸出有無別にみた自社の強み

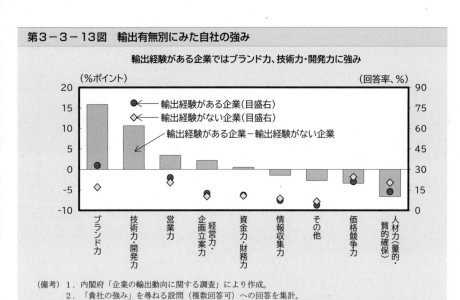

輸出経験がある企業ではブランド力、技術力・開発力に強み

（備考）1．内閣府「企業の輸出動向に関する調査」により作成。
　　　　2．「貴社の強み」を尋ねる設問（複数回答可）への回答を集計。
　　　　3．回答企業数は、輸出経験がある企業が959社、輸出経験がない企業が2,088社。

第3章

第3−3−14図　輸出実施確率に影響を及ぼす要因

研究開発活動を実施している場合に輸出確率が高まる

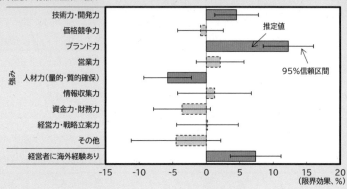

（1）経営者の海外経験の有無と企業の強み

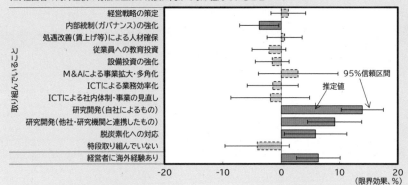

（2）経営者の海外経験の有無と企業が成長に向けて取り組んでいること

（備考）1．内閣府「企業の輸出動向に関する調査」、帝国データバンク「企業財務ファイル（COSMOS1）」「企業概要ファイル（COSMOS2）」により作成。
2．破線は有意ではないことを示す。
3．推計に当たり、「貴社の経営者の海外留学・就業経験」の有無を尋ねる設問（単一回答）や、「貴社の強み」及び「貴社の成長に向けて取り組んでいること」を尋ねる設問（いずれも複数回答可）への回答を集計し、使用している。
4．（1）（2）いずれも、従業員数（対数）、負債比率、業種ダミーでコントロールしている。詳細は付注3−9を参照。

先行研究では、研究開発により企業内部に技術力を集積している企業ほどその後の生産性向上を実現する傾向が報告されているが[75]、企業が輸出を開始するにあたっては、研究開発活動

注　（75）Ito and Lechevalier（2010）を参照。

を通じた製品の高付加価値化が重要であることが分かる[76]。また、脱炭素化への取組を行っている企業ほど輸出を実施している点については、一部の商品・市場ではこうした取組が輸出の参入要件となっているほか、技術開発力が高い企業で同時に脱炭素化への対応も進んでいる傾向が表れている可能性が考えられる。他方で、価格競争力を高めても、それは外需の獲得にはつながりにくい可能性も示唆されている。こうした結果を踏まえれば、中小企業が過度な価格競争圧力にさらされ、イノベーションの誘発が抑制される事態を防止する観点からも、原材料費や労務費の適切な価格転嫁により、サプライチェーン全体での付加価値増大を図ることは重要であると言えよう。

●輸出継続を支援するためには公的機関も大きな役割

　最後に、輸出を継続している企業と撤退した企業別に、支援機関（ここでは、政府系金融機関やJETRO等の公的機関や、商工会等の経済団体のほか、民間の金融機関やコンサルタント業者等を総称して支援機関と呼んでいる）の利用動向を確認する（第3-3-15図）。輸出継続企業も撤退企業も半数以上の企業が輸出継続に係る課題に対応するために何らかの支援機関の利用経験を有するが、内訳をみると公的機関の利用動向において、両者の差が大きくなっており、公的機関の支援策の活用が、中小企業が新たに始める輸出事業を軌道に乗せ、長く継続していく後押しとなっている可能性が示唆される[77]。

　中小企業がこうした支援機関を利用するにあたって認識している課題はどこにあるのだろうか。輸出に関心があるが輸出を行っていない企業に対して、輸出にかかる支援体制の改善点を尋ねると、「どのような支援メニューがあるか分からない」が61.8%、「どこに連絡すればよいか分からない」が30.4%と、支援制度の利用方法自体を把握できていない企業の割合が高いことが分かる（第3-3-16図）。

　日本政策金融公庫の先行研究によれば[78]、産地問屋や輸出商社を頼らずに、中小企業が自ら輸出に取り組むための環境が整い始めているとした上で、その大きな特徴点を、①ECや国際物流網の整備を背景とした販売・物流手段の多様化、②中央官庁、政府系金融機関、地方自治体等による公的支援の拡充、③国内外の専門家・パートナー企業とのマッチング支援や輸送事務の代行業者等といった民間支援業者の増加、の三点にまとめている。加えて、2022年10月に閣議決定された総合経済対策[79]に盛り込まれた「新規輸出1万者プログラム」は、新たに輸

注 (76) Cassiman, Golovko, and Martinez-Ros (2010) は、輸出を開始するためには、研究開発等を通じて輸出競争力がある財等を開発し、十分生産性を高めて輸出市場で効率的に競争できる体力をつけることが鍵と指摘している。
(77) 竹内 (2013) によれば、海外市場の情報（規制、商習慣、市場動向等）はかなりの程度公的な機関を通じて収集できるが、こうした側面的な支援を超えて経営の意思決定に直接かかわる事業計画の策定まで踏み込んだ支援を受ける場合には民間の大手コンサルティング会社に優位性がある。しかしながら、費用が嵩むため、資金に余裕のない中小企業には利用しにくいサービスであると指摘されている。こうした中で、本論文では、新たな動きとして中小企業による中小企業の海外展開支援ビジネスが増加していると指摘されており、今後は、こうした民間事業者の支援の利用割合が高まる可能性もある。
(78) 丹下 (2016) では日本政策金融公庫が2016年6月に実施した取引先である中小企業9,000社に対するアンケート調査の結果も踏まえながら、輸出に取り組む中小企業の現状と課題を整理している。
(79) 「物価高克服・経済再生実現のための総合経済対策」（2022年10月28日閣議決定）

出に挑戦する事業者を掘り起こし、多様な支援機関が連携して、自社のみでは解決が難しい課題に対して包括的かつきめ細かな支援を提供する施策となっている。こうした支援体制の効果を最大化する上では、必要な対応を随時見直していくことに加え、中小企業との接点が多い経済団体等と連携し、こうした制度についての認知向上に努めていくことも重要であろう。

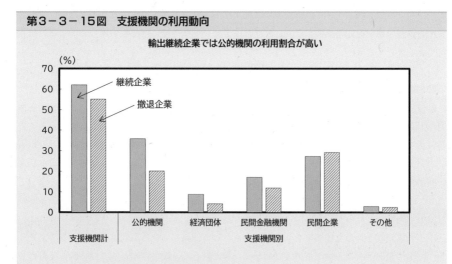

第3－3－15図　支援機関の利用動向

輸出継続企業では公的機関の利用割合が高い

（備考）1．内閣府「企業の輸出動向に関する調査」により作成。
　　　　2．「貴社が輸出事業の継続に係る課題に対応するため、利用（相談等）している／した支援機関」を尋ねる設問（複数回答可）への回答を集計。「公的機関」はJETRO、中小企業基盤整備機構、政府系金融機関、その他政府機関、地方自治体。「経済団体」は商工会、商工会議所、全国中小企業団体中央会など。「民間企業（金融機関以外）」はコンサルタント業などを含む。
　　　　3．回答企業数は、継続企業が696社、撤退企業が243社。

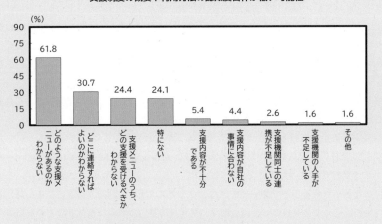

第3－3－16図　支援機関の利用に際して感じている課題

支援制度の概要や利用方法の認知度自体が低い可能性

(備考) 1．内閣府「企業の輸出動向に関する調査」により作成。
　　　　2．「輸出に係る支援体制の改善点」を尋ねる設問（複数回答可）への回答を集計。
　　　　3．輸出に関心がある企業。回答企業数は427社。

第3章

第4節　本章のまとめ

　本章では、我が国経済全体の生産性や収益性向上に向けた課題を、企業レベルで様々な視点から議論した。その結果、研究開発投資や人への投資などの無形資産投資が、企業の価格設定力の向上を通じて収益性を改善し、企業の投資や賃上げ余力を高めることから、経済の好循環の観点からも重要であることが示唆された。加えて、無形資産投資は輸出による外需獲得にもつながり、中小企業の生産性を高める効果も期待できる。今後、官民投資の重点分野において、無形資産投資の促進を一体的に進めて行くことで、企業がマークアップ率を確保し、生産性・収益性向上につながる設備投資の拡大や賃金上昇につながる好循環が実現していくことが期待される。本章の各節の主な内容は以下のとおり。

　第1節では、マクロや業種レベルの生産性の動向を国際比較も含めて確認した。その結果、我が国は、労働生産性の伸びに対する無形資産の寄与が小さく、特に非製造業で労働生産性の伸びが小さい要因となっている。また、無形資産のうち、特に経済的競争能力については蓄積が進んでいない一方、TFPとの正の相関関係が相対的に強いことが明らかとなった。経済的競争能力には、ソフトウェアなど他の無形資産と補完的に機能して、その活用の効率性を高める人的資本や組織構造に加え、企業が生み出す製品の高付加価値化に資するブランドなどが含まれているが、我が国ではいずれも他の先進諸国と比べストック額が小さい。無形資産のうち

研究開発や人的投資には、経済全体への生産性や知識のスピルオーバー効果があると考えられ、正の外部性があることから、政府による企業への支援が重要と考えられる。

　加えて、生産性の上昇には、生産性の高い企業の参入と低い企業の退出を促す環境整備が急がれることを指摘した。我が国の企業の参入退出の状況を確認すると、過去20年にわたり生産性が相対的に高い企業の退出を通じてマクロの生産性が下押しされていること、収益状況が相対的に良好な企業が、後継者の不在なども背景に退出する傾向が、2010年代後半から中小企業を中心に顕著になっていることが明らかになった。このため、スタートアップ促進に加え、事業承継を後押しする仕組みの整備などを進めて行くことが今後の課題と考えられる。

　第2節では、我が国企業のマークアップ率の動向を分析した。マークアップ率の向上は、原材料コストの適正な転嫁と、製品差別化や生産効率の改善などを通じて図ることができる。2000年代以降長い目で見ると、マークアップ率に大きな変化はなく推移している。一方、我が国企業は原材料価格の転嫁に課題が残る中で、生産コストの短期的な増加に対してマークアップ率を低下させることで対応してきた。マークアップ率の動向の背景となる、製品販売市場での価格設定力や生産性には、研究開発、従業員の能力開発やブランドなどの無形資産への投資が重要な役割を果たしている。実際、無形資産投資が活発な企業では、マークアップ率が高い傾向がみられた。また、総じてマークアップ率が低い非製造業では、無形資産投資とマークアップ率のプラスの相関が強く、両者の関係は無形資産の中でも特に研究開発で顕著なことが明らかとなった。

　次に、マークアップ率の上昇と設備投資や賃金との関係を確認した。マークアップ率は一定の水準に達するまでは、設備投資額対資本ストック額の比率と正の相関関係にあり、我が国企業の9割以上で、マークアップ率の上昇に伴う設備投資の拡大余地の可能性が示唆された。賃金との関係についても、マークアップ率の上昇は、生産性対比での賃金水準と正の相関関係にあり、価格設定力が高い企業では、得られた収益を雇用者にも賃上げという形で還元しようとする傾向にあることがうかがえる。

　マークアップ率の向上がデフレ脱却の鍵であることを踏まえれば、我が国企業が無形資産投資を進め、製品の高付加価値化や差別化を図っていくことがマークアップ率の上昇につながり、こうした上昇がさらに、設備投資対ストック比率の改善や賃金上昇に結び付くような好循環を実現していくことが期待される。

　最後に、企業の輸出開始と生産性やマークアップの関係についても、第2節及び第3節で議論した。まず第2節では、企業規模を問わず、輸出の有無とマークアップ率の関係を分析した結果、輸出の開始とマークアップ率の間には、製造業・非製造業を問わず正の関係がみられる。長く続いてきたデフレ下で、価格の据置き行動が根付いていた国内市場に比べ、輸出財については高付加価値化などを通じてマークアップの確保がしやすかった可能性が考えられる。

　第3節では、輸出を実施しているか否かが、大企業と中小企業の収益性の大きな差の要因となっていることから、企業規模別に輸出実施と生産性との関係を分析した。輸出を行っている

企業と行っていない企業を比べると、輸出開始以降TFPは、大企業では短期間で改善する傾向にあるが、中小企業では5年程度経過して初めて、改善がみられる。中小企業では、人員・資金等の経営資源の制約から、輸出開始初期に市場を拡大させにくいことや、事前の研究開発による製品の高付加価値化などが限定的であることが、生産性の改善までに時間を要する原因になっている可能性がある。原材料費や労務費の適切な価格転嫁により、サプライチェーン全体での付加価値増大を図ることは重要であると言えよう。併せて、中小企業の輸出開始～中期における金融機関や公的な支援機関のサポートが鍵となると考えられる。

おわりに

2022年春以降の日本経済には、物価や賃金の上昇の動きに広がりが見られ始めている。こうした変化は、過去四半世紀続いてきたデフレとの闘いから、日本経済が転換点を迎えつつある可能性を示唆している。今回の白書では、こうした転換点の先にある、持続的かつ自律的な日本経済の成長を目指していくためには、どのような環境を整えていくことが必要なのか、我が国経済の立ち位置を確認するとともに、今後の方向性を議論した。

本白書全体を通じて何が明らかになってきたのか、主要な論点と、それに対するメッセージを整理すれば、以下のとおりである。

● 「長く続いてきたデフレからの脱却は見えてきたか」

物価の動向に変化の動きはみられるものの、持続的・自律的なものになっていくかは引き続き注視が必要である。物価上昇については、企業所得の適切な分配を前提とした賃金上昇との安定的な関係が構築されれば、家計の可処分所得の増加を受けた消費などの需要の増加を伴いながら、経済全体に連続的に波及していくことが期待される。今回の物価上昇局面では、輸入物価の影響による財価格の上昇が顕著であり、上昇品目にも広がりがみられる。こうした中、消費支出の動向の特徴を見ると、所得弾力性が高いと考えられる耐久財などの選択的財は、物価上昇下で実質所得低下の影響が大きい低所得世帯で、消費が相対的に大きく抑制されたことがうかがえる。消費の持続的な回復に向け、適切な価格転嫁を通じた継続的な賃上げ、最低賃金の引上げ及びそれに向けた環境の整備、非正規雇用者の正規化や処遇改善が課題である。サービス物価については、財物価と異なり輸入物価の影響は小さく、国内の需給や賃金コストの影響が強いため、これまでのところ価格動向には目立った変調がみられていない。こうしたことを踏まえ、物価を取り巻くマクロ環境を見ると、現時点では、デフレ脱却の定義である「物価が持続的に下落する状況を脱し、再びそうした状況に戻る見込みはない」という状況には至っていないと考えられる。今後、サービス物価などを中心に、労務費の価格転嫁等を通じて賃金上昇が幅広い品目の価格に波及し、弱まっていた物価上昇と賃金上昇の好循環を回復していくことが課題である。

このような物価と賃金の好循環が実現するための前提として、これまでの我が国経済に根付いてきた、物価や賃金は上がらないとみるノルム（人々の物価観、物価に関する相場観）が変化することが重要である。既に、定価に代表される正規価格の改定頻度の高まりなどの企業の価格設定行動や、賃上げへの前向きな姿勢などにみられる変化の動きを、より持続的なものにしていくことが鍵と考えられる。また、企業がこれまでの価格据え置き行動を変えていくためには、物価上昇下での賃金上昇を前提として、消費者の予想物価上昇率がアンカーされること

が重要である。

　過去四半世紀、デフレは、我が国経済の桎梏であった。デフレから脱却することは、長年据え置かれた価格や賃金が動きやすくなることで、相対価格や相対賃金の変化が起こり、市場における価格メカニズムが資源配分機能を果たすような、健全な市場経済に戻っていくことに他ならない。また、これまで長く低成長が続き、企業の期待成長率が低下していたことに加え、デフレ下で借入による設備投資のリスクが高まっていたため、企業は投資を抑制してきたが、今後はこうした環境が変化していく可能性が高いと考えられる。加えて、名目売上高の増加により、コストカット圧力が下がり、マークアップ率を高めやすい環境になることから、投資や賃上げ余力も上昇していくことが期待される。デフレから脱却するチャンスを迎えている今、企業・家計に染みついたデフレマインドを払拭し、成長期待を高め物価が上昇しないことを暗黙の前提にしていた仕組みを見直して、デフレ脱却に確実につなげていく必要がある。

● 「持続的な賃金上昇や家計の所得向上はどのように実現していくことができるか」

　我が国は構造的な人手不足下で、労働需給面から賃金が上がりやすい局面にある。今後、需給面からは、引き続き賃金押上げ方向での影響が続くことが予想されるが、これに加えてより構造的、持続的な賃金上昇を実現していくには、大別して以下の二つの点に注目していくことが重要である。

　第一に、生産性の上昇を伴う賃金の上昇が鍵となる。このための一つの方法は、労働市場の流動化である。自発的な転職が活発になれば、労働市場の資源再配分機能が発揮され、成長分野への人材移動にもつながり、生産性上昇が加速することから、経済全体の賃金上昇率も高まりやすくなると考えられる。自発的な転職を阻害する要因を分析した結果、子育て中であることや、配偶者の労働所得や資産所得などの収入源がなく、転職に伴う所得面でのリスクを抑えにくいこと、過去の転職経験や自己啓発経験を有さないことなどが要因として明らかになった。このため、自発的な転職を促していくには、在職中のリ・スキリング支援や専門家による相談体制の整備、女性活躍・男女共同参画の推進や資産形成支援を通じた家計の稼得経路の幅の拡大などが有効と考えられる。

　なお、リ・スキリングによる能力向上支援は、転職につながるか否かに関わらず、我が国全体の人的資本の蓄積となり、生産性上昇に直結しうる施策と考えられる。後述するように、我が国の人的資本ストック水準は他の先進諸国と比べて低いが、各人が持つ知識やスキルには正の外部性があることから、個々の企業による意思決定では過少投資になる可能性があり、官による後押しの余地がある。また、リ・スキリングの現状や生産性との関係についての正確な分析を可能にするようなデータの蓄積が期待される。

　第二に、追加的な就業希望を叶え、就業者数・就業時間の両面から、労働供給の増加を後押ししていくことが引き続き課題である。このためには、昭和の時代に形成されたいわゆる「日本型雇用慣行」から離れて、ジョブ型雇用を拡大していくことも有効と考えられる。これによ

り、これまで日本では、長い勤務時間の下で多様なタスクに対応できる者に対して賃金の上乗せを行う、いわゆる「長時間労働プレミアム」があったが、こうしたプレミアムの縮小につながることが期待される。「長時間労働プレミアム」が低下すれば、勤務時間に制約がある子育て中の女性の労働所得の減少を緩和したり、長時間の就業が難しい高齢者の活躍を促すことから、追加的に就業を増やしたいと思っている女性や高齢者の希望が実現しやすくなり、家計所得向上に効果的と考えられる。また、職務内容が明確な雇用形態であるジョブ型雇用の広がりは、自発的な労働移動の促進とも整合的である。

　今回の白書では、これらの点に加えて家計の資産所得向上の重要性にも触れている。我が国では欧米と比べ、家計部門の所得に占める資産所得の割合が低い。我が国の雇用慣行の実態が変化し、賃金カーブのフラット化が進むにつれて、雇用者が予想する生涯所得の稼得パターンも変化している。こうした変化の下、貯蓄から投資への移行を進め、若年期からの資産形成を支援してくことも大切である。

● 「我が国の経済社会全体に関わる課題である少子化には、どのような対策が効果的か」
　今回の白書では、我が国最大の課題ともいえる少子化の急速な進行への対策についても、特に経済的支援の側面に注目しながら議論した。我が国の少子化は、近年、女性人口の減少、非婚化の進行、夫婦の出生率の低下の三重の要因により、これまで以上に速いペースで進んでおり、2022年の出生数でみても低下に歯止めがかかっていない。個々の要因を分析した結果、少子化への最も重要な対応策として、3つのポイントを指摘した。

　第一に、若年世代や子育て世代の構造的な賃上げ環境の実現は、婚姻率の上昇や、有配偶出生率の上昇につながり得る。また、出産後の女性の労働所得減少が男女間賃金格差の背景に根強く存在し、出産前の男女間賃金格差が縮小する下でも、女性が主稼得者となる結婚が少ない現状を踏まえれば、女性にとっての生涯所得減少への懸念を抑制することが、結婚へのハードルを下げる可能性も考えられる。

　第二に、保育所の整備や男性の育休取得の推進などによる、「共働き・共育て」のための環境整備が重要となる。我が国では、女性の家事・育児時間が男性対比で長く、出産後の女性の負担感は大きいと考えられる。こうした中で、国際的にみても制度の利用が進んでいない男性の育休取得や、保育所やベビーシッターなどの利用可能性を引き続き高めることで、家庭での育児負担軽減のための選択肢を増やすことが、共働き・共育てを支援する社会的な仕組みとして重要である。

　第三に、子育てに伴う住居費や、補助学習費を含む教育費用などの負担への懸念が、非婚化や出生率の低下につながっている可能性があることから、住宅手当の支給、児童手当拡充といった負担軽減策に加え、公教育の質を高めていくことが必要である。さらに、こうした経済面での対応に加え、子育てをしている人、希望している人たちを社会がやさしく包み込み、子どもたちが健やかで安全・安心に成長できるような社会的な気運を醸成することも重要と考え

られる。

● 「企業の収益性を高めていくための鍵は何か」

　上述したように、企業の収益性改善の鍵となるマークアップ率の向上は、設備投資や賃金とも正の相関関係にあり、デフレ脱却の鍵となると考えられる。こうしたマークアップ率向上は、企業が原材料コストを適切に転嫁することや、研究開発投資や人への投資などの無形資産投資を活発に行い、製品の高付加価値化・差別化を図ることで実現できると考えられる。

　また、生産性上昇に向けたより構造的な取組としては、低インフレ、低成長の下、長期間低水準のままで推移してきた資本装備率や資本生産性の向上が課題と考えられる。コロナ禍後の経済社会環境の回復を背景に企業収益が改善し、設備投資意欲が高まっている環境下で、今後の企業の設備投資の拡大が期待される。

　今回の白書では、設備投資の中でも、企業部門の収益性の改善の鍵として、無形資産の蓄積に注目して議論した。無形資産投資はスタートアップ企業などで活発に行われ、こうした企業の事業価値の多くの部分を構成するとともに、製品の高付加価値化・差別化に直結し、企業の価格設定力向上に加え、外需獲得のチャンスも高めうる。実際、企業の輸出開始にあたっては、研究開発などを通じた「技術力」や「ブランド力」が重要であり、価格競争力を高めても外需獲得にはつながりにくい。また、ICT資本と組織構造や人的資本など、多様な無形資産が相互に補完しあって企業の生産性の向上に寄与することが指摘されている。無形資産投資には知識や生産性の波及など正の外部性がある一方、人材流出などの可能性も伴い過少投資となりやすいため、官の投資を呼び水とする官民連携投資等を通じた、民間企業の投資に対する支援が効果的と考えられる。

　我が国の企業の収益動向を俯瞰すると、経済活動の回復に伴い、収益環境が大きく改善した企業がみられる一方、消費の構造変化や原材料コストの上昇などもあって収益が悪化した企業もみられ、ばらつきがある。コロナ禍後の経済においては、コロナ禍での実質無利子・無担保融資や雇用調整助成金の拡充措置などの支援の終了に伴い、雇用や資本などの成長分野への再配置を進めて行くことが、マクロの生産性向上に向けた重要な課題となる。例えば円滑な事業承継の支援や、退出企業の従業員のリ・スキリングやマッチング支援に取り組んでいくことが必要である。

　本白書では、我が国経済が、過去四半世紀にわたってなぜデフレの桎梏から抜け出せなかったのか、コロナ禍後の経済を迎え、デフレ脱却に向け確実に歩んでいくには、どのような構造的な課題に取り組んでいくことが必要なのかを議論してきた。ひとたび、物価と賃金の好循環が我が国経済に定着し、マークアップ率の向上が企業の設備投資や賃金上昇につながっていけば、我が国経済の持続的・自律的な成長が実現していくことが期待される。こうした中、財政政策についても、これまでの緊急時支援から、少子化対策や民間投資誘発など中長期的な成長に資する分野にメリハリをつけていくことが求められる。

付図・付表

付表1－1　2013年以降の金融政策の変遷

年		日本銀行の金融政策の変遷（2013年以降）
2013	1月	「デフレ脱却と持続的な経済成長の実現のための政府・日本銀行の政策連携について（共同声明）」の公表 「物価安定の目標」の導入
	4月	「量的・質的金融緩和」の導入 ・金融市場調節の操作目標を、無担保コールレート（翌日物）からマネタリーベースに変更。 ・マネタリーベース・コントロールの採用：年間約60～70兆円のペースで増加 ・長期国債買入れの拡大と年限長期化 ・ETF、J-REITの買入れ拡大
2014	10月	「量的・質的金融緩和」の拡大 ・マネタリーベース目標の拡大：年間約60～70兆円→年間約80兆円 ・長期国債買入れの拡大と年限長期化 ・ETF、J－REITの買入れ拡大
2015	12月	「量的・質的金融緩和」を補完するための諸措置の導入 ・新たなETF買入れ枠の設定 ・長期国債買入れの年限長期化
2016	1月	「マイナス金利付き量的・質的金融緩和」の導入 ・金融機関が保有する日本銀行当座預金の一部に▲0.1％のマイナス金利を適用
	7月	金融緩和の強化 ・ETF買入れ枠の拡大
	9月	「長短金利操作付き量的・質的金融緩和」の導入 ・長短金利操作（イールドカーブ・コントロール） ・オーバーシュート型コミットメント
2018	7月	政策金利のフォワードガイダンスを導入
2020	4月	金融緩和の強化 ・CP、社債買入れの増額 ・新型コロナ対応金融支援特別オペの拡充 ・国債のさらなる買入れ
2021	3月	「より効果的で持続的な金融緩和を実施していくための点検」を実施 ・貸出促進付利制度の創設 ・長期金利の変動幅について明確化（±0.1％程度→±0.25％程度） ・連続指値オペ制度の導入
2022	12月	長期金利の変動幅を拡大 ・±0.25％程度→±0.5％程度
2023	4月	政策金利のフォワードガイダンスを削除
	7月	長短金利操作の柔軟化 ・長期金利の変動幅±0.5％程度を目途とした上で、長短金利操作について、より柔軟に運用

（備考）日本銀行等資料により作成。

付図1-1 住宅取得能力指数

(1)土地付注文住宅

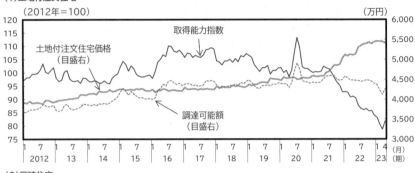

(2)戸建住宅

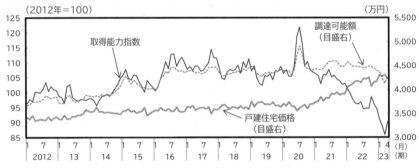

(3)マンション

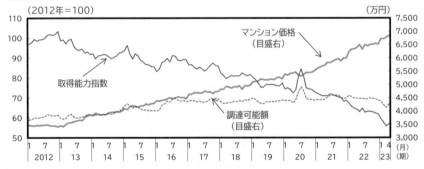

(備考) 1. 国土交通省「不動産価格指数」、一般財団法人建設物価調査会「建築費指数」、独立行政法人住宅金融支援機構公表資料及び「フラット35利用者調査」、総務省「家計調査」により作成。
2. 住宅取得能力指数は高いほど住宅取得が容易な環境であることを表す。

付図 1 − 2　輸入金額の要因分解

(1)輸入金額の要因分解(総額)

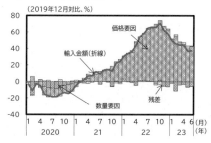

(2019年12月対比、%)

価格要因
輸入金額(折線)
数量要因
残差

1 4 7 10｜1 4 7 10｜1 4 7 10｜1 4 6 (月)
2020　　21　　22　　23 (年)

(2)輸入金額の要因分解(食料品)

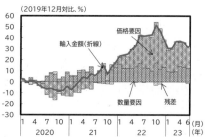

(2019年12月対比、%)

価格要因
輸入金額(折線)
数量要因
残差

1 4 7 10｜1 4 7 10｜1 4 7 10｜1 4 6 (月)
2020　　21　　22　　23 (年)

(3)輸入金額の要因分解(原料品)

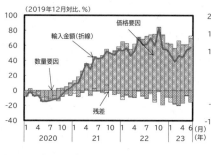

(2019年12月対比、%)

価格要因
輸入金額(折線)
数量要因
残差

1 4 7 10｜1 4 7 10｜1 4 7 10｜1 4 6 (月)
2020　　21　　22　　23 (年)

(4)輸入金額の要因分解(鉱物性燃料)

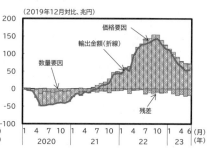

(2019年12月対比、兆円)

価格要因
輸出金額(折線)
数量要因
残差

1 4 7 10｜1 4 7 10｜1 4 7 10｜1 4 6 (月)
2020　　21　　22　　23 (年)

(5)輸入金額の要因分解(化学製品)

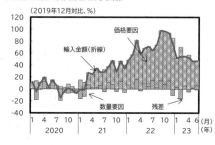

(2019年12月対比、%)

価格要因
輸入金額(折線)
数量要因
残差

1 4 7 10｜1 4 7 10｜1 4 7 10｜1 4 6 (月)
2020　　21　　22　　23 (年)

(備考)　1．財務省「貿易統計」により作成。
　　　　2．輸出金額は公表系列の季節調整値。数量、価格は内閣府による季節調整値。

付図
付表

付図1-3 輸出金額の要因分解

(1)輸出金額の要因分解(総額)

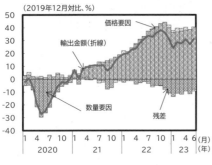

(2)輸出金額の要因分解(一般機械)

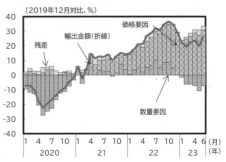

(3)輸出金額の要因分解(電気機器)

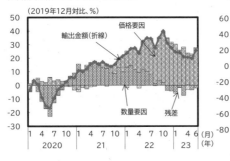

(4)輸出金額の要因分解(輸送用機器)

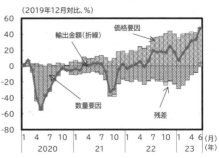

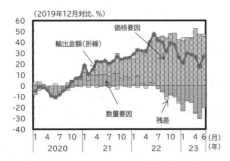

(備考) 1．財務省「貿易統計」により作成。
2．輸出金額は公表系列の季節調整値。数量、価格は内閣府による季節調整値。

付図1－4　財貿易の詳細品目

(1)中国向け情報関連財の輸出

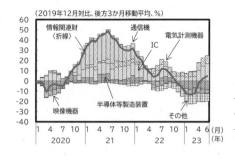

（2019年12月対比、後方3か月移動平均、%）

(2)中国向け資本財の輸出

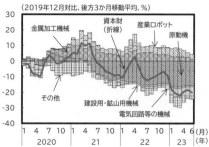

（2019年12月対比、後方3か月移動平均、%）

(3)中国向け自動車関連材の輸出

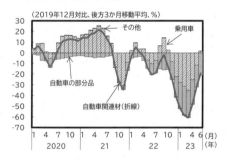

（2019年12月対比、後方3か月移動平均、%）

（備考）1．財務省「貿易統計」により作成。
　　　　2．内閣府による季節調整値。

付図・付表

付図2-1　女性と高齢者の就業率の推移

(1)女性の年齢別就業率の推移

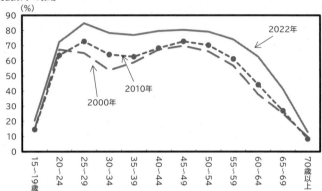

(2)高齢者の就業率推移

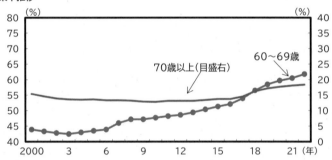

(備考）総務省「労働力調査（基本集計）」により作成。

付図２－２　非正規雇用者が現職を選んでいる理由

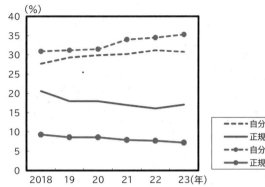

（備考）１．総務省「労働力調査（詳細集計）」により作成。
　　　　２．2023年は１－３月期平均。
　　　　３．非正規雇用者が現職を選んでいる理由の割合は、理由別内訳の合計に占める割合を示す。

付図2－3　都道府県間の出生率の変動要因の差

(1)家賃

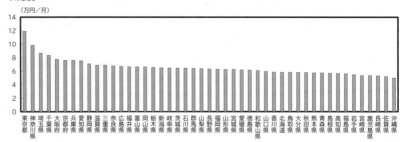

(2)教育費

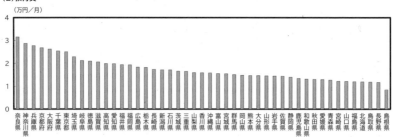

(3)賃金

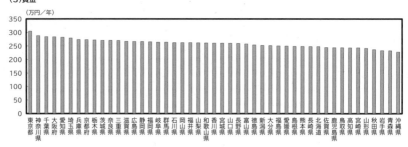

(4)非正規雇用者割合

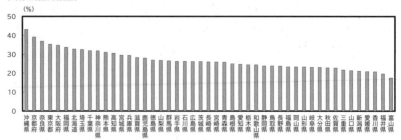

(5)長時間労働者割合

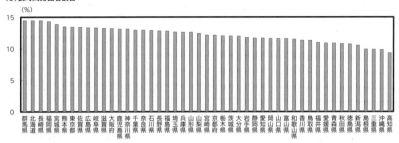

(6)潜在保育所定員率

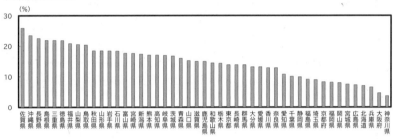

（備考）作成方法は付注2－7を参照。

付図・付表

付図2−4　補助学習費の金額段階別児童・生徒構成比

(1)小学校

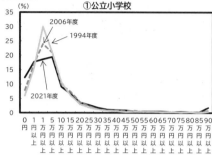

①公立小学校

（2006年度　1994年度　2021年度）

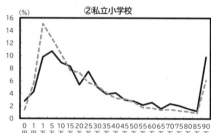

②私立小学校

(2)中学校

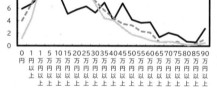

①公立中学校

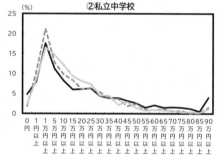

②私立中学校

(3)高等学校(全日制)

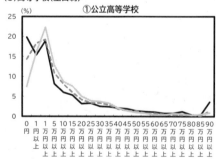

①公立高等学校

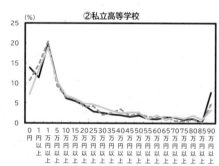

②私立高等学校

（備考）文部科学省「子供の学習費調査」により作成。

258

付注

付注1-1　消費関数の推計について

1. 概要

　　マクロの消費関数について、実質民間最終消費支出を被説明変数、実質可処分所得及び実質家計純金融資産残高、高齢化率等を説明変数とする以下の回帰式を推定した。推計期間は、2002年1-3月期から新型コロナウイルス感染症が拡大する前の2019年10-12月期までとしている。ただし、消費関数の推計結果は前提となるデータや推計の方法によって大きく異なるため、結果については相当の幅をもって解釈する必要がある。

2. データ

　　内閣府「国民経済計算」、日本銀行「資金循環統計」、総務省「人口推計」

3. 推計方法

(1) 推計式

$$ln(C_t) = \underset{(17.0)}{0.88}\ ln(DY_t) + \underset{(2.9)}{0.11}\ ln(FA_{t-1}) - \underset{(-7.5)}{1.80}\ ln(OLD_t) + \underset{(7.8)}{0.33}\ (ln(DY_t)$$

$$\times\ ln(OLD_t)) - \underset{(-10.2)}{0.02}\ Dum2008 - \underset{(-5.9)}{0.02}\ Dum2011 + \underset{(17.6)}{0.04}\ Dum2014$$

$$- \underset{(-14.4)}{0.04}\ Dum2019$$

※パラメータ下段の（）内は t 値を示している。ダービン・ワトソン比が1.16と正の系列相関が疑われるため、ニューイ・ウエストのHAC分散共分散行列を用いた。パラメータは、すべての説明変数について1％水準で有意となった。

決定係数 R^2 : 0.91

DW比　　 : 1.16

(2) 変数の定義と使用データ等

C_t　　　 : 内閣府「国民経済計算」の実質民間最終消費支出（季節調整値）

DY_t　　 : 内閣府「国民経済計算」の実質可処分所得（季節調整値）

FA_t　　 : 日本銀行「資金循環統計」の実質家計純金融資産残高

　　　　　　※実質値を作る際は、内閣府「国民経済計算」の家計最終消費支出（帰属家賃除く）でデフレートした

OLD_t　 : 総務省「人口推計」より算出した全人口に占める65歳以上人口の割合

$Dum2008$: リーマンショックによる消費への影響があった2008年第4四半期～2009年第1四半期に1をとるダミー変数

$Dum2011$: 東日本大震災による消費への影響があった2011年第1四半期～同年第2四

半期に1をとるダミー変数

$Dum2014$：消費税増税による消費への影響があった2014年第1四半期に1をとるダミー変数

$Dum2019$：消費税増税による消費への影響があった2019年第4四半期に1をとるダミー変数

(3) 推計期間

2002年1-3月期〜2019年10-12月期

4. 補足

今回の推計ではコロナ前の2019年10-12月期までのデータを用いて推計を行ったが、新型コロナウイルス新規感染者数等の変数を追加した上で、足下の2023年1-3月期まで対象とした推計も試みた。

(1) 推計式

$$ln(C_t) = \underset{(16.5)}{0.86}\ ln(DY_t) + \underset{(3.3)}{0.12}\ ln(FA_{t-1}) - \underset{(-7.7)}{2.05}\ ln(OLD_t) + \underset{(7.9)}{0.37}\ (ln(DY_t)$$

$$\times\ ln(OLD_t)) - \underset{(-10.0)}{0.02}\ Dum2008 - \underset{(-5.1)}{0.01}\ Dum2011 + \underset{(17.9)}{0.04}\ Dum2014$$

$$- \underset{(-15.0)}{0.04}\ Dum2019 - \underset{(-7.9)}{0.005}\ Cov2020 - \underset{(-16.0)}{0.006}\ Cov2021 + \underset{(-5.4)}{0.003}\ Cov2022$$

$$- \underset{(-7.1)}{0.002}\ Cov2023 - \underset{(-8.4)}{0.1}\ Dum2020\_Q2$$

※パラメータ下段の（）内はt値を示している。ダービン・ワトソン比が1.56と正の系列相関が疑われるため、ニューイ・ウエストのHAC分散共分散行列を用いた。パラメータは、すべての説明変数について1%水準で有意となった。

決定係数R^2：0.90

DW比　　：1.56

(2) 変数の定義と使用データ等

$Cov2020$　：四半期ごとの新型コロナウイルス新規感染者数（2020年）

$Cov2021$　：四半期ごとの新型コロナウイルス新規感染者数（2021年）

$Cov2022$　：四半期ごとの新型コロナウイルス新規感染者数（2022年）

$Cov2023$　：四半期ごとの新型コロナウイルス新規感染者数（2023年）

$Dum2020\_Q2$：第1回緊急事態宣言があった2020年第2四半期に1をとるダミー変数

(3) 推計期間

2002年1-3月期〜2023年1-3月期

(4) グラフ（消費関数の推計値と実績値の比較）

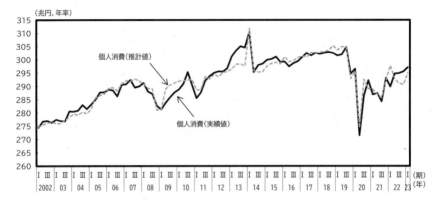

（備考）1．内閣府「国民経済計算」、総務省「人口推計」、日本銀行「資金循環統計」により作成。
　　　　2．推計の詳細は付注1-1参照。

　コロナ禍以降も含めた推計では、足下で推計値が実績値を下回る結果となった。な
お、今回の推計にあたっては、説明変数として長期金利や民間最終支出デフレーターの
採用も検討したが、いずれの変数も有意とならなかったため、推計からは除外してい
る。

付注1−2　住宅着工戸数の先行きの推計

1. 概要

　　住宅着工戸数を、住宅ストックの純増と建替え分に分解した。さらに、住宅ストック
は居住世帯の有無で分類される。このうち、居住世帯ありの住宅ストックの動向は世帯
数の動向に従うと考えられることから、世帯数の将来推計を用いて住宅着工の先行きを
推計した。

2. データ

　　国土交通省「建築着工統計」、総務省「住宅・土地統計調査」「国勢調査」「住民基本台
帳に基づく人口、人口動態及び世帯数調査」、国立社会保障・人口問題研究所「日本の
世帯数の将来推計（全国推計）」

3. 推計方法

　　t年の住宅着工戸数H_tは、住宅ストックの純増ΔS_tを上回る。これは、住宅の老朽化
や被災による滅失のためである。ここでは、その差を純建替R_tと呼ぶことにする。

$$H_t = \Delta S_t + R_t$$

　　さらに、住宅ストックS_tは居住世帯ありの戸数S_t^Oと居住世帯なしの戸数S_t^Uの和である
ことから、その純増についてもこれらの純増の和に分解される。以上より、住宅着工戸
数は以下のとおり三つの要因に分解される。

$$H_t = \Delta S_t^O + \Delta S_t^U + R_t$$

　　この分解を前提に先行きを推計した。各系列の作成方法詳細は以下のとおり。

	系列名	作成方法
H_t	住宅着工戸数	2022年までは建築着工統計による。23年以降は各要因の和$\Delta S_t^O + \Delta S_t^U + R_t$として算出した。
S_t^O	住宅数 （居住あり）	住宅・土地統計調査による。2018年までは5年間毎の伸び率を世帯数の伸び率により各年伸び率に案分して補間。19年以降は世帯数の伸び率で延長した。
N_t	世帯数	2020年までは国勢調査による世帯数を、5年間毎の伸び率が一定と仮定して補間。21年及び22年は住民基本台帳における伸び率、23年以降は将来推計における伸び率（5年間毎の伸び率一定の仮定の下補間）に従うとした。
S_t^U	住宅数 （居住なし）	住宅・土地統計調査による。2018年までは線形補間。19年以降は2008年〜18年のトレンドで延長。ただし、実績と推計の接続前後となる17年‐19年は一定の接続処理をした。
R_t	純建替	2022年までは$H_t - \Delta S_t$により算出。23年以降は純建替率R_t / S_tが13〜22年の平均に従うとして算出。

付注2-1 賃金関数の推計結果

1. 概要

　　賃金変化と労働需給との関係について分析を行った。定式化の背景など詳しい内容については河越・上野（2023）を参照。

2. データ

　　厚生労働省「毎月勤労統計調査」、総務省「消費者物価指数」「労働力調査」、内閣府「国民経済計算」

3. 推計方法

　　賃金変化と労働需給との関係性を推計したIMF（2022）などの定式化を参考に、説明変数の中に労働生産性上昇率を組み込んだ賃金関数を推計した。推計式①は以下のとおりである。

$$\pi_t^w = a + \beta_1 \pi_{t-1}^p + \beta_2 \Delta \pi_{t-1}^p + \gamma_1 u_t + \mu \Delta Prod_t + \varphi Corona_t + \varepsilon_t$$

ただし、π_t^wは時給（現金給与総額を労働時間で除したもの）前年比、π_{t-1}^pは消費者物価指数前年比（1期前）、$\Delta \pi_{t-1}^p$は消費者物価指数前年比前月差（1期前）、u_tは失業率、$\Delta Prod_t$は労働生産性変化率、$Corona_t$はコロナ禍ダミーである。

　　また、推計期間中の構造変化の有無を検定するQuant-Andrews Testを行うと、有意水準1%で構造変化無しの帰無仮説が棄却され、2012年12月から2013年1月の間で構造変化があったことが示唆されたため、上記に加えて2013年に失業率・労働生産性上昇率のパラメーターに変化があったことを仮定する以下の推計も行った。推計式②は以下のとおりである。

$$\pi_t^w = a + \beta_1 \pi_{t-1}^p + \beta_2 \Delta \pi_{t-1}^p + \gamma_1 u_t + \gamma_2 (u_t \times 2013D_t) + \mu_1 \Delta Prod_t$$
$$+ \mu_2 (\Delta Prod_t \times 2013D_t) + \varphi Corona_t + \varepsilon_t$$

ただし、$2013D_t$は2013年以降ダミーである。

付注2-1 表1 推計に用いた変数

変数	算出方法
時給前年比	「厚生労働省「毎月勤労統計調査」現金給与総額（就業形態計）／厚生労働省「毎月勤労統計調査」労働時間指数」の前年同月比
消費者物価指数前年比	総務省「消費者物価指数」総合指数の前年同月比の後方3か月移動平均
消費者物価指数前年比前月差	「消費者物価指数前年比」の前月差
失業率	総務省「労働力調査」完全失業率（男女計、季節調整値）
労働生産性変化率	「内閣府「四半期別GDP速報（22年10-12月期2次速報）」国内総生産（実質季節調整系列）／総務省「労働力調査」就業者（季節調整値）の3か月平均／厚生労働省「毎月勤労統計」季節調整済実労働時間指数」の5年平均値の前年同月比
コロナ禍ダミー	2020年3月以前は0、2020年4月～6月は1を取るダミー変数
2013年以降ダミー	2012年12月以前は0、2013年1月以降は1を取るダミー変数

付注2-1 表2 推計結果（賃金変化と労働需給の関係）

説明変数	推計式①	推計式②
消費者物価指数前年比	0.223 ** (0.102)	0.276 *** (0.104)
消費者物価指数前年比前月差	-0.748 * (0.431)	-0.813 * (0.432)
失業率	-1.001 *** (0.137)	-1.016 *** (0.154)
失業率×2013年以降ダミー	–	0.153 (-0.193)
労働生産性変化率	0.527 *** (0.196)	0.582 ** (0.241)
労働生産性変化率×2013年以降ダミー	–	-0.787 (-0.544)
定数項	3.692 *** (0.443)	3.673 *** (-0.701)
観測数	324	324
R^2	0.328	0.334

（備考）1. 推計期間は1996年～2022年。
2. *は10%水準、**は5%水準、***は1%水準で有意であることを示す。
3. 括弧内の数値はHAC標準誤差を表す。

付注2-2　業種別にみた欠員率と賃金上昇率

1. 概要

　　欠員率と賃金上昇率の関係について分析を行った。

2. データ

　　厚生労働省「毎月勤労統計調査」、「雇用動向調査」、日本銀行「企業短期経済観測調査」、内閣府「国民経済計算」

3. 推計方法

　　本分析では欠員率が賃金に与える影響について検証するため、業種別における賃金関数の推計を行った。推計式は以下のとおりである。

$$W_{j,t} = a + \beta_1 V_{j,t} + \beta_2 \Delta Prod_{j,t} + \beta_3 DI_{j,t} + \lambda_t + \gamma_i + \varepsilon_{j,t}$$

　　$W_{j,t}$は業種j、t年における定期給与の前年比、$V_{j,t}$は業種j、t年における欠員率、$\Delta Prod_{j,t}$は業種j、t年における労働生産性の前年比、$DI_{j,t}$は業種j、t年における販売価格DI、λ_tは年ダミー、γ_jは業種固定効果、$\varepsilon_{j,t}$は誤差項をそれぞれ表す。本分析には、建設業、製造業、情報通信、運輸・郵便、卸小売、宿泊飲食、不動産の全7業種を用いた。なお、モデル内で用いた各変数の詳細は表1を参照。

付注2-2　表1　推計に用いた変数

変数	算出方法
賃金上昇率	厚生労働省「毎月勤労統計調査」現金給与総額の前年比
欠員率	厚生労働省「雇用動向調査」欠員率
労働生産性変化率	「内閣府「国民経済計算」国内総生産（実質季節調整系列）／「内閣府「国民経済計算」就業者（季節調整値）＊「内閣府「国民経済計算」労働時間数（季節調整値）」の前年比
販売価格DI	日本銀行「企業短期経済観測調査」販売価格DI

267

4. 推計結果

説明変数	
欠員率	0.646 ** (0.284)
生産性（前年比）	0.111 ** (0.039)
販売価格DI	0.081 ** (0.038)
定数項	-0.257 (0.622)
年ダミー	あり
固定効果	あり
観測数	63
R^2	0.556

（備考）1. **は5％水準で有意。括弧内はロバスト標準
　　　　　誤差を表す。
　　　　2. 推計期間は2013年から2021年。

付注2−3 転職及び副業・兼業による賃金への効果分析の概要

1. 概要

　転職及び副業・兼業の実施がそれぞれ賃金に与える影響を評価するために、ある年t
に転職後の仕事あるいは副業・兼業を開始した者について、開始前のt−1年の賃金と、
開始後（転職後または副業・兼業からの賃金も含まれる）のt＋1年の賃金を比較する。
その際、定期昇給等のトレンドを除いて評価するため、傾向スコアを用いてマッチング
を行った、同期間で転職あるいは副業・兼業を行っていない者の賃金の変動と比較して
分析した。

2. データ

　2015年から2021年までの状況について毎年調査を実施している、リクルートワークス
研究所「全国就業実態パネル調査」個票データを用いて検証した。

3. 推計方法

　本分析では、賃金の変動について、傾向スコアマッチングを用い、兼業・副業あるい
は転職を行っていない者からサンプリングした群との比較を通じて、ATT（Average
Treatment effect for the Treated。処置群における、処置による効果の平均値）を求め
た。

　賃金の変動として、個人iのt年の賃金を$w_{i,t}$としたとき、転職した年あるいは副業・兼
業を開始した年がt年であったときの賃金の変動を、$\Delta w_{i,t}=log(w_{i,t+1})-log(w_{i,t-1})$とし
た[1]。このため、t年の賃金変化を評価するにはt−1年及びt＋1年の変数を用いる必要があ
ることから、2016年から2020年の転職について分析する。

　マッチングについては、性別、年齢、年齢の二乗項、居住地、企業規模、従事してい
る職の産業を説明変数として、副業・兼業開始の有無に関してロジスティック回帰する
ことで個人の傾向スコアを求め、そのスコアに基づき最適マッチング[2]を行った。なお、
企業規模及び産業については、副業・兼業者は本業に準じ、転職者は前職に準ずる。そ
の後、介入群と、それにマッチングした対照群からなるデータセットを用いて、$\Delta w_{i,t}$
に転職及び副業・兼業が与える影響を分析した。

注　(1) 副業・兼業開始年の賃金には、副業・兼業を年初から実施していない可能性があることなども踏まえ、こ
　　　こでは副業・兼業開始前年と副業・兼業開始翌年の賃金水準を比較している。
　　(2) 概要については本文を参照のこと。

4. 記述統計

4−1. 転職

		調査前年に転職	調査前年に非転職
年齢（平均（標準偏差））		39.3(13.7)	42.6(13.3)
性別（人数（%））	女性	7,601(55.4)	100,836(42.7)
	男性	6,119(44.6)	135,500(57.3)
子供の人数（平均（標準偏差））		0.7(1.0)	1.0(1.1)
本業の年収（平均（標準偏差））		227.0(185.2)	352.5(257.6)
雇用形態（人数（%））	非正規雇用	8,432(61.5)	84,046(35.6)
	正規雇用	5,288(38.5)	152,290(64.4)
学歴（人数（%））	院卒	414(3.0)	9,277(3.9)
	高卒以下	9,395(68.5)	155,427(65.8)
	大卒	3,911(28.5)	71,632(30.3)
産業（人数（%））	運輸	923(6.7)	15,579(6.6)
	公務	606(4.4)	16,745(7.1)
	製造	1,800(13.1)	41,817(17.7)
	卸小売	1,702(12.4)	27,964(11.8)
	サービス	1,615(11.8)	24,180(10.2)
	教育	594(4.3)	11,725(5.0)
	情報通信	843(6.1)	14,172(6.0)
	その他	1,902(13.9)	26,453(11.2)
	宿泊飲食	962(7.0)	11,259(4.8)
	金融保険	394(2.9)	9,104(3.9)
	建設	504(3.7)	10,978(4.6)
	医療福祉	1,875(13.7)	26,360(11.2)
企業規模（人数（%））	30人未満	2,888(22.7)	43,986(19.7)
	30〜99人	2,796(21.9)	41,591(18.6)
	100〜499人	3,034(23.8)	47,636(21.3)
	500〜999人	842(6.6)	16,134(7.2)
	1000人以上	2,480(19.5)	55,410(24.8)
	公務	702(5.5)	18,714(8.4)
婚姻状態（人数（%））	既婚	5,836(42.5)	129,740(54.9)
	未婚	7,884(57.5)	106,596(45.1)
持ち家の有無（人数（%））	持ち家あり	7,189(52.4)	148,841(63.0)
	持ち家なし	6,531(47.6)	87,495(37.0)

4-2. 副業・兼業

		副業なし	副業あり
年齢（平均（標準偏差））		45.3(12.4)	42.8(13.2)
性別（人数（%））	女性	31,188(40.6)	888(47.8)
	男性	45,584(59.4)	970(52.2)
子供の人数（平均（標準偏差））		1.0(1.1)	1.0(1.1)
本業の年収（平均（標準偏差））		373.6(259.5)	302.4(264.0)
雇用形態（人数（%））	非正規雇用	25,246(32.9)	876(47.1)
	正規雇用	51,526(67.1)	982(52.9)
学歴（人数（%））	院卒	3,142(4.1)	73(3.9)
	高卒以下	49,579(64.6)	1,203(64.7)
	大卒	24,051(31.3)	582(31.3)
産業（人数（%））	運輸	5,380(7.0)	124(6.7)
	公務	6,071(7.9)	84(4.5)
	製造	14,725(19.2)	274(14.7)
	卸小売	8,685(11.3)	223(12.0)
	サービス	7,881(10.3)	205(11.0)
	教育	3,342(4.4)	104(5.6)
	情報通信	4,941(6.4)	92(5.0)
	その他	8,085(10.5)	220(11.8)
	宿泊飲食	2,668(3.5)	126(6.8)
	金融保険	3,116(4.1)	64(3.4)
	建設	3,733(4.9)	97(5.2)
	医療福祉	8,145(10.6)	245(13.2)
企業規模（人数（%））	30人未満	13,218(18.1)	446(25.5)
	30～99人	13,335(18.3)	339(19.4)
	100～499人	15,669(21.5)	349(20.0)
	500～999人	5,378(7.4)	118(6.8)
	1000人以上	18,523(25.4)	401(23.0)
	公務	6,792(9.3)	93(5.3)
婚姻状態（人数（%））	既婚	44,903(58.5)	1,000(53.8)
	未婚	31,869(41.5)	858(46.2)
持ち家の有無（人数（%））	持ち家あり	50,519(65.8)	1,137(61.2)
	持ち家なし	26,253(34.2)	721(38.8)

付注

5. マッチングに係るロジスティック回帰分析の推計結果

5-1. 転職（正規雇用）

変数		推定量	標準誤差	p値
産業_対サービス業	製造	-0.26	0.21	0.23
	医療福祉	-0.15	0.24	0.52
	運輸・郵便	-0.15	0.26	0.55
	卸売小売	0.01	0.24	0.98
	教育	-2.02	0.49	0.00
	金融・保険	-0.56	0.42	0.18
	建設	-0.66	0.33	0.04
	宿泊・飲食	0.39	0.35	0.26
	情報通信	-0.28	0.27	0.30
	公務	-5.49	0.79	0.00
	その他	-0.33	0.26	0.20
未婚		-0.03	0.16	0.82
子供の数		0.10	0.07	0.17
持ち家なし		0.08	0.13	0.55
学歴_対院卒	高卒以下	0.00	0.29	1.00
	大卒	-0.02	0.29	0.95
男性		0.41	0.15	0.01
年齢		0.01	0.05	0.80
年齢二乗項		0.00	0.00	0.36
企業規模_対30人未満	30〜99人	0.11	0.18	0.53
	100〜499人	-0.10	0.18	0.58
	500〜999人	-0.46	0.28	0.09
	1,000人以上	-0.71	0.20	0.00
	公務	2.34	0.33	0.00
都道府県ダミー	あり			

5-2. 転職（非正規雇用）

変数		推定量	標準誤差	p値
産業_対サービス業	製造	0.16	0.32	0.63
	医療福祉	0.18	0.35	0.60
	運輸・郵便	0.26	0.38	0.49
	卸売小売	0.04	0.33	0.91
	教育	0.35	0.40	0.38
	金融・保険	0.81	0.43	0.06
	建設	0.15	0.51	0.77
	宿泊・飲食	-0.09	0.44	0.83
	情報通信	0.07	0.42	0.88
	公務	-1.19	0.87	0.17
	その他	0.41	0.32	0.20
未婚		0.33	0.21	0.11
子供の数		0.03	0.10	0.77
持ち家なし		0.17	0.17	0.31

変数		推定量	標準誤差	p値
学歴_対院卒	高卒以下	-0.52	0.43	0.23
	大卒	-0.42	0.43	0.33
男性		0.51	0.17	0.00
年齢		0.04	0.05	0.36
年齢二乗項		0.00	0.00	0.08
企業規模_対30人未満	30～99人	-0.19	0.25	0.43
	100～499人	0.21	0.22	0.35
	500～999人	-0.22	0.35	0.53
	1,000人以上	-0.58	0.27	0.03
	公務	0.56	0.63	0.37
都道府県ダミー	あり			

5-3. 兼業・副業（正規雇用）

変数		推定量	標準誤差	p値
産業_対サービス業	製造	-0.14	0.14	0.34
	医療福祉	0.30	0.15	0.05
	運輸・郵便	0.00	0.00	0.00
	卸売小売	-0.01	0.17	0.96
	教育	0.18	0.21	0.41
	金融・保険	0.17	0.20	0.38
	建設	-0.03	0.18	0.86
	宿泊・飲食	0.53	0.22	0.02
	情報通信	-0.32	0.19	0.08
	公務	1.43	1.03	0.16
	その他	-0.13	0.17	0.45
未婚		-0.01	0.09	0.91
子供の数		0.21	0.04	0.00
持ち家なし		0.11	0.07	0.13
学歴_対院卒	高卒以下	-0.09	0.16	0.58
	大卒	-0.04	0.16	0.79
男性		0.13	0.08	0.10
年齢		-0.10	0.02	0.00
年齢二乗項		0.00	0.00	0.00
企業規模_対30人未満	30～99人	-0.51	0.10	0.00
	100～499人	-0.65	0.10	0.00
	500～999人	-0.67	0.14	0.00
	1,000人以上	-0.70	0.10	0.00
	公務	-2.98	1.01	0.00
都道府県ダミー	あり			

5-4. 兼業・副業（非正規雇用）

変数		推定量	標準誤差	p値
産業_対サービス業	製造	-0.37	0.19	0.05
	医療福祉	-0.10	0.19	0.61
	運輸・郵便	0.00	0.00	0.00
	卸売小売	-0.32	0.17	0.06
	教育	0.00	0.22	0.99
	金融・保険	-0.86	0.31	0.01
	建設	0.05	0.27	0.86
	宿泊・飲食	0.28	0.19	0.14
	情報通信	-0.21	0.23	0.35
	公務	0.34	0.45	0.45
	その他	0.06	0.17	0.74
未婚		0.18	0.09	0.05
子供の数		0.02	0.04	0.60
持ち家なし		0.02	0.08	0.80
学歴_対院卒	高卒以下	-0.38	0.26	0.15
	大卒	-0.20	0.26	0.44
男性		-0.15	0.09	0.09
年齢		-0.06	0.02	0.00
年齢二乗項		0.00	0.00	0.04
企業規模_対30人未満	30～99人	-0.05	0.11	0.67
	100～499人	-0.11	0.11	0.31
	500～999人	-0.15	0.17	0.37
	1,000人以上	-0.07	0.11	0.52
	公務	-0.12	0.40	0.76
都道府県ダミー	あり			

付注2−4　転職の阻害・促進要因の影響分析の概要

1. 概要

　　どのような要因が労働者の自発的な転職を阻害するのかについて、正規雇用あるいは非正規雇用である世帯の主稼得者からなるデータを用いてロジスティック回帰分析により検証した。

2. データ

　　2015年から2021年までの状況について毎年調査を実施している、リクルートワークス研究所「全国就業実態パネル調査」個票データを用いて検証した。

3. 推計方法

　　本分析では、自発的な転職（例えば賃金や労働条件等に関する不満・不安に起因する転職）を実施した者[3]における、転職に伴う賃金の変動について、性別、年齢、学歴、職種、企業規模、15歳未満の子供の有無、転職経験の有無、雇用形態、労働時間、役職、自己啓発の実施有無、配偶者の有無、調査年ダミー、家計の状況を説明変数[4]として、転職の有無に関してロジスティック回帰を行った。

4. 記述統計

変数		転職者	非転職者
総数		4,855	105,509
年齢（平均（標準偏差））		44.4（13.5）	45.7（12.3）
性別（％）	女性	1,804（37.2）	24,852（23.6）
	男性	3,051（62.8）	80,657（76.4）
学歴（％）	高卒以下	3,101（63.9）	63,659（60.3）
	大卒	1,531（31.5）	36,203（34.3）
	院卒	223（4.6）	5,647（5.4）

注　(3) 本分析では、調査において、調査実施年の前年に仕事を辞めた・退職しており、かつ、新たに仕事に就いた、前職も現職も正規雇用である者のうち、主な離職理由が①賃金への不満、②労働条件や勤務地への不満、③会社の将来性や雇用安定性への不安、④人間関係への不満、⑤仕事内容への不満のいずれかである者を自発的な転職者とした。
　　(4) 転職者については、職種、企業規模、転職経験の有無及び役職は前職に準ずる。また、雇用形態、労働時間、自己啓発の実施有無、回答者所得、配偶者所得及び労働によらない所得はいずれも転職年の前年の値を用いている。また、所得については対数をとっている。

変数		転職者	非転職者
職種（%）	生産工程	429(8.8)	9,987(9.5)
	事務職	1,075(22.1)	24,366(23.1)
	営業・販売職	467(9.6)	8,460(8.0)
	サービス職	600(12.4)	9,098(8.6)
	その他専門職	600(12.4)	15,756(14.9)
	農林漁業	35(0.7)	576(0.5)
	管理職	241(5.0)	8,228(7.8)
	運輸・郵便関連	248(5.1)	6,305(6.0)
	医療関係専門職	423(8.7)	6,493(6.2)
	情報通信関係専門職	202(4.2)	5,020(4.8)
	保安・警備職	70(1.4)	2,576(2.4)
	清掃・倉庫作業等	164(3.4)	2,475(2.3)
	分類不能	301(6.2)	6,169(5.8)
企業規模（%）	30人未満	893(19.6)	15,809(15.7)
	30〜99人	966(21.2)	17,527(17.4)
	100〜499人	1,181(25.9)	21,660(21.5)
	500〜999人	314(6.9)	7,636(7.6)
	1000人以上	909(19.9)	27,641(27.5)
	公務	298(6.5)	10,389(10.3)
15歳未満の子（%）	あり	810(38.4)	27,892(49.6)
	なし	1,298(61.6)	28,327(50.4)
転職経験（%）	あり	3,884(80.0)	62,904(59.6)
	なし	971(20.0)	42,605(40.4)
雇用形態（%）	正規雇用	2,692(55.4)	82,369(78.1)
	非正規雇用	2,163(44.6)	23,140(21.9)
週当たり労働時間（%）	15時間以上35時間未満	624(13.2)	8,802(8.4)
	15時間未満	206(4.4)	4,371(4.2)
	35時間以上55時間未満	3,424(72.7)	80,580(77.3)
	55時間以上	459(9.7)	10,452(10.0)
職位（%）	その他	4,029(83.0)	71,995(68.2)
	課長級	211(4.3)	8,837(8.4)
	係長級	472(9.7)	20,403(19.3)
	部長級	132(2.7)	4,028(3.8)
	役員級	11(0.2)	246(0.2)
前年の自己啓発（%）	あり	1,804(37.2)	38,600(36.6)
	なし	3,051(62.8)	66,909(63.4)
家計（%）	主稼得者労働所得のみ	3,139(64.7)	72,570(68.8)
	その他の所得あり	1,716(35.3)	32,939(31.2)
家庭状況（%）	単身	2,930(60.4)	47,565(45.1)
	同居者あり	1,925(39.6)	57,944(54.9)

5. 推計結果

		推定量	標準誤差	p値
年齢		-0.06	0.01	0.00
正規ダミー		-2.68	0.31	0.00
15歳未満の子ありダミー		-1.23	0.27	0.00
企業規模_対29人以下	30〜99人	-0.09	0.27	0.74
	100〜499人	0.04	0.27	0.87
	500〜999人	-1.07	0.33	0.00
	1000人以上	-1.21	0.25	0.00
	公務	-0.42	0.35	0.24
労働時間_対15〜34時間	15時間未満	-0.29	0.35	0.41
	35〜54時間	0.61	0.24	0.01
	55時間以上	1.20	0.38	0.00
主稼得者労働所得以外の所得あり		0.92	0.17	0.00
配偶者なし		1.44	0.31	0.00
自己啓発ダミー		0.39	0.17	0.02
職種_対生産工程	事務職	-0.46	0.31	0.14
	営業	0.06	0.38	0.88
	サービス	0.55	0.38	0.14
	その他専門	-0.29	0.33	0.38
	農林	2.71	1.30	0.04
	管理職	0.28	0.43	0.52
	運輸・郵便	-0.14	0.39	0.72
	医療・福祉	1.20	0.45	0.01
	情報通信	0.64	0.52	0.22
	保安	-0.84	0.50	0.09
	清掃等	-0.45	0.51	0.38
	分類できない	-0.20	0.40	0.61
役職_対役職なし	係長・主任級	-1.08	0.21	0.00
	課長級	-0.80	0.30	0.01
	部長級	-0.16	0.42	0.70
	役員級	1.87	1.65	0.26
対高卒以下	大卒	0.25	0.19	0.18
	院卒	1.05	0.51	0.04
男性		0.06	0.27	0.82
転職経験ダミー		2.13	0.22	0.00
調査年_対2017年	2018年	-0.24	0.29	0.41
	2019年	0.20	0.30	0.52
	2020年	0.25	0.29	0.38
	2021年	-0.18	0.29	0.52
	2022年	-0.22	0.29	0.45

1. 概要

　　家計レベルの消費支出の決定要因について、総務省「家計調査」の調査票情報を用い
て分析した。

2. データ

　　総務省「家計調査」

3. 推計方法

(1) 推計対象・データセット

　　2人以上世帯で、2010年～2019年の間に調査を開始したサンプルを対象とした。

　　なお、消費支出、収入に関する変数は全て調査期間中の累計額を用いている。そのた
め、ここで構築するデータセットには、各世帯の動向が継続して記録されているわけで
はなく、各世帯のサンプルが1度限り記録されている。

(2) 推計式

$$C_{i,t} = a + \beta DY_{i,t} + X_{i,t}\gamma + T_i\delta + \varepsilon_{i,t}$$

　　ここで、$C_{i,t}$は世帯i、調査時点tの消費支出。$DY_{i,t}$は世帯i、調査時点tの可処分所得
（実収入から非消費支出を差し引いて算出）。$X_{i,t}$は世帯i、調査時点tの属性を示すベクト
ルで、株式保有ダミー、貯蓄現在高合計、持家ダミー、世帯主の年齢階級（35～49歳、
50～64歳、65歳～の3区分）、株式保有ダミーと年齢階級の交差項、18歳未満人員（1人、
2人、3人、4人以上の4区分）、18歳以上人員（2人、3人、4人、5人以上の4区分）、2018
年の調査票様式変更に係る変数（新様式の調査票による調査ダミー）、都道府県ダミー
を含む。T_iは世帯iの調査時点を示すベクトルで、調査開始年月ダミーを含む。

4. 推計結果

変数名		係数	標準誤差	t値	p値
可処分所得		0.24	0.00	125.24	0.00***
株式保有ダミー		53,460.00	31,740.00	1.68	0.09*
貯蓄現在高合計		89.78	1.19	75.23	0.00***
持家ダミー		-58,980.00	7,101.00	-8.31	0.00***
18歳未満 人員	0人	(基準)			
	1人	179,700.00	8,772.00	20.48	0.00***
	2人	197,700.00	9,280.00	21.30	0.00***
	3人	307,700.00	13,860.00	22.21	0.00***
	4人以上	369,900.00	33,210.00	11.14	0.00***
18歳以上 人員	1人	(基準)			
	2人	205,300.00	22,710.00	9.04	0.00***
	3人	355,300.00	23,410.00	15.18	0.00***
	4人	452,300.00	24,480.00	18.48	0.00***
	5人以上	581,700.00	28,920.00	20.11	0.00***
世帯主の 年齢階級	～34歳	(基準)			
	35～49歳	172,800.00	11,900.00	14.52	0.00***
	50～64歳	354,500.00	13,260.00	26.73	0.00***
	65歳～	151,000.00	13,540.00	11.15	0.00***
株式保有 ダミー× 年齢階級	～34歳	(基準)			
	35～49歳	61,430	34,100	1.802	0.07*
	50～64歳	174,800	33,380	5.236	0.00***
	65歳～	158,400	32,950	4.808	0.00***
その他ダミー		都道府県、調査票様式、調査開始年月			

（備考） ***、**、*は、それぞれ1%、5%、10%水準で有意であることを示す。

付注2-6　有配偶出生数の要因分析の概要

1. 概要

　　有配偶出生数の決定要因について、総務省「全国家計構造調査」、「全国消費実態調査」の調査票情報を用いて分析した。

2. データ

　　総務省「全国家計構造調査」、「全国消費実態調査」

3. 推計方法

(1) 推計対象・データセット

　　妻の年齢が35～44歳の夫婦のみ、あるいは夫婦と未婚の子のみから成る勤労世帯を対象とした。推計に利用する変数は全国家計構造調査の定義に従うほか、再分配前所得としては、勤め先からの年間収入、農林漁業収入、内職などの年間収入、家賃・地代の年間収入、利子・配当金、現物消費、仕送り金の和。

(2) 推計式

　　各世帯について、①未婚の子が1人以上いるか、②未婚の子が2人以上いるかを被説明変数、夫の再分配前所得、夫の就業形態、妻の年齢、妻の初産年齢、居住地の都市階級、居住地の地方区分を説明変数とするロジットモデルによって分析を行った（推計A）。①のモデルは (1) で示した全ての世帯、②のモデルは1人以上の未婚の子がいる世帯を対象とした。妻の初産年齢は②のモデルにのみ説明変数に加えている。夫の再分配前所得は0万円以上、400万円以上、500万円以上、600万円以上、800万円以上の5区分、夫の就業形態は正規雇用、非正規雇用、自営等、無職の4区分、居住地の都市階級は大都市、中都市、小都市A、小都市B、町村の5区分、居住地の地方区分は北海道、東北、関東・甲信、北陸、東海、近畿、中国、四国、九州、沖縄、妻の年齢及び妻の初産年齢（妻の年齢と世帯内で最も年長の未婚の子の年齢の差）は年齢5歳刻み。

　　さらに、説明変数に夫の再分配前所得（0万円以上、400万円以上、500万円以上、600万円以上、800万円以上の5区分）と居住地の都市階級（大都市、中都市、小都市・町村の3区分）の交差項を加えて分析を行った（推計B）。

　　なお、全国家計構造調査の調査票に付されている集計用乗率で重みづけして推計した。

4. 推計結果

・推計A

	モデル① (2019年)	モデル② (2019年)	モデル① (1994年)	モデル② (1994年)
夫の再分配前所得				
0万円〜	0（基準）	0（基準）	0（基準）	0（基準）
400万円〜	0.127 (0.160)	0.263* (0.152)	0.293 (0.185)	0.124 (0.139)
500万円〜	0.223 (0.179)	0.374** (0.161)	0.485*** (0.176)	0.349*** (0.132)
600万円〜	0.643*** (0.175)	0.526*** (0.152)	0.730*** (0.162)	0.374*** (0.118)
800万円〜	0.706*** (0.224)	0.459** (0.181)	1.006*** (0.188)	0.329*** (0.129)
夫の就業形態				
正規雇用	-0.052 (0.534)	0.688 (0.422)	0.500 (0.810)	0.016 (0.948)
非正規雇用	-0.993 (0.617)	0.479 (0.546)	−	-0.772 (1.744)
自営等	1.725 (1.193)	2.016* (1.041)	−	−
無職	0（基準）	0（基準）	0（基準）	0（基準）
居住地の都市階級				
大都市	0（基準）	0（基準）	0（基準）	0（基準）
中都市	0.077 (0.173)	0.310** (0.138)	0.160 (0.166)	0.160 (0.117)
小都市A	0.164 (0.183)	0.304** (0.147)	0.140 (0.180)	0.099 (0.128)
小都市B	0.451** (0.210)	0.328** (0.163)	0.410* (0.225)	-0.134 (0.151)
町村	0.484** (0.230)	0.571*** (0.181)	0.248 (0.192)	0.256* (0.136)
居住地の地方区分				
北海道	0（基準）	0（基準）	0（基準）	0（基準）
東北	-0.301 (0.341)	-0.127 (0.271)	0.517* (0.269)	0.229 (0.186)
関東・甲信	-0.286 (0.312)	0.094 (0.260)	0.117 (0.206)	0.467*** (0.150)
北陸	-0.082 (0.339)	0.045 (0.280)	0.222 (0.283)	-0.059 (0.200)
東海	-0.198 (0.329)	0.252 (0.269)	0.442* (0.249)	0.328* (0.171)
近畿	-0.051 (0.329)	0.109 (0.264)	0.332 (0.217)	0.456*** (0.158)
中国	0.203 (0.367)	0.425 (0.301)	0.124 (0.243)	0.244 (0.188)
四国	0.266 (0.351)	0.157 (0.281)	0.730** (0.310)	0.167 (0.199)
九州	0.049 (0.331)	0.352 (0.269)	0.532** (0.236)	0.508*** (0.167)
沖縄	0.350 (0.493)	0.420 (0.354)	1.281** (0.542)	1.662*** (0.474)
妻の年齢				
35歳〜	0（基準）	0（基準）	0（基準）	0（基準）
40歳〜	0.005 (0.117)	0.268*** (0.098)	-0.102 (0.105)	-0.302*** (0.074)
妻の初産年齢				
15歳〜		4.377*** (0.694)		4.005*** (1.162)
20歳〜		4.725*** (0.393)		4.883*** (1.046)
25歳〜		4.013*** (0.363)		4.522*** (1.042)
30歳〜		3.087*** (0.353)		3.374*** (1.043)
35歳〜		1.538*** (0.359)		1.656 (1.056)
40歳〜		0（基準）		0（基準）
定数項	1.599*** (0.605)	-3.800*** (0.603)	1.329 (0.835)	-3.070** (1.333)
観測数	6,742	6,068	8,844	8,356

（備考）括弧内はRobust standard error。***、**、*は、それぞれ1％、5％、10％水準で有意であることを示す。

281

・推計B

	モデル①	モデル②
夫の再分配前所得×都市階級		
0万円～×大都市	0 (基準)	0 (基準)
0万円～×中都市	-0.265 (0.416)	0.143 (0.396)
0万円～×小都市・町村	0.181 (0.411)	0.237 (0.385)
400万円～×大都市	0.340 (0.516)	0.368 (0.481)
400万円×中都市～	0.054 (0.417)	0.377 (0.395)
400万円～×小都市・町村	0.074 (0.411)	0.468 (0.391)
500万円～×大都市	-0.199 (0.512)	0.375 (0.513)
500万円～×中都市	0.324 (0.421)	0.573 (0.400)
500万円～×小都市・町村	0.409 (0.422)	0.564 (0.392)
600万円～×大都市	0.400 (0.484)	0.301 (0.435)
600万円～×中都市	0.641 (0.417)	0.744* (0.391)
600万円～×小都市・町村	0.770* (0.415)	0.898** (0.393)
800万円～×大都市	0.554 (0.544)	0.253 (0.455)
800万円～×中都市	0.604 (0.429)	0.805** (0.401)
800万円～×小都市・町村	0.842* (0.469)	0.694* (0.420)
夫の就業形態		
正規雇用	0.008 (0.544)	0.719* (0.420)
非正規雇用	-0.935 (0.626)	0.502 (0.547)
自営等	1.752 (1.177)	2.047** (1.043)
無職	0 (基準)	0 (基準)
居住地の地方区分		
北海道	0 (基準)	0 (基準)
東北	-0.326 (0.336)	-0.128 (0.269)
関東・甲信	-0.346 (0.310)	0.079 (0.257)
北陸	-0.140 (0.338)	0.021 (0.277)
東海	-0.269 (0.327)	0.223 (0.265)
近畿	-0.131 (0.327)	0.079 (0.260)
中国	0.164 (0.366)	0.414 (0.299)
四国	0.250 (0.352)	0.156 (0.279)
九州	0.003 (0.329)	0.334 (0.267)
沖縄	0.315 (0.495)	0.433 (0.350)
妻の年齢		
35歳～	0 (基準)	0 (基準)
40歳～	0.020 (0.117)	0.267*** (0.097)
妻の初産年齢		
15歳～		4.413*** (0.692)
20歳～		4.735*** (0.396)
25歳～		4.033*** (0.366)
30歳～		3.096*** (0.355)
35歳～		1.544*** (0.361)
40歳～		0 (基準)
定数項	1.738*** (0.657)	-3.720*** (0.653)
観測数	6,742	6,068

(備考) 括弧内はRobust standard error。***、**、*は、それぞれ1%、5%、10%水準で有意で
あることを示す。

付注2－7　都道府県別データによる婚姻・出産の要因分析の概要

1. 概要

　　国内における出生行動に影響を及ぼす要因の分析を目的として、出生動向の都道府県間の差に注目した。

　　具体的には、都道府県別の合計特殊出生率を考えることで年齢構成の地域差の影響を除いた上で、その全国平均からのかい離について以下の手順で考察した。まず、かい離を「有配偶率要因」と「有配偶出生率要因」の2つに分解した。次に、先行研究を参考に、出生動向の地域差を説明しうると考えられる変数をいくつか作成し、この2つの要因それぞれを被説明変数とする回帰分析を行った。

2. データ

　　総務省「国勢調査」「全国家計構造調査」「全国消費実態調査」「就業構造基本調査」、厚生労働省「人口動態統計」「賃金構造基本統計調査」

3. 推計方法

（ア）都道府県別の合計特殊出生率の全国平均からのかい離要因分解

　　一般に、合計特殊出生率TFRは年齢別出生率の年齢計であり、以下で求められる。

$$\text{TFR} = \sum_a \frac{B_a}{N_a}$$

ここで、N_aは年齢aの女性人口、B_aは年齢aの女性による出生数である。日本においては、出生の多くが有配偶者によるものであることから、有配偶者数M_aを用いて、我が国の年齢別出生率は有配偶率と有配偶出生率の積に分解できると考えられる。

$$\frac{B_a}{N_a} = \frac{B_a}{M_a} \cdot \frac{M_a}{N_a} = \beta_a \mu_a$$

ここで、μ_aは有配偶率、β_aは有配偶出生率を表す。

　　すると、都道府県iの合計特殊出生率TFR_iと全国平均の合計特殊出生率TFR^Oのかい離ΔTFR_iは、全国平均の有配偶率μ_a^Oと有配偶出生率β_a^Oを用いて以下のように分解できる。

$$\Delta\text{TFR}_i = \text{TFR}_i - \text{TFR}^O$$

$$= \sum_a \beta_{a,i}\mu_{a,i} - \sum_a \beta_a^O \mu_a^O$$

$$= \sum_a \{(\beta_{a,i} - \beta_a^O)\mu_{a,i} + \beta_a^O(\mu_{a,i} - \mu_a^O)\}$$

$$= \sum_{a} (\Delta \beta_{a,i}) \, \mu_{a,i} + \sum_{a} \beta_a^{O} (\Delta \mu_{a,i})$$

$$= \Delta_{\beta} \mathrm{TFR}_i + \Delta_{\mu} \mathrm{TFR}_i$$

第一項は、有配偶出生率が全国平均であった場合と実際との差であることから、有配偶出生率要因と解釈する。第二項は、有配偶率の全国平均との差を全国平均の有配偶出生率で重み付けした値であることから、有配偶率要因と解釈する。

今回の推計では、国勢調査[5]及び人口動態調査による女性人口、女性有配偶者数[6]、出生数（都道府県別（母親）年齢階級（5歳階級）別。2020年、2015年、2010年）を用いて、各年の都道府県別の合計特殊出生率について、その全国平均からのかい離を、有配偶出生率要因と有配偶率要因に分解した。本文図表及び以下の回帰分析では、2020年、2015年、2010年の3時点の単純平均を用いた。

（イ）各かい離要因の回帰分析

被説明変数の作成方法は上記のとおり。説明変数の作成方法は下記表1のとおり。労働に関する変数については、女性の動向は逆の因果（婚姻・出生を要因とする就業の調整）が特に大きいと考えられることから、男性の数値とした。また、20代において特に出生・婚姻の発生率が高いことから、年齢階級20−24歳と25−29歳の単純平均を使用した。この方法により作成した値は付図2−3のとおり。

ただし、回帰分析に直接用いた値はさらに金額について1.01を底とする対数をとっている。これにより、推計結果の係数が「1%増の影響度」もしくは「1%ポイント増の影響度」と解釈できるようにしている。

回帰分析は47都道府県[7]に対するOLSであり、各変数の係数の推定値は下記表2のとおり。

付注2-7 表1 説明変数

変数	算出方法
家賃	全国家計構造調査及び全国消費実態調査における「家賃地代」＋「持家の帰属家賃」。勤労者世帯のうち、夫婦と未婚の子供が2人の世帯平均。2009年、2014年、2019年の3時点の単純平均。
教育費	全国家計構造調査及び全国消費実態調査における「教育」÷「18歳未満世帯人員数」。勤労者世帯のうち、夫婦と未婚の子供が2人の世帯平均。2009年、2014年、2019年の3時点の単純平均。
賃金	賃金構造基本統計調査における所定内給与。男性。年齢階級20－24歳と25－29歳の単純平均。2012年、2017年、2022年の3時点の単純平均。
非正規雇用者割合	就業構造基本調査における非正規雇用者の正規雇用＋非正規雇用に対する割合。男性。年齢階級別の割合（20－24歳及び25－29歳）の単純平均。2007年、2012年、2017年の3時点の単純平均。
長時間労働者割合	就業構造基本調査における年間就業日数200日以上かつ週間就業時間60時間以上の者の有業者（雇用者）に占める割合。男性。年齢階級別の割合（20－24歳及び25－29歳）の単純平均。2007年、2012年、2017年の3時点の単純平均。
潜在保育所定員率	厚生労働省公表資料による保育所定員数の、国勢調査による女性（20－44歳）人口に対する率。2020年。
沖縄県ダミー	沖縄県で1、それ以外の都道府県で0。

付注2-7 表2 推計結果

説明変数	有配偶率要因	有配偶出生率要因
家賃	-0.0038(0.0009)***	-0.0027(0.0015)*
教育費	-0.0007(0.0004)**	0.0004(0.0006)
賃金	0.0035(0.0025)	0.0089(0.0043)**
非正規雇用者割合	-1.0463(0.1860)***	0.4780(0.3206)
長時間労働者割合	-0.1961(0.6080)	0.5002(1.0481)
潜在保育所定員率	-0.0020(0.0015)	0.0062(0.0026)**
沖縄県ダミー	0.2213(0.0607)***	0.2736(0.1047)**
定数項	3.3336(0.7544)***	-2.6664(1.3004)**
R^2	0.85	0.48
調整済R^2	0.82	0.38

（備考）括弧内の数値は各係数の標準誤差であり、右の記号はこれに基づくt検定におけるそれぞれの有意度。*は10％水準、**は5％水準、***は1％水準で有意であることを示す。

付注3−1　TFP上昇率に対する無形資産の弾性値の推計について

1. 概要

　　無形資産がTFPに与える影響について、経済産業研究所「JIPデータベース2023」を用いて、以下の方法によって簡易的に算出した。

2. データ

　　経済産業研究所「JIPデータベース2023」

3. 推計方法

　　無形資産がTFPに与える影響について、パネルデータをもとに固定効果モデルによって推計した。

　　推計式は、以下のとおりである。

$$log(TFP)_{i,t} = \beta_1 log(情報化資産)_{i,t} + \beta_2 log(革新的資産)_{i,t}$$
$$+ \beta_3 log(経済的競争能力)_{i,t} + \eta_i + \varepsilon_{i,t}$$

　ここで、$TFP_{i,t}$は企業i、時点tのTFP、情報化資産$_{i,t}$は企業i、時点tの情報化資産、革新的資産$_{i,t}$は企業i、時点tの革新的資産、経済的競争能力$_{i,t}$は企業i、時点tの経済的競争能力、η_iは産業固定効果である。産業分類は、SNAの29分類にならった。JIPデータベースの産業100分類をSNAの29分類に変換するにあたっては、「JIPデータベース2018：推計方法と概要」に記載されている両分類の対照表に基づいた。なお、JIPデータベース上の「農業サービス」は、SNA上の「農林水産業」と「専門・科学技術、業務支援サービス業」の2分類に分かれるが、データ上分けて取り出すことが困難であるため、便宜的に全て「農林水産業」に割り振っている。（2021年のJIPデータベースの実質付加価値（産業計）に占める「農業サービス」の実質付加価値の割合は0.1％であり影響は軽微とみられる）

4. 推計期間

1995～2020年。

付注3-1　表1　推計に用いた変数

変数		算出式
TFP		実質付加価値-（マンアワー^{（※）}^付加価値ベース労働投入シェア）-（実質純資本ストック^付加価値ベース資本投入シェア）
無形資産		固定資本ストックより、それぞれ下記の系列を合計して作成。
	情報化資産	ソフトウェア
	革新的資産	科学的研究開発+鉱物探査・評価+娯楽作品原本＋デザイン＋金融業における新商品開発
	経済的競争能力	ブランド＋企業特殊的人的資本＋組織改編費用

（※）従業員数*従業員一人当たり年間総実労働時間/1000

付注3-1　表2　推計結果

変数名	係数	標準誤差	t値	p値
情報化資産	0.08	0.05	1.46	0.15
革新的資産	0.11	0.04	3.00	0.01
経済的競争能力	0.66	0.09	7.06	0.00
自由度修正済み決定係数	0.85			
観測数	2,546			

287

付注3−2　教育訓練ストックが企業のTFPに与える効果の推計について

1.　概要

　　教育訓練ストックが企業のTFPに与える影響について、経済産業省「経済産業省企業活動基本調査」の調査票情報を独自に集計し、森川（2018）等を参考に、以下の方法によって簡易的に算出した。

2.　データ

　　経済産業省「経済産業省企業活動基本調査」

3.　推計方法

　　教育訓練ストックが企業のTFPに与える影響について、パネルデータをもとに固定効果モデルによって推計した。

　　推計式は、以下のとおりである。

$$log(TFP)_{i,t} = \beta \, log(Training)_{i,t} + \lambda_t + \eta_i + \varepsilon_{i,t}$$

　　ここで、$TFP_{i,t}$は企業i、時点tのTFP、$Training_{i,t}$は企業i、時点tの従業者一人当たり教育訓練ストック。λ_tは産業格付小分類×年ダミー、η_iは企業固定効果である。

4.　推計期間

　　2013年度〜2020年度。

　　※企業活動基本調査において、「能力開発費」は2009年度実績から調査項目に加わったが、教育訓練ストックは同項目の5年間の累積値から算出することとしたため、教育訓練ストックの値は2013年度から得られる。

付注3−2　表1　推計に用いた変数

変数	算出式
TFP	付注3−3を参照。
従業者一人あたり教育訓練ストック	教育訓練ストック/従業者数
教育訓練ストック	「能力開発費」をもとに減耗率を40%として恒久棚卸法による5年間の累積値を算出 ※減耗率については森川（2018）にならった。
従業者数	本社本店・本社以外・他企業出向者従業者合計

付注3-2　表2　推計結果

	全産業	製造業	非製造業	全産業	製造業	非製造業
従業者一人あたり教育訓練ストック	0.03	0.01	0.06	0.08	0.05	0.10
標準誤差	0.006	0.009	0.010	0.004	0.005	0.007
t値	4.6	1.3	5.8	17.7	11.5	14.8
p値	0.0	0.2	0.0	0.0	0.0	0.0
企業固定効果	yes	yes	yes	no	no	no
産業×年固定効果	yes	yes	yes	yes	yes	yes
自由度調整済み決定係数	0.85	0.80	0.88	0.17	0.11	0.21
観測数	30,458	14,809	15,032	30,458	14,809	15,032

※企業固定効果を考慮しないモデルでも推計しているが、採用したのは企業固定効果も考慮したモデルである。

付注3−3　企業レベルのTFPの算出方法

1.　概要

　　経済産業省「経済産業省企業活動基本調査」の調査票情報を独自に集計し、森川（2007）等を参考に、各企業のTFP（全要素生産性）を以下の方法によって簡易的に算出した。

2.　算出方法
（1）計算式

　　生産要素として資本と労働を考慮した次の生産関数を想定し、両辺を対数変換してTFPを算出。

$$Y_{i,t} = A_{i,t}\, K_{i,t}^{a}\, L_{i,t}^{1-a}$$
$$ln\,TFP_{i,t} \equiv ln\,A_{i,t} = ln\,Y_{i,t} - a\,ln\,K_{i,t} - (1 - a)\,ln\,L_{i,t}$$

（2）変数の定義と使用データ等

変数	定義	使用データ等
$Y_{i,t}$	付加価値額	（営業利益＋給与総額＋租税公課＋減価償却費＋動産・不動産貸借料）／GDPデフレーター ※GDPデフレーターは、内閣府「国民経済計算」より取得。
$K_{i,t}$	資本投入量	（有形固定資産額×稼働率）／設備投資デフレーター ※稼働率は、経済産業省「鉱工業指数」の稼働率指数と日本銀行「全国企業短期経済観測調査」の生産・営業用設備判断DIを用いて推計。 ※設備投資デフレーターは、内閣府「国民経済計算」の民間企業設備デフレーターを使用。
$L_{i,t}$	労働投入量	（本社本店・本社以外・他企業出向者従業員数合計−正社員正職員以外従業者数）×一般労働者の総実労働時間 ＋正社員正職員以外従業者数×パートタイム労働者の総実労働時間 ※総実労働時間は、厚生労働省「毎月勤労統計」（従業者数30人以上の事業所）の産業別データを使用。
$A_{i,t}$	TFP	資本と労働の投入量だけでは測れない付加価値の押上げ要因
a	資本コストのシェア	資本コスト／（資本コスト＋労働コスト） ※資本コスト＝有形固定資産額×金利＋減価償却費＋動産・不動産貸借料 ※労働コスト＝給与総額 ※金利は、日本銀行「貸出約定平均金利」の国内銀行（ストック、総合）の値を使用。

（備考）i は企業、t は時点を表す。

付注3-4　マークアップ率の推計

1. 概要

　　個別企業のマークアップ率について、「経済産業省企業活動基本調査」の調査票情報を利用して、De Loecker and Warzynski（2012）、Nakamura and Ohashi（2019）などを参考に推計した。

2. データ

　　内閣府「国民経済計算」、経済産業省「経済産業省企業活動基本調査」

3. 推計方法

　　経済産業省企業活動基本調査（2002～21年調査）に含まれる企業[8]を対象にマークアップ率を推計した。推計に必要な産業別の変数などについては、国民経済計算から取得している。なお、産業については国民経済計算における大分類（製造業は中分類）に従った。

　　De Loecker and Warzynski（2012）によれば、生産関数に基づき企業の費用最小化問題を前提とすると、マークアップ率は以下の式により求められる。

$$\mu_{i,t} = \frac{\theta_{i,t}^X}{\alpha_{i,t}^X}$$

　　ここで、$\mu_{i,t}$は企業i、t時点におけるマークアップ率、$\theta_{i,t}^X$は中間投入量に対する生産量の弾力性、$\alpha_{i,t}^X$は名目売上高に占める名目中間投入支出の割合を示す。

　　$\theta_{i,t}^X$の算出に当たっては、生産関数を推定する必要がある。ここでは、Nakamura and Ohashi（2019）に倣って、以下の交差項を除いたトランスログ型生産関数を仮定し、産業別に推計した。

$$logY_{i,t} = \beta_l logL_{i,t} + \beta_{ll}(logL_{i,t})^2 + \beta_k logK_{i,t} + \beta_x logX_{i,t} + \beta_{xx}(logX_{i,t})^2$$
$$+ Z_{i,t} + w_{i,t} + \varepsilon_{i,t}$$

　　ここで、$Y_{i,t}$は生産量、$L_{i,t}$は労働投入量、$K_{i,t}$は資本投入量、$X_{i,t}$は中間投入量、$Z_{i,t}$はコントロール変数、$w_{i,t}$は外部から観測できない生産性、$\varepsilon_{i,t}$は誤差項。ただし、卸売・小売業については、卸売と小売を別々に推計したほか、サンプル数の少なかった保健衛生・社会事業はその他のサービス業と統合して推計した。

　　生産量は、売上高を産業別の産出デフレーターで除した。労働投入量は、常時従業者数に産業別の一人当たり労働時間を乗じた。資本投入量は、有形固定資産を産業別の有

注　(8) 経済産業省企業活動基本調査は、従業員数50人以上かつ資本金又は出資金3,000万円以上の企業（単体ベース）を対象としている。また、各年の調査対象は前年度の決算情報であるため、推計期間は2001～20年度となる。生産量、労働投入量、資本投入量、中間投入量のいずれかが0以下となるサンプルは除いている。

付注

形固定資産デフレーターで除した。中間投入量は、売上原価及び販売費及び一般管理費の和から減価償却費、給与総額、動産・不動産賃借料、租税公課を除いた上で、産業別の中間投入デフレーターで除した。コントロール変数には年ダミーのほか、産業内における売上高のシェアを加えた。生産関数には生産性（$w_{i,t}$）が含まれるが、これは外部から観測できない。これを含めずに推計を行うと、内生性バイアスが生じることから、ここでは、Nakamura and Ohashi（2019）で行われたように、Levinsohn and Petrin（2003）に従って、生産性の代理変数として中間投入量を用いた。これらの下で、中間投入量に対する生産量の弾力性は以下のとおりとなる。

$$\theta_{i,t}^X = \beta_x + 2\beta_{xx} log X_{i,t}$$

また、$a_{i,t}^X$については、名目中間投入（売上原価及び販売費及び一般管理費の和から減価償却費、給与総額、動産・不動産賃借料、租税公課を除く。）を売上高で除した。

付注3－5　マークアップ率の決定要因

1. 概要

　　付注3－4で推計した個別企業のマークアップ率の決定要因について分析した。

2. データ

　　内閣府「国民経済計算」、経済産業省「経済産業省企業活動基本調査」

3. 推計方法

　　付注3－4において推計したマークアップ率について、人的資本、研究開発、ソフト
ウェア、ブランド資産、輸出の有無、海外関係会社への投融資の有無のそれぞれで回帰
した。個別企業の輸出の有無とマークアップ率の関係について分析を行ったDe
Loecker and Warzynski（2012）を参考に、推計式は以下のとおりとした。

$$logμ_{i,t} = β_pP_{i,t} + β_llogL_{i,t} + β_{ll}(logL_{i,t})^2 + β_klogK_{i,t} + β_xlogX_{i,t} + β_{xx}(logX_{i,t})^2$$
$$+ Z_{i,t} + u_i + ε_{i,t}$$

　　ここで、$μ_{i,t}$は付注3－4で求めた企業i、t時点におけるマークアップ率、$P_{i,t}$は関心の
ある変数、$L_{i,t}$は労働投入量、$K_{i,t}$は資本投入量、$X_{i,t}$は中間投入量、$Z_{i,t}$はコントロール
変数、u_iは各個別企業の固定効果、$ε_{i,t}$は誤差項。労働投入量、資本投入量、中間投入量
については付注3－4と同様に求めた。コントロール変数には、売上シェア、産業ダミー、
年ダミーが含まれる。なお、推計は全産業のほか、製造業のみ、非製造業のみのサブサ
ンプルに対しても行った。

　　関心のある変数については、次のとおり作成した。

・人的資本

　　各年における能力開発費を実質化した上で恒久棚卸法によりストック化した。実質
化には、国民経済計算における教育の付加価値デフレーターを用いた。ストック化す
る際の償却率は、経済産業研究所「日本産業生産性（JIP）データベース2023」と同
様、40％とした。なお、経済産業省企業活動基本調査において能力開発費は2009年度
以降取得可能であるが、推計期間は2014～20年度とし、欠損がある企業は欠損時点以
降、サンプルから除外した。説明変数に加える際には対数化した。

・研究開発

　　各年における研究開発費（自社研究開発費、委託研究開発費の和）を実質化した上
で恒久棚卸法によりストック化した。実質化には、国民経済計算における研究・開発
の設備投資デフレーターを用いた。ストック化する際の償却率は、国民経済計算から
求めた償却率を参考に15％とした。なお、経済産業省企業活動基本調査において研究
開発費は対象期間を通じて取得可能であるが、推計期間は2014～20年度とし、欠損が

ある企業は欠損時点以降、サンプルから除外した。説明変数に加える際には対数化した。

・ソフトウェア

　　ソフトウェア資産を実質化した。実質化には、国民経済計算におけるコンピュータソフトウェアの資産デフレーターを用いた。説明変数に加える際には対数化した。なお、経済産業省企業活動基本調査においてソフトウェアは2006年度以降取得可能であるため、推計期間は2006～20年度とした。

・ブランド資産

　　各年における広告宣伝費を実質化した上で恒久棚卸法によりストック化した。実質化には、国民経済計算における専門・科学技術、業務支援サービス業の付加価値デフレーターを用いた。ストック化する際の償却率は、経済産業研究所「日本産業生産性（JIP）データベース2023」と同様、60％とした。なお、経済産業省企業活動基本調査において広告宣伝費の調査は対象期間を通じて取得可能であるが、推計期間は2006～20年度とし、欠損がある企業は欠損時点以降、サンプルから除外した。説明変数に加える際には対数化した。

・輸出の有無

　　売上高の内、モノの輸出が計上されているサンプルで1をとるダミー変数。推計期間は2001～20年度。なお、ここではある時点における企業ごとの輸出の有無による影響を比較するのみにとどまっている。輸出を始めた、あるいはやめたことによる動学的な影響を確認しているわけではない点に注意が必要である。

・海外関係会社への投融資残高の有無

　　海外関係会社への投融資残高があるサンプルで1をとるダミー変数。推計期間は2001～20年度。なお、結果の解釈に当たっては輸出の有無と同様に注意が必要である。

4. 推計結果

・人的資本

	全産業	製造業	非製造業
人的資本	0.0022 *** (0.0006)	0.0006 (0.0007)	0.0034 *** (0.0009)
$logL_{i,t}$	0.5171 *** (0.1649)	0.5956 *** (0.1168)	0.4501 ** (0.1853)
$(logL_{i,t})^2$	-0.0137 ** (0.0063)	-0.0182 *** (0.0044)	-0.0106 (0.0071)
$logK_{i,t}$	0.0123 *** (0.0019)	0.0079 ** (0.0033)	0.0151 *** (0.0023)
$logX_{i,t}$	-0.5462 *** (0.0511)	-0.3111 *** (0.0319)	-0.6632 *** (0.0593)
$(logX_{i,t})^2$	0.0410 *** (0.0054)	0.0225 *** (0.0035)	0.0484 *** (0.0062)
売上シェア	0.0498 (0.5788)	0.4246 (0.2825)	-0.1251 (1.1308)
産業ダミー	Yes	Yes	Yes
年ダミー	Yes	Yes	Yes
個別企業ダミー	Yes	Yes	Yes
Obs.	67,179	31,261	35,918
R^2	0.3447	0.2822	0.4278

（備考）括弧内はCluster robust standard error。***、**、*は、それぞれ1%、5%、10%水準で有意であることを示す。

・研究開発

	全産業	製造業	非製造業
研究開発	0.0032 ** (0.0014)	0.0005 (0.0017)	0.0079 *** (0.0024)
$logL_{i,t}$	0.7282 *** (0.1555)	0.9174 *** (0.1322)	0.4253 ** (0.1854)
$(logL_{i,t})^2$	-0.0228 *** (0.0057)	-0.0300 *** (0.0048)	-0.0110 (0.0068)
$logK_{i,t}$	0.0093 *** (0.0026)	0.0094 ** (0.0040)	0.0112 *** (0.0031)
$logX_{i,t}$	-0.4028 *** (0.0652)	-0.3477 *** (0.0438)	-0.5554 *** (0.1174)
$(logX_{i,t})^2$	0.0300 *** (0.0071)	0.0262 *** (0.0044)	0.0394 *** (0.0123)
売上シェア	0.1408 (0.5278)	0.4694 (0.3059)	-1.6923 (1.5485)
産業ダミー	Yes	Yes	Yes
年ダミー	Yes	Yes	Yes
個別企業ダミー	Yes	Yes	Yes
Obs.	37,855	27,769	10,086
R^2	0.2234	0.1972	0.3106

（備考）括弧内はCluster robust standard error。***、**、*は、それぞれ1%、5%、10%水準で有意であることを示す。

・ソフトウェア

	全産業	製造業	非製造業
ソフトウェア	0.0028 *** (0.0004)	0.0011 *** (0.0004)	0.0041 *** (0.0005)
$logL_{i,t}$	0.6708 *** (0.0551)	0.8065 *** (0.0682)	0.6079 *** (0.0601)
$(logL_{i,t})^2$	-0.0183 *** (0.0021)	-0.0254 *** (0.0025)	-0.0153 *** (0.0023)
$logK_{i,t}$	0.0181 *** (0.0013)	0.0159 *** (0.0020)	0.0217 *** (0.0016)
$logX_{i,t}$	-0.4858 *** (0.0145)	-0.2868 *** (0.0227)	-0.5826 *** (0.0159)
$(logX_{i,t})^2$	0.0317 *** (0.0017)	0.0194 *** (0.0025)	0.0357 *** (0.0019)
売上シェア	0.7640 ** (0.3285)	0.7344 ** (0.3014)	0.7586 (0.4737)
産業ダミー	Yes	Yes	Yes
年ダミー	Yes	Yes	Yes
個別企業ダミー	Yes	Yes	Yes
Obs.	283,168	127,941	155,227
R^2	0.3844	0.3539	0.4331

（備考）括弧内はCluster robust standard error。***、**、*は、それぞれ1％、5％、10％水準で有意であることを示す。

・ブランド資産

	全産業	製造業	非製造業
ブランド資産	0.0019 *** (0.0003)	0.0010 *** (0.0003)	0.0026 *** (0.0007)
$logL_{i,t}$	0.6008 *** (0.0518)	0.7296 *** (0.0605)	0.5905 *** (0.0612)
$(logL_{i,t})^2$	-0.0179 *** (0.0019)	-0.0226 *** (0.0023)	-0.0177 *** (0.0022)
$logK_{i,t}$	0.0190 *** (0.0017)	0.0147 *** (0.0023)	0.0216 *** (0.0022)
$logX_{i,t}$	-0.3346 *** (0.0241)	-0.2418 *** (0.0154)	-0.4476 *** (0.0369)
$(logX_{i,t})^2$	0.0213 *** (0.0025)	0.0157 *** (0.0018)	0.0285 *** (0.0036)
売上シェア	0.5479 * (0.3263)	0.6416 ** (0.2564)	0.0915 (0.5701)
産業ダミー	Yes	Yes	Yes
年ダミー	Yes	Yes	Yes
個別企業ダミー	Yes	Yes	Yes
Obs.	169,316	83,075	86,241
R^2	0.3409	0.3579	0.3715

（備考）括弧内はCluster robust standard error。***、**、*は、それぞれ1％、5％、10％水準で有意であることを示す。

・輸出の有無

	全産業	製造業	非製造業
輸出の有無	0.0035 *** (0.0010)	0.0024 * (0.0012)	0.0057 *** (0.0017)
$logL_{i,t}$	0.7394 *** (0.0370)	1.0080 *** (0.0476)	0.6752 *** (0.0418)
$(logL_{i,t})^2$	-0.0212 *** (0.0014)	-0.0326 *** (0.0018)	-0.0183 *** (0.0016)
$logK_{i,t}$	0.0197 *** (0.0010)	0.0177 *** (0.0012)	0.0226 *** (0.0013)
$logX_{i,t}$	-0.4670 *** (0.0087)	-0.3434 *** (0.0131)	-0.5625 *** (0.0100)
$(logX_{i,t})^2$	0.0328 *** (0.0011)	0.0263 *** (0.0016)	0.0374 *** (0.0013)
売上シェア	0.5508 * (0.2818)	0.0920 (0.4140)	0.5753 (0.4186)
産業ダミー	Yes	Yes	Yes
年ダミー	Yes	Yes	Yes
個別企業ダミー	Yes	Yes	Yes
Obs.	577,352	258,299	319,053
R^2	0.4100	0.4053	0.4495

（備考）括弧内はCluster robust standard error。***、**、*は、それぞれ1%、5%、10%水準で有意であることを示す。

・海外関係会社への投融資残高の有無

	全産業	製造業	非製造業
投融資の有無	0.0045 *** (0.0012)	0.0015 (0.0013)	0.0076 *** (0.0021)
$logL_{i,t}$	0.7394 *** (0.0370)	1.0078 *** (0.0476)	0.6755 *** (0.0418)
$(logL_{i,t})^2$	-0.0212 *** (0.0014)	-0.0326 *** (0.0018)	-0.0183 *** (0.0016)
$logK_{i,t}$	0.0197 *** (0.0010)	0.0177 *** (0.0012)	0.0226 *** (0.0013)
$logX_{i,t}$	-0.4670 *** (0.0087)	-0.3433 *** (0.0131)	-0.5626 *** (0.0100)
$(logX_{i,t})^2$	0.0328 *** (0.0011)	0.0262 *** (0.0016)	0.0374 *** (0.0013)
売上シェア	0.5501 * (0.2817)	0.0925 (0.4141)	0.5732 (0.4183)
産業ダミー	Yes	Yes	Yes
年ダミー	Yes	Yes	Yes
個別企業ダミー	Yes	Yes	Yes
Obs.	577,352	258,299	319,053
R^2	0.4100	0.4048	0.4496

（備考）括弧内はCluster robust standard error。***、**、*は、それぞれ1%、5%、10%水準で有意であることを示す。

付注3－6　マークアップ率と設備投資の関係

1. 概要

付注3－4で推計した個別企業のマークアップ率と設備投資の関係について、Diez et al.（2018）を参考に推計した。

2. データ

内閣府「国民経済計算」、経済産業省「経済産業省企業活動基本調査」

3. 推計方法

各個別企業の設備投資率について、付注3－4において推計したマークアップ率で回帰した。推計期間は2002〜20年度。Diez et al.（2018）を参考に、推計式は以下のとおりとした。

$$\frac{I_{i,t}}{K_{i,t-1}} = \beta_1 log\mu_{i,t} + \beta_2 (log\mu_{i,t})^2 + \beta_3 q_{i,t-1} + \beta_4 \frac{Y_{i,t}}{K_{i,t-1}} + \beta_5 \frac{DR_{i,t}}{K_{i,t-1}} + Z_{i,t} + u_i + \varepsilon_{i,t}$$

ここで、$I_{i,t}$は企業i、t時点における実質設備投資、$K_{i,t-1}$は前期末の実質資本ストック、$\mu_{i,t}$は付注3－4で求めたマークアップ率、$q_{i,t-1}$は前期のトービンのq、$Y_{i,t}$は生産量、$RD_{i,t}$は実質研究開発投資、$Z_{i,t}$はコントロール変数、u_iは各個別企業の固定効果、$\varepsilon_{i,t}$は誤差項。実質設備投資は、有形固定資産の当期取得額を国民経済計算における産業別の有形固定資産設備投資デフレーターで除した。前期末の資本ストックは、前期末の有形固定資産を国民経済計算における産業別の有形固定資産デフレーターで除した。生産量は、売上高を国民経済計算における産業別の算出デフレーターで除した。実質研究開発投資は、研究開発費を国民経済計算における産業別の研究開発投資デフレーターで除した。コントロール変数には、産業ダミー、年ダミーが含まれる。

また、トービンのqについては、将来利益の割引現在価値を有形資本ストックで除して求めた。将来利益の割引現在価値については、時価総額が用いられるのが一般的であるが、データセットには非上場企業が含まれることから、福田他（2005）を参考に、前期の実質利益を実質利子率で除して求めた。実質利益は、当期純利益、減価償却費、支払利息の和を国民経済計算における産業別付加価値デフレーターで除して求めた。実質利子率は、支払利息を固定負債で除して求めた上で、各企業で通期の平均をとった。その際、実質利子率が1％を下回る場合は1％で置き換えた。

推計に当たっては、対象期間中の全ての年で観測値のある企業のみを対象に分析を行った。さらに、流動負債、固定負債、支払利息、経常利益、流動資産のいずれかが0になるサンプル、あるいは、対象期間中の利益の合計が負になる企業は除いた。また、各年において被説明変数、説明変数のいずれかが上位5％あるいは下位5％に含まれるサ

ンプル（特に実質設備投資が0のサンプル）は除いた。

推計は全産業のほか、製造業のみ、非製造業のみのサブサンプルに対しても行った。

Diez et al.（2018）においても触れられているように、マークアップ率と設備投資の間には逆の因果がありえる。固定効果モデル等を採用することで内生性の問題は一定程度緩和されていると考えられるが、結果の解釈に当たっては注意が必要である。なお、Diez et al.（2018）においては、操作変数法によって分析を行っても同様の結論が得られることを指摘している。

4. 推計結果

	全産業	製造業	非製造業
$log\mu_{i,t}$	0.0700 *** (0.0121)	0.1040 *** (0.0128)	0.0736 *** (0.0197)
$(log\mu_{i,t})^2$	-0.0810 ** (0.0394)	-0.1205 *** (0.0437)	-0.1330 ** (0.0627)
$q_{i,t-1}$	0.0013 *** (0.0001)	0.0008 *** (0.0001)	0.0007 *** (0.0001)
$Y_{i,t}/K_{i,t-1}$	0.0037 *** (0.0002)	0.0135 *** (0.0005)	0.0007 *** (0.0001)
$RD_{i,t}/K_{i,t-1}$	0.1443 *** (0.0208)	0.0931 *** (0.0203)	0.1032 (0.1252)
産業ダミー	Yes	Yes	Yes
年ダミー	Yes	Yes	Yes
個別企業ダミー	Yes	Yes	Yes
Obs.	80,861	52,263	42,512
R^2	0.0535	0.0852	0.0351

（備考）括弧内はCluster robust standard error。***、**、*は、それぞれ1%、5%、10%水準で有意であることを示す。

付注3−7　賃金対生産性比の推計

1. 概要

    個別企業の賃金対生産性比について、「経済産業省企業活動基本調査」の調査票情報を利用して、Yeh et al.（2022）、青木他（2023）などを参考に推計した。さらに、マークアップ率との関係を分析した。

2. データ

    内閣府「国民経済計算」、経済産業省「経済産業省企業活動基本調査」

3. 推計方法

    マークアップ率を推計した付注3−4と同様のデータセット、生産関数を前提に賃金マークダウンの逆数として計算される賃金対生産性比を推計した。

    Yeh et al.（2022）によれば、賃金マークダウンは以下の式により求められる。

$$v_{i,t} = \frac{\left(\frac{\theta_{i,t}^L}{a_{i,t}^L}\right)}{\mu_{i,t}}$$

ここで、$v_{i,t}$は賃金マークダウン、$\theta_{i,t}^L$は労働投入量に対する生産量の弾力性、$a_{i,t}^L$は名目売上高に占める名目労働投入支出の割合を示す。付注3−4における生産関数を基に労働投入量に対する生産量の弾力性は以下のとおり求められる。

$$\theta_{i,t}^L = \beta_l + 2\beta_{ll} logL_{i,t}$$

また、$a_{i,t}^X$については、給与総額を売上高で除して求めた。

    続いて、Martens（2022）、青木他（2023）において確認されたように、マークアップ率との関係を考える。推計期間は2001〜20年度。推計式は以下のとおりとした。

$$logv_{i,t} = \gamma log\mu_{i,t} + \gamma_l logL_{i,t} + \gamma_{ll}(logL_{i,t})^2 + \gamma_k logK_{i,t} + \gamma_x logX_{i,t}$$
$$+ \gamma_{xx}(logX_{i,t})^2 + Z_{i,t} + u_i + \varepsilon_{i,t}$$

ここで、$\mu_{i,t}$は付注3−4で求めた企業i、t時点におけるマークアップ率、$L_{i,t}$は労働投入量、$K_{i,t}$は資本投入量、$X_{i,t}$は中間投入量、$Z_{i,t}$はコントロール変数、u_iは各個別企業の固定効果、$\varepsilon_{i,t}$は誤差項。労働投入量、資本投入量、中間投入量については付注3−4と同様に求めた。コントロール変数には、売上シェア、産業ダミー、年ダミーが含まれる。なお、推計は全産業のほか、製造業のみ、非製造業のみのサブサンプルに対しても行った。

    本文においては、賃金マークダウンの逆数である賃金対生産性比との関係をみているので、$-\gamma$を示している。

    なお、販売価格や賃金は同時決定される変数であり、ここではマークアップを被説明

変数、賃金マークダウンを説明変数として分析を行ったが、ここで観察される関係につ
いて因果関係として解釈することは適当ではない。

4. 推計結果

	全産業	製造業	非製造業
$log \mu_{i,t}$	-1.2907 *** (0.0202)	-1.4576 *** (0.0375)	-1.2279 *** (0.0243)
$log L_{i,t}$	0.1916 *** (0.0724)	1.4913 *** (0.1484)	-0.0493 (0.0723)
$(log L_{i,t})^2$	-0.0296 *** (0.0028)	-0.0859 *** (0.0058)	-0.0179 *** (0.0028)
$log K_{i,t}$	-0.0139 *** (0.0015)	-0.0173 *** (0.0026)	-0.0099 *** (0.0018)
$log X_{i,t}$	0.3519 *** (0.0132)	0.3372 *** (0.0190)	0.3382 *** (0.0173)
$(log X_{i,t})^2$	0.0256 *** (0.0017)	0.0381 *** (0.0024)	0.0233 *** (0.0021)
売上シェア	-4.0466 *** (1.1643)	-4.6703 ** (2.1947)	-4.1767 *** (1.3556)
産業ダミー	Yes	Yes	Yes
年ダミー	Yes	Yes	Yes
個別企業ダミー	Yes	Yes	Yes
Obs.	576,441	257,733	318,708
R^2	0.7805	0.7972	0.8045

（備考）括弧内はCluster robust standard error。***、**、*は、そ
れぞれ1%、5%、10%水準で有意であることを示す。

付注3－8　輸出開始による売上高・生産性への影響（企業規模別）の推計方法

1.　概要

　　輸出開始が売上高と生産性（TFP）に与える因果関係を企業規模別に把握するため、大企業、中小企業のそれぞれに関して傾向スコアマッチング法に基づく差の差（difference in difference）分析を行った。

　　具体的には、企業を規模別にグループ分けした上で、それぞれの中で企業属性をもとに輸出を開始する確率（傾向スコア）を推計し、その傾向スコアが同程度で、実際に輸出を開始した企業と開始しなかった企業をマッチングし、それらの企業に関して、輸出開始後の売上高とTFPの変化の差を推計した。

2.　データ

　　経済産業省「経済産業省企業活動基本調査」の調査票情報をもとに、輸出開始の1年前から6年後までの7年間でバランスしたパネルデータを結合し、データセットを作成した。なお、ここでは非輸出開始企業を含め、7年間のうち、1年目の輸出額が0の企業に限り分析の対象としている。また、産業は製造業に限定し、企業規模は輸出開始年度における資本金額が1億円以上を大企業、1億円未満を中小企業とした。

3.　推計方法
（1）推計式

　　まず、輸出を開始する確率（傾向スコア）を、以下のロジットモデルにより推計した（説明変数は、輸出開始の決定から実施までの期間を考慮し、1期のラグをとった）。

$$\Pr(D_{i,t}=1)=\mathrm{F}(\beta_0+\beta_1 lnrelTFP_{i,t\text{-}1}+\beta_2 lnL_{i,t\text{-}1}+\beta_3 DEBT_{i,t\text{-}1}+\Sigma_m\gamma_i^m Industry_i^m$$
$$+\Sigma_i\gamma_t Time_t$$

　　次に、推計した傾向スコアをもとに、輸出開始企業1社ごとに、最も傾向スコアが近い非輸出開始企業1社を同一年度・同一産業内で抽出し、1対1のマッチングを実施し、マッチング後のサンプルをもとに、以下の推計式により差の差を推計した。

$$OUTCOME_{i,t\text{-}1+s}-OUTCOME_{i,t\text{-}1}=\beta_0+\beta_1 D_{i,t}+\beta_2 OUTCOME_{i,t\text{-}1}$$
$$+\Sigma_m\gamma_i^m Industry_i^m+\Sigma_i\gamma_t Time_t+\varepsilon_{i,t}$$

$$(s=1,\cdots,6)$$

　　ここでOUTCOMEとしては、売上高の対数値、及びTFPの対数値を利用した。TFPの算出方法は付注3－3を参照。なお、第3－3－6図の作成に際しては、左辺に1～2年目、5～6年目の平均値を取り、推計を行った。

(2) 変数の定義と使用データ等

変数	定義	使用データ等
$D_{i,t}$	輸出開始ダミー	各企業が輸出を開始し、3年間継続すると1となるダミー
$F(\cdot)$	分布関数	ロジスティック分布の累積分布関数
$relTFP_{i,t}$	生産性（TFP）の相対水準	各企業のTFPを、当該企業が属する産業におけるTFPの平均値で除した値 ※TFPの算出方法は付注1−1を参照。
$L_{i,t}$	雇用者数	フルタイム換算した従業員数
$DEBT_{i,t}$	負債比率	負債／資産
$Industry_{i,t}$	業種ダミー	各企業が属する産業を表すダミー変数
$Time_{i,t}$	年度ダミー	各年度を表すダミー変数

（備考）iは企業、tは時点を表す。

(3) 推計対象

期間：1997年度〜2020年度

企業数

①大企業：1,562社（うち輸出開始企業は169社）

②中小企業：2,882社（うち輸出開始企業は196社）

(4) 推計結果

傾向スコアを求めるために行ったロジット推計の結果は、以下のとおり。

①大企業

	推定量	標準誤差	P値
$lnrelTFP_{i,t-1}$	0.21	0.19	0.26
$lnL_{i,t-1}$	0.40	0.09	0.00
$DEBT_{i,t-1}$	-0.49	0.35	0.16

（※）業種ダミー、年度ダミーは省略。

②中小企業

	推定量	標準誤差	P値
$lnrelTFP_{i,t-1}$	0.10	0.17	0.55
$lnL_{i,t-1}$	0.37	0.12	0.00
$DEBT_{i,t-1}$	-0.14	0.30	0.64

（※）業種ダミー、年度ダミーは省略。

付注3−9　輸出実施確率のロジスティック回帰

1. 概要

　　どのような企業が輸出を実施している傾向にあるのかに関して、企業属性等をもとに
ロジスティック回帰分析により検証した。

2. データ

　　内閣府「企業の輸出動向に関する調査」個票データ、帝国データバンク「企業財務
ファイル（COSMOS1）」「企業概要ファイル（COSMOS2）」を利用した。

3. 推計方法

　　本分析では、現在輸出を実施している場合に1となる輸出ダミーを被説明変数として、
従業員数（対数値）、負債比率（＝負債／資産）、業種、経営者の海外経験ダミー（経営
者に海外留学・就業経験がある場合に1となる）のほか、第3−3−14図（1）では各企業
の強み、第3−3−14図（2）では各企業が成長に向けて取り組んでいることを表すダ
ミーを説明変数としてロジスティック回帰を行った。

　　なお、推計期間に関して、輸出実施の有無は2022年度、経営者の海外経験の有無、各
企業の強み、成長に向けて取り組んでいることは2023年3月17〜31日、業種は2023年2
月、従業員数（対数値）、負債比率は2021年度のデータ。

　　また、企業数は第3−3−14図（1）の分析では2,981社（うち輸出実施企業は689社）、
第3−3−14図（2）の分析では2,985社（うち輸出実施企業は685社）。

4. 推計結果

第3-3-14図（1）のロジスティック回帰

	推定量	標準誤差	P値
従業員数（対数値）	0.44	0.04	0.00
負債比率	-0.42	0.15	0.00
経営者の海外経験ダミー	0.47	0.12	0.00
強み	–	–	–
技術力・開発力	0.32	0.12	0.01
価格競争力	-0.06	0.12	0.63
ブランド力	0.76	0.11	0.00
営業力	0.14	0.12	0.25
人材力（量的・質的確保）	-0.41	0.14	0.00
情報収集力	0.08	0.19	0.66
資金力・財務力	-0.26	0.16	0.11
経営力・戦略立案力	0.01	0.16	0.94
その他	-0.33	0.26	0.22

（※）業種ダミーは省略。

第3-3-14図（2）のロジスティック回帰

	推定量	標準誤差	P値
従業員数（対数値）	0.45	0.04	0.00
負債比率	-0.43	0.14	0.00
経営者の海外経験ダミー	0.42	0.12	0.00
成長に向けて取り組んでいること	–	–	–
経営戦略の策定	0.08	0.11	0.42
内部統制（ガバナンス）の強化	-0.27	0.13	0.03
処遇改善（賃上げ等）による人材確保	0.04	0.11	0.70
従業員への教育投資	-0.15	0.11	0.16
設備投資の強化	-0.11	0.10	0.30
M&Aによる事業拡大・多角化	0.20	0.23	0.39
ICTによる業務効率化	-0.10	0.16	0.52
ICTによる社内体制・事業の見直し	-0.13	0.25	0.60
研究開発（自社によるもの）	0.87	0.11	0.00
研究開発（他社・研究機関と連携したもの）	0.58	0.14	0.00
脱炭素化への対応	0.39	0.17	0.02
特段取り組んでいない	-0.30	0.22	0.16

（※）業種ダミーは省略。

参考文献一覧

参考文献

第1章

第1節について

岡田真央（2023）「資材価格上昇と住宅着工の動向」今週の指標No.1299　内閣府（2023年2月）

鈴木源一朗・森成弥（2023）「クレジットカードデータを用いた個人消費動向把握の精度向上の取組」経済財政分析ディスカッション・ペーパー・シリーズ　DP/23-1

内閣府（2003）『平成15年度　年次経済財政報告』

内閣府（2011）『平成23年度　年次経済財政報告』

内閣府（2015）『平成27年度　年次経済財政報告』

内閣府（2018）『平成30年度　年次経済財政報告』

内閣府（2019）『令和元年度　年次経済財政報告』

内閣府（2020）『令和2年度　年次経済財政報告』

内閣府経済社会総合研究所（2017）「資本サービスに係る推計の概要」

内閣府政策統括官（経済財政分析担当）（2023）『日本経済2022-2023』

森成弥（2023）「アフターコロナにおけるテレワークとサービス消費について」マンスリー・トピックスNo.73　内閣府（2023年7月）

山内美佳（2023）「家計の実質消費支出の動向について」今週の指標No.1304　内閣府（2023年4月）

Andrews, Dan., Müge. A. McGowan, and Valentine. Millot (2017), "Confronting the Zombies: Policies for Productivity Revival", *OECD Economic Policy Paper* No.21

Barrero, M. Jose, Nicholas Bloom, and Steven. J. Davis (2020) "COVID-19 is Also a Reallocation Shock" *NBER Working Paper Series* 27137,

Demmou, Lilas. and Guido. Franco (2021), "From hibernation to reallocation: Loan guarantees and their implications for COVID-19 productivity", *OECD Economics Department Working Paers,* No.1687

Taiji, Hagiwara, and Yoichi. Matsubayashi (2019), "Capital Accumulation, Vintage and Productivity: The Japanese Experience", *The Singapore Economic Review*, 64（3）747-771, 2019

第2節について

川本卓司、尾崎達哉、加藤直也、前橋昂平（2017）「需給ギャップと潜在成長率の見直しについて」BOJ Reports and Research Papers（2017年4月）

小林周平、森成弥、北口隆雅（2023）「GDPギャップ推計のコロナ下での暫定的な処理の見直しについて」今週の指標　No.1310　内閣府（2023年5月）

酒巻哲朗、鈴木晋、中尾隆宏、北川諒、符川公平、仲島大誠、堀雅博（2022）「短期日本経済マクロ計量モデル（2022年版）の構造と乗数分析」、ESRI Research Note No.72

内閣府（2021）『令和3年度　年次経済財政報告』

内閣府（2022）『令和4年度　年次経済財政報告』

内閣府（2023）「中長期の経済財政に関する試算」（2023年1月）

内閣府政策統括官（経済財政分析担当）（2023）『日本経済2022-2023』

吉田充（2017）「GDPギャップ/潜在GDPの改定について」経済財政分析ディスカッション・ペーパー・シリーズ　DP17/3

渡辺努・渡辺広太（2016）「デフレ期における価格の硬直化：原因と含意」経済学論文集81-1

IMF（2023）"World Economic Outlook, April 2023: A Rocky Recovery", Spring 2023

IMF（2023）, "Japan 2023 Article Ⅳ Consultation-Press Release; Staff Report; and Statement by the Executive Director for Japan", *IMF Country Report* No. 23/127

Jordi, Galí and Mark. Gertler（2000）"Inflation Dynamics: A Structural Econometric Analysis" *NBER Working Paper* No. W7551

Lane, R. Philips（2022）, "Inflation Diagnostics.", *The ECB Blog.*

Thomas Chalaux and Yvan Guillemette（2019）"The OECD Potential Output Estimation Methodology", *Economics Departmetn Working Papers* No.1563

第2章

第1節について

伊佐夏実・知念渉（2014）「理系科目における学力と意欲のジェンダー差」『日本労働研究雑誌』　2014年7月号（No.648）日本労働政策研究・研修機構

浦坂純子・西村和雄・平田純一・八木匡（2011）「理系出身者と文系出身者の年収比較 ―JHPSデータに基づく分析結果―」RIETI Discussion Paper Series 11-J-020　経済産業研究所

尾崎達哉・玄田有史（2019）「賃金上昇が抑制されるメカニズム」　日本銀行ワーキングペーパーシリーズ　No.19-J-6　日本銀行

株式会社リクルート（2022）「兼業・副業に関する動向調査データ集　2022」

川上淳之（2021）『「副業」の研究：多様性がもたらす影響と可能性』　慶応義塾大学出版会

河越壮玄・上野有子（2023）「我が国の賃金上昇：1990年代以降の動向」　マンスリー・トピックス　No.70　内閣府

北村智紀・中嶋邦夫（2010）「30・40歳代家計における株式投資の決定要因」『行動経済学』第3巻　行動経済学会

木成勇介・筒井義郎（2009）「日本における危険資産保有比率の決定要因」『金融経済研究』29号　日本金融学会

厚生労働省（2022）『令和4年版　労働経済の分析』

古村典洋（2022）「チャイルドペナルティーとジェンダーギャップ」『「仕事・働き方・賃金に関する研究会——一人ひとりが能力を発揮できる社会の実現に向けて」報告書』　第3章　財務総合政策研究所

内閣府（2022）『令和4年度　年次経済財政報告』

内閣府政策統括官（経済社会システム担当）（2023）「第5回　新型コロナウイルス感染症の影響下における生活意識・行動の変化に関する調査」

内閣府政策統括官（経済財政分析担当）（2023）『日本経済2022-2023』

永吉希久子（2022）「外国人労働者と日本人労働者の賃金格差——賃金構造基本統計調査の分析から」『日本労働研究雑誌』　2022年7月号（No.744）日本労働政策研究・研修機構

日本銀行（2018）「最近の労働供給の増加と賃金動向」『経済・物価情勢の展望』　2018年7月BOX1

日本銀行（2023）「労働市場の二重構造と賃金の先行き」『経済・物価情勢の展望』　2023年1月　BOX3

平田渉・丸山聡崇・嶺山友秀（2020）「賃金版フィリップス曲線のフラット化と名目賃金の下方硬直性：2010年代の経験」　日本銀行ワーキングペーパーシリーズ　No.20-J-3　日本銀行

古川角歩・城戸陽介・法眼吉彦（2023）「求人広告情報を用いた正社員労働市場の分析」　日本銀行ワーキングペーパーシリーズ　No.23-J-2　日本銀行

山口一男（2007）「男女の賃金格差解消への道筋：統計的差別に関する企業の経済的非合理性について」　RIETI Discussion Paper Series 07-J-038　経済産業研究所

山口一男（2019）「日本の男女格差」　ファイナンス＆ディベロップメント　2019年3月　国際通貨基金

山本勲・黒田祥子（2016）「雇用の流動性は企業業績を高めるのか：企業パネルデータを用いた検証」　RIETI Discussion Paper Series 16-J-062　経済産業研究所

Abelson, A. and D. Baysinger（1984）"Optimal and Dysfunctional Turnover: Toward an Organizational Level Model", *Academy of Management Review*, Vol.9, 331-341

Aigner, D. J. and G. G. Cain（1977）"Statistical Theory of Discrimination in Labor Markets", *Industrial and Labor Relation Review*, Vol.30, No.2, 175-187

Chzhen, Y., A. Gromada, and G. Rees（2019）"Are the world's richest countries family friendly? Policy in the OECD and EU", UNICEF Office of Research

Cortés, P. and J. Pan（2020）"Children and the Remaining Gender Gaps in the Labor Market", *NBER Working Paper* 27980, National Bureau of Economic Research

Goldin, C.（2014）"A Grand Gender Convergence: Its Last Chapter", *American Economic Review*, Vol.104, No.4, 1091-1119

IMF（2022）"Wage Dynamics Post-Covid-19 and Wage-Price Spiral Risks", *World Ecnomic Outlook*, Chapter 2

Kleven, H., C. Landais, and J. E. Søgaard（2019a）"Children and Gender Inequality: Evidence from Denmark", *American Economic Journal: Apllied Economics*, Vol.11, No.4, 181-209

Kleven, H., C. Landais, J. Posch, A. Steinhauer, and J. Zweimüller（2019b）"Child Penalties across Countries: Evidence and Explanations", *AEA Papers and Proceedings*, Vol.109, 122-126

Muto, I. and K. Shintani（2020）"An empirical study on the New Keynesian wage Phillips curve: Japan and the US", *The B.E. Journal of Macroeconomics*, Vol.20, No.1, 1-17

Panos, G. A., K. Pouliakas, and A. Zangelidis（2014）"Multiple Job Holding, Skill Diversification, and Mobility", *Industrial Relations*, Vol.53, No.2, 223-272

Phelps, E. S.（1972）"The Statistical Theory of Racism and Sexism", *American Economic Review*, Vol.62, No.4, 659-661

第2節について

岩澤美帆（2017）「2000年代の日本における婚外子－父親との同別居, 社会経済的状況とその多様性－」『人口学研究』 第53巻 国立社会保障・人口問題研究所

岩澤美帆（2023）「我が国の将来推計人口について 令和5年推計の概要」 第70回ESRI政策フォーラム（2023年6月23日）

宇南山卓（2009）「少子高齢化対策と女性の就業について－都道府県別データから分かること－」 RIETI Discussion Paper Series 10-J-004 経済産業研究所

岡田豊（2017）「少子化対策は20歳代向けが重要」 みずほインサイト（2017年2月14日） みずほ総合研究所

加藤承彦・福田節也（2018）「男性の育児参加が次子の出生に与える影響：三世代同居との交互作用の検討」『厚生の指標』　第65巻　第15号　厚生労働統計協会

韓松花・相馬直子（2016）「韓国の少子化対策」」『季刊　家計経済研究』109号　家計経済研究所

酒井正・樋口美雄（2005）「フリーターのその後—就業・所得・結婚・出産」『日本労働研究雑誌』　2005年1月号（No.535）日本労働政策研究・研修機構

内閣府（2022）『令和4年版　少子化社会対策白書』

内閣府政策統括官（経済財政分析担当）（2023）『日本経済2022-2023』

内閣府男女共同参画局（2023）『男女共同参画白書　令和5年版』

永瀬伸子（2002）「若年層の雇用の非正規化と結婚行動」『人口問題研究』第58巻　第2号　国立社会保障・人口問題研究所

樋口美雄・岩田正美（1999）『パネルデータからみた現代女性』　東洋経済新報社

藤波匠（2022）「若い世代の出生意欲の低下が深刻に—新型コロナが出生意欲のさらなる低下を助長」リサーチ・フォーカス No.2021-056　日本総研

水落正明（2011）「夫の出産・育児に関する休暇が出産に与える効果」『季刊　社会保障研究』第46巻　第4号　国立社会保障・人口問題研究所

Becker, G. S. (1960). "An Economic Analysis of Fertility", *Demographic and Economic Change in Developed Countries*, Princeton University Press

Camarota, S. A. and K. Ziegler (2021) "Fertility Among Immigrants and Native-Born Americans: Difference between the Foreign-Born and Native-Born Continues to Narrow", *Center for Immigration Studies* (February 16, 2021)

Kiernan, E. (2004) "Unmarried cohabitation and parenthood: Here to stay? European perspectives", *The Future of the Family*, D. P. Moynihan, T. M. Smeeding, and L. Rainwater (eds.), 66-95

Korekawa, Y. (2023) "Fertility of Immigrant Women in Japan; Analysis using the own-children method based on micro-data from the population census of Japan," *Working Paper Series* No.65. National Institute of Population and Social Security Research

第3章

第1節について

金榮愨・深尾京司・権赫旭・池内健太（2023）「新型コロナウイルス感染症流行下の企業間資源再配分：企業ミクロデータによる生産性動学分析」*RIETI Discussion Paper Series*

23-J-016　経済産業研究所

経済産業省（2022）『令和4年版　通商白書』

滝澤美帆（2020）「経済学から見た生産性計測の課題とサービス社会」サービソロジー6巻　4号　p.4-7

内閣府（2014）『平成26年度　年次経済財政報告』

内閣府（2018）『平成30年度　年次経済財政報告』

内閣府（2022）『令和4年度　年次経済財政報告』

日本生産性本部（2022）「労働生産性の国際比較2022」

深尾京司・池内健太・滝澤美帆（2018）「質を調整した日米サービス産業の労働生産性水準比較」日本生産性本部・生産性レポートVol.6

間瀬英之（2023）「拡大が続くわが国のソフトウェア投資―対面型サービス業の生産性向上にも期待―」日本総研・リサーチ・フォーカス　No.2022-058

森川正之（2018）「生産性：誤解と真実」日本経済新聞出版

森川正之（2018）「企業の教育訓練投資と生産性」RIETI Discussion Paper Series 18-J-021　経済産業研究所

Albrizio, S., T. Koźluk and V. Zipperer (2017), "Environmental policies and productivity growth: Evidence across industries and firms", *Journal of Environmental Economics and Management*, Vol. 81, pp.209-226

BIS (Department for Business Innovation & Skills) (2012), "The Impact of Investment in Intangible Assets on Productivity Spillovers," *BIS Research Paper* Number 74.

Brynjolfsson, E., and L. M. Hitt (2003). "Computing productivity: Firm-level evidence." *Review of economics and statistics* 85.4, 793-808.

Corrado, C., C. Hulten, and D. Sichel (2005), "Measuring Capital and Technology: An Expanded Framework," in C. Corrado, J.C. Haltiwanger, and D. Sichel (eds.), *Measuring Capital in the New Economy*, Chicago: University of Chicago Press.

Fukao K., Kim Y., Kwon H. (2021), "The Causes of Japan's Economic Slowdown: An Analysis Based on the Japan Industrial Productivity Database," *International Productivity Monitor*, Number 40.

Haskel, J. and S. Westlake (2017), "Capitalism without Capital: The Rise of the Intangible Economy", Princeton, N.J.: Princeton University Press, 278 pp

Hosono K, Miyakawa D, Takizawa M and Yamanouchi K (2016), "Complementarity and Substitutability between Tangible and Intangible Capital: Evidence from Japanese firm-level data", *RIETI Discussion Paper Series* 16-E-024　経済産業研究所

IMF: S. Kim, P. L. Murphy and R. Xu (2023), "Drivers of Corporate Cash Holdings in Japan", *Selected Issues Papers*, Volume 2023: Issue 029

Nonnis, A., Bounfour, A., Kim, K. (2023) "Knowledge spillovers and intangible complementarities: Empirical case of European countries," *Research Policy* 52.

OECD (2021), "Assessing the Economic Impacts of Environmental Policies: Evidence from a Decade of OECD Research", OECD Publishing, Paris

Porter, M. E. (1991), "Towards a Dynamic Theory of Strategy", *Strategic Management Journal*, Vol.12, Issue 52, 95-117

Porter, M. E. and C. van der Linde (1995), "Toward a New Conception of the Environmental-Competitiveness Relationship", *Journal of Economic Perspectives* Vol.9, 97-118

R. De Santis, P. Esposito and C. Jona-Lasinio (2020), "Environmental regulation and productivity growth: main policy challenges", *LEQS Paper* No. 158

第2節について

青木浩介・髙富康介・法眼吉彦 (2023)「わが国企業の価格マークアップと賃金設定行動」 日本銀行ワーキングペーパーシリーズ　23-J-4

池田周一郎・倉知善行・近藤卓司・松田太一・八木智之 (2022)「短観からみた最近の企業の価格設定スタンス」 日銀レビュー・シリーズ　22-J-17

経済産業省・厚生労働省・文部科学省 (2023)『令和4年度　ものづくり基盤技術の振興施策』

齋藤雅士・笛木琢治・福永一郎・米山俊一 (2012)「日本の構造問題と物価変動：ニューケインジアン理論に基づく概念整理とマクロモデルによる分析」 日本銀行ワーキングペーパーシリーズ　12-J-2

内閣府政策統括官（経済財政分析担当）(2023)『日本経済2022-2023』

福田慎一・粕谷宗久・中島上智 (2005)「非上場企業の設備投資の決定要因：金融機関の健全性および過剰債務問題の影響」 日本銀行ワーキングペーパー　05-J-2

渡辺努 (2022)『物価とは何か』講談社

渡辺努 (2023)「賃金と物価の好循環は可能か？」 経済財政諮問会議特別セッションヒアリング提出資料　内閣府

Aoki, K., H. Ichiue, and T. Okuda (2019), "Consumers' Price Beliefs, Central Bank Communication, and Inflation Dynamics," *Bank of Japan Working Paper Series*, 19-E-14

Basu, S. and G. F. John (2002), "Aggregate Productivity and Aggregate Technology," *European Economic Review*, 46 (2): 963-991

De Loecker, J. and J. Eeckhout (2021), "Global Market Power," *NBER Working Paper*, 2478

De Loecker, J., J. Eeckhout, and G. Unger (2020), "The Rise of Market Power and the

Macroeconomic Implications," *The Quarterly Journal of Economics*, 135 (2), 561-644

De Loecker, J. and F. Warzynski (2012), "Markups and Firm-Level Export Status," *American Economic Review*, 102 (6): 2437-2471

Diez, F. J., D. Leigh, and S. Tambunlertchai (2018), "Global Market Power and its Macroeconomic Implications," IMF working paper

Hall, R. E. (1988), "The Relation between Price and Marginal Cost in U.S. Industry," *Journal of Political Economy*, 96 (5): 921-47

Hosono, K., M. Takizawa, and K. Yamanouchi (2022), "Foreign Direct Investment and Markups," *RIETI Discussion Paper Series*, 22-E-009

Kato, A. (2014), "Does Export Yield Productivity and Markup Premiums? Evidence from the Japanese manufacturing industry," *RIETI Discussion Paper Series*, 14-E-037

Kouvavas, O., C. Osbat, T. Reinelt, and I. Vannsteenkiste (2021), "Markups and Inflation Cyclicality in the Euro Area," *Working Paper Seires*, 2617, European Cental Bank

Levinsohn, J. and A. Petrin (2003), "Estimating Production Functions Using Inputs to Control for Unobservables," *The Review of Economic Studies*, 70 (2), 317-341

Mertens, M. (2022), "Micro-Mechanisms Behind Declining Labor Shares: Rising Market Power and Changing Modes of Production," *International Journal of Industrial Organization*, 81, 102808

Nakamura, T. and H. Ohashi (2019), "Linkage of Markups through Transaction," *RIETI Discussion Paper Series*, 19-E-10

Yeh, C., C. Macaluso, and B. Hershbein (2022), "Monopsony in the US Labor Market," *American Economic Review*, 112 (7), 2099-2138

第3節について

伊藤恵子 (2011)「輸出による学習効果の分析：輸出開始とイノベーション活動の相互作用」 RIETI Discussion Paper Series 11-J-066　経済産業研究所

栗田匡相 (2014)「中小企業における輸出と企業力の強化：工業統計ミクロデータを用いた輸出の学習効果の検証」 RIETI Discussion Paper Series 14-J-034　経済産業研究所

竹内英二 (2013)「中小企業による海外展開支援ビジネスの増加」『日本政策金融公庫論集』 第19号　日本政策金融公庫総合研究所

丹下英明 (2016)「輸出に取り組む中小企業の現状と課題」『日本政策金融公庫論集』　第33号 日本政策金融公庫総合研究所

中小企業庁 (2012)『中小企業の企業力強化ビジョン　―グローバル競争下における今後の中

小企業政策のあり方—』（財）経済産業調査会

中小企業庁（2023）『2023年版　中小企業白書』

内閣府（2019）『令和元年度　年次経済財政報告』

内閣府政策統括官（経済財政分析担当）（2023）『日本経済2022-2023』

Cassiman, B., E. Golovko, and E. Martinez-Ros（2010）"Innovation, exports and productivity", *International Journal of Industrial Organization*, Vol.28, Issue4, 372-376

Crespi, G., C. Crisculo, and J. Haskel（2008）"Productivity, exporting, and the learning-by-exporting hypothesis: direct evidence from UK firms", *Canadian Journal of Economics*, Vol.41, Issue2, 619-638

De Locker, J.（2007）"Do Exports Generate Higher Productivity? Evidence from Slovenia", *Journal of International Economics*, Vol.73, 69-98

Gkypali, A., J. H. Love, and S. Rooper（2021）"Export status and SME productivity: Learning-to-export versus learning-by-exporting", *Journal of Business Research*, Vol.128, 486-498

Grossman, G. and E. Helpman（1991）"Trade, Knowledge Spillover and Growth", *European Economic Review*, Vol.35, 517-526

Ito, K. and S. Lechevalier（2010）"Why Some Firms Persistently Out-Perform Others: Investigating the Interactions between Innovation and Exporting Strategies", *Industrial and Corporate Change*, Vol.19, Issue6, 1997-2039

Salmon, R. M.（2006）"Learning from Exporting: New Insights, New Perspectives", Edward Elgar Publishing

Wagner, J.（2002）"The casual effects of exports on firm size and labor productivity: first evidence from a matching approach", *Economics letters*, Vol.77, Issue2, 287-292

Wagner, J.（2012）"International trade and firm performance: a survey of empirical studies since 2006", *Review of World Economics*, Vol.148, No.2, 235-267

Yashiro, N. and D. Hirano（2009）"Do All Exporters Benefit from Export Boom? Evidence from Japan", *KEIR Discussion Paper*, No.689

長期経済統計

年度統計

国民経済計算（1/5）

年度	国内総生産（GDP）名目 総額 10億円	名目 前年度比 %	実質 前年度比 %	国民総所得（GNI）名目 前年度比 %	実質 前年度比 %	名目国民所得 総額 10億円	前年度比 %	国民所得 名目雇用者報酬 総額 10億円	前年度比 %	1人当たりGDP 千円	1人当たり雇用者報酬 前年度比 %
1955	9,162.9	–	–	–	–	6,973.3	–	3,548.9		97	
1956	10,281.7	12.2	6.8	12.1	6.7	7,896.2	13.2	4,082.5	15.0	107	6.8
1957	11,791.2	14.7	8.1	14.5	8.0	8,868.1	12.3	4,573.0	12.0	122	5.8
1958	12,623.5	7.1	6.6	7.0	6.5	9,382.9	5.8	5,039.2	10.2	129	5.4
1959	14,810.3	17.3	11.2	17.2	11.1	11,042.1	17.7	5,761.2	14.3	150	8.9
1960	17,776.8	20.0	12.0	19.9	11.9	13,496.7	22.2	6,702.0	16.3	178	10.0
1961	21,496.4	20.9	11.7	20.9	11.7	16,081.9	19.2	7,988.7	19.2	214	14.4
1962	23,796.2	10.7	7.5	10.6	7.5	17,893.3	11.3	9,425.6	18.0	234	13.6
1963	27,952.3	17.5	10.4	17.4	10.4	21,099.3	17.9	11,027.3	17.0	272	12.9
1964	32,397.5	15.9	9.5	15.8	9.4	24,051.4	14.0	12,961.2	17.5	312	13.7
1965	35,984.3	11.1	6.2	11.1	6.2	26,827.0	11.5	14,980.6	15.6	343	10.6
1966	42,307.8	17.6	11.0	17.6	11.1	31,644.8	18.0	17,208.9	14.9	400	11.1
1967	49,497.7	17.0	11.0	17.0	11.0	37,547.7	18.7	19,964.5	16.0	463	13.1
1968	58,558.0	18.3	12.4	18.3	12.3	43,720.9	16.4	23,157.7	16.0	541	13.3
1969	69,337.1	18.4	12.0	18.4	12.0	52,117.8	19.2	27,488.7	18.7	633	16.4
1970	80,247.0	15.7	8.2	15.8	8.3	61,029.7	17.1	33,293.9	21.1	722	17.0
1971	88,347.3	10.1	5.0	10.2	5.1	65,910.5	8.0	38,896.6	16.8	781	14.0
1972	102,827.2	16.4	9.1	16.6	9.3	77,936.9	18.2	45,702.0	17.5	898	14.1
1973	124,385.3	21.0	5.1	20.9	5.0	95,839.6	23.0	57,402.8	25.6	1,070	22.2
1974	147,549.8	18.6	-0.5	18.4	-0.7	112,471.6	17.4	73,752.4	28.5	1,251	28.0
1975	162,374.5	10.0	4.0	10.2	4.1	123,990.7	10.2	83,851.8	13.7	1,361	12.7
1976	182,550.5	12.4	3.8	12.4	3.8	140,397.2	13.2	94,328.6	12.5	1,515	10.8
1977	202,587.1	11.0	4.5	11.0	4.6	155,703.2	10.9	104,997.8	11.3	1,666	9.9
1978	222,311.1	9.7	5.4	9.9	5.5	171,778.5	10.3	112,800.6	7.4	1,814	6.3
1979	240,039.4	8.0	5.1	8.2	5.1	182,206.6	6.1	122,126.2	8.3	1,942	5.9
1980	261,683.4	9.0	2.6	8.9	2.4	203,878.7	9.5	131,850.4	8.7	2,123	5.2
1981	278,401.8	6.4	4.1	6.3	4.1	211,615.1	3.8	142,097.7	7.8	2,246	6.4
1982	291,415.4	4.7	3.2	4.9	3.1	220,131.4	4.0	150,232.9	5.7	2,328	3.8
1983	305,551.5	4.9	3.9	4.9	4.1	231,290.0	5.1	157,301.3	4.7	2,417	2.3
1984	324,347.6	6.2	4.4	6.2	4.7	243,117.2	5.1	166,017.3	5.5	2,564	4.1
1985	345,769.1	6.6	5.4	6.7	5.6	260,559.9	7.2	173,977.0	4.8	2,731	3.7
1986	360,009.6	4.1	2.7	4.1	4.8	267,941.5	2.8	180,189.4	3.6	2,815	2.3
1987	381,358.0	5.9	6.0	6.2	5.9	281,099.8	4.9	187,098.9	3.8	2,965	2.2
1988	407,507.5	6.9	6.2	6.8	6.6	302,710.1	7.7	198,486.5	6.1	3,160	3.3
1989	434,830.0	6.7	4.0	6.9	4.2	320,802.0	6.0	213,309.1	7.5	3,378	4.0
1990	470,877.6	8.3	5.6	8.1	4.9	346,892.9	8.1	231,261.5	8.4	3,655	4.6
1991	496,062.6	5.3	2.5	5.3	2.9	368,931.6	6.4	248,310.9	7.4	3,818	4.1
1992	505,824.6	2.0	0.6	2.2	0.9	366,007.2	-0.8	254,844.4	2.6	3,883	0.5
1993	504,513.7	-0.3	-0.8	-0.3	-0.6	365,376.0	-0.2	260,704.4	2.3	3,865	0.9
1994	511,958.8	1.5	1.6	1.5	1.7	372,976.8	1.3	262,822.6	1.8	4,015	0.9
1995	525,299.5	2.6	3.2	2.7	3.6	380,158.1	1.9	267,095.2	1.6	4,113	0.9
1996	538,659.6	2.5	2.9	2.9	2.8	394,024.8	3.6	272,962.4	2.2	4,205	0.8
1997	542,508.0	0.7	-0.1	0.8	-0.1	390,943.1	-0.8	279,054.2	2.2	4,230	1.4
1998	534,564.1	-1.5	-1.0	-1.6	-0.9	379,393.9	-3.0	273,370.2	-2.0	4,161	-1.3
1999	530,298.6	-0.8	0.6	-0.7	0.6	378,088.5	-0.3	269,177.0	-1.5	4,121	-1.7
2000	537,614.2	1.4	2.6	1.7	2.7	390,163.8	3.2	270,736.4	0.6	4,165	-0.3
2001	527,410.5	-1.9	-0.7	-1.9	-0.8	376,138.7	-3.6	264,606.8	-2.3	4,081	-1.9
2002	523,465.9	-0.7	0.9	-0.9	0.8	374,247.9	-0.5	256,723.4	-3.0	4,040	-2.5
2003	526,219.9	0.5	1.9	0.9	2.0	381,555.6	2.0	253,616.6	-1.2	4,055	-1.4
2004	529,637.9	0.6	1.7	0.9	1.6	388,576.1	1.8	256,437.0	1.1	4,081	0.8
2005	534,106.2	0.8	2.2	1.3	1.6	388,116.4	-0.1	261,644.3	2.0	4,181	0.8
2006	537,257.9	0.6	1.3	1.0	1.0	394,989.7	1.8	265,771.5	1.6	4,201	0.2
2007	538,485.5	0.2	1.1	0.5	0.4	394,813.2	-0.0	267,280.1	0.6	4,207	-0.3
2008	516,174.9	-4.1	-3.6	-4.7	-4.9	364,368.0	-7.7	265,523.7	-0.7	4,031	-0.7
2009	497,364.2	-3.6	-2.4	-3.5	-1.3	352,701.1	-3.2	252,674.2	-4.8	3,885	-3.9
2010	504,873.7	1.5	3.3	1.7	2.6	364,688.2	3.4	251,154.8	-0.6	3,943	-1.0
2011	500,046.2	-1.0	0.5	-0.9	-0.6	357,473.5	-2.0	251,977.0	0.3	3,914	0.4
2012	499,420.6	-0.1	0.6	-0.1	0.6	358,156.2	0.2	251,431.0	-0.2	3,915	-0.2
2013	512,677.5	2.7	2.7	3.3	3.1	372,570.0	4.0	253,705.1	0.9	4,024	-0.2
2014	523,422.8	2.1	-0.4	2.4	0.1	376,677.6	1.1	258,435.2	1.9	4,114	1.0
2015	540,740.8	3.3	1.7	3.4	0.3	392,629.3	4.2	262,003.5	1.4	4,255	0.3
2016	544,829.9	0.8	0.8	0.4	0.8	392,293.9	-0.1	268,251.3	2.4	4,290	0.9
2017	555,712.5	2.0	1.8	2.1	1.3	400,621.5	2.1	273,710.4	2.0	4,379	0.5
2018	556,570.5	0.2	0.2	0.4	-0.2	403,099.1	0.6	282,424.0	3.2	4,392	1.2
2019	556,836.3	0.0	-0.8	0.1	-0.5	402,026.7	-0.3	287,994.7	2.0	4,401	0.8
2020	537,573.4	-3.5	-4.1	-3.7	-4.2	375,388.7	-6.6	283,550.1	-1.5	4,261	-0.8
2021	550,663.7	2.4	2.6	4.0	2.2	395,932.4	5.5	289,508.1	2.1	4,386	1.8
2022	561,883.5	2.0	1.4	3.0	0.5	–	–	295,375.7	2.0	–	1.4
2022年4-6月	137,799.4	1.5	1.8	2.3	-0.1	–	–	76,540.2	2.1	–	1.4
2022年7-9月	134,915.1	1.2	1.5	2.8	0.5	–	–	83,057.9	1.9	–	1.4
2022年10-12月	146,354.2	1.6	0.4	3.1	0.3	–	–	85,346.1	2.5	–	1.9
2023年1-3月	142,814.9	3.9	1.9	3.9	1.3	–	–	63,358.6	1.4	–	1.0

(備考)　1．内閣府「国民経済計算」、総務省「労働力調査」により作成。
　2．国内総生産は、総額については、1979年度（前年度比は1980年度）以前は「平成10年度国民経済計算（1990年基準・68SNA）」、1980年度から1993年度まで（前年度比は1981年度から1994年度まで）は「支出側GDP系列簡易遡及（2015年基準・08SNA）」、1994年度（前年度比は1995年度）以降は「2023年1-3月期四半期別GDP速報（2次速報値）（2015年基準・08SNA）」による。
　　なお、1993年度以前の総額の数値については、異なる基準年の数値を接続するための処理を行っている。
　3．国民総所得の項目は、1980年度以前は国民総生産（GNP）。
　4．名目国民所得は、1979年度（前年度比は1980年度）以前は「平成10年度国民経済計算（1990年基準・68SNA）」に、1980年度から1993年度まで（前年度比は1981年度から1994年度まで）は「平成21年度国民経済計算（2000年基準・93SNA）」に、時系列として接続しない。それ以降は「2021年度国民経済計算（2015年基準・08SNA）」による。
　5．名目雇用者報酬は、総額については1979年度（前年度比は1980年度）以前は「平成2年度改定国民経済計算（68SNA）」に、1980年度から1993年度まで（前年度比は1981年度から1994年度まで）は「平成21年度国民経済計算（2000年基準・93SNA）」によるため、時系列として接続しない。それ以降は「2023年1-3月期四半期別GDP速報（2次速報値）（2015年基準・08SNA）」に基づく名目雇用者報酬を用いている。
　6．1人当たりGDPは、1979年度以前は「長期遡及主要系列国民経済計算報告（昭和30年～平成10年）（1990年基準・68SNA）」に、1980年度から1993年度までは「平成21年度国民経済計算（2000年基準・93SNA）」に、それ以降は「2021年度国民経済計算（2015年基準・08SNA）」による。1人当たり雇用者報酬は、名目雇用者報酬を総務省「労働力調査」の雇用者数で除したもの。

国民経済計算 (2/5)

年度	民間最終消費支出（実質） 前年度比	寄与度	民間住宅（実質） 前年度比	寄与度	民間企業設備（実質） 前年度比	寄与度	民間在庫変動（実質） 寄与度	政府最終消費支出（実質） 前年度比	寄与度	公的固定資本形成（実質） 前年度比	寄与度	財貨・サービスの輸出（実質） 前年度比	寄与度	財貨・サービスの輸入（実質） 前年度比	寄与度
1955	–	–	–	–	–	–	–	–	–	–	–	–	–	–	–
1956	8.2	5.4	11.1	0.4	39.1	1.9	0.7	-0.4	-0.1	1.0	0.1	14.6	0.5	34.3	-1.3
1957	8.2	5.4	7.9	0.3	21.5	1.3	0.5	-0.2	0.0	17.4	0.8	11.4	0.4	8.1	-0.4
1958	6.4	4.2	12.3	0.4	-0.4	0.0	-0.7	6.3	1.2	17.3	0.9	3.0	0.1	-7.9	0.4
1959	9.6	6.3	19.7	0.7	32.6	2.1	0.6	7.7	1.4	10.8	0.6	15.3	0.5	28.0	-1.2
1960	10.3	6.7	22.3	0.8	39.6	3.1	0.5	3.3	0.6	15.0	0.9	11.8	0.4	20.3	-1.0
1961	10.2	6.6	10.6	0.4	23.5	2.3	1.1	6.5	1.1	27.4	1.6	6.5	0.2	24.4	-1.3
1962	7.1	4.5	14.1	0.6	3.5	0.4	-1.4	7.6	1.2	23.5	1.6	15.4	0.5	-3.1	0.2
1963	9.9	6.2	26.3	1.1	12.4	1.3	0.9	7.4	1.1	11.6	0.9	9.0	0.3	26.5	-1.4
1964	9.5	6.0	20.5	1.0	14.4	1.5	-0.5	2.0	0.3	5.7	0.4	26.1	0.9	7.2	-0.4
1965	6.5	4.1	18.9	1.0	-8.4	-0.9	0.1	3.3	0.5	13.9	1.0	19.6	0.8	6.6	-0.4
1966	10.3	6.5	7.5	0.5	24.7	2.3	0.2	4.5	0.6	13.3	1.1	15.0	0.7	15.5	-0.9
1967	9.8	6.1	21.5	1.3	27.3	2.9	0.2	3.6	0.5	9.6	0.8	8.4	0.4	21.9	-1.3
1968	9.4	5.8	15.9	1.0	21.0	2.6	0.7	4.9	0.6	13.2	1.1	26.1	1.2	10.5	-0.7
1969	9.8	5.9	19.8	1.3	30.0	3.9	-0.1	3.9	0.4	9.5	0.8	19.7	1.0	17.0	-1.1
1970	6.6	3.9	9.2	0.7	11.7	1.8	1.0	5.0	0.5	15.2	1.2	17.3	1.0	22.3	-1.5
1971	5.9	3.4	5.6	0.4	-4.2	-0.7	-0.8	4.8	0.5	22.2	1.9	12.5	0.8	2.3	-0.2
1972	9.8	5.7	20.3	1.5	5.8	0.8	0.4	4.8	0.5	12.0	1.2	5.6	0.4	15.1	-1.1
1973	6.0	3.5	11.6	0.9	13.6	1.9	0.4	4.3	0.4	-7.3	-0.7	5.5	0.3	22.7	-1.8
1974	1.5	0.9	-17.3	-1.5	-8.6	-1.3	-0.6	2.6	0.3	0.1	0.0	22.8	1.5	-1.6	0.1
1975	3.5	2.1	12.3	0.9	-3.8	-0.5	-0.8	10.8	1.1	5.6	0.5	-0.1	-0.0	-7.4	0.7
1976	3.4	2.0	3.3	0.2	0.6	0.1	0.4	4.0	0.4	-0.4	0.0	17.3	1.3	7.9	-0.7
1977	4.1	2.5	1.8	0.1	-0.8	-0.1	-0.2	4.2	0.4	13.5	1.2	9.6	0.8	3.3	-0.3
1978	5.9	3.5	2.3	0.2	8.5	1.0	0.1	5.4	0.6	13.0	1.2	-3.3	-0.3	10.8	-0.9
1979	5.4	3.2	0.4	0.0	10.7	1.3	0.2	3.6	0.4	-1.8	-0.2	10.6	0.9	6.1	-0.5
1980	0.7	0.4	-9.9	-0.7	7.5	1.0	0.0	3.3	0.3	-1.7	-0.2	14.4	1.2	-6.3	0.6
1981	3.2	1.6	-1.3	-0.1	3.2	0.6	0.1	5.7	0.8	0.7	0.1	12.7	1.7	4.2	-0.6
1982	4.5	2.3	1.1	0.1	1.5	0.3	-0.4	3.9	0.6	-0.5	-0.0	-0.4	-0.1	-4.7	0.6
1983	3.2	1.7	-5.2	-0.3	4.0	0.7	0.2	4.3	0.6	0.1	0.0	8.7	1.2	1.9	-0.2
1984	3.2	1.7	-0.2	-0.0	9.5	1.6	0.0	2.4	0.3	-2.1	-0.2	13.6	1.8	8.1	-0.9
1985	4.3	2.3	3.5	0.2	7.5	1.3	0.3	1.6	0.2	3.4	0.3	2.5	0.4	-4.2	0.5
1986	3.6	1.8	8.5	0.5	6.2	1.1	-0.4	3.5	0.5	6.5	0.5	-4.1	-0.5	7.6	-0.7
1987	4.7	2.4	19.4	1.1	8.8	1.5	0.5	3.7	0.5	10.5	0.8	1.2	0.1	12.7	-0.9
1988	5.4	2.7	4.4	0.3	18.8	3.3	-0.1	3.4	0.5	0.6	0.0	8.7	0.8	19.1	-1.4
1989	4.1	2.5	-2.1	-0.1	7.7	1.5	0.2	2.6	0.3	4.6	0.3	8.7	0.8	14.9	-1.2
1990	5.0	2.5	0.3	0.0	11.5	2.3	-0.2	4.0	0.5	3.0	0.2	6.9	0.7	5.5	-0.5
1991	2.4	1.2	-8.9	-0.6	1.3	0.3	0.3	3.5	0.5	3.9	0.3	5.4	0.5	-0.5	0.0
1992	1.4	0.7	-2.2	-0.2	-7.0	-1.5	-0.4	2.9	0.4	14.8	1.1	4.0	0.4	-1.7	0.1
1993	1.6	0.8	2.0	0.1	-13.4	-2.5	-0.1	3.1	0.4	5.9	0.5	-0.0	-0.0	-0.0	0.0
1994	2.1	1.1	5.9	0.3	-0.0	-0.0	-0.1	4.3	0.6	-4.0	-0.4	5.4	0.5	9.5	-0.7
1995	2.4	1.3	-4.6	-0.3	8.4	1.3	0.4	3.4	0.5	7.2	0.6	4.1	0.4	14.6	-1.0
1996	2.4	1.3	12.0	0.7	5.9	1.0	0.0	2.1	0.3	-1.6	-0.1	6.6	0.6	9.1	-0.7
1997	-1.1	-0.6	-16.0	-1.0	2.4	0.4	0.4	1.3	0.2	-6.6	-0.6	9.0	0.9	-2.0	0.2
1998	0.3	0.2	-10.1	-0.5	-3.5	-0.6	-0.0	2.0	0.3	2.2	0.2	-3.8	-0.4	-6.6	0.6
1999	1.4	0.7	2.8	0.1	-1.6	-0.3	-0.1	3.7	0.6	-0.6	-0.1	6.1	0.6	6.6	-0.6
2000	1.4	0.8	1.0	0.0	6.1	1.0	0.7	3.6	0.6	-7.7	-0.6	9.7	1.0	10.3	-0.9
2001	1.9	1.0	-5.4	-0.3	-3.9	-0.6	-0.3	2.3	0.4	-5.3	-0.4	-7.6	-0.8	-3.2	0.3
2002	1.2	0.7	-1.3	-0.1	-3.0	-0.5	0.0	1.7	0.3	-4.8	-0.3	12.2	1.2	4.8	-0.5
2003	0.7	0.4	0.5	0.0	3.1	0.5	0.3	2.0	0.4	-7.3	-0.5	10.0	1.1	2.4	-0.2
2004	1.2	0.6	2.6	0.1	4.0	0.6	0.1	0.8	0.1	-8.1	-0.5	11.8	1.4	9.0	-0.9
2005	1.8	1.0	0.0	0.0	7.6	1.2	0.2	0.4	0.1	-7.9	-0.4	9.4	1.2	6.0	-0.7
2006	0.6	0.3	0.3	0.0	2.3	0.4	0.1	0.6	0.1	-6.3	-0.3	8.7	1.2	3.6	-0.5
2007	0.7	0.4	-13.3	-0.6	0.7	0.1	0.2	1.6	0.3	-4.2	-0.2	9.5	1.5	2.5	-0.4
2008	-2.1	-1.2	-2.5	-0.1	-5.8	-0.9	-0.0	-0.6	-0.1	-4.2	-0.2	-10.2	-1.8	-4.3	0.7
2009	0.7	0.4	-20.3	-0.8	-11.4	-1.7	-1.4	2.6	0.5	9.3	0.5	-9.0	-1.4	-10.5	1.7
2010	1.3	0.7	4.8	0.2	2.0	0.3	1.2	2.3	0.4	-7.2	-0.4	17.9	2.4	12.1	-1.5
2011	0.6	0.4	4.4	0.2	4.0	0.6	0.1	1.9	0.4	-2.2	-0.1	-1.4	-0.2	5.2	-0.7
2012	1.7	1.0	4.5	0.2	1.5	0.2	-0.3	1.3	0.3	1.1	0.1	-1.4	-0.1	3.8	-0.6
2013	2.9	1.7	8.6	0.3	5.4	0.8	-0.4	1.8	0.4	8.5	0.4	4.4	0.6	7.0	-1.2
2014	-2.6	-1.5	-8.1	-0.3	2.7	0.4	0.9	0.9	0.2	-2.3	-0.1	8.9	1.4	3.9	-0.7
2015	0.7	0.4	3.1	0.1	3.4	0.5	0.2	2.0	0.4	-1.3	-0.1	1.1	0.2	0.4	-0.1
2016	-0.3	-0.2	4.3	0.2	0.8	0.1	-0.2	0.3	0.1	0.0	0.0	3.4	0.6	-0.5	0.1
2017	1.0	0.5	-1.8	-0.1	2.8	0.4	0.3	0.3	0.1	0.6	0.0	6.3	1.0	3.8	-0.6
2018	0.1	0.1	-4.8	-0.2	1.6	0.3	0.1	1.1	0.2	0.8	0.0	2.0	0.4	3.0	-0.5
2019	-0.9	-0.5	2.5	0.1	-1.2	-0.2	0.2	2.1	0.4	1.6	0.1	-2.3	-0.4	0.2	-0.0
2020	-5.1	-2.8	-7.6	-0.3	-5.7	-0.9	-0.2	2.7	0.5	4.9	0.3	-9.9	-1.7	-6.3	1.0
2021	0.8	0.4	-1.1	-0.0	2.1	0.3	0.4	3.4	0.7	-6.4	-0.4	12.4	2.0	7.1	-1.2
2022	2.4	1.3	-4.4	-0.2	3.1	0.5	0.2	1.1	0.2	-3.0	-0.2	4.4	0.8	7.2	-1.4
2022年4-6月	2.7	1.4	-6.3	-0.2	0.9	0.1	0.6	1.6	0.3	-8.9	-0.4	2.9	0.5	3.2	-0.6
2022年7-9月	3.6	2.0	-5.3	-0.2	4.0	0.6	0.4	0.4	0.1	-4.8	-0.3	5.9	1.1	10.9	-2.1
2022年10-12月	0.8	0.5	-3.9	-0.1	4.0	0.6	0.0	1.5	0.3	-2.4	-0.1	7.3	1.3	10.4	-1.9
2023年1-3月	2.6	1.4	-2.2	-0.1	4.8	0.9	0.0	1.0	0.2	3.1	0.2	1.5	0.3	4.2	-1.0

(備考) 1. 内閣府「国民経済計算」による。
2. 各項目とも、1980年度以前は「平成10年度国民経済計算（1990年基準・68SNA）」、1981年度から1994年度までは「支出側GDP系列簡易遡及（2015年基準・08SNA）」、1995年度以降は「2023年1-3月期四半期別GDP速報（2次速報値）（2015年基準・08SNA）」に基づく。
3. 寄与度については、1980年度以前は次式により算出した。

寄与度＝（当年度の実数－前年度の実数）／（前年度の国内総支出（GDP）の実数）×100
1981年度以降は次式により算出した。

$$\%\Delta_{t,(t-1)} = 100 \cdot \frac{P_{i,t-1} q_{i,t-1}}{\sum_i P_{i,t-1} q_{i,t-1}} \cdot \left(\frac{q_{i,t}}{q_{i,t-1}} - 1 \right)$$

ただし、$P_{i,t}$：t年度の下位項目デフレーター，$q_{i,t}$：t年度の下位項目数量指数

暦年統計

国民経済計算 (3/5)

暦 年	国内総生産（GDP）名目 総額 10億円	名目 前年比 %	実質 前年比 %	国民総所得（GNI）名目 前年比 %	実質 前年比 %	名目国民所得 総額 10億円	前年比 %	名目雇用者報酬 総額 10億円	前年比 %	1人当たり GDP 千円	1人当たり 雇用者報酬 前年比 %
1955	8,923.6	–	–	–	–	6,772.0	–	3,456.0	–	94	–
1956	10,046.0	12.6	7.5	12.5	7.4	7,587.4	12.0	3,973.5	15.0	105	6.9
1957	11,577.1	15.2	7.8	15.1	7.7	8,790.1	15.9	4,480.9	12.8	120	5.2
1958	12,302.2	6.3	6.2	6.2	6.1	9,188.0	4.5	4,952.1	10.5	126	5.9
1959	14,063.5	14.3	9.4	14.2	9.3	10,528.7	14.6	5,590.8	12.9	143	7.5
1960	17,069.6	21.4	13.1	21.3	13.0	12,912.0	22.6	6,483.1	16.0	172	10.1
1961	20,616.6	20.8	11.9	20.7	11.8	15,572.3	20.6	7,670.2	18.3	206	13.2
1962	23,395.3	13.5	8.6	13.4	8.6	17,499.2	12.4	9,151.7	19.3	231	14.0
1963	26,775.7	14.4	8.8	14.4	8.7	20,191.9	15.4	10,672.5	16.6	262	13.1
1964	31,497.0	17.6	11.2	17.5	11.1	23,377.0	15.8	12,475.8	16.9	305	13.0
1965	35,041.8	11.3	5.7	11.3	5.7	26,065.4	11.5	14,528.2	16.5	336	11.8
1966	40,696.9	16.1	10.2	16.2	10.3	30,396.1	16.6	16,811.9	15.7	386	11.1
1967	47,691.7	17.2	11.1	17.2	11.1	36,005.3	18.5	19,320.1	14.9	448	12.0
1968	56,481.9	18.4	11.9	18.4	11.9	42,479.3	18.0	22,514.0	16.5	525	13.7
1969	66,348.5	17.5	12.0	17.5	12.0	49,938.3	17.6	26,500.7	17.7	609	15.8
1970	78,200.4	17.9	10.3	17.9	10.3	59,152.7	18.5	31,942.2	20.5	708	16.6
1971	86,043.8	10.0	4.4	10.1	4.4	64,645.1	9.3	37,867.7	18.6	764	14.9
1972	98,511.0	14.5	8.4	14.7	8.6	74,601.0	15.4	44,069.3	16.4	862	13.3
1973	119,945.6	21.8	8.0	21.8	8.1	91,823.1	23.1	55,235.8	25.3	1,035	21.6
1974	143,130.9	19.3	-1.2	19.1	-1.4	109,060.8	18.8	70,087.7	26.9	1,219	26.1
1975	158,146.6	10.5	3.1	10.6	3.2	121,025.9	11.0	81,678.2	16.5	1,330	16.2
1976	177,600.7	12.3	4.0	12.3	4.0	137,119.6	13.3	92,120.9	12.8	1,478	10.8
1977	197,910.5	11.4	4.4	11.5	4.4	151,395.2	10.4	102,896.8	11.7	1,631	10.0
1978	217,936.0	10.1	5.3	10.2	5.3	167,571.7	10.7	111,163.6	8.0	1,780	7.2
1979	236,213.3	8.4	5.5	8.5	5.6	180,707.3	7.8	120,120.3	8.1	1,915	5.9
1980	256,075.9	8.4	2.8	8.2	2.7	196,750.2	8.0	129,497.8	8.5	2,079	5.2
1981	274,615.9	7.2	4.3	7.1	4.3	209,047.2	6.3	140,219.9	8.3	2,219	6.5
1982	288,613.0	5.1	3.3	5.3	3.3	219,327.2	4.9	148,172.1	5.7	2,314	4.1
1983	301,844.1	4.6	3.6	4.7	3.7	227,666.8	3.8	155,782.0	5.1	2,390	2.4
1984	319,663.6	5.9	4.4	6.0	4.4	240,786.9	5.8	164,342.6	5.5	2,524	4.1
1985	340,395.3	6.5	5.2	6.7	5.3	256,338.4	6.5	171,887.9	4.6	2,693	3.4
1986	357,276.1	5.0	3.3	4.9	5.1	267,217.4	4.2	179,163.3	4.2	2,805	2.6
1987	373,273.0	4.5	4.6	4.7	4.9	276,729.3	3.6	185,400.9	3.5	2,901	2.3
1988	400,566.9	7.3	6.7	7.4	7.0	296,228.2	7.0	196,182.1	5.8	3,107	3.3
1989	428,994.1	7.1	4.9	7.2	5.2	316,002.5	6.7	210,203.2	7.1	3,333	3.9
1990	461,295.1	7.5	4.8	7.5	4.4	339,441.1	7.4	227,342.6	8.2	3,587	4.7
1991	491,418.9	6.5	3.5	6.5	3.6	363,375.7	7.1	245,595.0	8.0	3,787	4.4
1992	504,161.2	2.6	0.9	2.7	1.3	366,179.6	0.8	253,578.4	3.3	3,866	0.9
1993	504,497.8	0.1	-0.5	0.1	-0.3	366,975.1	0.2	259,075.4	2.2	3,877	0.5
1994	510,916.1	1.3	1.1	1.2	1.3	369,217.5	0.1	261,624.5	2.0	4,009	0.3
1995	521,613.5	2.1	2.6	2.1	2.9	377,736.2	2.3	266,002.9	1.7	4,086	1.2
1996	535,562.1	2.7	3.1	3.0	3.0	390,199.0	3.3	270,690.3	1.8	4,183	0.6
1997	543,545.4	1.5	1.0	1.6	0.8	394,664.2	1.1	278,751.3	3.0	4,239	1.7
1998	536,497.4	-1.3	-1.3	-1.4	-1.1	383,849.9	-2.7	274,572.1	-1.5	4,178	-1.1
1999	528,069.9	-1.6	-0.3	-1.6	-0.3	377,739.1	-1.6	269,252.2	-1.9	4,105	-1.3
2000	535,417.7	1.4	2.8	1.6	2.9	385,745.1	2.1	269,889.6	0.2	4,153	-0.2
2001	531,653.9	-0.7	0.4	-0.6	0.4	379,833.5	-1.5	266,603.6	-1.2	4,114	-1.5
2002	524,478.7	-1.3	0.0	-1.4	0.0	375,854.9	-1.0	257,433.1	-3.4	4,050	-2.8
2003	523,968.6	-0.1	1.5	0.1	1.5	379,296.3	0.9	255,180.0	-0.9	4,038	-0.9
2004	529,400.9	1.0	2.2	1.3	2.3	385,931.1	1.7	255,963.4	0.3	4,079	-0.1
2005	532,515.6	0.6	1.8	0.9	1.3	390,658.9	1.2	260,594.3	1.8	4,103	1.1
2006	535,170.2	0.5	1.4	0.9	0.9	392,040.4	0.4	265,191.6	1.8	4,121	0.2
2007	539,281.7	0.8	1.5	1.2	1.3	396,233.9	1.1	266,616.2	0.5	4,154	-0.5
2008	527,823.8	-2.1	-1.2	-2.5	-3.1	379,416.9	-4.2	266,805.9	0.1	4,067	-0.1
2009	494,938.4	-6.2	-5.7	-6.4	-4.3	348,968.2	-8.0	253,797.8	-4.9	3,823	-3.9
2010	505,530.6	2.1	4.1	2.3	3.5	362,501.8	3.9	251,175.0	-1.0	3,908	-1.2
2011	497,448.9	-1.6	0.0	-1.4	-1.0	356,058.0	-1.8	251,584.0	0.2	3,844	-0.1
2012	500,474.7	0.6	1.4	0.5	1.0	359,170.1	0.9	251,650.1	0.0	3,878	0.0
2013	508,700.6	1.6	2.0	2.3	2.5	369,919.6	3.0	253,333.1	0.7	3,948	-0.3
2014	518,811.0	2.0	0.3	2.3	0.3	373,996.7	1.1	257,520.7	1.7	4,038	0.8
2015	538,032.3	3.7	1.6	3.9	3.2	389,444.5	4.1	260,613.9	1.2	4,180	0.3
2016	544,364.6	1.2	0.8	0.7	1.3	393,196.6	1.0	267,401.2	2.6	4,218	1.0
2017	553,073.0	1.6	1.7	1.8	1.2	401,073.7	2.0	272,101.5	1.8	4,307	0.4
2018	556,630.1	0.6	0.6	0.8	-0.0	402,480.5	0.4	281,350.2	3.4	4,325	1.3
2019	557,910.8	0.2	-0.4	0.3	-0.2	401,407.7	-0.3	286,892.4	2.0	–	0.7
2020	539,082.4	-3.4	-4.3	-3.6	-3.6	377,407.3	-6.0	283,186.5	-1.3	–	-0.9
2021	549,453.1	1.9	2.2	2.0	1.9	391,888.3	3.8	288,745.7	2.0	–	1.8
2022	556,552.5	1.3	1.0	2.7	0.2	—	—	294,491.8	2.0	–	1.6

(備考) 1. 内閣府「国民経済計算」、総務省「労働力調査」により作成。
2. 国内総生産については、総額は、1979年（前年比は1980年）以前は「平成10年度国民経済計算（1990年基準・68SNA）」、1980年から1993年まで（前年比は1981年から1994年まで）は「支出側GDP系列簡易遡及（2015年基準・08SNA）」、1994年（前年比は1995年）以降は「2023年1-3月期四半期別GDP速報（2次速報値）（2015年基準・08SNA）」による。
なお、1993年以前の総額の数値については、異なる基準間の数値を接続するための処理を行っている。
3. 国民総所得の項目は、1980年以前は国民総生産（GNP）。
4. 名目国民所得は、1979年（前年比は1980年）以前は「平成10年度国民経済計算（1990年基準・68SNA）」に、1980年から1993年まで（前年比は1981年から1994年まで）は「平成21年度国民経済計算（2000年基準・93SNA）」によるため、時系列として接続しない。それ以降は「2021年度国民経済計算（2015年基準・08SNA）」による。
5. 名目雇用者報酬は、1979年以前は「平成2年基準改定国民経済計算（68SNA）」、1980年から1993年まで（前年比は1981年から1994年まで）は「平成21年度国民経済計算（2000年基準・93SNA）」によるため、時系列として接続しない。それ以降は「2023年1-3月期四半期別GDP速報（2次速報値）（2015年基準・08SNA）」に基づく名目雇用者報酬による。
6. 1人当たりGDPは、1979年以前は「長期遡及主要系列国民経済計算報告（昭和30年～平成10年）（1990年基準・68SNA）」に、1980年から1993年までは「平成21年度国民経済計算（2000年基準・93SNA）」に、それ以降は「平成30年度国民経済計算（2011年基準・08SNA）」による。1人当たり雇用者報酬は、名目雇用者報酬を総務省「労働力調査」の雇用者数で除したもの。

国民経済計算 (4/5)

暦年	民間最終消費支出（実質）		民間住宅（実質）		民間企業設備（実質）		民間在庫変動（実質）	政府最終消費支出（実質）		公的固定資本形成（実質）		財貨・サービスの輸出（実質）		財貨・サービスの輸入（実質）	
	前年比	寄与度	前年比	寄与度	前年比	寄与度	寄与度	前年比	寄与度	前年比	寄与度	前年比	寄与度	前年比	寄与度
1955	–	–	–	–	–	–	–	–	–	–	–	–	–	–	–
1956	8.9	5.8	11.4	0.4	37.9	1.7	0.7	-0.2	0.0	-1.5	-0.1	17.4	0.5	26.9	-1.0
1957	8.1	5.4	6.8	0.2	27.5	1.6	1.2	-0.4	-0.1	10.3	0.5	11.4	0.4	22.8	-1.0
1958	6.3	4.2	14.0	0.5	-0.6	0.0	-1.3	4.6	0.9	17.7	0.9	5.2	0.2	-13.4	0.7
1959	8.4	5.5	9.9	0.4	23.1	1.5	0.5	7.5	1.4	11.8	0.7	13.0	0.5	22.8	-1.0
1960	11.0	7.3	27.9	1.0	44.4	3.2	0.5	4.4	0.8	15.0	0.8	12.8	0.5	23.1	-1.1
1961	10.4	6.7	12.8	0.5	27.8	2.6	1.2	5.4	0.9	22.8	1.3	5.3	0.2	26.4	-1.4
1962	7.5	4.8	15.6	0.6	6.2	0.7	-1.0	7.5	1.2	28.2	1.8	17.2	0.6	-1.2	0.1
1963	8.8	5.5	18.3	0.8	8.3	0.9	0.2	7.6	1.2	13.9	1.0	7.0	0.3	19.6	-1.0
1964	10.8	6.8	25.6	1.2	17.9	1.9	0.3	3.0	0.5	6.3	0.5	21.6	0.8	13.6	-0.8
1965	5.8	3.6	20.7	1.1	-5.7	-0.6	-0.4	3.1	0.4	10.0	0.7	23.8	0.9	5.6	-0.3
1966	10.0	6.3	6.0	0.4	14.5	1.4	-0.1	4.5	0.6	19.2	1.5	16.9	0.8	12.2	-0.7
1967	10.4	6.5	19.2	1.1	28.6	2.9	0.6	3.4	0.4	3.8	0.3	6.8	0.3	22.7	-1.4
1968	8.5	5.3	19.5	1.2	23.4	2.8	0.4	4.7	0.6	16.3	1.3	23.9	1.1	12.1	-0.8
1969	10.3	6.3	16.7	1.1	25.6	3.3	0.0	4.1	0.5	9.6	0.8	20.8	1.1	13.7	-0.9
1970	7.4	4.4	13.3	0.9	19.3	2.8	1.3	4.8	0.5	13.8	1.1	17.5	1.0	22.6	-1.5
1971	5.5	3.2	4.7	0.3	-2.5	-0.4	-0.8	4.9	0.5	18.6	1.5	16.0	1.0	7.0	-0.5
1972	9.0	5.3	18.0	1.3	2.3	0.3	-0.1	5.0	0.5	16.2	1.5	4.1	0.3	10.5	-0.8
1973	8.8	5.2	15.3	1.2	14.2	2.0	0.2	5.4	0.5	4.9	0.5	5.2	0.3	24.3	-1.9
1974	-0.1	0.0	-12.3	-1.0	-4.2	-0.6	0.5	-0.4	0.0	-11.8	-1.1	23.1	1.4	4.2	-0.4
1975	4.4	2.6	1.2	0.1	-6.0	-0.9	-1.6	12.6	1.2	6.4	0.6	-1.0	-0.1	-10.3	1.0
1976	2.9	1.8	8.7	0.6	-0.1	-0.0	0.0	4.2	0.4	2.5	0.2	16.6	1.2	6.7	-0.6
1977	4.0	2.4	0.0	0.0	-0.5	-0.1	0.0	4.2	0.4	9.5	0.8	11.7	1.0	4.1	-0.3
1978	5.3	3.2	5.6	0.4	4.5	0.5	0.3	4.2	0.4	14.2	1.3	-0.3	0.0	6.9	-0.6
1979	6.5	3.9	-0.9	-0.1	12.8	1.5	0.3	4.2	0.4	2.7	0.3	4.3	0.4	12.9	-1.1
1980	1.1	0.6	-9.2	-0.6	7.9	1.0	0.0	3.1	0.5	-4.8	-0.5	17.0	1.4	-7.8	0.7
1981	2.5	1.3	-1.8	-0.1	3.9	0.7	-0.1	5.4	0.8	2.7	0.3	13.4	1.7	2.4	-0.3
1982	4.7	2.4	-1.3	-0.1	1.2	0.2	0.1	4.2	0.6	-1.3	-0.1	1.5	0.2	-0.6	0.1
1983	3.4	1.8	-1.8	-0.1	2.8	0.5	0.3	4.6	0.7	0.3	0.0	5.0	0.7	-3.2	0.4
1984	3.1	1.7	-2.1	-0.1	8.4	1.4	0.2	3.0	0.4	-1.1	-0.1	15.4	2.0	10.6	-1.2
1985	4.1	2.1	2.7	0.2	9.1	1.6	0.1	1.3	0.2	-1.1	-0.1	5.3	0.7	-2.6	0.3
1986	3.7	1.9	6.5	0.4	5.9	1.0	0.1	3.2	0.4	7.6	0.6	-5.0	-0.7	4.3	-0.4
1987	4.4	2.2	17.4	1.0	6.8	1.2	0.4	3.6	0.5	8.7	0.7	0.1	0.0	9.4	-0.7
1988	5.1	2.6	9.2	0.6	17.0	3.0	0.4	3.8	0.5	4.0	0.3	6.8	0.7	19.0	-1.3
1989	4.9	2.5	-0.3	-0.0	11.6	2.2	0.0	2.5	0.3	3.3	0.3	9.6	0.9	17.8	-1.3
1990	4.8	2.4	-1.6	-0.1	9.3	1.9	-0.2	3.5	0.5	4.5	0.3	7.4	0.7	8.2	-0.7
1991	2.2	1.1	-6.0	-0.4	6.6	1.4	0.2	4.0	0.5	1.6	0.1	5.4	0.5	-1.1	0.1
1992	2.3	1.1	-4.8	-0.3	-7.1	-1.5	-0.4	2.7	0.4	13.7	1.0	4.6	0.4	-0.7	0.1
1993	1.1	0.5	0.2	0.0	-11.6	-2.2	-0.1	3.4	0.5	8.6	0.7	0.8	0.1	-1.2	0.1
1994	1.2	0.6	6.0	0.3	-4.6	-0.8	0.3	3.8	0.5	-1.5	-0.1	4.6	0.4	8.3	-0.6
1995	2.5	1.3	-4.2	-0.3	7.6	1.2	0.0	4.3	0.6	0.5	0.0	4.2	0.4	13.0	-0.9
1996	2.0	1.0	10.9	0.6	6.0	1.0	0.1	2.3	0.4	5.7	0.5	4.8	0.4	11.8	-0.9
1997	0.6	0.3	-9.7	-0.6	3.6	0.6	0.1	1.6	0.2	-6.8	-0.6	11.1	1.0	0.5	-0.0
1998	-0.6	-0.3	-13.5	-0.7	-1.3	-0.2	-0.2	1.3	0.2	-4.1	-0.3	-2.4	-0.3	-6.8	0.6
1999	1.1	0.6	0.0	0.0	-4.8	-0.8	-1.0	3.5	0.6	6.0	0.5	2.0	0.2	3.7	-0.3
2000	1.5	0.8	1.3	0.1	6.0	0.9	0.6	3.9	0.6	-9.7	-0.8	13.0	1.3	9.6	-0.8
2001	2.1	1.1	-3.2	-0.2	0.0	0.1	0.1	2.4	0.4	-3.6	-0.3	-6.6	-0.7	1.2	-0.1
2002	1.3	0.7	-2.5	-0.1	-5.6	-0.9	-0.4	1.9	0.3	-4.7	-0.3	7.9	0.8	0.8	-0.1
2003	0.6	0.3	-0.5	-0.0	2.2	0.3	0.3	1.9	0.3	-6.9	-0.5	9.6	1.0	3.4	-0.3
2004	1.3	0.7	2.9	0.1	3.5	0.5	-0.2	1.1	0.2	-9.0	-0.6	14.4	1.6	8.5	-0.8
2005	1.5	0.8	-0.1	-0.0	8.1	1.2	-0.2	0.8	0.1	-8.2	-0.5	7.1	0.9	5.9	-0.6
2006	0.9	0.5	0.4	0.0	2.1	0.3	0.1	1.5	0.3	-4.9	-0.3	10.3	1.4	4.7	-0.6
2007	0.8	0.4	-9.6	-0.4	0.8	0.1	0.3	1.5	0.3	-5.3	-0.3	8.7	1.4	2.3	-0.3
2008	-1.1	-0.6	-6.2	-0.3	-2.9	-0.5	0.2	-0.1	-0.0	-5.0	-0.2	1.6	0.2	0.7	-0.1
2009	-0.9	-0.5	-17.8	-0.7	-13.0	-2.1	-1.6	2.0	0.4	6.6	0.3	-23.4	-4.0	-15.6	2.6
2010	2.3	1.3	-1.3	-0.0	-1.0	-0.1	1.0	1.9	0.4	-2.2	-0.1	24.9	3.1	11.3	-1.4
2011	-0.5	-0.3	6.9	0.2	4.0	0.6	0.2	2.2	0.4	-5.7	-0.3	-0.1	-0.0	5.7	-0.8
2012	2.0	1.2	2.3	0.1	3.1	0.5	0.0	1.7	0.3	2.0	0.1	-0.0	-0.0	5.5	-0.8
2013	2.6	1.5	8.2	0.3	2.7	0.4	-0.4	1.5	0.3	5.6	0.3	0.8	0.1	3.2	-0.5
2014	-0.9	-0.5	-3.1	-0.1	3.9	0.6	0.1	1.0	0.2	1.4	0.1	9.3	1.5	8.1	-1.5
2015	-0.2	-0.1	-0.4	-0.0	5.0	0.8	0.1	1.9	0.4	-4.0	-0.2	3.2	0.6	0.4	-0.1
2016	-0.4	-0.2	3.9	0.1	0.1	0.0	-0.1	1.6	0.3	2.4	0.1	1.6	0.3	-1.2	0.2
2017	1.1	0.6	0.5	0.0	2.4	0.4	0.1	0.1	0.0	0.1	0.0	6.6	1.1	3.3	-0.5
2018	0.2	0.1	-6.4	-0.3	2.3	0.4	0.2	1.0	0.2	0.0	0.0	3.8	0.7	3.8	-0.6
2019	-0.6	-0.3	4.1	0.2	-0.7	-0.1	-0.1	1.9	0.4	1.9	0.1	-1.5	-0.3	1.0	-0.2
2020	-4.7	-2.5	-7.9	-0.3	-4.9	-0.8	-0.2	2.4	0.5	3.4	0.2	-11.6	-2.0	-6.8	1.2
2021	0.4	0.2	-1.1	-0.0	0.8	0.1	0.2	3.5	0.7	-1.9	-0.1	11.9	1.8	5.1	-0.8
2022	2.0	1.1	-4.6	-0.2	1.8	0.3	0.5	1.5	0.3	-7.0	-0.4	5.1	0.9	8.0	-1.5

（備考）　1．内閣府「国民経済計算」による。
2．各項目とも、1980年以前は「平成10年度国民経済計算（1990年基準・68SNA）」、1981年から1994年までは「支出側GDP系列簡易遡及（2015年基準・08SNA）」、1995年以降は「2023年1-3月期四半期別GDP速報（2次速報値）（2015年基準・08SNA）」に基づく。
3．寄与度については、1980年以前は次式により算出した。
　　寄与度＝（当年の実数－前年の実数）／（前年の国内総支出（GDP）の実数）×100
　　1981年以降は次式により算出した。

$$\%\Delta_{i,(t-1)\to t}=100\cdot\frac{P_{i,t-1}q_{i,t-1}}{\sum_i P_{i,t-1}q_{i,t-1}}\cdot\left(\frac{q_{i,t}}{q_{i,t-1}}-1\right)$$

ただし、$P_{i,t}$：t年度の下位項目デフレーター，$q_{i,t}$：t年度の下位項目数量指数

国民経済計算 (5/5)

年　　末	国　民　総　資　産		構成比　%			国　富	
	10億円	名目GDP比　率	実物資産（除土地等）	土地等	金融資産	10億円	名目GDP比　率
1955	51,422.0	5.76	32.6	30.6	36.8	32,704.7	3.66
1956	60,322.2	6.00	31.8	29.8	38.4	37,103.0	3.69
1957	68,244.2	5.89	29.8	29.9	40.3	40,481.3	3.50
1958	76,193.1	6.19	27.0	30.6	42.4	43,752.0	3.56
1959	89,131.9	6.34	25.5	30.2	44.4	49,584.9	3.53
1960	107,840.0	6.32	23.7	31.7	44.6	59,819.6	3.50
1961	133,283.4	6.46	23.5	31.0	45.6	72,297.0	3.51
1962	156,357.7	6.68	22.3	31.3	46.4	83,461.1	3.57
1963	183,270.6	6.84	21.8	29.3	48.9	92,923.6	3.47
1964	213,870.8	6.79	21.5	29.1	49.4	107,292.4	3.41
1965	241,570.7	6.89	21.2	27.9	50.9	118,028.4	3.37
1966	280,648.7	6.90	21.2	27.8	51.0	137,212.2	3.37
1967	333,694.7	7.00	21.0	28.2	50.8	163,842.2	3.44
1968	394,566.2	6.99	20.7	29.4	49.9	197,671.5	3.50
1969	476,211.0	7.18	20.6	30.0	49.4	241,579.4	3.64
	499,408.6	7.53	19.6	28.6	51.7	241,682.8	3.64
1970	590,573.4	7.55	20.5	29.4	50.1	296,467.3	3.79
1971	702,445.3	8.16	20.0	29.8	50.2	352,859.8	4.10
1972	932,810.6	9.47	18.8	31.5	49.7	473,379.9	4.81
1973	1,178,254.6	9.82	20.6	32.0	47.4	624,072.1	5.20
1974	1,300,905.2	9.09	23.4	29.1	47.5	685,723.9	4.79
1975	1,438,800.4	9.10	23.1	28.1	48.7	739,585.8	4.68
1976	1,627,933.8	9.17	23.3	26.6	50.1	814,906.7	4.59
1977	1,781,916.0	9.00	23.2	26.0	50.8	883,505.2	4.46
1978	2,031,898.0	9.32	22.3	25.9	51.7	989,289.6	4.54
1979	2,335,455.9	9.89	22.7	27.0	50.3	1,166,035.8	4.94
1980	2,642,194.0	10.32	22.4	28.2	49.4	1,339,614.4	5.23
	2,864,276.8	11.19	21.2	26.1	52.7	1,363,008.4	5.32
1981	3,160,372.8	11.51	20.0	26.7	53.3	1,484,720.7	5.41
1982	3,416,324.6	11.84	19.3	26.5	54.2	1,575,452.3	5.46
1983	3,699,899.5	12.26	18.2	25.5	56.3	1,629,378.0	5.40
1984	4,006,993.9	12.54	17.5	24.4	58.1	1,699,381.1	5.32
1985	4,377,491.7	12.86	16.5	24.3	59.2	1,811,019.5	5.32
1986	5,094,260.6	14.26	14.4	26.3	59.3	2,113,913.1	5.92
1987	5,962,689.6	15.97	13.0	29.4	57.6	2,579,662.1	6.91
1988	6,716,329.3	16.77	12.2	28.9	58.9	2,836,726.9	7.08
1989	7,710,418.9	17.97	11.9	29.4	58.7	3,231,062.4	7.53
1990	7,936,547.0	17.20	12.6	31.2	56.1	3,531,467.2	7.66
1991	7,987,085.8	16.25	13.4	28.7	57.8	3,422,746.4	6.97
1992	7,804,398.3	15.48	14.3	26.6	59.1	3,265,515.1	6.48
1993	7,903,074.8	15.67	14.3	25.1	60.6	3,192,859.5	6.33
1994	8,044,314.4	15.74	14.3	23.9	61.8	3,150,014.4	6.17
	8,599,526.3	16.83	18.8	22.9	58.2	3,671,951.7	7.19
1995	8,738,157.0	16.75	13.1	22.0	56.9	3,617,050.6	6.93
1996	8,913,942.3	16.64	18.2	22.1	56.2	3,665,584.7	6.84
1997	9,046,789.9	16.64	18.2	20.9	57.5	3,688,583.5	6.79
1998	9,102,612.8	16.97	18.8	20.4	58.8	3,628,751.2	6.76
1999	9,321,407.0	17.65	18.8	19.5	58.8	3,507,170.9	6.64
2000	9,209,077.6	17.20	19.0	18.9	60.9	3,494,809.8	6.53
2001	9,022,142.3	16.97	19.4	18.5	65.4	3,440,413.9	6.47
2002	8,876,598.4	16.92	20.0	17.9	65.9	3,346,758.1	6.38
2003	8,963,281.9	17.11	19.7	16.7	64.3	3,285,006.8	6.27
2004	8,997,050.0	16.99	19.6	15.7	63.4	3,258,914.1	6.16
2005	9,379,718.5	17.61	18.9	14.3	62.4	3,269,476.1	6.14
2006	9,414,582.1	17.59	19.1	13.6	62.9	3,359,820.4	6.28
2007	9,279,213.4	17.21	19.7	13.6	67.8	3,469,616.5	6.43
2008	8,905,514.7	16.87	21.0	14.3	70.4	3,455,035.1	6.55
2009	8,800,782.7	17.78	21.7	14.9	68.9	3,373,238.4	6.82
2010	8,831,240.7	17.47	21.9	14.7	64.3	3,322,230.9	6.57
2011	8,804,630.1	17.70	21.2	14.1	64.7	3,293,039.1	6.62
2012	9,007,260.4	18.00	20.6	13.4	64.0	3,298,061.0	6.59
2013	9,562,897.0	18.80	19.4	12.3	60.4	3,354,625.3	6.59
2014	9,999,333.2	19.27	18.4	11.5	60.1	3,430,080.6	6.61
2015	10,287,163.7	19.12	18.3	11.1	63.5	3,426,254.9	6.37
2016	10,582,035.3	19.44	18.2	10.9	65.4	3,471,881.1	6.38
2017	11,029,669.5	19.94	17.6	10.5	65.2	3,520,415.1	6.37
2018	11,026,588.3	19.81	17.7	10.8	67.5	3,589,868.2	6.45
2019	11,353,548.0	20.35	17.5	·10.6	69.1	3,678,930.0	6.59
2020	11,901,479.9	22.08	17.0	10.3	65.4	3,684,096.9	6.83
2021	12,444,971.6	22.36	16.6	10.1	64.6	3,858,671.6	6.93

（備考）1. 1955年末から1969年末残高（上段）は「長期遡及推計国民経済計算報告（昭和30年～平成10年）（1990年基準・68SNA）」による。1969年末（下段）から1980年末残高（上段）は「平成10年度国民経済計算（1990年基準・68SNA）」による。推計方法が異なるため、1969年末の計数は異なる。1980年末（下段）から1994年末残高（上段）は「平成21年度国民経済計算（1990年基準・93SNA）」及び「支出側GDP系列簡易遡及（2015年基準・08SNA）」による。推計方法が異なるため、1980年末の計数は異なる。1994年末（下段）以降は「2021年度国民経済計算（2015年基準・08SNA）」による。推計方法が異なるため、1994年末の計数は異なる。
2. 土地等には、土地、鉱物・エネルギー資源、非育成生物資源を含む。

	個人消費			賃金		住宅	
	家計貯蓄率	新車新規登録・届出台数（乗用車）	乗用車保有台数（100世帯当たり）（年度末値）	春季賃上げ率	現金給与総額伸び率	新設着工戸数	
暦年	%	台	台	%	%	千戸	前年比
1957	12.6	–	–	–	–	321	4.0
1958	12.3	49,236	–	–	–	338	5.3
1959	13.7	73,050	–	–	–	381	12.6
1960	14.5	145,227	–	–	–	424	11.5
1961	15.9	229,057	–	–	–	536	26.4
1962	15.6	259,269	–	–	–	586	9.4
1963	14.9	371,076	–	–	–	689	17.5
1964	15.4	493,536	–	–	–	751	9.1
1965	15.8	586,287	–	10.6	–	843	12.1
1966	15.0	740,259	9.8	10.6	–	857	1.7
1967	14.1	1,131,337	13.3	12.5	–	991	15.7
1968	16.9	1,569,404	17.6	13.6	–	1,202	21.2
1969	17.1	2,036,677	22.6	15.8	–	1,347	12.1
1970	17.7	2,379,137	26.8	18.5	–	1,485	10.2
1971	17.8	2,402,757	32.0	16.9	–	1,464	-1.4
1972	18.2	2,627,087	38.8	15.3	–	1,808	23.5
1973	20.4	2,953,026	42.3	20.1	–	1,905	5.4
1974	23.2	2,286,795	45.0	32.9	–	1,316	-30.9
1975	22.8	2,737,641	47.2	13.1	–	1,356	3.1
1976	23.2	2,449,429	55.0	8.8	–	1,524	12.4
1977	21.8	2,500,095	55.6	8.8	–	1,508	-1.0
1978	20.8	2,856,710	60.8	5.9	–	1,549	2.7
1979	18.2	3,036,873	64.1	6.0	–	1,493	-3.6
1980	17.7	2,854,175	64.9	6.74	–	1,269	-15.0
1981	18.6	2,866,695	71.7	7.68	–	1,152	-9.2
1982	17.3	3,038,272	76.4	7.01	–	1,146	-0.5
1983	16.8	3,135,611	79.2	4.40	–	1,137	-0.8
1984	16.7	3,095,554	83.6	4.46	–	1,187	4.4
1985	16.2	3,252,299	84.5	5.03	–	1,236	4.1
1986	15.4	3,322,888	91.3	4.55	–	1,365	10.4
1987	13.7	3,477,770	94.5	3.56	–	1,674	22.7
1988	14.2	3,980,958	104.1	4.43	–	1,685	0.6
1989	14.1	4,760,094	108.0	5.17	–	1,663	-1.3
1990	13.5	5,575,234	112.3	5.94	–	1,707	2.7
1991	15.1	5,416,437	114.2	5.65	4.4	1,370	-19.7
1992	14.7	5,097,467	116.1	4.95	2.0	1,403	2.4
1993	14.2	4,805,543	116.2	3.89	0.3	1,486	5.9
1994	12.3	4,860,586	118.6	3.13	1.5	1,570	5.7
1995	11.1	5,119,052	121.0	2.83	1.1	1,470	-6.4
1996	9.5	5,394,616	125.1	2.86	1.1	1,643	11.8
1997	9.7	5,182,296	127.8	2.90	1.6	1,387	-15.6
1998	11.1	4,647,978	126.7	2.66	-1.3	1,198	-13.6
1999	9.6	4,656,901	130.7	2.21	-1.5	1,215	1.4
2000	8.0	4,803,573	132.7	2.06	0.1	1,230	1.3
2001	4.2	4,790,044	137.3	2.01	-1.6	1,174	-4.6
2002	2.7	4,790,493	143.8	1.66	-2.9	1,151	-1.9
2003	2.3	4,715,991	142.3	1.63	-0.7	1,160	0.8
2004	2.0	4,768,131	134.3	1.67	-0.5	1,189	2.5
2005	2.7	4,748,409	139.1	1.71	0.8	1,236	4.0
2006	3.2	4,641,732	140.2	1.79	0.2	1,290	4.4
2007	3.3	4,400,299	140.3	1.87	-0.9	1,061	-17.8
2008	3.4	4,227,643	137.0	1.99	-0.3	1,094	3.1
2009	4.5	3,923,741	139.4	1.83	-3.8	788	-27.9
2010	3.3	4,212,267	136.9	1.82	0.6	813	3.1
2011	3.6	3,524,788	141.8	1.83	-0.3	834	2.6
2012	2.2	4,572,332	138.4	1.78	-0.8	883	5.8
2013	-0.1	4,562,150	128.6	1.80	-0.2	980	11.0
2014	-1.3	4,699,462	129.2	2.19	0.5	892	-9.0
2015	-0.4	4,215,799	131.1	2.38	0.1	909	1.9
2016	1.4	4,146,403	125.2	2.14	0.6	967	6.4
2017	1.0	4,386,315	128.4	2.11	0.4	965	-0.3
2018	1.1	4,391,089	128.3	2.26	1.4	942	-2.3
2019	2.9	4,301,012	125.7	2.18	-0.4	905	-4.0
2020	11.0	3,809,896	126.9	2.0	-1.2	815	-9.9
2021	7.2	3,675,650	127.2	1.86	0.3	856	5.0
2022	4.1	3,448,272	105.4	2.20	2.0	860	0.4
2020年4-6月	–	772,526	–	–	-1.7	800	-12.4
2020年7-9月	–	1,011,006	–	–	-1.3	805	-10.1
2020年10-12月	–	1,016,209	–	–	-2.0	809	-7.0
2021年1-3月	–	1,007,541	–	–	-0.5	834	-1.6
2021年4-6月	–	985,846	–	–	1.0	865	8.1
2021年7-9月	–	863,454	–	–	0.5	864	7.2
2021年10-12月	–	813,808	–	–	0.0	860	6.1
2022年1-3月	–	834,316	–	–	1.5	871	4.9
2022年4-6月	–	846,419	–	–	1.5	853	-1.3
2022年7-9月	–	864,525	–	–	1.7	863	0.0
2022年10-12月	–	901,640	–	–	2.9	851	-1.6
2023年1-3月	–	975,929	–	–	0.9	876	0.6
2023年4-6月	–	P 1,051,757	–	–			

（備考） 1．内閣府「国民経済計算」、「消費動向調査」、日本自動車販売協会連合会及び全国軽自動車協会連合会資料、厚生労働省「毎月勤労統計調査」（事業所規模5人以上）による。四半期の数値は前年同期比。Pは速報値。
2．春季賃上げ率は厚生労働省調べ（主要企業）。79年以降は単純平均、80年以降は加重平均。
3．現金給与総額は本系列、事業所規模5人以上。
4．新設着工戸数は国土交通省「建築着工統計」による。四半期別の戸数は年率季節調整による。
5．家計貯蓄率は、1979年までは68SNA、1980年より93SNA、1994年より08SNAによる。乗用車保有台数は「消費動向調査」の一般世帯の値。
6．新車新規登録・届出台数は、1985～2002年まで登録ナンバーベース、2003年以降はナンバーベースの値。四半期はナンバーベース、内閣府による季節調整値。

企業（1/2）

暦年	設備投資	鉱工業指数					
	設備投資名目GDP比率	生産指数		出荷指数		在庫指数	
	%	2020年 = 100	前年比	2020年 = 100	前年比	2020年 = 100	前年比
1960	18.2	13.6	24.8	13.4	22.9	13.4	24.3
1961	20.2	16.4	19.4	15.8	18.0	17.5	31.7
1962	19.2	17.7	8.3	17.2	8.2	20.9	20.6
1963	18.1	19.7	10.1	19.0	10.5	21.7	5.5
1964	18.3	22.8	15.7	21.8	15.0	25.9	19.4
1965	15.7	23.7	3.7	22.8	4.1	27.8	6.9
1966	15.8	26.9	13.2	25.9	13.7	28.3	2.2
1967	17.8	32.1	19.4	30.5	17.5	33.4	18.1
1968	18.7	37.0	17.7	35.3	16.2	40.7	25.3
1969	20.2	42.9	16.0	41.1	16.4	47.5	16.8
1970	21.0	48.9	13.8	46.4	13.0	58.1	22.5
1971	19.0	50.1	2.6	47.8	3.1	63.6	9.1
1972	17.5	53.7	7.3	52.0	8.6	60.4	-4.9
1973	18.5	61.7	17.5	59.4	15.4	62.4	3.7
1974	18.4	59.2	-4.0	56.2	-5.3	89.4	43.2
1975	16.4	52.7	-11.0	52.0	-7.5	81.5	-8.9
1976	15.1	58.7	11.1	57.4	10.3	87.4	7.3
1977	14.1	61.1	4.1	59.6	3.9	90.2	3.0
1978	13.7	64.9	6.2	63.1	5.8	87.7	-2.9
1979	14.9	69.7	7.3	67.4	6.7	90.6	3.3
1980	16.0	73.0	4.7	69.3	2.9	98.2	8.3
1981	15.7	73.7	1.0	69.7	0.6	94.7	-3.6
1982	15.3	74.0	0.3	69.3	-0.7	93.1	-1.5
1983	14.6	76.1	3.6	71.6	3.5	87.8	-5.2
1984	15.0	83.4	9.4	77.4	8.2	94.6	7.6
1985	16.5	86.4	3.7	80.2	3.4	98.0	3.5
1986	16.5	86.2	-0.2	80.6	0.5	96.8	-1.2
1987	16.4	89.2	3.4	83.7	3.9	93.9	-3.0
1988	17.7	97.8	9.5	91.2	8.7	98.9	5.4
1989	19.3	103.5	5.8	96.5	5.9	107.1	8.3
1990	20.0	107.7	4.1	101.3	4.8	106.4	-0.7
1991	20.1	109.5	1.7	102.7	1.5	120.7	13.4
1992	18.3	102.8	-6.1	97.5	-5.1	119.6	-0.8
1993	16.3	98.8	-4.5	94.7	-3.7	117.3	-3.5
1994	15.7	99.9	0.9	95.6	0.9	111.8	-4.6
1995	16.2	113.8	3.2	110.2	2.6	118.5	5.5
1996	16.5	116.5	2.3	113.2	2.7	118.1	-0.3
1997	16.8	120.7	3.6	117.7	4.0	125.2	6.0
1998	16.6	112.4	-7.2	111.1	-6.6	115.2	-7.4
1999	15.7	112.6	0.2	112.3	1.1	107.3	-6.9
2000	16.3	119.2	5.7	119.0	5.8	109.5	2.1
2001	16.0	111.1	-6.8	111.1	-6.3	108.7	-0.7
2002	15.0	109.8	-1.3	111.1	-0.2	99.9	-8.0
2003	15.0	113.0	3.3	114.9	3.4	97.1	-2.4
2004	15.1	118.4	4.9	120.6	4.8	97.0	-0.1
2005	16.2	120.0	1.3	122.2	1.4	101.5	4.8
2006	16.5	125.3	4.5	127.9	4.6	105.1	3.5
2007	16.5	129.0	2.8	131.7	3.1	106.5	1.3
2008	16.4	124.6	-3.4	126.4	-3.2	113.7	4.8
2009	14.8	97.4	-21.9	99.0	-21.7	93.7	-17.6
2010	14.2	112.5	15.6	114.3	15.5	95.9	2.4
2011	14.9	109.3	-2.8	110.0	-3.7	97.9	2.0
2012	15.2	110.1	0.6	111.3	1.2	103.0	5.2
2013	15.4	109.6	-0.8	113.2	-0.6	95.1	-4.3
2014	15.9	111.9	2.0	114.0	0.7	100.7	5.9
2015	16.2	110.5	-1.2	112.5	-1.4	98.4	-2.3
2016	15.9	110.5	0.0	112.1	-0.3	95.3	-3.2
2017	16.1	114.0	3.1	114.9	2.5	99.2	4.1
2018	16.5	114.6	1.1	114.9	0.8	100.5	1.7
2019	16.5	111.6	-2.6	112.0	-2.5	101.0	0.5
2020	16.2	100.0	-10.4	100.0	-10.7	92.6	-8.3
2021	16.2	105.4	5.4	104.4	4.4	98.5	6.4
2022	17.0	105.3	-0.1	103.9	-0.5	101.2	2.7
2018年1-3月	16.4	114.4	-0.9	115.0	-0.9	103.5	2.5
2018年4-6月	16.7	114.6	0.2	115.8	0.7	102.2	-1.3
2018年7-9月	16.3	113.8	-0.7	113.6	-1.9	103.1	0.9
2018年10-12月	16.8	115.5	1.5	114.9	1.1	103.0	-0.1
2019年1-3月	16.6	113.4	-1.8	113.9	-0.9	102.0	-1.0
2019年4-6月	16.5	113.5	0.1	114.3	0.4	104.1	2.1
2019年7-9月	16.8	112.6	-0.8	113.2	-1.0	103.0	-1.1
2019年10-12月	16.0	108.0	-4.1	107.5	-5.0	103.4	0.4
2020年1-3月	16.6	106.8	-1.1	106.8	-0.7	104.3	0.9
2020年4-6月	16.6	90.7	-15.1	90.5	-15.3	100.1	-4.0
2020年7-9月	15.7	97.7	7.7	97.9	8.2	96.7	-3.4
2020年10-12月	15.7	103.5	5.9	103.3	5.5	94.7	-2.1
2021年1-3月	16.1	106.3	2.7	106.3	2.9	94.0	-0.7
2021年4-6月	16.3	107.5	1.1	107.3	0.9	95.4	1.5
2021年7-9月	16.3	103.3	-3.9	101.3	-5.6	97.5	2.2
2021年10-12月	16.4	104.6	1.3	102.7	1.4	100.5	3.1
2022年1-3月	16.5	105.4	0.8	104.0	1.3	101.4	0.9
2022年4-6月	16.9	103.9	-1.4	103.4	-0.6	99.9	-1.5
2022年7-9月	17.5	107.1	3.1	105.2	1.7	103.4	3.5
2022年10-12月	17.5	105.3	-1.7	103.1	-1.7	103.1	-0.3
2023年1-3月	17.2	103.4	-1.8	102.7	-1.0	103.8	0.7

（備考） 1．設備投資名目GDP比率は内閣府「四半期別GDP速報」、鉱工業指数は経済産業省「鉱工業指数」による。
2．鉱工業指数の前年比は、原指数の前年同期比。
3．生産、出荷及び在庫の四半期の指数は、季節調整値。在庫指数は、期末値。

企業 (2/2)

暦年	鉱工業指数 在庫率指数 2020年=100	鉱工業指数 製造工業稼働率指数 2020年=100	第3次産業活動指数 2015年=100	企業収益 経常利益 前年比	企業収益 売上高経常利益率 %	倒産 銀行取引停止処分者件数 件
1955	–	–	–	32.5	2.8	–
1956	–	–	–	59.3	3.4	–
1957	–	–	–	9.6	3.1	–
1958	–	–	–	-22.7	2.4	–
1959	–	–	–	76.8	3.5	–
1960	–	–	–	40.7	3.8	–
1961	–	–	–	20.2	3.6	–
1962	–	–	–	-1.9	3.2	–
1963	–	–	–	25.5	3.3	–
1964	–	–	–	10.6	2.9	–
1965	–	–	–	-4.5	2.5	10,152
1966	–	–	–	42.2	3.0	11,058
1967	–	–	–	39.4	3.3	13,683
1968	67.6	.	–	19.5	3.4	13,240
1969	68.5	–	–	30.2	3.6	10,658
1970	72.2	–	–	13.7	3.4	11,589
1971	83.2	–	–	-17.4	2.6	11,489
1972	76.8	–	–	30.3	2.9	9,544
1973	64.8	–	–	78.9	3.8	10,862
1974	89.6	–	–	-27.3	2.2	13,605
1975	101.2	–	–	-32.6	1.4	14,477
1976	90.0	–	–	72.9	2.1	16,842
1977	91.3	–	–	8.0	2.1	18,741
1978	68.6	130.8	–	34.3	2.6	15,526
1979	63.4	138.6	–	31.9	3.0	14,926
1980	68.9	139.6	–	10.0	2.8	16,635
1981	72.2	132.4	–	-8.2	2.4	15,683
1982	72.5	128.4	–	-4.4	2.2	14,824
1983	69.0	130.1	–	12.3	2.4	15,848
1984	67.2	137.7	–	17.9	2.6	16,976
1985	70.0	137.9	–	3.9	2.6	15,337
1986	71.3	131.6	–	-1.6	2.5	13,578
1987	67.2	131.7	–	27.6	3.0	9,040
1988	63.6	139.4	–	25.6	3.4	7,819
1989	65.3	142.1	–	14.7	3.7	5,550
1990	64.5	143.6	–	-6.9	3.1	5,292
1991	68.9	140.6	–	-8.8	2.7	9,066
1992	75.6	129.1	–	-26.2	2.0	10,728
1993	76.5	122.5	–	-12.1	1.8	10,352
1994	73.4	122.0	–	11.9	1.9	10,246
1995	74.7	125.1	–	10.9	2.0	10,742
1996	75.4	126.3	–	21.9	2.4	10,722
1997	74.7	130.7	–	4.8	2.5	12,048
1998	82.4	120.8	–	-26.4	1.9	13,356
1999	75.4	120.4	–	17.7	2.3	10,249
2000	73.1	125.8	–	33.7	3.0	12,160
2001	80.6	116.3	–	-15.5	2.5	11,693
2002	74.5	117.6	–	-0.7	2.7	10,730
2003	70.9	122.7	–	12.6	3.0	8,189
2004	67.8	128.4	–	27.7	3.6	6,374
2005	69.6	130.0	–	11.8	3.9	5,489
2006	69.7	133.5	–	9.1	4.0	5,227
2007	69.8	134.7	–	3.6	4.0	5,257
2008	76.5	128.6	–	-26.3	3.0	5,687
2009	92.0	96.4	–	-35.3	2.3	4,568
2010	72.3	115.3	–	68.1	3.5	3,134
2011	78.2	110.4	–	-6.0	3.4	2,609
2012	81.9	112.7	–	8.8	3.8	2,390
2013	78.2	114.8	100.2	19.7	4.6	1,820
2014	79.4	119.7	99.6	10.9	5.0	1,465
2015	81.7	116.5	100.0	7.5	5.4	1,236
2016	82.5	114.7	100.6	1.5	5.5	1,062
2017	82.2	119.2	101.5	13.2	5.9	899
2018	85.5	119.3	102.8	3.7	5.9	762
2019	89.5	114.8	103.1	-3.5	5.7	751
2020	100.0	100.0	96.0	-27.3	4.7	432
2021	89.8	108.5	97.4	41.8	6.3	215
2022	96.6	108.1	*99.0*	11.2	6.6	218
2018年1-3月	85.2	119.1	102.2	0.2	5.8	195
2018年4-6月	85.2	119.0	102.9	17.9	6.6	195
2018年7-9月	86.5	117.6	102.5	2.2	5.7	199
2018年10-12月	86.1	121.2	103.4	-7.0	5.3	173
2019年1-3月	86.5	116.8	103.5	10.3	6.3	173
2019年4-6月	87.8	118.2	103.6	-12.0	5.6	217
2019年7-9月	89.6	115.4	104.4	-5.3	5.6	185
2019年10-12月	93.7	109.5	101.2	-4.6	5.5	176
2020年1-3月	93.7	107.4	100.1	-28.4	4.9	187
2020年4-6月	113.8	86.5	90.0	-46.6	3.1	127
2020年7-9月	99.2	98.1	95.8	-28.4	4.9	67
2020年10-12月	91.4	106.8	98.0	-0.7	5.7	51
2021年1-3月	87.1	110.1	97.0	26.0	6.3	46
2021年4-6月	87.5	110.8	97.3	93.9	6.3	45
2021年7-9月	91.0	104.2	96.8	35.1	6.0	71
2021年10-12月	93.7	109.0	98.3	24.7	6.8	53
2022年1-3月	94.4	108.1	98.1	13.7	6.6	63
2022年4-6月	94.9	104.3	99.5	7.6	7.0	69
2022年7-9月	97.5	109.5	99.4	18.3	6.4	61
2022年10-12月	99.3	111.2	99.4	-2.8	6.2	25
2023年1-3月	102.5	106.6	100.4	4.3	6.6	–

（備考） 1. 鉱工業指数及び第3次産業活動指数は、経済産業省「鉱工業指数」「第3次産業活動指数」による。斜字体は速報値。

2. 在庫率指数は、季節調整済期末値。在庫率指数及び第3次産業活動指数の四半期の指数は季節調整値。

3. 企業収益は財務省「法人企業統計季報」による。全規模・全産業（除く金融業、保険業）ベース。

4. 四半期の売上高経常利益率は季節調整値。

5. 銀行取引停止処分者件数は全国銀行協会「全国法人取引停止処分者の負債状況」による。全国の手形交換業務が終了した2022年11月2日までの数値

人口・雇用 (1/2)

暦年	人口 総人口 万人	人口 平均世帯人員 人	人口 合計特殊出生率 人	雇用 労働力人口 万人	雇用 労働力人口比率 %
1960	9,342	4.13	2.00	4,511	69.2
1961	9,429	3.97	1.96	4,562	69.1
1962	9,518	3.95	1.98	4,614	68.3
1963	9,616	3.81	2.00	4,652	67.1
1964	9,718	3.83	2.05	4,710	66.1
1965	9,828	3.75	2.14	4,787	65.7
1966	9,904	3.68	1.58	4,891	65.8
1967	10,020	3.53	2.23	4,983	65.9
1968	10,133	3.50	2.13	5,061	65.9
1969	10,254	3.50	2.13	5,098	65.5
1970	10,372	3.45	2.13	5,153	65.4
1971	10,515	3.38	2.16	5,186	65.0
1972	10,760	3.32	2.14	5,199	64.4
1973	10,910	3.33	2.14	5,326	64.7
1974	11,057	3.33	2.05	5,310	63.7
1975	11,194	3.35	1.91	5,323	63.0
1976	11,309	3.27	1.85	5,378	63.0
1977	11,417	3.29	1.80	5,452	63.2
1978	11,519	3.31	1.79	5,532	63.4
1979	11,616	3.30	1.77	5,596	63.4
1980	11,706	3.28	1.75	5,650	63.3
1981	11,790	3.24	1.74	5,707	63.3
1982	11,873	3.25	1.77	5,774	63.3
1983	11,954	3.25	1.80	5,889	63.8
1984	12,031	3.19	1.81	5,927	63.4
1985	12,105	3.22	1.76	5,963	63.0
1986	12,166	3.22	1.72	6,020	62.8
1987	12,224	3.19	1.69	6,084	62.6
1988	12,275	3.12	1.66	6,166	62.6
1989	12,321	3.10	1.57	6,270	62.9
1990	12,361	3.05	1.54	6,384	63.3
1991	12,410	3.04	1.53	6,505	63.8
1992	12,457	2.99	1.50	6,578	64.0
1993	12,494	2.96	1.46	6,615	63.8
1994	12,527	2.95	1.50	6,645	63.6
1995	12,557	2.91	1.42	6,666	63.4
1996	12,586	2.85	1.43	6,711	63.5
1997	12,616	2.79	1.39	6,787	63.7
1998	12,647	2.81	1.38	6,793	63.3
1999	12,667	2.79	1.34	6,779	62.9
2000	12,693	2.76	1.36	6,766	62.4
2001	12,732	2.75	1.33	6,752	62.0
2002	12,749	2.74	1.32	6,689	61.2
2003	12,769	2.76	1.29	6,666	60.8
2004	12,779	2.72	1.29	6,642	60.4
2005	12,777	2.68	1.26	6,651	60.4
2006	12,790	2.65	1.32	6,664	60.4
2007	12,803	2.63	1.34	6,684	60.4
2008	12,808	2.63	1.37	6,674	60.2
2009	12,803	2.62	1.37	6,650	59.9
2010	12,806	2.59	1.39	6,632	59.6
2011	12,783	2.58	1.39	6,596	59.3
2012	12,759	2.57	1.41	6,565	59.1
2013	12,741	2.51	1.43	6,593	59.3
2014	12,724	2.49	1.42	6,609	59.4
2015	12,709	2.49	1.45	6,625	59.6
2016	12,704	2.47	1.44	6,678	60.0
2017	12,692	2.47	1.43	6,732	60.5
2018	12,675	2.44	1.42	6,849	61.5
2019	12,656	2.39	1.36	6,912	62.1
2020	12,615	–	1.33	6,902	62.0
2021	12,550	2.37	1.30	6,907	62.1
2022	12,495	2.25	P 1.26	6,902	62.5
2019年10-12月	12,656	–	–	6,915	62.3
2020年1-3月	12,639	–	–	6,857	61.9
2020年4-6月	12,634	–	–	6,845	61.8
2020年7-9月	12,626	–	–	6,878	62.1
2020年10-12月	12,615	–	–	6,934	62.2
2021年1-3月	12,607	–	–	6,883	61.8
2021年4-6月	12,585	–	–	6,928	62.3
2021年7-9月	12,568	–	–	6,934	62.4
2021年10-12月	12,550	–	–	6,883	62.0
2022年1-3月	12,531	–	–	6,844	61.9
2022年4-6月	12,507	–	–	6,927	62.8
2022年7-9月	12,512	–	–	6,938	62.9
2022年10-12月	12,495	–	–	6,899	62.5
2023年1-3月	12,475	–	–	P 6,862	P 62.3
2023年4-6月	P 12,477	–	–	–	–

(備考)　1．総務省「人口推計」、「労働力調査（基本集計）」、厚生労働省「国民生活基礎調査」、「人口動態統計」により作成。
　　　　2．総人口は各年10月1日現在。四半期の数値は各期首月1日現在。Pは概算値。
　　　　3．「労働力調査」については72年以前は沖縄を含まない。

人口・雇用 (2/2)

			雇　　用				労働時間
	就業者数	雇用者数	雇用者比率	完全失業者数	完全失業率	有効求人倍率	総実労働時間
暦年	万人	万人	%	万人	%	倍	時間
1960	4,436	2,370	53.4	75	1.7	–	–
1961	4,498	2,478	55.1	66	1.4	–	–
1962	4,556	2,593	56.9	59	1.3	–	–
1963	4,595	2,672	58.2	59	1.3	0.73	–
1964	4,655	2,763	59.4	54	1.1	0.79	–
1965	4,730	2,876	60.8	57	1.2	0.61	–
1966	4,827	2,994	62.0	65	1.3	0.81	–
1967	4,920	3,071	62.4	63	1.3	1.05	–
1968	5,002	3,148	62.9	59	1.2	1.14	–
1969	5,040	3,199	63.5	57	1.1	1.37	–
1970	5,094	3,306	64.9	59	1.1	1.35	2,239.2
1971	5,121	3,412	66.6	64	1.2	1.06	2,217.6
1972	5,126	3,465	67.6	73	1.4	1.30	2,205.6
1973	5,259	3,615	68.7	68	1.3	1.74	2,184.0
1974	5,237	3,637	69.4	73	1.4	0.98	2,106.0
1975	5,223	3,646	69.8	100	1.9	0.59	2,064.0
1976	5,271	3,712	70.4	108	2.0	0.64	2,094.0
1977	5,342	3,769	70.6	110	2.0	0.54	2,096.4
1978	5,408	3,799	70.2	124	2.2	0.59	2,102.4
1979	5,479	3,876	70.7	117	2.1	0.74	2,114.4
1980	5,536	3,971	71.7	114	2.0	0.73	2,108.4
1981	5,581	4,037	72.3	126	2.2	0.67	2,101.2
1982	5,638	4,098	72.7	136	2.4	0.60	2,096.4
1983	5,733	4,208	73.4	156	2.6	0.61	2,097.6
1984	5,766	4,265	74.0	161	2.7	0.66	2,115.6
1985	5,807	4,313	74.3	156	2.6	0.67	2,109.6
1986	5,853	4,379	74.8	167	2.8	0.62	2,102.4
1987	5,911	4,428	74.9	173	2.8	0.76	2,110.8
1988	6,011	4,538	75.5	155	2.5	1.08	2,110.8
1989	6,128	4,679	76.4	142	2.3	1.30	2,088.0
1990	6,249	4,835	77.4	134	2.1	1.43	2,052.0
1991	6,369	5,002	78.5	136	2.1	1.34	2,016.0
1992	6,436	5,119	79.5	142	2.2	1.00	1,971.6
1993	6,450	5,202	80.7	166	2.5	0.71	1,912.8
1994	6,453	5,236	81.1	192	2.9	0.64	1,904.4
1995	6,457	5,263	81.5	210	3.2	0.64	1,909.2
1996	6,486	5,322	82.1	225	3.4	0.72	1,918.8
1997	6,557	5,391	82.2	230	3.4	0.69	1,899.6
1998	6,514	5,368	82.4	279	4.1	0.50	1,879.2
1999	6,462	5,331	82.5	317	4.7	0.49	1,842.0
2000	6,446	5,356	83.1	320	4.7	0.62	1,858.8
2001	6,412	5,369	83.7	340	5.0	0.56	1,848.0
2002	6,330	5,331	84.2	359	5.4	0.56	1,837.2
2003	6,316	5,335	84.5	350	5.3	0.69	1,845.6
2004	6,329	5,355	84.6	313	4.7	0.86	1,839.6
2005	6,356	5,393	84.8	294	4.4	0.98	1,830.0
2006	6,389	5,478	85.7	275	4.1	1.06	1,843.2
2007	6,427	5,537	86.2	257	3.9	1.02	1,851.6
2008	6,409	5,546	86.5	265	4.0	0.77	1,836.0
2009	6,314	5,489	86.9	336	5.1	0.45	1,767.6
2010	6,298	5,500	87.3	334	5.1	0.56	1,797.6
2011	6,293	5,512	87.6	302	4.6	0.68	1,789.2
2012	6,280	5,513	87.8	285	4.3	0.82	1,808.4
2013	6,326	5,567	88.0	265	4.0	0.97	1,791.6
2014	6,371	5,613	88.1	236	3.6	1.11	1,789.2
2015	6,402	5,663	88.5	222	3.4	1.23	1,784.4
2016	6,470	5,755	88.9	208	3.1	1.39	1,782.0
2017	6,542	5,830	89.1	190	2.8	1.54	1,780.8
2018	6,682	5,954	89.1	167	2.4	1.62	1,768.8
2019	6,750	6,028	89.3	162	2.4	1.55	1,732.8
2020	6,710	6,005	89.5	192	2.8	1.10	1,684.8
2021	6,713	6,016	89.6	195	2.8	1.16	1,708.8
2022	6,723	6,041	89.9	179	2.6	1.31	1,718.4
2019年10-12月	6,783	6,053	89.2	160	2.3	1.57	–
2020年1-3月	6,761	6,060	89.6	169	2.4	1.44	–
2020年4-6月	6,671	5,964	89.4	186	2.7	1.20	–
2020年7-9月	6,686	5,975	89.4	203	3.0	1.05	–
2020年10-12月	6,723	6,021	89.6	210	3.0	1.05	–
2021年1-3月	6,726	6,029	89.6	199	2.9	1.09	–
2021年4-6月	6,710	6,014	89.6	200	2.9	1.11	–
2021年7-9月	6,720	6,018	89.6	192	2.8	1.14	–
2021年10-12月	6,693	6,004	89.7	188	2.7	1.17	–
2022年1-3月	6,704	6,015	89.7	186	2.7	1.21	–
2022年4-6月	6,727	6,049	89.9	178	2.6	1.25	–
2022年7-9月	6,732	6,049	89.9	178	2.6	1.30	–
2022年10-12月	6,725	6,047	89.9	174	2.5	1.35	–
2023年1-3月	6,730	6,045	89.8	181	2.6	1.34	–
2023年4-6月							

(備考)　1.　総務省「労働力調査」、厚生労働省「職業安定業務統計」、「毎月勤労統計調査」(事業所規模30人以上) により作成。
　　　　2.　「労働力調査」については72年以前は沖縄県を含まない。
　　　　3.　労働力調査の四半期の値は、各月の季節調整値の単純平均である。

物価 (1/1)

	物 価 等			
	国内企業物価指数		消費者物価指数	
暦年	2020年＝100	前年比	2020年＝100	前年比
1955	–	–	16.5	-1.1
1956	–	–	16.6	0.3
1957	–	–	17.1	3.1
1958	–	–	17.0	-0.4
1959	–	–	17.2	1.0
1960	48.0	–	17.9	3.6
1961	48.5	1.2	18.9	5.3
1962	47.7	-1.7	20.1	6.8
1963	48.4	1.5	21.6	7.6
1964	48.5	0.1	22.5	3.9
1965	49.0	1.0	23.9	6.6
1966	50.1	2.4	25.1	5.1
1967	51.5	2.6	26.1	4.0
1968	52.0	1.0	27.6	5.3
1969	52.9	1.8	29.0	5.2
1970	54.7	3.4	30.9	7.7
1971	54.2	-0.8	32.9	6.3
1972	55.1	1.7	34.5	4.9
1973	63.8	15.8	38.6	11.7
1974	81.4	27.5	47.5	23.2
1975	83.6	2.7	53.1	11.7
1976	88.3	5.6	58.1	9.4
1977	91.2	3.3	62.8	8.1
1978	90.7	-0.5	65.5	4.2
1979	95.3	5.0	67.9	3.7
1980	109.6	15.0	73.2	7.7
1981	111.1	1.4	76.7	4.9
1982	111.6	0.5	78.9	2.8
1983	110.9	-0.6	80.3	1.9
1984	111.0	0.1	82.2	2.3
1985	110.2	-0.8	83.8	2.0
1986	105.0	-4.7	84.3	0.6
1987	101.7	-3.1	84.4	0.1
1988	101.2	-0.5	85.0	0.7
1989	103.0	1.9	86.9	2.3
1990	104.6	1.5	89.6	3.1
1991	105.7	1.0	92.6	3.3
1992	104.7	-0.9	94.1	1.6
1993	103.1	-1.6	95.4	1.3
1994	101.4	-1.6	96.0	0.7
1995	100.5	-0.8	95.9	-0.1
1996	98.9	-1.7	96.0	0.1
1997	99.5	0.7	97.7	1.8
1998	98.0	-1.6	98.3	0.6
1999	96.6	-1.4	98.0	-0.3
2000	96.6	0.0	97.3	-0.7
2001	94.4	-2.3	96.7	-0.7
2002	92.5	-2.0	95.8	-0.9
2003	91.6	-0.9	95.5	-0.3
2004	92.8	1.3	95.5	0.0
2005	94.3	1.6	95.2	-0.3
2006	96.4	2.2	95.5	0.3
2007	98.1	1.7	95.5	0.0
2008	102.6	4.6	96.8	1.4
2009	97.2	-5.3	95.5	-1.4
2010	97.1	-0.1	94.8	-0.7
2011	98.5	1.4	94.5	-0.3
2012	97.7	-0.9	94.5	0.0
2013	98.9	1.2	94.9	0.4
2014	102.1	3.2	97.5	2.7
2015	99.7	-2.3	98.2	0.8
2016	96.2	-3.5	98.1	-0.1
2017	98.4	2.3	98.6	0.5
2018	101.0	2.6	99.5	1.0
2019	101.2	0.2	100.0	0.5
2020	100.0	-1.2	100.0	0.0
2021	104.6	4.6	99.8	-0.2
2022	114.7	9.7	102.3	2.5
2022年 7-9月	115.9	9.6	102.7	2.9
10-12月	119.0	10.0	103.9	3.9
2023年 1-3月	119.7	8.4	104.4	3.6
4-6月	P 119.4	5.1		

(備考)　1.　日本銀行「企業物価指数」、総務省「消費者物価指数」による。
　　　　2.　1969年以前の消費者物価指数は「持家の帰属家賃を除く総合」で
　　　　あり、2020年基準の総合指数とは接続しない。また、1970年以前
　　　　の上昇率は「持家の帰属家賃を除く総合」である。

国際経済 (1/3)

	通関輸出入				
	輸出数量指数		輸入数量指数		製品輸入比率
暦年	2015年＝100	前年比、%	2015年＝100	前年比、%	%
1955	－	－	－	－	11.9
1956	－	－	－	－	15.9
1957	－	－	－	－	22.9
1958	－	－	－	－	21.7
1959	－	－	－	－	21.5
1960	3.9	－	4.7	－	22.1
1961	4.1	5.1	6.0	27.7	24.5
1962	4.9	19.5	5.9	-1.7	25.9
1963	5.5	12.2	7.0	18.6	24.5
1964	6.8	23.6	8.0	14.3	25.8
1965	8.7	27.9	8.1	1.3	22.7
1966	10.1	16.1	9.4	16.0	22.8
1967	10.4	3.0	11.5	22.3	26.8
1968	12.8	23.1	12.9	12.2	27.5
1969	15.2	18.8	15.0	16.3	29.5
1970	17.5	15.1	18.1	20.7	30.3
1971	20.9	19.4	18.1	0.0	28.6
1972	22.4	7.2	20.3	12.2	29.6
1973	23.5	4.9	26.1	28.6	30.6
1974	27.6	17.4	25.5	-2.3	23.7
1975	28.2	2.2	22.3	-12.5	20.3
1976	34.3	21.6	24.1	8.1	21.5
1977	37.3	8.7	24.8	2.9	21.5
1978	37.8	1.3	26.5	6.9	26.7
1979	37.3	-1.3	29.3	10.6	26.0
1980	43.7	17.2	27.7	-5.5	22.8
1981	48.2	10.3	27.0	-2.5	24.3
1982	47.1	-2.3	26.8	-0.7	24.9
1983	51.4	9.1	27.3	1.9	27.2
1984	59.5	15.8	30.1	10.3	29.8
1985	62.1	4.4	30.2	0.3	31.0
1986	61.7	-0.6	33.1	9.6	41.8
1987	61.8	0.2	36.2	9.4	44.1
1988	65.1	5.3	42.2	16.6	49.0
1989	67.5	3.7	45.6	8.1	50.3
1990	71.3	5.6	48.2	5.7	50.3
1991	73.1	2.5	50.0	3.7	50.8
1992	74.2	1.5	49.8	-0.4	50.2
1993	73.0	-1.6	52.0	4.4	52.0
1994	74.2	1.6	59.0	13.5	55.2
1995	77.0	3.8	66.3	12.4	59.1
1996	78.0	1.3	70.0	5.6	59.4
1997	87.1	11.7	71.2	1.7	59.3
1998	86.0	-1.3	67.4	-5.4	62.1
1999	87.8	2.1	73.9	9.6	62.5
2000	96.1	9.4	82.0	11.0	61.1
2001	87.0	-9.5	80.4	-2.0	61.4
2002	93.9	7.9	82.0	2.0	62.2
2003	98.5	4.9	87.8	7.1	61.4
2004	109.0	10.6	93.9	7.0	61.3
2005	109.9	0.8	96.6	2.9	58.5
2006	118.4	7.7	100.4	3.8	56.8
2007	124.1	4.8	100.2	-0.2	56.4
2008	122.2	-1.5	99.6	-0.6	50.1
2009	89.7	-26.6	85.3	-14.4	56.1
2010	111.4	24.2	97.1	13.9	55.0
2011	107.2	-3.8	99.6	2.6	51.6
2012	102.0	-4.8	102.0	2.4	50.9
2013	100.5	-1.5	102.3	0.3	51.7
2014	101.1	0.6	102.9	0.6	53.4
2015	100.0	-1.0	100.0	-2.8	61.6
2016	100.5	0.5	98.8	-1.2	66.0
2017	105.9	5.4	102.9	4.2	63.4
2018	107.7	1.7	105.8	2.8	61.9
2019	103.0	-4.3	104.6	-1.1	63.1
2020	90.9	-11.8	97.8	-6.4	66.7
2021	101.9	12.1	102.8	5.1	63.1
2022	100.0	-1.9	102.5	-0.3	56.7
2020年10-12月	99.4	12.6	99.6	4.9	68.6
2021年1-3月	102.8	3.4	102.5	3.0	65.6
2021年4-6月	104.0	1.2	104.5	1.9	65.0
2021年7-9月	100.2	-3.6	102.5	-2.0	62.2
2021年10-12月	100.6	0.4	101.5	-0.9	60.3
2022年1-3月	101.8	1.2	104.0	2.4	59.7
2022年4-6月	100.7	-1.1	103.0	-1.0	56.1
2022年7-9月	99.9	-0.8	103.1	0.1	55.1
2022年10-12月	96.9	-3.0	100.8	-2.3	56.6
2023年1-3月	92.8	-4.2	98.6	-2.2	57.5

(備考) 1．財務省「貿易統計」による。
2．前年比、四半期の値については、内閣府試算値。
3．四半期の数値は季節調整値。伸び率は前期比。
4．Ｐは速報値を示す。

国際経済 (2/3)

暦年	通関輸出入		国際収支等			
	関税負担率	輸出円建て比率	貿易収支	輸出額	輸入額	円相場
	%	%	億円	億円	億円	円／ドル
1955	–	–	–	–	–	360.00
1956	–	–	–	–	–	360.00
1957	–	–	–	–	–	360.00
1958	–	–	–	–	–	360.00
1959	–	–	–	–	–	360.00
1960	–	–	–	–	–	360.00
1961	–	–	–	–	–	360.00
1962	–	–	–	–	–	360.00
1963	–	–	–	–	–	360.00
1964	–	–	–	–	–	360.00
1965	–	–	–	–	–	360.00
1966	–	–	8,247	34,939	26,692	360.00
1967	–	–	4,200	37,049	32,849	360.00
1968	–	–	9,096	45,948	36,851	360.00
1969	–	–	13,257	56,190	42,933	360.00
1970	–	–	14,188	67,916	53,728	360.00
1971	6.6	–	26,857	81,717	54,860	347.83
1972	6.3	–	27,124	84,870	57,747	303.08
1973	5.0	–	10,018	98,258	88,240	272.18
1974	2.7	–	4,604	159,322	154,718	292.06
1975	2.9	–	14,933	162,503	147,570	296.84
1976	3.3	–	29,173	195,510	166,337	296.49
1977	3.8	–	45,647	211,833	166,187	268.32
1978	4.1	–	51,633	199,863	148,230	210.11
1979	3.1	–	3,598	222,958	219,360	219.47
1980	2.5	–	3,447	285,612	282,165	226.45
1981	2.5	–	44,983	330,329	285,346	220.83
1982	2.6	–	45,572	342,568	296,996	249.26
1983	2.5	–	74,890	345,553	270,663	237.61
1984	2.5	–	105,468	399,936	294,468	237.61
1985	2.6	–	129,517	415,719	286,202	238.05
1986	3.3	–	151,249	345,997	194,747	168.03
1987	3.4	–	132,319	325,233	192,915	144.52
1988	3.4	–	118,144	334,258	216,113	128.20
1989	2.9	–	110,412	373,977	263,567	138.11
1990	2.7	–	100,529	406,879	306,350	144.88
1991	3.3	–	129,231	414,651	285,423	134.59
1992	3.4	–	157,764	420,816	263,055	126.62
1993	3.6	–	154,816	391,640	236,823	111.06
1994	3.4	–	147,322	393,485	246,166	102.18
1995	3.1	–	123,445	402,596	279,153	93.97
1996	2.8	–	90,346	430,153	339,807	108.81
1997	2.5	–	123,709	488,801	365,091	120.92
1998	2.6	–	160,782	482,899	322,117	131.02
1999	2.4	–	141,370	452,547	311,176	113.94
2000	2.1	36.1	126,983	489,635	362,652	107.79
2001	2.2	34.9	88,469	460,367	371,898	121.58
2002	1.9	35.8	121,211	489,029	367,817	125.17
2003	1.9	38.9	124,631	513,292	388,660	115.94
2004	1.7	40.1	144,235	577,036	432,801	108.17
2005	1.5	38.9	117,712	630,094	512,382	110.21
2006	1.4	37.8	110,701	720,268	609,567	116.31
2007	1.3	38.3	141,873	800,236	658,364	117.77
2008	1.2	39.9	58,031	776,111	718,081	103.39
2009	1.4	39.9	53,876	511,216	457,340	93.61
2010	1.3	41.0	95,160	643,914	548,754	87.75
2011	1.3	41.3	-3,302	629,653	632,955	79.76
2012	1.2	39.4	-42,719	619,568	662,287	79.79
2013	–	35.6	-87,734	678,290	766,024	97.71
2014	–	36.1	-104,653	740,747	845,400	105.79
2015	–	35.5	-8,862	752,742	761,604	121.09
2016	–	37.1	55,176	690,927	635,751	108.77
2017	–	36.1	49,113	772,535	723,422	112.12
2018	–	37.0	11,265	812,263	800,998	110.40
2019	–	37.2	1,503	757,753	756,250	108.99
2020	–	38.3	27,779	672,629	644,851	106.73
2021	–	38.1	16,701	822,837	806,136	109.89
2022	–	35.3	-157,436	987,688	1,145,124	131.57
2021年1-3月	–	–	15,356	194,825	179,468	106.09
2021年4-6月	–	–	10,365	206,493	196,128	109.50
2021年7-9月	–	–	-664	207,844	208,508	110.09
2021年10-12月	–	–	-7,981	213,544	221,525	113.70
2022年1-3月	–	–	-17,512	229,740	247,251	116.32
2022年4-6月	–	–	-36,917	245,697	282,614	129.71
2022年7-9月	–	–	-55,731	255,149	310,880	138.24
2022年10-12月	–	–	-51,616	256,583	308,199	141.25
2023年1-3月	–	–	-37,552	238,078	275,630	132.33

(備考) 1．関税負担率は財務省調べによる年度の数値。
2．輸出円建て比率は、財務省「貿易取引通貨別比率」による年半期の数値の平均。
3．貿易収支、輸出額、輸入額は日本銀行「国際収支統計月報」による。
4．貿易収支、輸出額、輸入額の1984年以前の数値は、国際収支統計（IMF国際収支マニュアル第3版、第4版ベース）のドル表示額を対米ドル円レート（インターバンク直物中心相場、月中平均）で換算したものであり、85年以降の数値とは接続しない。
1985年～95年の数値は、国際収支統計（同第4版ベース）の計数を、同第5版の概念に組み換えた計数。
1996年～2013年の数値は、国際収支統計（同第5版ベース）の計数を、同第6版の概念に組み換えた計数。
5．貿易収支、輸出額、輸入額の四半期の数値は季節調整値。
6．円相場は、インターバンク直物中心レート（ただし、1970年までは固定レート360円／ドルとした）。2003年以降は、月次計数の単純平均、02年以前は営業日平均。
7．Pは速報値を示す。

国際経済 (3/3)

			国際収支等				
	経常収支	経常収支対名目GDP	貿易サービス収支	金融収支	資本移転等収支	外貨準備高	対外純資産
暦年	億円	GDP比%	億円	億円	億円	百万ドル	10億円
1955	–	–	–	–	–	467	–
1956	–	–	–	–	–	524	–
1957	–	–	–	–	–	861	–
1958	–	–	–	–	–	1,322	–
1959	–	–	–	–	–	1,824	–
1960	–	–	–	–	–	1,824	–
1961	–	–	–	–	–	1,486	–
1962	–	–	–	–	–	1,841	–
1963	–	–	–	–	–	1,878	–
1964	–	–	–	–	–	1,999	–
1965	–	–	–	–	–	2,107	–
1966	4,545	1.2	–	–	–	2,074	–
1967	-693	-0.2	–	–	–	2,005	–
1968	3,757	0.7	–	–	–	2,891	–
1969	7,595	1.2	–	–	–	3,496	–
1970	7,052	1.0	–	–	–	4,399	–
1971	19,935	2.5	–	–	–	15,235	–
1972	19,999	2.2	–	–	–	18,365	–
1973	-341	0.0	–	–	–	12,246	–
1974	-13,301	-1.0	–	–	–	13,518	–
1975	-2,001	-0.1	–	–	–	12,815	–
1976	10,776	0.6	–	–	–	16,604	–
1977	28,404	1.5	–	–	–	22,848	–
1978	34,793	1.7	–	–	–	33,019	–
1979	-19,722	-0.9	–	–	–	20,327	–
1980	-25,763	-1.1	–	–	–	25,232	–
1981	11,491	0.4	–	–	–	28,403	–
1982	17,759	0.6	–	–	–	23,262	–
1983	49,591	1.7	–	–	–	24,496	–
1984	83,489	2.7	–	–	–	26,313	–
1985	119,698	3.7	106,736	–	–	26,510	–
1986	142,437	4.2	129,607	–	–	42,239	28,865
1987	121,862	3.4	102,931	–	–	81,479	30,199
1988	101,461	2.7	79,349	–	–	97,662	36,745
1989	87,113	2.1	59,695	–	–	84,895	42,543
1990	64,736	1.5	38,628	–	–	77,053	44,016
1991	91,757	2.0	72,919	–	–	68,980	47,498
1992	142,349	3.0	102,054	–	–	68,685	64,153
1993	146,690	3.0	107,013	–	–	95,589	68,823
1994	133,425	2.7	98,345	–	–	122,845	66,813
1995	103,862	2.0	69,545	–	–	182,820	84,072
1996	74,943	1.4	23,174	72,723	-3,537	217,867	103,359
1997	115,700	2.1	57,680	152,467	-4,879	220,792	124,587
1998	149,981	2.8	95,299	136,226	-19,313	215,949	133,273
1999	129,734	2.5	78,650	130,830	-19,088	288,080	84,735
2000	140,616	2.6	74,298	148,757	-9,947	361,638	133,047
2001	104,524	2.0	32,120	105,629	-3,462	401,959	179,257
2002	136,837	2.6	64,690	133,968	-4,217	469,728	175,308
2003	161,254	3.1	83,553	136,860	-4,672	673,529	172,818
2004	196,941	3.7	101,961	160,928	-5,134	844,543	185,797
2005	187,277	3.5	76,930	163,444	-5,490	846,897	180,699
2006	203,307	3.8	73,460	160,494	-5,533	895,320	215,081
2007	249,490	4.6	98,253	263,775	-4,731	973,365	250,221
2008	148,786	2.8	18,899	186,502	-5,583	1,030,647	225,908
2009	135,925	2.7	21,249	156,292	-4,653	1,049,397	268,246
2010	193,828	3.8	68,571	217,099	-4,341	1,096,185	255,906
2011	104,013	2.1	-31,101	126,294	282	1,295,841	265,741
2012	47,640	1.0	-80,829	41,925	-804	1,268,125	299,302
2013	44,566	0.9	-122,521	-4,087	-7,436	1,266,815	325,732
2014	39,215	0.8	-134,988	62,782	-2,089	1,260,548	351,114
2015	165,194	3.1	-28,169	218,764	-2,714	1,233,214	327,189
2016	213,910	3.9	43,888	286,059	-7,433	1,216,903	336,306
2017	227,779	4.1	42,206	188,113	-2,800	1,264,283	329,302
2018	195,047	3.5	1,052	201,361	-2,105	1,270,975	341,450
2019	192,513	3.5	-9,318	248,624	-4,131	1,323,750	357,015
2020	159,917	3.0	-8,773	141,251	-2,072	1,394,680	359,992
2021	215,363	3.9	-24,834	168,376	-4,232	1,405,750	417,908
2022	115,466	2.1	-211,638	64,922	-1,144	1,227,576	418,629
2020年10-12月	56,773	4.1	14,227	33,994	-345	1,394,680	–
2021年1-3月	54,990	4.0	7,393	38,345	-960	1,368,465	–
2021年4-6月	64,671	4.7	-1,854	42,624	-348	1,376,478	–
2021年7-9月	49,706	3.6	-11,788	64,952	-2,043	1,409,309	–
2021年10-12月	45,101	3.3	-19,092	22,456	-881	1,405,750	–
2022年1-3月	41,307	3.0	-31,986	50,755	-435	1,356,071	–
2022年4-6月	32,065	2.3	-47,729	1,066	265	1,311,254	–
2022年7-9月	10,329	0.7	-75,113	14,348	-464	1,238,056	–
2022年10-12月	24,690	1.8	-61,776	-1,248	-510	1,227,576	–
2023年1-3月	25,416	1.9	-50,746	73,547	-1,015	1,257,061	–

(備考) 1. 外貨準備高は、財務省「外貨準備等の状況」、対外純資産残高は財務省「対外資産負債残高統計」、それ以外は日本銀行「国際収支統計月報」による。
2. 経常収支の1984年以前の数値は、国際収支統計（IMF国際収支マニュアル第3版、第4版ベース）のドル表示額を、対米国ドル円レート（インターバンク直物中心相場、月中平均）で換算したものであり、85年以降の数値とは接続しない。
3. 経常収支、貿易サービス収支の1985年～95年の数値は、国際収支統計（同第4版ベース）の計数を同年の概念に組み換えた計数。
4. 経常収支、貿易サービス収支、金融収支、資本移転等収支の1996年～2013年の数値は、国際収支統計（同第5版ベース）の計数と、同年第6版の概念に組み換えた計数。
5. 経常収支、経常収支対名目GDP及び貿易サービス収支の四半期の数値は季節調整値。
6. 金融収支について、＋はの純資産の増加（資産の増加及び負債の減少）を示す。
7. 対外純資産残高は、暦年末値。ただし、国際収支統計改訂により1994年以前と95年、95年と96年以降は不連続。
8. 経常収支対名目GDP比の1979年までの計数は68SNAベース、80年以降95年までは93SNAベース。96年以降は2008SNAベース。
9. Pは速報値を示す。

334

金融 (1/1)

暦年	マネーストック（M2）平均残高 億円	%	国内銀行貸出約定平均金利 %	国債流通利回り %	東証株価指数	東証株価時価総額（第一部）※ 億円	株価収益率（PER）（第一部）※
1960	–	–	8.08	–	109.18	54,113	–
1961	–	–	8.20	–	101.66	54,627	–
1962	–	–	8.09	–	99.67	67,039	–
1963	–	–	7.67	–	92.87	66,693	–
1964	–	–	7.99	–	90.68	68,280	–
1965	–	–	7.61	–	105.68	79,013	–
1966	–	–	7.37	6.86	111.41	87,187	–
1967	297,970	–	7.35	6.96	100.89	85,901	–
1968	344,456	15.6	7.38	7.00	131.31	116,506	–
1969	403,883	17.3	7.61	7.01	179.30	167,167	–
1970	477,718	18.3	7.69	7.07	148.35	150,913	–
1971	575,437	20.5	7.46	7.09	199.45	214,998	–
1972	728,126	26.5	6.72	6.71	401.70	459,502	25.5
1973	893,370	22.7	7.93	8.19	306.44	365,071	13.3
1974	999,819	11.9	9.37	8.42	278.34	344,195	13.0
1975	1,130,832	13.1	8.51	8.53	323.43	414,682	27.0
1976	1,301,739	15.1	8.18	8.61	383.88	507,510	46.3
1977	1,449,873	11.4	6.81	6.40	364.08	493,502	24.2
1978	1,620,195	11.7	5.95	6.40	449.55	627,038	34.3
1979	1,812,232	11.9	7.06	9.15	459.61	659,093	23.3
1980	1,978,716	9.2	8.27	8.86	494.10	732,207	20.4
1981	2,155,266	8.9	7.56	8.12	570.31	879,775	21.1
1982	2,353,360	9.2	7.15	7.67	593.72	936,046	25.8
1983	2,526,400	7.4	6.81	7.36	731.82	1,195,052	34.7
1984	2,723,601	7.8	6.57	6.65	913.37	1,548,424	37.9
1985	2,951,827	8.4	6.47	5.87	1,049.40	1,826,967	35.2
1986	3,207,324	8.7	5.51	5.82	1,556.37	2,770,563	47.3
1987	3,540,364	10.4	4.94	5.61	1,725.83	3,254,779	58.3
1988	3,936,668	11.2	4.93	4.57	2,357.03	4,628,963	58.4
1989	4,326,710	9.9	5.78	5.75	2,881.37	5,909,087	70.6
1990	4,831,186	11.7	7.70	6.41	1,733.83	3,651,548	39.8
1991	5,006,817	3.6	6.99	5.51	1,714.68	3,659,387	37.8
1992	5,036,241	0.6	5.55	4.77	1,307.66	2,810,056	36.7
1993	5,089,787	1.1	4.41	3.32	1,439.31	3,135,633	64.9
1994	5,194,212	2.1	4.04	4.57	1,559.09	3,421,409	79.5
1995	5,351,367	3.0	2.78	3.19	1,577.70	3,502,375	86.5
1996	5,525,715	3.3	2.53	2.76	1,470.94	3,363,851	79.3
1997	5,694,907	3.1	2.36	1.91	1,175.03	2,739,079	37.6
1998	5,923,528	4.0	2.25	1.97	1,086.99	2,677,835	103.1
1999	6,162,653	3.2	2.10	1.64	1,722.20	4,424,433	–
2000	6,292,840	2.1	2.11	1.64	1,283.67	3,527,846	170.8
2001	6,468,026	2.8	1.88	1.36	1,032.14	2,906,685	240.9
2002	6,681,972	3.3	1.83	0.90	843.29	2,429,391	–
2003	6,782,578	1.7	1.79	1.36	1,043.69	3,092,900	614.1
2004	6,889,343	1.6	1.73	1.43	1,149.63	3,535,582	39.0
2005	7,013,739	1.8	1.62	1.47	1,649.76	5,220,681	45.8
2006	7,084,273	1.0	1.76	1.67	1,681.07	5,386,295	36.0
2007	7,195,822	1.6	1.94	1.50	1,475.68	4,756,290	26.7
2008	7,346,008	2.1	1.86	1.16	859.24	2,789,888	20.0
2009	7,544,922	2.7	1.65	1.28	907.59	3,027,121	–
2010	7,753,911	2.8	1.55	1.11	898.80	3,056,930	45.0
2011	7,966,101	2.7	1.45	0.98	728.61	2,513,957	21.0
2012	8,165,213	2.5	1.36	0.79	859.80	2,964,429	25.4
2013	8,458,837	3.6	1.25	0.73	1,302.29	4,584,842	31.8
2014	8,745,965	3.4	1.18	0.33	1,407.51	5,058,973	23.8
2015	9,064,060	3.6	1.11	0.27	1,547.30	5,718,328	23.8
2016	9,368,699	3.4	0.99	0.04	1,518.61	5,602,469	26.4
2017	9,739,925	4.0	0.94	0.04	1,817.56	6,741,992	29.3
2018	10,024,562	2.9	0.90	-0.01	1,494.09	5,621,213	19.5
2019	10,261,902	2.4	0.86	-0.02	1,721.36	6,482,245	23.0
2020	10,925,980	6.5	0.81	-0.02	1,804.68	6,668,621	27.8
2021	11,626,650	6.4	0.79	0.07	1,992.33	7,284,245	31.0
2022	12,012,019	3.3	0.77	0.41	1,891.71	6,762,704	19.1
2021年4-6月	11,661,370	7.7	0.80	0.05	1,943.57	7,166,144	31.7
2021年7-9月	11,689,987	4.7	0.80	0.07	2,030.16	7,451,576	33.1
2021年10-12月	11,748,135	4.0	0.79	0.07	1,992.33	7,284,245	31.0
2022年1-3月	11,811,786	3.5	0.79	0.21	1,946.40	7,085,234	27.6
2022年4-6月	12,046,503	3.3	0.78	0.23	1,870.82	6,728,230	18.4
2022年7-9月	12,083,906	3.4	0.77	0.24	1,835.94	6,603,447	18.9
2022年10-12月	12,105,881	3.0	0.77	0.41	1,891.71	6,762,704	19.1
2023年1-3月	12,119,417	2.6	0.77	0.32	2,003.50	7,133,954	19.8
2023年4-6月	12,359,332	2.6	–	0.40	2,288.60	8,107,204	19.7

（備考）1．日本銀行「金融経済統計月報」、東京証券取引所「東証統計月報」等による。
2．マネーストックは、1998年以前はマネーサプライ統計におけるM2＋CD（外国銀行在日支店等を含まないベース）、1999年以降2003年以前はマネーサプライ統計におけるM2＋CDの値。2003年以降はマネーストック統計におけるM2の値。それぞれの期間における月平均残の平均値。
3．国内銀行貸出約定平均金利はストック分の総合の末値。小数点第3位以下は切り捨て。
4．国債流通利回りは、1997年以前は東証上場国債10年物最長期利回りの末値、1998年以降は新発10年国債流通利回りの末値。
利回は、小数点3位以下は切り捨て。
5．東証株価指数は1968年1月4日の株価を100とした年の各末値。東証時価総額は末値、億円未満は切り捨て。PERは末値、単体の単純平均。
6．東証株価時価総額、株価収益率（PER）は、2022年3月以前は東証1部、4月（市場区分再編）以降は、東証プライム市場。

年度統計

財政 (1/2)

年度	一般政府 財政バランス （対GDP比） %	中央政府 財政バランス （対GDP比） %	地方政府 財政バランス （対GDP比） %	社会保障基金 財政バランス （対GDP比） %	租税負担率 %	国民負担率 %
1956	1.4	–	–	–	19.5	22.8
1957	1.3	–	–	–	19.5	23.0
1958	-0.1	–	–	–	18.5	22.1
1959	1.0	–	–	–	18.0	21.5
1960	2.2	–	–	–	18.9	22.4
1961	2.4	–	–	–	19.5	23.3
1962	1.3	–	–	–	19.3	23.3
1963	1.0	–	–	–	18.7	22.9
1964	1.0	–	–	–	19.0	23.4
1965	0.4	–	–	–	18.0	23.0
1966	-0.4	–	–	–	17.2	22.3
1967	0.8	–	–	–	17.4	22.5
1968	1.2	–	–	–	18.1	23.2
1969	1.8	–	–	–	18.3	23.5
1970	1.8	0.0	-0.4	2.2	18.9	24.3
1971	0.5	-1.0	-1.0	2.5	19.2	25.2
1972	0.2	-1.1	-1.1	2.4	19.8	25.6
1973	2.0	0.4	-1.0	2.6	21.4	27.4
1974	0.0	-1.4	-1.3	2.6	21.3	28.3
1975	-3.7	-4.0	-2.1	2.4	18.3	25.7
1976	-3.6	-4.3	-1.6	2.3	18.8	26.6
1977	-4.2	-5.0	-1.8	2.7	18.9	27.3
1978	-4.2	-4.8	-1.7	2.4	20.6	29.2
1979	-4.4	-5.7	-1.4	2.6	21.4	30.2
1980	-4.0	-5.4	-1.3	2.6	21.7	30.5
1981	-3.7	-5.2	-1.2	2.8	22.6	32.2
1982	-3.4	-5.2	-0.9	2.7	23.0	32.8
1983	-2.9	-4.9	-0.8	2.7	23.3	33.1
1984	-1.8	-4.0	-0.6	2.8	24.0	33.7
1985	-0.8	-3.6	-0.3	3.1	24.0	33.9
1986	-0.3	-3.0	-0.4	3.1	25.2	35.3
1987	0.7	-1.9	-0.2	2.8	26.7	36.8
1988	2.2	-1.1	0.1	3.2	27.2	37.1
1989	2.6	-1.2	0.6	3.2	27.7	37.9
1990	2.6	-0.5	0.5	2.6	27.7	38.4
1991	2.4	-0.4	0.1	2.7	26.6	37.4
1992	-0.8	-2.4	-0.9	2.4	25.1	36.3
1993	-2.8	-3.6	-1.4	2.2	24.8	36.3
1994	-4.1	-4.3	-1.8	1.9	23.5	35.4
1995	-4.9	-4.4	-2.4	1.9	23.4	35.8
1996	-4.8	-4.0	-2.5	1.7	23.1	35.5
1997	-4.0	-3.5	-2.3	1.8	23.6	36.5
1998	-11.9	-10.7	-2.4	1.2	23.0	36.3
1999	-7.9	-7.3	-1.6	1.0	22.3	35.5
2000	-6.8	-6.4	-0.9	0.5	22.9	36.0
2001	-6.5	-5.7	-0.9	0.2	22.8	36.7
2002	-8.1	-6.6	-1.3	-0.2	21.3	35.2
2003	-7.4	-6.4	-1.3	0.3	20.7	34.4
2004	-5.3	-5.1	-0.7	0.5	21.3	35.0
2005	-4.1	-4.0	-0.2	0.1	22.5	36.3
2006	-3.0	-3.1	0.1	0.0	23.1	37.2
2007	-2.7	-2.5	0.0	-0.2	23.7	38.2
2008	-5.5	-5.2	0.3	-0.6	23.4	39.2
2009	-10.2	-8.8	-0.2	-1.2	21.4	37.2
2010	-9.0	-7.5	-0.5	-1.0	21.4	37.2
2011	-8.9	-8.3	0.1	-0.7	22.2	38.9
2012	-8.1	-7.4	-0.1	-0.7	22.8	39.8
2013	-7.3	-6.7	0.0	-0.5	23.2	40.1
2014	-5.1	-5.2	-0.3	-0.3	25.1	42.4
2015	-3.6	-4.4	0.0	0.9	25.2	42.3
2016	-3.5	-4.4	-0.1	1.1	25.1	42.7
2017	-2.9	-3.5	-0.1	0.7	25.5	43.3
2018	-2.4	-3.2	0.0	0.8	26.1	44.3
2019	-3.1	-3.8	-0.1	0.7	25.8	44.4
2020	-10.0	-10.3	-0.2	0.4	28.2	47.9
2021	-5.9	-7.3	0.6	0.7	28.7	48.0
2022	–	–	–	–	27.8	46.5

（備考） 1. 内閣府「国民経済計算」、財務省資料により作成。
2. 財政バランス（対GDP比）は、国民経済計算における「純貸出／純借入」（1995年度以前は「貯蓄投資差額」）を名目GDPで割ったもの。
3. 一般政府財政バランスは、1955年度から1989年度までは68SNAベース、1990年度から1995年度までは93SNA（平成7年基準）、1996年度から2000年度までは93SNA（平成12年基準）ベース、2001年度から2005年度までは93SNA（平成17年基準）ベース、2006年度から2011年度は08SNA（平成23年基準）、2012年度以降は08SNA（平成27年基準）ベース。
4. 中央政府財政バランス、地方政府財政バランス、社会保障基金財政バランスについては、1970年度から1989年度までは68SNAベース、1990年度から1995年度までは93SNA（平成7年基準）、1996年度から2000年度までは93SNA（平成12年基準）ベース、2001年度から2005年度までは93SNA（平成17年基準）ベース、2006年度から2011年度は08SNA（平成23年基準）ベース、2012年度以降は08SNA（平成27年基準）ベース。
5. 租税負担率＝（国税＋地方税）／国民所得、国民負担率＝租税負担率＋社会保障負担率。それぞれ2020年度までは実績、2021年度は実績見込み、2022年度は見通し。

財政 (2/2)

年　度	国債発行額	国債発行額 （うち赤字国債）	国債依存度	国債残高	国債残高 （名目GDP比）
	億円	億円	%	億円	%
1958	0	0	0	0	0
1959	0	0	0	0	0
1960	0	0	0	0	0
1961	0	0	0	0	0
1962	0	0	0	0	0
1963	0	0	0	0	0
1964	0	0	0	0	0
1965	1,972	1,972	5.3	2,000	0.6
1966	6,656	0	14.9	8,750	0.6
1967	7,094	0	13.9	15,950	2.2
1968	4,621	0	7.8	20,544	3.4
1969	4,126	0	6.0	24,634	3.7
1970	3,472	0	4.2	28,112	3.8
1971	11,871	0	12.4	39,521	3.7
1972	19,500	0	16.3	58,186	4.8
1973	17,662	0	12.0	75,504	6.0
1974	21,600	0	11.3	96,584	6.5
1975	52,805	20,905	25.3	149,731	7.0
1976	71,982	34,732	29.4	220,767	9.8
1977	95,612	45,333	32.9	319,024	12.9
1978	106,740	43,440	31.3	426,158	16.8
1979	134,720	63,390	34.7	562,513	20.4
1980	141,702	72,152	32.6	705,098	25.0
1981	128,999	58,600	27.5	822,734	28.4
1982	140,447	70,087	29.7	964,822	31.1
1983	134,863	66,765	26.6	1,096,947	34.9
1984	127,813	63,714	24.8	1,216,936	38.0
1985	123,080	60,050	23.2	1,344,314	39.5
1986	112,549	50,060	21.0	1,451,267	40.7
1987	94,181	25,382	16.3	1,518,093	42.4
1988	71,525	9,565	11.6	1,567,803	41.9
1989	66,385	2,085	10.1	1,609,100	40.4
1990	73,120	9,689	10.6	1,663,379	38.7
1991	67,300	0	9.5	1,716,473	36.8
1992	95,360	0	13.5	1,783,681	36.2
1993	161,740	0	21.5	1,925,393	36.9
1994	164,900	41,443	22.4	2,066,046	39.9
1995	212,470	48,069	28.0	2,251,847	41.1
1996	217,483	110,413	27.6	2,446,581	45.4
1997	184,580	85,180	23.5	2,579,875	47.6
1998	340,000	169,500	40.3	2,952,491	55.2
1999	375,136	243,476	42.1	3,316,687	62.5
2000	330,040	218,660	36.9	3,675,547	68.4
2001	300,000	209,240	35.4	3,924,341	74.4
2002	349,680	258,200	41.8	4,210,991	80.4
2003	353,450	286,520	42.9	4,569,736	86.8
2004	354,900	267,860	41.8	4,990,137	94.2
2005	312,690	235,070	36.6	5,269,279	98.7
2006	274,700	210,550	33.7	5,317,015	99.0
2007	253,820	193,380	31.0	5,414,584	100.6
2008	331,680	261,930	39.2	5,459,356	105.8
2009	519,550	369,440	51.5	5,939,717	119.4
2010	423,030	347,000	44.4	6,363,117	126.0
2011	427,980	344,300	42.5	6,698,674	134.0
2012	474,650	360,360	48.9	7,050,072	141.2
2013	408,510	338,370	40.8	7,438,676	145.1
2014	384,929	319,159	39.0	7,740,831	147.9
2015	349,183	284,393	35.5	8,054,182	148.9
2016	380,346	291,332	39.0	8,305,733	152.4
2017	335,546	262,728	34.2	8,531,789	153.5
2018	343,954	262,982	34.8	8,740,434	157.1
2019	365,819	274,382	36.1	8,866,945	159.1
2020	1,085,539	859,579	73.5	9,466,468	176.8
2021	576,550	484,870	39.9	9,914,111	180.0
2022	624,789	537,519	44.9	10,424,369	188.5

（備考）　1．財務省資料による。
　　　　　2．単位は億円。国債依存度、国債残高名目GDP比の単位は％。
　　　　　3．国債発行額は、収入金ベース。2021年度までは実績、2022年度は補正後予算に基づく見込み。
　　　　　4．国債依存度は、（4条債＋特例債）／一般会計歳出額。
　　　　　　特別税の創設等によって償還財源が別途確保されている、いわゆる「つなぎ公債」を除いて算出している。

実質GDP成長率とその寄与度

(1) 1955年第3四半期～1961年第4四半期

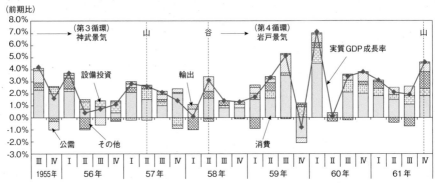

(2) 1962年第1四半期～1968年第4四半期

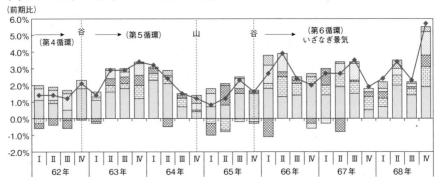

(3) 1969年第1四半期～1975年第4四半期

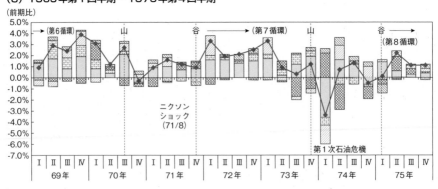

(4) 1976年第1四半期〜1982年第4四半期

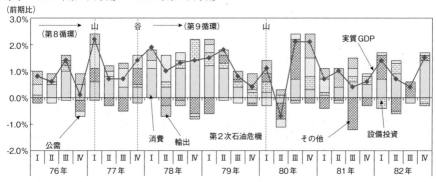

(5) 1983年第1四半期〜1989年第4四半期

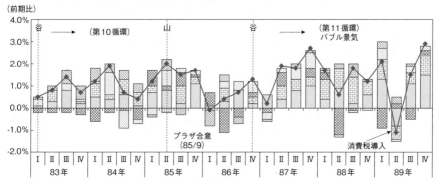

(6) 1990年第1四半期〜1996年第4四半期

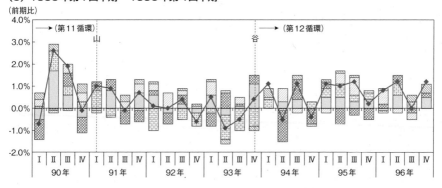

(7) 1997年第1四半期～2003年第4四半期

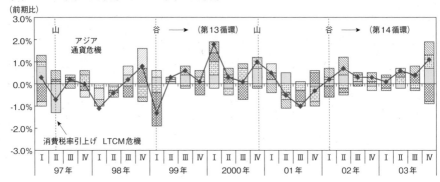

(8) 2004年第1四半期～2010年第4四半期

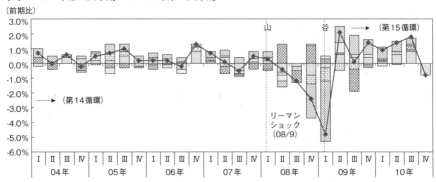

(9) 2011年第1四半期～2017年第4四半期

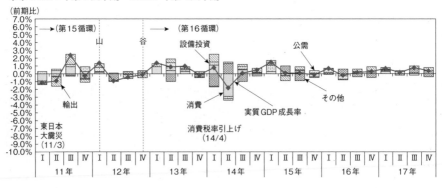

(10) 2018年第1四半期～2023年第1四半期

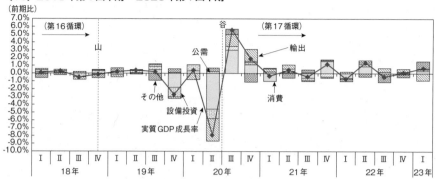

（備考）1．内閣府「国民経済計算」により作成。季節調整値。
　　　　2．1955年第3四半期から1980年第1四半期は、68SNA、平成2年基準、固定方式。1980年第1四半期から1993年第
　　　　　　4四半期は、08SNA、平成23年基準、連鎖方式。1994年第1四半期以降は、08SNA、平成27年基準、連鎖方式。
　　　　3．四捨五入の関係上、各項目の寄与度の合計は必ずしもGDP成長率に一致しない。
　　　　4．「その他」の項目は、民間住宅、民間在庫品増加、輸入の合計。

図表索引

図 表 索 引

図表索引

経済白書及び経済財政白書の副題一覧

発表年月日	副題等	内 閣	大臣（長官）
S22. 7. 4	経済実相報告書（付・経済緊急対策）	片山 哲	和田博雄
S23. 5. 23	経済情勢報告書（回顧と展望）	芦田 均	栗栖赳夫
S24. 3. 12	経済現況の分析（付・経済安定九原則）	吉田 茂	青木孝義
S25. 6. 30	経済現況報告（安定計画下の日本経済）	〃	周東英雄
S26. 7. 13	年次経済報告（以下同様）	〃	〃
S27. 7. 1	（独立日本の経済力）	〃	〃
S28. 7. 14	（自立経済達成の諸条件）	〃	岡野清豪
S29. 7. 13	（地固めの時）	〃	愛知揆一
S30. 7. 15	（前進への道）	鳩山一郎	高碕達之助
S31. 7. 17	（日本経済の成長と近代化）『もはや戦後ではない。』	〃	〃
S32. 7. 19	（速すぎた拡大とその反省）	岸 信介	河野一郎
S33. 7. 25	（景気循環の復活）	〃	三木武夫
S34. 7. 21	（速やかな景気回復と今後の課題）	〃	菅野和太郎
S35. 7. 19	（日本経済の成長力と競争力）	〃	〃
S36. 7. 14	（成長経済の課題）	池田勇人	迫水久常
S37. 7. 17	（景気循環の変貌）	〃	宮澤喜一
S38. 7. 16	（先進国への道）	〃	〃
S39. 7. 9	（開放体制下の日本経済）	〃	〃
S40. 8. 10	（安定成長の課題）	佐藤栄作	藤山愛一郎
S41. 7. 22	（持続的成長への道）	〃	〃
S42. 7. 21	（能率と福祉の向上）	〃	宮澤喜一
S43. 7. 23	（国際化のなかの日本経済）	〃	〃
S44. 7. 15	（豊かさへの挑戦）	〃	菅野和太郎
S45. 7. 17	（日本経済の新しい次元）	〃	佐藤一郎
S46. 7. 30	（内外均衡達成への道）	佐藤栄作	木村俊夫
S47. 8. 1	（新しい福祉社会の建設）	田中角栄	有田喜一
S48. 8. 10	（インフレなき福祉をめざして）	〃	小坂善太郎
S49. 8. 6	（成長経済を超えて）	〃	内田常雄
S50. 8. 8	（新しい安定軌道をめざして）	三木武夫	福田赳夫
S51. 8. 10	（新たな発展への基礎がため）	〃	〃
S52. 8. 9	（安定成長への適応を進める日本経済）	福田赳夫	倉成 正
S53. 8. 11	（構造転換を進めつつある日本経済）	〃	宮澤喜一
S54. 8. 10	（すぐれた適応力と新たな出発）	大平正芳	小坂徳三郎
S55. 8. 15	（先進国日本の試練と課題）	鈴木善幸	河本敏夫
S56. 8. 14	（日本経済の創造的活力を求めて）	〃	〃
S57. 8. 20	（経済効率性を活かす道）	〃	〃
S58. 8. 19	（持続的成長への足固め）	中曾根康弘	塩崎 潤

発表年月日	副題等	内 閣	大臣（長官）
S59. 8. 7	（新たな国際化に対応する日本経済）	〃	河本敏夫
S60. 8.15	（新しい成長とその課題）	〃	金子一平
S61. 8.15	（国際的調和をめざす日本経済）	〃	近藤鉄雄
S62. 8.18	（進む構造転換と今後の課題）	〃	〃
S63. 8. 5	（内需型成長の持続と国際社会への貢献）	竹下 登	中尾栄一
H 1. 8. 8	（平成経済の門出と日本経済の新しい潮流）	宇野宗佑	越智通雄
H 2. 8. 7	（持続的拡大への道）	海部俊樹	相沢英之
H 3. 8. 9	（長期拡大の条件と国際社会における役割）	〃	越智通雄
H 4. 7.28	（調整をこえて新たな展開をめざす日本経済）	宮澤喜一	野田 毅
H 5. 7.28	（バブルの教訓と新たな発展への課題）	〃	高鳥 修
H 6. 7.26	（厳しい調整を越えて新たなフロンティアへ）	村山富市	高村正彦
H 7. 7.25	（日本経済のダイナミズムの復活をめざして）	〃	〃
H 8. 7.26	（改革が展望を切り開く）	橋本龍太郎	田中秀征
H 9. 7.18	（創造的発展への基礎固め）	〃	麻生太郎
H10. 7.17	（経済再生への挑戦）	〃	尾身幸次
H11. 7.16	（改革へ本格起動する日本経済）	小渕恵三	堺屋太一
H12. 7.14	（新しい世の中が始まる）	森 喜朗	〃
H13.12. 4	（改革なくして成長なし）	小泉純一郎	竹中平蔵
H14.11. 5	（改革なくして成長なしⅡ）	〃	〃
H15.10.24	（改革なくして成長なしⅢ）	〃	〃
H16. 7.16	（改革なくして成長なしⅣ）	〃	〃
H17. 7.15	（改革なくして成長なしⅤ）	〃	〃
H18. 7.18	（成長条件が復元し、新たな成長を目指す日本経済）	〃	与謝野馨
H19. 8. 9	（生産性上昇に向けた挑戦）	安倍晋三	大田弘子
H20. 7.22	（リスクに立ち向かう日本経済）	福田康夫	〃
H21. 7.24	（危機の克服と持続的回復への展望）	麻生太郎	林 芳正
H22. 7.23	（需要の創造による成長力の強化）	菅 直人	荒井 聰
H23. 7.22	（日本経済の本質的な力を高める）	〃	与謝野馨
H24. 7.27	（日本経済の復興から発展的創造へ）	野田佳彦	古川元久
H25. 7.23	（経済の好循環の確立に向けて）	安倍晋三	甘利 明
H26. 7.25	（よみがえる日本経済、広がる可能性）	〃	〃
H27. 8.14	（四半世紀ぶりの成果と再生する日本経済）	〃	〃
H28. 8. 2	（リスクを越えて好循環の確立へ）	〃	石原伸晃
H29. 7.21	（技術革新と働き方改革がもたらす新たな成長）	〃	〃
H30. 8. 3	（「白書」：今、Society 5.0の経済へ）	〃	茂木敏充
R 1. 7.23	（「令和」新時代の日本経済）	〃	〃
R 2.11. 6	（コロナ危機：日本経済変革のラストチャンス）	菅 義偉	西村康稔
R 3. 9.24	（レジリエントな日本経済へ：強さと柔軟性を持つ経済社会に向けた変革の加速）	〃	〃
R 4. 7.29	（人への投資を原動力とする成長と分配の好循環実現へ）	岸田文雄	山際大志郎

※H13より経済財政報告（白書）

「令和5年度年次経済財政報告」作成担当者名簿
（経済財政分析・総括担当）

第1章担当
　　　石井　一正
第2章担当
　　　鈴木　源一朗
第3章担当

第1節	第2節	第3節
室屋　孟門	佐々木　康平	鈴木　源一朗
磯野　翔	一万田　稜	宇佐美　穣
大槻　慶	岡田　真央	織本　悟征
河越　壮玄	北口　隆雅	小林　周平
佐々木　萌音	下宮　大河	新川　浩司
高田　裕	髙橋　淳	田村　統久
中野　一樹	細田　和希	前田　将吾
増原　伸五	水野　亮介	森　成弥
矢部　将大	山内　美佳	吉岡　大樹

（とりまとめ）
　　　　　政策統括官（経済財政分析）　村山　裕
　　　　　　　　　　　　　　　　　　　林　伴子

　　　　　審議官（経済財政分析）　松多　秀一
　　　　　審議官（経済財政分析）　堤　雅彦
　　　　　　　　　　　　　　　　　上野　有子

　　　　　参事官（経済財政分析）　多田　洋介

| 縮刷版 | 令和5年版 **経済財政白書** |

令和5年8月31日発行　　　　　　　　定価は表紙に表示してあります。

編　　集　**内　閣　府**
〒100-8914
東京都千代田区永田町1-6-1　中央合同庁舎8号館
電　話　（03）5253-2111㈹
URL　http://www.cao.go.jp/

発　　行　**日経印刷株式会社**
〒102-0072
東京都千代田区飯田橋2-15-5
電　話　（03）6758-1011

発　　売　**全国官報販売協同組合**
〒100-0013
東京都千代田区霞が関1-4-1
電　話　（03）5512-7400

落丁・乱丁本はお取り替えします。

ISBN978-4-86579-389-5